Stadtgeographie

PERTHES GEOGRAPHIEKOLLEG

Herausgeber:

Prof. Dr. Wolf Dieter Blümel, Stuttgart
Prof. Dr. Gerhard Fuchs, Paderborn
Prof. Dr. Frauke Kraas, Köln
Prof. Dr. Hermann Kreutzmann, Erlangen
Prof. Dr. Ernst Löffler, Saarbrücken
Prof. Dr. Eugen Wirth, Erlangen

Stadtgeographie

Klaus Zehner

46 Abbildungen
13 Tabellen
3 Übersichten

KLETT-PERTHES

Gotha und Stuttgart

Die Deutsche Bibliothek – CIP-Einheitsaufnahme

Zehner, Klaus:
Stadtgeographie / Klaus Zehner. – Gotha ; Stuttgart : Klett-Perthes, 2001
   (Perthes Geographie-Kolleg)
   ISBN 3-623-00855-9

Anschrift des Autors:
Priv.-Doz. Dr. KLAUS ZEHNER, Universität zu Köln, Geographisches Institut,
Albertus-Magnus-Platz, 50923 Köln

Einbandfoto: Römer und Paulskirche, Frankfurt / Main. © Keute / BAVARIA

Vorderes Vorsatz: Ansicht von Köln 1896 von J. Scheiner (Aquarell).
© Besitzer: Kölnisches Stadtmuseum, Bildquelle: Wolfgang F. Meier / Rheinisches
Bildarchiv, Köln

Hinteres Vorsatz: Ansicht von Köln 1996. © Vista Point Verlag

ISBN 3-623-00855-9
1. Auflage
© Justus Perthes Verlag Gotha GmbH, Gotha 2001
Alle Rechte vorbehalten.
Lektor: Dr. EBERHARD BENSER
Redaktionsschluss: August 2001
Grafik: JÜRGEN KUBELKE, Köln
Einband: KLAUS MARTIN, Arnstadt, und UWE VOIGT, Erfurt
Druck und buchbinderische Verarbeitung: Salzland Druck & Verlag, Staßfurt

Gedruckt auf Papier aus chlorfrei gebleichtem Zellstoff.

*Es gibt kaum etwas reizvolleres, als eine Stadt kennenzu-
lernen. Jedesmal ist es ein ganz neues Abenteuer. Es gibt
nicht zwei Städte, die sich völlig gleichen. Einige bieten
sich offen an, sie sind leicht zu analysieren und zu verstehen, es sind unkomplizierte und wenig differenzierte
Städte wie aus einem Guß. Es gibt maskierte Städte, die
sich mit ihren unechten Fassaden und Stadtvierteln verstellen und so ihre Mängel vor dem eiligen Reisenden
verbergen. Andere Städte wiederum sind vielgestaltig.
Ihre Analyse ist zeitraubend und erfordert eine genaue
Kenntnis der Entwicklung sowie eine psychologische Erforschung des sozialen Milieus* (PINCHEMEL 1965, S. 240).

*Eine Stadt: Sie ist eine Tat des Menschen wider die
Natur, ein Organismus des Menschen zum Schutze und
zur Arbeit. Sie ist eine Schöpfung* (LE CORBUSIER 1925).

Inhaltsverzeichnis

Vorwort des Autors

An der Schwelle zum 21. Jahrhundert trifft die bereits vor zwei Jahrzehnten vorgenommene Einschätzung ELISABETH LICHTENBERGERS (1980), Stadtgeographie sei eine Wachstumsdisziplin der Geographie par excellence, mehr denn je zu. Das Schrifttum zu stadtgeographischen Themen ist selbst für Fachleute kaum noch zu überblicken. Ansatzweise spiegelt die Literaturliste dieses Buches die Fülle und die unterschiedlichen fachinhaltlichen Wurzeln der jüngeren Publikationen zum Thema „Stadt" wider.

Stadtforschung ist heute eine Querschnittsdisziplin. Im Untersuchungsraum „Stadt" begegnen sich auf verschiedenen Maßstabsebenen Soziologen, Ökonomen, Architekten, Stadtplaner, Politologen, Historiker, Kommunalwissenschaftler, Ökologen und Geographen. Stadtgeographie bzw. geographische Stadtforschung ist nur eine von zahlreichen Disziplinen, die sich wissenschaftlich mit dem Objekt „Stadt" auseinandersetzen.

Der großen Zahl von Veröffentlichungen zum Thema „Stadt" in wissenschaftlichen Reihen und Zeitschriften stehen nur wenige deutschsprachige Lehrbücher zur Stadtgeographie gegenüber. In den 1990er Jahren kamen lediglich überarbeitete Neuauflagen älterer Bücher auf den Markt. Gerade in den vergangenen zehn Jahren jedoch haben sich technologische, ökonomische, gesellschaftliche und politische Rahmenbedingungen der Stadtentwicklung nachhaltig verändert; globale, nationale und regionale Städtesysteme weisen neue Ordnungen und Strukturen auf. Diese Umbrüche werden in den älteren stadtgeographischen Lehrbüchern, auch wenn sie überarbeitet wurden, nur ansatzweise thematisiert. Daher erfährt ihre Leserschaft über signifikante Prozesse, die heute die Stadtentwicklung maßgeblich beeinflussen, wie Gentrification, die Privatisierung öffentlichen Stadtraums oder die Revitalisierung von Industrie- bzw. Verkehrsbrachen, nur wenig oder gar nichts.

Die Tatsache, dass noch Ende der 1990er Jahre eine moderne, deutschsprachige Einführung in die Stadtgeographie fehlte, hat mich ermutigt, dieses facettenreiche Teilgebiet der Allgemeinen Geographie in Form eines Studienbuches aufzuarbeiten. Allerdings deckt das vorliegende Buch keineswegs die Stadtgeographie vollständig und in ihren Bestandteilen gleichwertig ab. Vielmehr bilden ausgewählte, mitunter im Bereich der Forschungsfront angesiedelte Themen der aktuellen Stadtgeographie inhaltliche Schwerpunkte. Traditionelle Ansätze und klassische Sichtweisen wurden knapper gehalten und im Rahmen eines Forschungsrückblicks zusammengefasst. Die starke Berücksichtigung angelsächsischer Fallbeispiele spiegelt sowohl den Pioniercharakter als auch die Vorbildfunktion der britischen Raumordnungs- und Stadtentwicklungspolitik wider.

Das vorliegende Buch wurde innerhalb von 18 Monaten geschrieben. Mit diesem engen Zeitrahmen konnte eine akzeptable Aktualität der Inhalte gewährleistet werden. Dass das gesetzte Zeitlimit nicht überschritten wurde, habe ich vor allem Kollegen, Mitarbeitern und Studierenden am Geographischen Institut der Universität zu Köln zu verdanken, die mir in unterschiedlicher Weise geholfen haben. Ein Dank gilt vor allem dem Kartographen unseres Instituts, Herrn JÜRGEN KUBELKE. Er hat nicht nur meine Ideenskizzen und Vorgaben in Reinzeichnungen verwandelt, sondern mit seinen kreativen Vorschlägen in vielen Fällen zu einer qualitativen Verbesserung von Karten und sonstigen Abbildungen beigetragen. Bedanken möchte ich mich auch bei meinen Kolleginnen, Frau Dr. ULRIKE GERHARD und Frau MONIKA THELEMANN, die mich mit konstruktiver Kritik und praktischen Hinweisen unterstützt haben. Ein besonderer Dank gilt Frau Prof. Dr. FRAUKE KRAAS und Herrn Prof. Dr. JOSEF NIPPER, die das Manuskript kritisch durchgesehen und mit wertvollen Hinweisen einiges zum Gelingen des Buches beigetragen haben.

Schließlich ist es mir ein besonderes Anliegen, mich bei meinem Lehrer, Herrn Prof. Dr. GÜNTHER SCHWEIZER, zu bedanken, der mir das Wissen der Stadtgeographie während vieler Jahre intensiver Zusammenarbeit nahe gebracht und mich ermutigt hat, dieses Buch zu schreiben.

Köln, im Februar 2001   KLAUS ZEHNER

1 Zur Situation der Stadt heute

Ein Rückblick auf sieben Jahrtausende Stadtgeschichte zeigt, dass Stadtentwicklung nie ein stetiger Prozess gewesen ist. Typisch war vielmehr der Wechsel von kurzen Phasen, in denen sich Stadtstrukturen, Stadtbilder und städtische Gesellschaften grundlegend verändert haben, und lang andauernden Zeitabschnitten, die durch Stagnation und Persistenz gekennzeichnet waren. Radikale Umbrüche innerstädtischer Wirtschafts- und Sozialstrukturen sowie Reorganisationen ganzer Städtesysteme waren stets das Ergebnis technischer, sozialer und politischer Basisinnovationen, die rasch aufeinander folgten und sich gegenseitig beeinflusst haben.

Neben dem Industriezeitalter waren vor allem die letzten fünf Jahrzehnte ein Zeitabschnitt dramatischen Wandels. So haben seit Ende des Zweiten Weltkriegs nahezu alle Städte und Stadtlandschaften der Erde massive Veränderungen ihres inneren Aufbaus und äußeren Erscheinungsbildes erfahren. In keiner anderen Epoche wurden Städte derart fundamental umgestaltet, überprägt und erweitert. Wir sind heute die Augenzeugen eines weltweit stattfindenden Verstädterungsprozesses, dessen Geschwindigkeit, Formen und regionale Konzentrationen noch vor wenigen Jahrzehnten nicht vorherzusagen waren.

Weltweit nimmt der Anteil der in Städten lebenden Bevölkerung zu. In den Industrieländern leben derzeit 76 % der Menschen in Städten, in den Entwicklungs- und Schwellenländern sind es 41 %, bei steigender Tendenz. Um das Jahr 2020 wird dort bereits jeder zweite Einwohner in einer Stadt leben.

Am deutlichsten spiegelt sich die Verstädterung in der starken *Zunahme von Millionen- und Megastädten* wider. 1950 gab es auf der Erde nur fünf Städte mit mehr als fünf Millionen Einwohnern, 1990 war ihre Zahl schon auf 23 angewachsen. Nach Berechnungen der UN wird es im Jahre 2015 bereits 27 sog. Megastädte mit mehr als zehn Millionen Einwohnern geben; die Zahl der Millionenstädte wird dann auf 358 angestiegen sein. Die Megastädte liegen gegenwärtig überwiegend in sog. Entwicklungs- und Schwellenländern. Zählten 1950 London, New York und Paris zu den größten Städten der Erde, so stehen neben Tokyo heute Seoul, São Paulo, Mexiko-City, Jakarta, Mumbai (Bombay) und Kairo auf den Spitzenplätzen (BRONGER 1996, S. 74). In wenigen Jahren werden Lagos, Karachi und Shanghai zu dieser Spitzengruppe gestoßen sein. In diesen Megastädten, so unterstreicht der „Weltbericht für die Zukunft der Städte Urban 21", liegen die zentralen Herausforderungen der Stadtplanung im 21. Jahrhundert (HALL & PFEIFFER 2000, S. 7).

Die meisten Megastädte sind keine transnational bedeutsamen Wirtschaftszentren. Der überwiegende Teil der Kontrollfunktionen der Weltwirtschaft entfällt auf London, New York und Tokyo. Diese „Global Cities" bilden die Steuerzentralen der drei die Weltwirtschaft dominierenden Wirtschaftsräume der Europäischen Union, USA und Japans. Auf der zweiten Hierarchiestufe folgen, bereits mit großem Abstand, Städte, die innerhalb des Weltwirtschaftssystems spezielle Funktionen übernehmen, ansonsten aber eher eine nationale Bedeutung aufweisen. Europäische Beispiele sind die Bankenplätze Frankfurt und Zürich.

Vor allem die Großstädte in den als entwickelt geltenden Ländern stehen heute vor einem Scheideweg. Städte, denen es künftig gelingt, innovative und zukunftsfähige Wirtschaftsbranchen an sich zu binden, werden ihren Rangplatz in der nationalen und globalen Städtehierarchie weiter verbessern. Diejenigen Städte allerdings, die in den Strudel von Deindustrialisierung, Bevölkerungsabwanderung und Imageverlust geraten und in denen die Strategien der Wirtschaftsförderer und Stadtentwickler nicht greifen, werden die negativen Auswirkungen des globalen Wirtschaftsstrukturwandels spüren. Sie werden von weltwirtschaftlich relevanten Entscheidungsprozessen und Handlungsabläufen abgekoppelt und sich künftig mit der Rolle zentraler Orte für ihre Regionen begnügen müssen.

Eine regionale Facette der Verstädterung ist die auf die Massenmotorisierung gestützte *Suburbanisierung*. Unter Suburbanisierung wird die Ausbreitung städtischer Siedlungsformen, Funktionen und Lebensstile in das nähere Umland von Städten verstanden. Die Entwicklung ausufernder, teilweise sogar miteinander verschmelzender Stadtlandschaften erfolgte zuerst in Angloamerika. Dort begünstigten die bereits in der Zwischenkriegszeit einsetzende Automobilisierung und die staatliche Förderung des Eigenheim- und Straßenbaus frühzeitig die Entstehung eines regelrechten „Stadtlandes" (HOLZNER 1996). Innerhalb weniger Jahrzehnte entwickelten sich Großstädte zu großflächigen Metropolregionen. Mit einer zeitlichen Verzögerung von wenigen Jahrzehnten begannen auch um europäische, lateinamerikanische, australische und asiatische Metropolen breite Gürtel von Vororten und Vorstädten zu wachsen, so dass Suburbanisierung heute ein Prozess ist, der sich in nahezu allen Industrie- und Schwellenländern abspielt.

Mit der Ausweitung von Suburbanisierung auf Einzelhandel, Industrie und Dienstleistungen werden die Abkoppelungsprozesse der suburbanen Gebiete von den Kernstädten signifikanter. Die noch für die 1960er und 1970er Jahre typischen, zentral-peripher gerichteten Verknüpfungen zwischen den Kernstädten und ihren Umlandgemeinden weichen zunehmend komplexeren intra- und subregionalen Verflechtungsmustern.

Mittlerweile wird in vielen als entwickelt geltenden Ländern die Suburbanisierung durch *Desurbanisierungsprozesse* überlagert. Desurbanisierung bedeutet ein gegenüber den Verdichtungsräumen stärkeres Wachstum von Klein- und Mittelstädten in ländlich geprägten Räumen. Dies bedeutet, dass sich die Schwerpunkte der verstädterten Gebiete weiter in den ländlichen Raum verschieben.

Gegenwärtig erfahren die Großstädte der Industrieländer einen tief greifenden *ökonomischen Umbau*. Die Globalisierung der Wirtschaft trägt in den entwickelteren Ländern zur Deindustrialisierung bei, d.h. zum Abbau industrieller Arbeitsplätze. Deindustrialisierung löst zwar einerseits negative Arbeitsmarkteffekte aus, andererseits wird durch das Brachfallen großer Industrie- oder Hafenareale der Weg für die Reorganisation städtischer Flächennutzungen und die Ansiedlung innovativer Unternehmen geebnet. Auf recycelten Altindustrieflächen entstehen Technologieparks, Sportarenen, Shopping-Malls, Themenparks und „Urban Entertainment Center". Derartige Nachfolgenutzungen, die ab einer gewissen Größe wegen ihrer herausragenden Bedeutung als *„Flagship-Developments"* bezeichnet werden, können zu neuen innerstädtischen Wachstumspolen reifen, von denen Stadtbezirke oder sogar ganze Städte und Stadtregionen profitieren können. Die London Docklands, die Salford Quays vor den Toren Manchesters und das IJ Embankment-Projekt in Amsterdam dürften in dieser Hinsicht zu den bekanntesten europäischen Beispielen zählen.

„Flagship Developments" sind zugleich äußere Zeichen eines Konkurrenzkampfes von Metropolen um transnational operierende Investoren. Unter den neoliberalen Rahmenbedingungen wirtschaftlicher Globalisierung bemüht sich heute jede Großstadt um internationale oder zumindest nationale wirtschaftliche und kulturelle Konkurrenzfähigkeit. Solche Versuche lassen sich am äußeren Erscheinungsbild der Cities ablesen: Luxusboutiquen, aufgewertete Altbauten und spektakuläre, postmoderne Bürohochhäuser sind äußere Symbole für Anstrengungen der Kommunen, den Anschluss an globale Standards nicht zu verpassen. Doch in den meisten Städten ist es jenseits dieser Fassaden zu einer Besorgnis erregenden Ausbreitung städtischer Armutsinseln gekommen, zu der die glitzernde Urbanität der Stadtzentren einen krassen Gegensatz bildet. Die tief greifende Spaltung bzw. Polarisierung sozialer und sozialräumlicher Strukturen ist zu einem geradezu typischen Merkmal großstädtischer Gesellschaften an der Schwelle zum 21. Jahrhundert geworden (Dangschat 1998).

Die hier nur kurz angerissenen Problemfelder deuten die Themenvielfalt der aktuellen Stadtentwicklung an, die sich sowohl auf globale als auch auf nationale und lokale Maßstabsebenen projizieren lässt. Es ist ein zentrales Anliegen des vorliegendes Buches, vor allem die aktuellen Entwicklungsprozesse der Städte und Städtesysteme aufzuarbeiten und die räumlichen Strukturen und Disparitäten, die sich hieraus ergeben, zu erläutern und zu erklären.

Der gegenwärtige Trend der Stadtforschung zeichnet sich durch eine zunehmende Diversifizierung der Forschungsrichtungen und eine wachsende Interdisziplinarität aus. Insbesondere die Forschungsfelder von Soziologen und Geographen scheinen sich mehr und mehr zu überlappen. Stadtsoziologen haben längst den Wert des Raumes zur Deutung soziologischer Zusammenhänge erkannt, während Stadtgeographen heute selbstverständlich soziologische Theorien und Modelle, etwa zum Thema Lebensstilforschung, zur Erklärung räumlicher Strukturen heranziehen.

Generell ist die zunehmende Interdisziplinarität zu begrüßen, da sie zu einem besseren Verständnis von Stadt und städtischer Gesellschaft beiträgt. Dennoch liegt dem vorliegenden Buch ein *geographischer Ansatz* zugrunde. Dies bedeutet, dass der Stadtraum in doppelter Weise im Mittelpunkt der Analyse steht: Einerseits ist er Registrierplatte vielfältiger sozialer, wirtschaftlicher, technologischer, ökologischer und politischer Faktoren und Prozesse (Kap. 4). Andererseits bildet der Raum selbst eine bedeutende Determinante für gesellschaftliche, politische wie ökonomische Entwicklungen (Kap. 5 und 6).

Die Analyse der Entwicklung und Struktur der Stadt im Industriezeitalter und in der Postmoderne wird im Wesentlichen an Beispielen aus Mittel- und Westeuropa festgemacht. Eine Darstellung dieser Themenkreise aus weltweitem Blickwinkel hätte den Rahmen dieses Buches gesprengt.

Schließlich sei noch darauf hingewiesen, dass Stadtgeographie, wenn nicht ausdrücklich auf andere Stadtgrößenklassen hingewiesen wird, als Geographie der Großstadt aufgefasst wird. Die in Großstädten wirksamen Kräfte und Prozesse sowie die für sie typischen Raumstrukturen lassen sich zumeist auch in Mittelstädten wiederfinden. Sie sind dort allerdings schwächer und weniger deutlich ausgebildet.

Das vorliegende Buch ist in zehn Kapitel eingeteilt. Zunächst werden im zweiten Kapitel wichtige Begriffe definiert und erörtert. Im Mittelpunkt steht dabei der Stadtbegriff. Des Weiteren werden die bedeutendsten Modelle bzw. Schemata großstädtischer Agglomerationen vorgestellt.

Das dritte Kapitel fasst inhaltliche Fragestellungen und methodische Ansätze zurückliegender Entwicklungsphasen der Stadtgeographie zusammen. An ausgewählten Beispielen werden die für die jeweiligen Epochen charakteristischen Themen und Sichtweisen beleuchtet.

Stadträume von besonderer Bedeutung sind Thema des vierten Kapitels. Hierzu zählen die City und andere innerstädtische Zentren, die verschiedenen Wohngebietstypen, industriell und gewerblich genutzte Flächen sowie städtische Grün- und Freiflächen.

Die Stadtentwicklung während des Industriezeitalters bildet den Inhalt des fünften Kapitels. Im Mittelpunkt stehen die Innovationen und Prozesse, die während der Industriellen Revolution innerstädtische Strukturveränderungen ausgelöst und zur völligen Umgestaltung des vorindustriellen Städtesystems geführt haben. Berücksichtigt wird insbesondere die Bedeutung von Eisen- und Straßenbahn für die Stadtentwicklung.

Im sechsten Kapitel werden maßgebliche gesellschaftliche, wirtschaftliche, technologische und politische Einflussfaktoren und Prozesse der aktuellen Stadtentwicklung aufgegriffen und ihre Auswirkungen auf die Stadtstruktur untersucht. Schwerpunkte bilden Suburbanisierungsprozesse, soziale Ungleichgewichte und der Umbau der städtischen Wirtschaft. Thematisiert werden in diesem Zusammenhang auch innovative Strategien und neuartige Formen der Stadtentwicklungsplanung.

Im siebten Kapitel werden ausgewählte kulturgenetische Stadttypen vorgestellt. Skizziert wird, welchen Einfluss verschiedene Kulturen der Erde auf die innere Struktur und das äußere Erscheinungsbild von Städten genommen haben und weiterhin nehmen.

Megastädte und Global Cities als Stadttypen besonderer Problematik und Bedeutung bilden das Rahmenthema des achten Kapitels. Im Mittelpunkt stehen die für Megastädte charakteristischen, tief greifenden Entwicklungsprobleme, Bevölkerungswachstum, soziale Disparitäten und Umweltverschmutzung. Mit den Global Cities werden die aus wirtschaftlicher Perspektive bedeutendsten Knotenpunkte der Weltwirtschaft vorgestellt.

Im neunten Kapitel werden zwei gegensätzliche Modelle von Städtesystemen verglichen. Nach wie vor große Bedeutung hat das hierarchische Zentrale-Orte-Modell. Trotz seiner geringen Flexibilität und starren Grundannahmen bildet es immer noch den Orientierungsrahmen für zahlreiche Landesentwicklungspläne. Mittlerweile ist mit den „Städtenetzen" ein innovatives Konzept an seine Seite getreten. In Städtenetzen werden hierarchische Ordnungen durch partnerschaftliche Organisationsstrukturen ersetzt.

Im abschließenden zehnten Kapitel „Stadtzukunft" werden aus heutiger Sicht denkbare Szenarien der Stadtentwicklung im 21. Jh. entwickelt. Dabei werden künftige ökonomische, technologische und gesellschaftliche Entwicklungen skizziert und ihre Auswirkungen auf Städte und städtische Gesellschaften abgeschätzt.

2 Raumkategorien

2.1 Der Stadtbegriff

Stadtforschung ist nicht nur Aufgabe der Geographie. Auch benachbarte Fachdisziplinen – Städtestatistik, Geschichte, Soziologie, Ökonomie und diverse Planungsdisziplinen – befassen sich wissenschaftlich mit Städten (Abb. 2.1). Ihre Vertreter haben sich, wie auch die Geographen, bemüht, aus ihrem fachspezifischen Blickwinkel „Stadt" zu definieren oder zumindest Merkmale für „Stadt" aufzulisten (HOFMEISTER 1984, S. 198). Es liegt somit nahe, einer Begriffsbestimmung aus geographischer Perspektive die Sichtweisen, Beschreibungen und Definitionen der oben genannten Fachdisziplinen zur Seite zu stellen.

2.1.1 Die Perspektive der Städtestatistik

Städtestatistiker definieren Städte durch die Festlegung unterer Schwellenwerte für die Einwohnerzahlen von Gemeinden. Die nationale Bandbreite der Untergrenzen ist außerordentlich groß. So werden in Island, Dänemark, Finnland und Schweden bereits Gemeinden, deren Einwohnerzahl über 200 liegt, in der nationalen Statistik als „Städte" geführt. In Kanada gelten Siedlungseinheiten mit 1000 Einwohnern und mehr als Städte, sofern ihre Bevölkerungsdichte 400 Einw./km² überschreitet. In Frankreich wird jede Gemeinde als Stadt tituliert, deren Hauptort mindestens

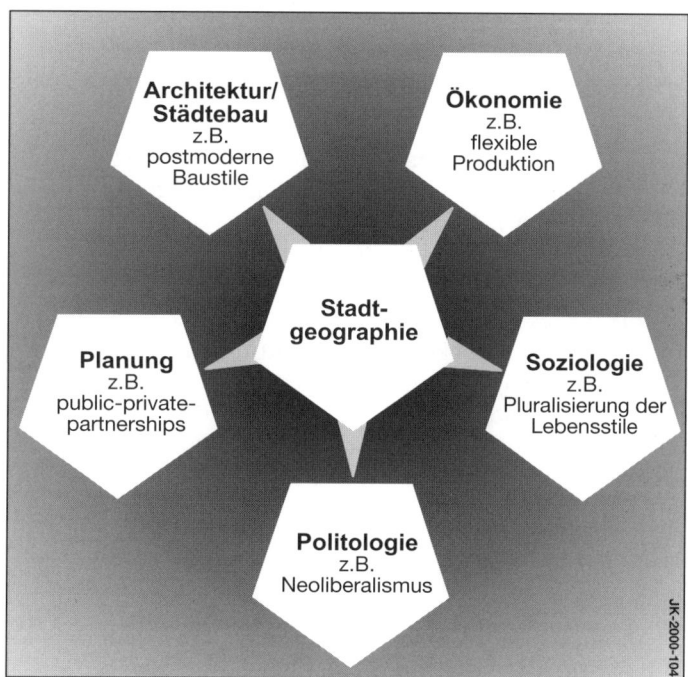

Abb. 2.1:
Verbindungen der
Stadtgeographie zu ihren
Nachbardisziplinen
(Quelle: eigener Entwurf)

2 000 Einwohner aufweist (WACKERMANN 1982, S. 123). Dagegen sind in Griechenland und Portugal Mindesteinwohnerzahlen von 10 000 erforderlich. In Japan wird sogar ein Schwellenwert von 50 000 Einwohnern für eine Stadt vorausgesetzt (United Nations 1999; vgl. auch Übersicht 2.1).

Bei genauerer Betrachtung zeigt sich, dass die genannten Untergrenzen keinesfalls willkürlich gewählt, sondern den nationalen Verhältnissen angepasst wurden. Denn in den dünn besiedelten skandinavischen Ländern weisen bereits kleine Siedlungen einen gewissen Besatz mit zentralörtlichen Funktionen auf, zum Beispiel einem Postamt oder Supermarkt. In den europäischen Mittelmeerländern wird dagegen ein hoher Schwellenwert angesetzt, um Städte von den bevölkerungsreichen Stadtdörfern zu unterscheiden. Diese Stadtdörfer weisen zum Teil Einwohnerzahlen von größeren Kleinstädten auf. Ihre innere funktionale Differenzierung ist jedoch nur schwach entwickelt. Außerdem ist ihr Besatz mit zentralörtlichen Einrichtungen so dünn, dass die Stadtdörfer keine nennenswerte Bedeutung für ihr Umland haben. Insofern wird der Stadtbegriff auf diese Siedlungen zu Recht nicht angewandt. Für das dicht besiedelte Japan dagegen ist der hohe Grenzwert von 50 000 Einwohnern sinnvoll, da bei Verwendung eines niedrigeren Schwellenwertes nahezu alle Gemeinden als städtisch einzustufen wären.

Die national mehr oder weniger stark voneinander abweichenden statistischen Definitionen von Stadt erschweren Länder übergreifende Vergleiche. Verschärft wird das Problem der Vergleichbarkeit dadurch, dass in einigen Ländern der statistische Stadtbegriff an anderen Indikatoren als an Bevölkerungszahl bzw. -dichte festgemacht wird. So gilt etwa in Peru eine Siedlung als städtisch, wenn sie mehr als 100 Wohngebäude umfasst. In einigen Ländern wird auf eine Operationalisierung ganz verzichtet. So werden in Tunesien alle Gemeinden als Städte behandelt. In Suriname dagegen wurde nur der Landesmetropole Paramaribo das Etikett „Stadt" verliehen.

Wegen der Unterschiedlichkeit der nationalen Definitionen fehlt bis in die Gegenwart eine international einheitliche Größenklassifikation. Daher sind auch Vergleiche nationaler Verstädterungsgrade fehlerträchtig, worauf im Demographischen Jahrbuch der Vereinten Nationen zu Recht hingewiesen wird: *"As a result of variations in terminology, it may appear, that differences between countries or areas are greater than they actually are. On the other hand, similar or identical terms (for example town, village, district) as used in different countries may have quite different meanings"* (United Nations 1999, S. 43).

Auf Deutschland ist die Anwendung eines unteren numerischen Schwellenwertes nicht sinnvoll. Ob eine Gemeinde den Stadttitel tragen darf, ist hier keine Frage der Größe, sondern in der jeweiligen Gemeindeverfassung festgelegt. Seit dem Jahre 1935 sind in Deutschland die rechtlichen Unterschiede zwischen städtischen und ländlichen Gemeinden beseitigt. Durch die Aufhebung der juristischen Unterschiede „besteht das Stadtrecht in einem inhaltsleeren Titel, der als geographischer Ordnungsbegriff ungeeignet ist, weil den mit ihm belegten Gemeinden kein raumrelevantes Merkmal gemeinsam ist, durch das sie sich von den übrigen absetzen" (GORKI 1974, S. 33).

MATZERATH (1974) unterstreicht, dass „die Gemeinde als umfassender juristischer Typus zunehmend alle rechtlich relevanten Elemente in sich aufgenommen" (S. 44)

Africa

Botswana: Agglomeration of 5,000 or more inhabitants where 75 per cent of the economic activity is of the non agricultural type.
Senegal: Agglomerations of 10,000 or more inhabitants.
Tunisia: Population living in communes.

America, North

Canada: Places of 1,000 or more inhabitants, having a poulation density of 400 or more per square kilometre.
Greenland: Localities of 200 or more inhabitants.
Jamaica: not available

America, South

Argentina: Populated Centres with 2,000 inhabitants or more.
Peru: Populated Centres with 100 or more dwellings.
Suriname: Paramaribo town.

Asia

Indonesia: Places with urban characteristics.
Japan: City (shi) having 50,000 or more inhabitants with 60 per cent or more of the houses located in the main built-up areas and 60 per cent or more of the population (including their dependants) engaged in manufacturing, trade or other urban type of business. Alternatively, a shi having urban facilities and conditions as defined by the prefectural order is considered as urban.
Malaysia: Gazetted areas with population of 10,000 more.

Europe

Greece: Population of municipalities and communes in which the largest population centre has 10,000 or more inhabitants.
Iceland: Localities of 200 or more inhabitants.
Portugal: Agglomeration of 10,000 or more inhabitants.

Übersicht 2.1: Nationale Stadtdefinitionen – Auswahl (Quelle: United Nations 1999, S. 141 ff.). Um weitere begriffliche Unschärfen zu vermeiden, wurde auf eine Übersetzung ins Deutsche verzichtet.

habe. An die Stelle einer Größenklassifikation von Städten, etwa in Zwerg-, Land-, Klein-, Mittel- und Großstädte, ist in der amtlichen Statistik mittlerweile eine Größenklassifikation von Gemeinden getreten.

Neben den nationalen Unterschieden bezüglich der statistischen Abgrenzung von Stadt spielt auch die historische Epoche, in der eine Definition festgelegt wurde, eine wesentliche Rolle. So haben sich im Verlaufe der letzten vier Jahrhunderte die statistischen Schwellenwerte zur Bestimmung von Großstädten mehrfach geändert. Dies zeigt die Untersuchung des Historikers OLBRICHT (1936) besonders deutlich. Er entwickelte für seine stadtgeschichtlichen Analysen eine gleitende Skala zur Definition von Großstädten. Für das Jahr 1600 bezeichnete er Siedlungen mit mehr als 15 000 Einwohnern als Großstädte, während er für 1790 schon 20 000 Einwohner als unteren Schwellenwert ansetzte. Für das Jahr 1930 schließlich legte er die Marke 100 000 fest, die auch heute noch zur formalen Unterscheidung von Mittel- und Großstädten herangezogen wird (HEUER 1977, S. 20).

OLBRICHTS Definitionen suggerieren jedoch, dass es bereits vor der Industrialisierung Großstädte gegeben habe. Dies mag aus Perspektive der Stadtgeschichte zutreffen. Aus geographischer Sicht allerdings ist die Verwendung des Begriffes Großstadt für mittelalterliche Städte von nicht einmal 20 000 Einwohnern nicht sinnvoll, denn die damaligen „Großstädte" wiesen im Gegensatz zu heutigen Metropolen bescheidene Flächengrößen auf. Alltag und Lebenswelt der Bewohner spielten sich mehr oder weniger auf dem gesamten Stadtgebiet ab. Der Bewohner der mittelalterlichen Stadt konnte seine Stadt ohne Probleme zu Fuß durchqueren. Der heutige Stadtbewohner hingegen kann sich ohne öffentliche oder individuelle Verkehrsmittel seine Stadt kaum noch erschließen. Die Daseinsgrundfunktionen „Wohnen", „Arbeiten", „Versorgen" und „Erholen" übt er in der Regel an getrennten Standorten aus. Seine Wahrnehmungs- und Aktionsräume umfassen nicht mehr das gesamte Stadtgebiet, sondern beschränken sich auf wenige inselhafte Räume.

2.1.2   Die Perspektive der Stadtgeschichte

Aus historischer Sicht lassen sich für Mitteleuropa vier Gruppen historischer Stadttypen herausarbeiten. Neben den *römischen Städten*, die von Christi Geburt bis etwa zur Mitte des 5. Jahrhunderts gegründet wurden, spielen vor allem *mittelalterliche* und *frühneuzeitliche* Städte eine zentrale Rolle. Mit Beginn des Industriezeitalters bildete sich die *Industriestadt* als rein wirtschaftlich definierter Stadttyp heraus, wenngleich nur wenige Industriestädte im 19. oder 20. Jahrhundert gegründet wurden. Charakteristisch war vielmehr der Aus- und Umbau älterer Städte.

Für Antike und Mittelalter lassen sich politisch-rechtliche, gesellschaftliche und bauliche Kriterien zur Definition des Stadtbegriffes anführen. Sowohl in der römischen Epoche als auch im Mittelalter waren Städte kompakte, durch Befestigungsanlagen nach außen geschützte und klar begrenzte Baukörper, die sich im Weichbild scharf von ihrem Umland abhoben. Trotz ihrer Kompaktheit wiesen sie ein hohes Maß an innerer Ordnung und funktionaler Differenzierung auf. Bereits die ägyptische Hieroglyphe für Stadt zeigt deutlich zwei wesentliche Merkmale, die auch für die antike und die mittelalterliche Stadt typisch sind: die äußere Abgeschlossenheit und die innere Gliederung in Stadtviertel (Abb. 2.2). Zudem weisen die über die Stadtgrenzen hinausragenden und sich in der Stadtmitte rechtwinklig schneidenden Achsen die Stadt als Schnittpunkt des Verkehrs und Ort der Handels aus, ein Merkmal, das auch für spätere Stadtgenerationen gültig bleibt (Pfeil 1972, S. 3).

Die mittelalterliche Stadt in Mitteleuropa war eine Siedlung, die autonom verwaltet wurde und eine juristische Sonderstellung einnahm. Auf ihrem Territorium galten besondere Rechte, wie das Münzrecht, das Stapelrecht und das Marktrecht. Außerdem war die Stadt während des gesamten Mittelalters ein Ort politischer Macht. Domburg und Kaiserpfalz verkörpern noch heute als frühmittelalterliche Stadtkerne Symbole kirchlicher und weltlicher

Abb. 2.2:
Ägyptische Hieroglyphe zur Symbolisierung von Stadt (Quelle: Pfeil 1972, S. 3)

Herrschaft. Obwohl im Laufe der Jahrhunderte die politische Bedeutung der meisten Städte abnahm und Handel sowie Handwerk als Funktionen bedeutender wurden, blieben Könige, Grafen und Bischöfe auch im ausklingenden Mittelalter die Herren der Stadt.

Die frühe Neuzeit brachte ein sehr heterogenes Spektrum von Stadttypen hervor. Als besonderer Typ entstand die Bergstadt (15.–16. Jh.), die an das Vorkommen von Rohstoffen gebunden war. Bergstädte wurden vor allem im Harz (Goslar, Clausthal-Zellerfeld), in den östlichen Mittelgebirgen (Erzgebirge, Böhmerwald) und in den Alpen gegründet. Die für sie typische planmäßige Anlage ist auch ein Merkmal der sog. Exulantenstadt. Flüchtlingsstädte wurden in landesfürstlichen Gebieten protestantischer Glaubensbekenntnisse gegründet. Stadtgründer waren Flüchtlinge aus Gebieten der Gegenreformation, so aus Böhmen, aus Flandern und aus Frankreich. Die bekanntesten Flüchtlingsstädte sind Altona, Neu-Hanau, Neu-Isenburg und Friedrichstadt (Abb. 2.3). Mit der Residenzstadt entstand während des 16. und 17. Jh. ein Stadttyp, der durch die Demonstration weltlicher Macht geprägt wurde. Typisch sind der planmäßige, auf Rechteck und Quadrat basierende Grundriss der Stadt, und die den Innovationen der Militärtechnik angepassten Verteidigungsanlagen. Eine besondere Bedeutung kommt in diesem Zusammenhang dem Bastionssystem zu, das von dem französischen Baumeister Vauban (1633–1707) entwickelt wurde. Noch stärker als die Residenzstadt war die Barockstadt des 18. und 19. Jh. auf das Schloß des Fürsten ausgerichtet. Seine Bedeutung sollte sich im Stadtbild deutlich niederschlagen. Am Beispiel Karlsruhes wird die sich hieraus ergebende Grundrissgestaltung besonders deutlich. In der geometrischen Mitte der Stadt liegt das Schloss. Von dort aus führen 32 Wege nach außen. In nördliche Richtung erschließen sie den sog. Wildpark, in südliche Richtung die Stadt (Abb. 2.4).

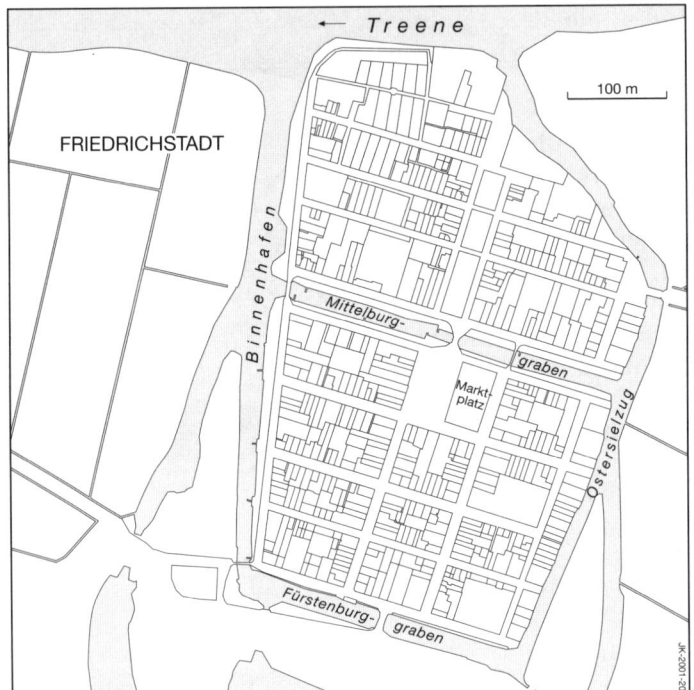

Abb. 2.3:
Stadtplan von
Friedrichstadt
(Quelle: Stoob 1979)

Abb. 2.4:
Barockstadt Karlsruhe
(Quelle: Fezer 1979, S. 49)

Einen völlig neuen Stadttyp verkörperte die Industriestadt, die ab dem späten 18. Jh. in Großbritannien und ab Mitte des 19. Jh. in Mitteleuropa entstand. Ihre Funktion war weder administrativer noch militärischer Natur. Die Industriestadt definierte sich hauptsächlich über ihre Bedeutung als Zentrum technischer, gesellschaftlicher und juristischer Innovationen und vor allem als Standort der Textil-, Montan- und Werftindustrie (vgl. Kap. 5).

2.1.3 Die Perspektive der Stadtsoziologie

Das soziologische Verständnis von Stadt orientiert sich an der Struktur der städtischen Gesellschaft. Im Mittelpunkt des Interesses stehen die besonderen Ausprägungen sozialer Gruppen und Milieus. Hierzu zählen der hohe Grad ethnischer und soziokultureller Differenzierung sowie die Vielfalt von Haushaltsformen und „Lebensstilgruppen".

Ein signifikantes Kennzeichen der Stadt bilden die besonderen Haushaltsstrukturen. Der Single-Haushalt bildet in den meisten deutschen Großstädten bereits die dominierende Haushaltsform. In Köln etwa ist jeder zweite Haushalt ein Einpersonenhaushalt. Der extrem hohe Anteil der Single-Haushalte in den Städten ist im Übrigen ein Indikator für die Auflösung traditioneller Gesellschaftsstrukturen.

Typisch für die gegenwärtige soziale Struktur der Großstadt ist die starke Ausdifferenzierung *sozialer Milieus* (HERLYN 1998, S. 151 ff.). SCHULZE (1992) identifiziert in mitteleuropäischen Großstädten gegenwärtig mindestens fünf unterschiedliche Lebensstilgruppen. NOWAK & BECKER (1985) gliedern demgegenüber sogar acht verschiedene Milieus (konservatives gehobenes Milieu, technokratisch-liberales Milieu, alternatives Milieu, kleinbürgerliches Milieu, aufstiegsorientiertes Milieu, hedonistisches Milieu, tradionelles Arbeitermilieu und traditionsloses Arbeitermilieu) aus, die sich über ihre Schichtzugehörigkeit und Grundorientierung definieren lassen (Abb. 2.5).

Allerdings kann diese Differenzierung nicht auf die Stadt begrenzt werden. Vielmehr haben sich Lebensstile und -gewohnheiten von Städtern und Landbewohnern, bedingt durch Suburbanisierung sowie Counterurbanisierung und begünstigt durch die Ausbreitung moderner Informations- und Kommunikationstechnologien, weitgehend angeglichen. Es ist fraglich, ob sich in den Industrieländern Werte, Normen und Lebensstile städtischer und ländlicher Gesellschaften überhaupt noch signifikant unterscheiden lassen, d.h., ob es ein „soziales System Stadt" gibt, dessen Grenzen kartographisch erfassbar sind. Der Stadtsoziologe HAMM (1982, S. 21) erhebt sogar die städtischen Lebensweisen zur Norm, indem er alle sozialen Strukturen und Prozesse als im Grunde städtische Phänomene auffasst.

Dieser Auffassung ist allerdings nur eingeschränkt zuzustimmen, da städtische und ländliche Lebensstile in den meisten Entwicklungs- und Schwellenländern (noch) deutlich differieren. Für diese Länder lassen sich mit Hilfe soziodemographischer Indikatoren klare Abgrenzungen zwischen Stadt- und Landbevölkerung vornehmen. In einigen Fällen werden dazu die Erwerbsstrukturen herangezogen. So ist beispielsweise das entscheidende Kriterium für eine städtische Siedlung in Israel, dass mindestens zwei Drittel der erwerbstätigen Personen in nichtagrari-

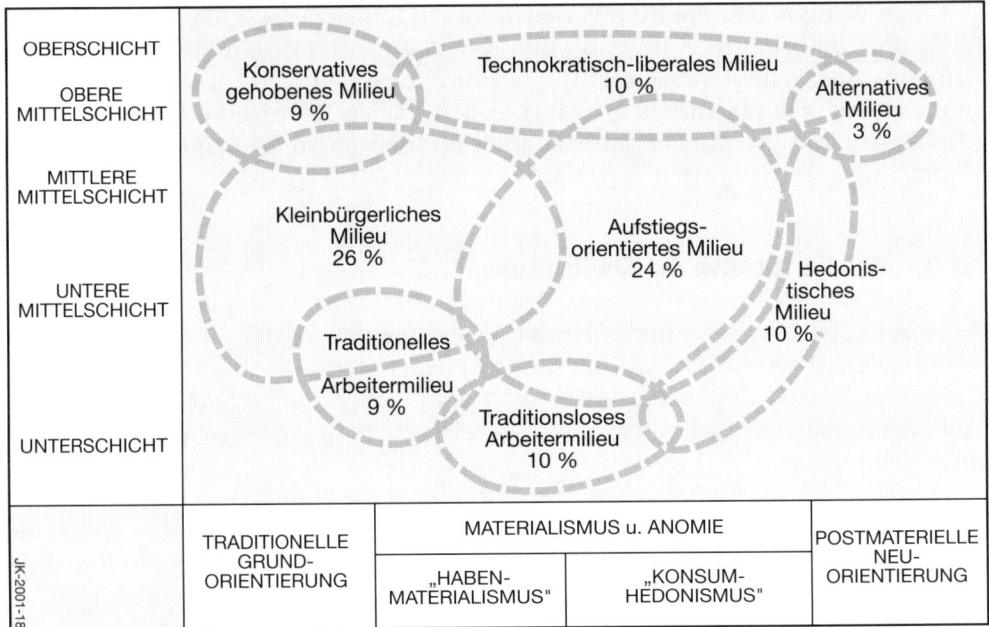

Abb. 2.5: Soziale Schicht und Grundorientierung von Milieus in Deutschland
(Quelle: NOWACK & BECKER 1985, S.14)

schen Wirtschaftszweigen tätig sein müssen. In Indien dagegen gilt eine Siedlung erst als städtisch, wenn mehr als drei Viertel der männlichen Erwerbstätigen einer außerlandwirtschaftlichen Tätigkeit nachgehen.

2.1.4   Die Perspektive der Stadtökonomie

Die Stadtökonomie ist ein relativ junges Forschungsfeld. Nachdem die Wirtschaftswissenschaften Probleme der Verstädterung lange Zeit aus ihren Forschungen ausgeschlossen hatten, begann Anfang der 1960er Jahre das Interesse der Ökonomen an der Stadt zuzunehmen. Der Hintergrund für die Zuwendung zur Stadt, die zuerst während der 1960er Jahre in den USA einsetzte, ist in der Zuspitzung einer Reihe städtischer Probleme *(urban crisis)* und der Erkenntnis zu sehen, dass die Ökonomen einen wesentlichen Beitrag zu deren Lösung zu liefern imstande sein würden. Als zentrales Forschungsfeld etablierte sich zunächst die Analyse städtischer Arbeitsmärkte heraus.

Mögliche Indikatoren zur pragmatischen Abgrenzung von Städten als Wirtschaftsstandorte sind:

1. die Tiefe der Gliederung des städtischen Arbeitsmarktes, der die gegenüber dem Land größere Vielseitigkeit des wirtschaftlichen Besatzes widerspiegelt, sowie

2. der Anteil der Beschäftigten in tertiären Branchen (Banken, Versicherungen, Handel) und in quartären Wirtschaftszweigen (Forschungs- und Entwicklungseinrichtungen). Ihr Anteil liefert einen guten Indikator für Zentralität. Der Anteil der Industriebeschäftigten ist dazu nicht geeignet. Bedingt durch Industriesuburbanisierung und Deindustrialisierung, von denen die Städte stärker als die ländlichen Gebiete betroffen sind, ist der Anteil der im sekundären Sektor Beschäftigten auf dem Lande heute sogar häufig größer als in der Stadt.

Auf diese Weise abgegrenzte Flächen stellen jedoch immer nur Kompromisse und vorläufige Arbeitsmodelle dar, da der Abgrenzung städtischer Wirtschaftsräume kein territoriales bzw. euklidisches Raumkonzept zugrunde liegt. Vielmehr setzen sich Städte aus einem lockeren Gefüge miteinander verknüpfter Wirtschaftsstandorte zusammen (RITTER 1993). Sie bilden keine geschlossene, nach außen klar abgegrenzte Region, sondern stellen ein räumlich disjunktes, funktionales Beziehungsgeflecht dar (KRÄTKE 1995). Aus ökonomischer Perspektive ist die Stadt ein dynamisches System sich gegenseitig stimulierender Märkte.

2.1.5 Die Perspektive der Stadtgeographie

Die Schwierigkeit, den Stadtbegriff aus geographischer Sicht zu präzisieren, lässt sich darauf zurückführen, dass „Stadt", wie bereits gezeigt wurde, in zurückliegenden Epochen und anderen Kulturen durch jeweils verschiedene Einwohnerzahlen, andersartige städtebauliche Leitbilder und unterschiedliche Funktionen geprägt war. Auf sehr plastische Weise unterstreichen HÄUSSERMANN & SIEBEL (1987, S. 7), dass sich „nur bezogen auf eine historische Epoche und eine bestimmte Gesellschaft sinnvoll über Stadt sprechen lässt", eine Einschätzung, der sich die Geographie durchaus anschließen kann: *„Stadt, was für ein knappes Wort für eine Vielfalt von Wirklichkeiten: das sündige Babel, das heilige Jerusalem, Oldenburg in Oldenburg, Kalkutta, Sparta und Athen, die deutschen Städte des frühen Mittelalters mit im Durchschnitt 500 Einwohnern und Mexiko City heute mit über dreißig Millionen ... Macht es da noch einen Sinn, gleichermaßen von Stadt zu sprechen?"* (HÄUSSERMANN & SIEBEL 1987, S. 7).

Trotz der verschiedenen Ausprägungen von Stadt lassen sich aus Sicht der Geographie acht Kriterien für eine Stadtdefinition zusammenstellen. Sie eignen sich – mit gewissen Einschränkungen –, um epochen- und kulturübergreifend das Wesen der Stadt in seinen Grundzügen zu charakterisieren.

1. *Zentralität ist das wesentliche Kennzeichen der Stadt.* Zentralität bedeutet Bedeutungsüberschuss. Die Stadt hat Funktionen, die auch auf ihr Um- und Hinterland gerichtet sind (GORKI 1974, SCHWARZ 1966). Zentralität entsteht durch die Konzentration von Verwaltungs-, Bildungs-, kulturellen, medizinischen und politischen Einrichtungen sowie durch die Agglomeration hochrangiger und hoch spezialisierter Einzelhandelsunternehmen. So werden etwa Universitäten, Spezialkliniken, Theater sowie Spezialgeschäfte nicht nur von der eigenen Stadtbevölkerung in Anspruch genommen. Sie dienen auch der Versorgung des Um- und

Hinterlandes von Großstädten. Für manche Städte sind allerdings Funktionen typisch, die eine nationale, mitunter sogar internationale Reichweite haben. Dies können beispielsweise für die Weltwirtschaft bedeutende Funktionen (Börsen, Banken) und Einrichtungen von weltweitem Bekanntheitsgrad sein, die für den internationalen Städtetourismus wichtig sind.

2. *Städte weisen zu allen Zeiten und in allen Kulturen eine an Bevölkerung und Fläche regional unterschiedliche Mindestgröße auf.* Bereits RATZEL (1903) betonte, dass „Zusammendrängungen" [von Bevölkerung, *Anmerk. d. Verf.*] erst dann zu Städten werden, wenn sie eine gewisse Größe überschreiten und wenn sie eben deswegen nicht mehr in der Lage sind, ihre Bewohner unmittelbar von ihrem Boden zu ernähren. Wie bereits gezeigt wurde, ist die Bandbreite unterer Schwellenwerte von Bevölkerungszahlen zur Abgrenzung von Städten außergewöhnlich groß (vgl. Kap. 2.1).

3. *Hohe Bebauungs- und Bevölkerungsdichten bedingen die Geschlossenheit der Ortsform.* Zumindest in ihren inneren Teilen haben sich Städte morphographisch in allen Kulturen und Epochen als „verhältnismäßig kompakte Siedlungs- und Baukörper mit hoher Wohnstätten- und Arbeitsplatzdichte" (HOFMEISTER 1984, S. 202) von ihren Randzonen abgehoben. Die Verteidigungs- und Befestigungsanlagen der vorindustriellen Stadt bildeten eine klare und scharfe Grenze zum Umland. In den Industrienationen ist allerdings im Zuge der Cityentwicklung während der zweiten Hälfte des 19. Jh. die Wohnbevölkerung aus den zentralsten Innenstadtlagen verdrängt worden. Daher zeigen zentral-peripher gelegene Bevölkerungsdichteprofile beispielsweise europäischer oder angloamerikanischer Städte in ihrer Mitte eine trichterartige Vertiefung, für die sich der Begriff „*City-krater*" eingebürgert hat (Abb. 2.6). Zudem sind durch Sub- und Desurbanisie-

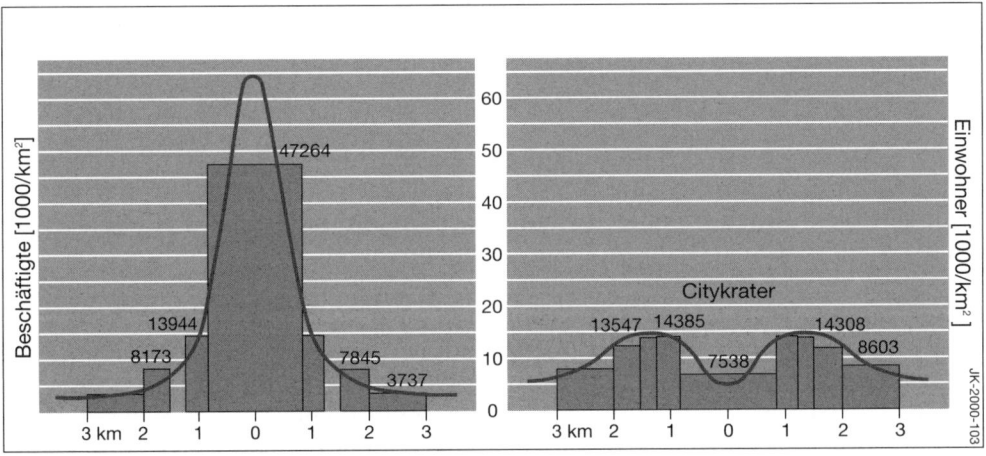

Abb. 2.6: Profil der Beschäftigten- und Bevölkerungsdichte am Beispiel von Hannover
(Quelle: LEHNER 1969, S. 20)

rung vor allem Großstädte mittlerweile bis zur Unkenntlichkeit mit ihrem Umland verschmolzen, so dass die „Geschlossenheit der Ortsform" als Kriterium für Stadt an Bedeutung eingebüßt hat.

4. *Zum Wesensmerkmal von Städten zählt die funktionsräumliche Gliederung in Viertel.* Städte zeichnen sich durch einen hohen Grad an funktionaler Differenzierung aus. Eine entscheidende Determinante bilden die in Abhängigkeit von der jeweiligen Lage unterschiedlichen Bodenpreise, die bestimmte Nutzungen priorisieren, andere hingegen ausschließen. So weist jede Großstadt in zentraler Lage eine Wirtschaftscity, ein Kulturviertel, ein Einkaufsgebiet usw. auf, während Wohn- und Industrieviertel eher in peripherer Lage anzutreffen sind. Ebenfalls von Bedeutung sind wirtschaftliche Synergieeffekte, die sich aus der räumlichen Nachbarschaft gleichartiger Einrichtungen ergeben. Vor allem Institutionen von Handel, Bildung, Kultur und Verwaltung konzentrieren sich häufig in Form räumlicher Cluster. Schließlich ist die Entstehung funktionaler Teilräume, wie Industrie- und Gewerbeviertel, das Ergebnis einer normativen Stadtentwicklungsplanung, deren Grad der Einflussnahme auf die Stadtgestaltung von kulturellen und politischen Rahmenbedingungen abhängt.

5. *Städte weisen eine ausgeprägte soziale und ethnische Differenzierung ihrer Bevölkerung auf.* Zu allen Zeiten war die Stadt ein Ort sozialer Kontraste, die sich in einer Segregation nach Quartieren unterschiedlichen Wohnstatus widerspiegelten. Während in der vorindustriellen Stadt das Stadtzentrum das statushöchste Viertel darstellte und die ärmeren Bevölkerungteile an den Rändern der Stadt lebten, kehrte sich das Muster während des Industriezeitalters um. Die hohen Bodenwerte in den zentralsten Lagen und die durch die Zunahme des Verkehrs abgewerteten Standortvorteile der Innenstadt führten zu einer Verlagerung der Oberschicht-Wohngebiete an die Peripherie der Städte. Zudem sind Städte zu allen Zeiten und in nahezu allen Kulturen Sammelbecken für Gruppen unterschiedlicher ethnischer Zugehörigkeit und Herkunft gewesen. Gegenwärtig werden viele Städte Mitteleuropas durch einen Zustrom von Einwanderern aus Ländern Osteuropas und aus Entwicklungsländern belastet. Wegen der geringen Mieten, die diese Menschen zahlen können, konzentrieren sie sich in Großwohnsiedlungen und ehemaligen Arbeitervierteln. Durch die modernen Kommunikationsmittel und die hohe Mobilität bilden heute durch einzelne Nationalitäten oder Konfessionen geprägte Viertel in Europa jedoch die Ausnahme.

6. *Städte sind aus politischer, gesellschaftlicher und technologischer Sicht normative Innovationszentren.* Vor allem in den kreativen städtischen Milieus der Großstädte entwickeln sich neue gesellschaftliche Trends, Normen und Wertvorstellungen, die auf unterschiedlichen Wegen (Medien, persönliche Erfahrungen) in den ländlichen Raum eingetragen werden. Darüber hinaus sind Städte auch technologische Innovationszentren. Hier werden Ideen geboren, finden Basisinnovationen statt und werden technische sowie wirtschaftliche Neuerungen ausprobiert und umgesetzt, bevor sie in ihr Diffusions- und Reifestadium eintreten. Als Beispiel aus der jüngeren Vergangenheit lassen sich die Satelliten-

antennen auf den Hausdächern anführen. Mitte der 1980er Jahre zunächst nur in den Großstädten zu sehen, verbreiteten sie sich in kurzer Zeit in suburbanen und ländlichen Räumen. Mittlerweile zählen sie selbst in den stadtfernsten Gebieten zum gewohnten äußeren Erscheinungsbild. In den Innenstädten dagegen sind sie mittlerweile vielerorts schon wieder verschwunden, da sie durch die nächste Innovation, die Breitbandkabelnetze der Telekommunikationsanbieter, überflüssig wurden.

7. *Städte profitieren in erheblicher Weise von den Ressourcen des ländlichen Raumes.* Die Abhängigkeit der Stadt von ihrem Umland war zu allen Zeiten ein wesentliches Merkmal der Stadt-Land-Beziehung, wenngleich ihre Dimensionen im Industriezeitalter und in der Postmoderne zugenommen haben. Der auf dem Land erwirtschaftete Überschuss an Nahrungsmitteln bildete stets die Voraussetzung für die Existenz außerlandwirtschaftlicher Berufe in der Stadt. Davon profitierten im Zweistromland Krieger und Tempeldiener, im mittelalterlichen Europa Händler und Handwerker und im New York der Gegenwart Börsenhändler und Banker. Im Einzelnen hing und hängt dies von den sozioökonomischen Rahmenbedingungen ab, unter denen diese Städte gegründet wurden (HÄUSSERMANN & SIEBEL 1987, S. 7). Heutzutage erfüllt der ländliche Raum eine Vielzahl komplementärer Aufgaben für die Stadt. Von besonderer Bedeutung ist die ökologische Ausgleichsfunktion des ländlichen Raums. Offene Flächen, Parks, Fluren, Wälder und Seen stellen aus ökologischer Perspektive notwendige Ergänzungsräume dar, die ihren Zweck aber auch als Naherholungslandschaften für die städtische Bevölkerung erfüllen. Wichtig ist ferner die Funktion des ländlichen Raumes als Standort „sperriger" Infrastruktureinrichtungen. Die großstadtnahen Gemeinden übernehmen heute eine Reihe von Aufgaben für das Alltagsleben und die Wirtschaft in Großstädten. Hierzu zählen beispielsweise die Trinkwassertalsperren in stadtnahen Mittelgebirgen sowie die Sondermülldeponien in aufgelassenen Tagebauen. Auch die Großflughäfen der meisten Metropolen liegen nicht auf deren Territorien, sondern im angrenzenden suburbanen oder ländlichen Raum. Das Umland ist im Hinblick auf „sperrige" oder „belastende Infrastrukturen" zum Hinterhof der Kernstädte geworden (ARING 1999, S. 72).

8. *Die Stadt ist ein ökologisch stark belasteter bzw. überlasteter Raum.* Vor allem Großstädte weisen Verdichtungsschäden auf, die durch Emissionen, Verkehrs- und Industrielärm, Wasserverunreinigungen, Flächenversiegelungen etc. hervorgerufen werden. In den Megastädten der Entwicklungs- und Schwellenländer zeigen sich diese Probleme und ihre Folgewirkungen in voller Schärfe.

2.1.6   Von der Stadt zur Agglomeration

Wissenschaftliche Großstadtforschung bedeutet heute Agglomerationsraumforschung, da Großstädte und ihre suburbanen Ergänzungsräume miteinander verwachsen und verzahnt sind. Stadt und Land sind heute durch breite suburbane Übergangsräume verbunden, in denen nur noch Reste der einstigen ländlichen Kulturlandschaft erhalten geblieben sind. HÄUSSERMANN & SIEBEL (1987) weisen darauf hin, dass sich seit der Industrialisierung in manchen Verdichtungsräumen das Verhältnis von städtischer zu ländlicher Flächennutzung sogar nahezu umgekehrt hat: *„Die Stadt, wie sie uns noch auf Merian-Stichen gegenübertritt, war früher eine mauerbewehrte Insel der Zivilisation im Meer der Natur. Heute bildet die Natur kleine, sorgfältig gehegte Inseln im Siedlungsbrei des Ruhrgebiets oder von Boswash, dem Städteband, das sich an der amerikanischen Ostküste von Boston bis Washington zieht"* (S. 7).

Realistischerweise muss heute von einem Stadt-Land-Kontinuum ausgegangen werden. Die Formen und Strukturen der suburbanen Räume analysierte als einer der ersten Geographen in Europa der Brite MINER (1957). Seinen Forschungsergebnissen zufolge bilden Stadt und Land nicht zwei dichotome Elemente eines Siedlungssystems, sondern stellen die Endstücke einer langen Kette mit zahlreichen Zwischengliedern dar. Innerhalb dieses Kontinuums bildeten die suburbanen Räume in den 1970er und 1980er Jahren die Gebiete höchster wirtschaftlicher Prosperität. Sie wurden gelegentlich etwas despektierlich als „Speckgürtel" oder, in der angelsächsischen Geographie, als „cocktail belts" bezeichnet. Sie konnten hohe Arbeitsplatzzuwächse verzeichnen, während im gleichen Zeitraum die Kernstädte Bevölkerungs- und Arbeitsplatzverluste hinnehmen mussten (LÄPPLE 1996, S. 198). In den letzten Jahren haben sich die Gebiete größten Wachstums zur Peripherie hin verschoben. „Gewinner" der Entwicklung sind gegenwärtig nicht mehr die unmittelbar an die Kernstädte grenzenden, hoch verdichteten Umlandkreise, sondern die entfernter gelegenen, noch stärker ländlich geprägten Gebiete (HESSE & SCHMITZ 1998, S. 436).

Dieser Trend ist nicht nur irreversibel, sondern wird mit großer Wahrscheinlichkeit weiter voranschreiten. Der allgemeine Wunsch nach mehr Wohnfläche und das Ziel der wirtschaftlichen Weiterentwicklung werden Städte in industrialisierten Ländern weiter über ihre administrativen Grenzen hinaus wachsen lassen. SIEVERTS (1998) unterstreicht in dem Zusammenhang, dass es realistisch sei, künftig von einer weiteren Verstädterung des Umlandes auszugehen, auch wenn die Auszehrung der alten Stadt bedauerlich sei (S. 455).

2.2 Modelle und Schemata verstädterter Gebiete

Seit Beginn des 20. Jh. wurden im In- und Ausland zahlreiche sog. *taxonomische Modelle* zur Beschreibung des Aufbaus von Agglomerationsräumen entwickelt. Taxonomische Modelle sind Schemata, welche die Wirklichkeit auf ein abstrahiertes Grundgerüst der räumlichen Ordnung reduzieren (REICHART 1999, S. 18).

Vor allem nach dem Zweiten Weltkrieg, als sich aufgrund der Automobilisierung die Städte flächenhaft in ihr Umland auszudehnen begannen, erfuhr die Agglomerationsforschung kräftigen Auftrieb. In den 1960er und 1970er Jahren kam es deshalb zu einer raschen Folge neuer Bezeichnungen für die sich rasch ausweitenden Agglomerationen.

Die in dieser Epoche entwickelten Modelle weisen im Grundsatz vier gemeinsame Merkmale auf:

1. Alle taxonomischen Modelle verstädterter Gebiete sind aggregierte Analogmodelle. Unabhängig vom konkreten Fall zeigen sie den allgemeinen Aufbau
   von Agglomerationen.

2. Die Modellbildung stützt sich auf empirische Untersuchungen verstädterter
   Gebiete. Räumliche Untersuchungselemente sind in der Regel administrative
   Einheiten, Wohnplätze, Gemeinden oder Kreise. Eine bis zur kommunalen Ge-
   bietsreform häufig verwendete Elementargröße war die Gemeinde. So fußt das
   ringzonale Modell der Stadtregion von BOUSTEDT auf der Untersuchung von
   Kommunen. Mit der Zusammenlegung von Gemeinden seit Mitte der 1970er
   Jahre reduzierten sich die Möglichkeiten der präzisen Abgrenzung regionaler
   Einheiten.

3. Die Beschreibung räumlicher, funktionaler und soziodemographischer Strukturen erfolgt mit Hilfe statistischer Indikatoren. Sie werden in der Regel aus amtlichen Zählungen, seltener aus Fortschreibungen abgeleitet. Solche amtlichen
   Zählungen sind beispielsweise der sog. Mikrozensus und die Volkszählung. In
   der Bundesrepublik Deutschland wurden nach dem Zweiten Weltkrieg vier amtliche Zählungen von Bevölkerung, Wohn- und Arbeitsstätten sowie Gebäuden
   durchgeführt (1950, 1961, 1970 und 1987). Der Zeitpunkt der ersten Großzählung
   nach der Vereinigung der beiden deutschen Staaten ist noch offen. Die Schwierigkeiten, derartige Zählungen politisch durchzusetzen, sind in anderen Ländern geringer. So wird zum Beispiel in Großbritannien und allen Commonwealth-Staaten seit 1801 regelmäßig im ersten Jahr eines neuen Jahrzehnts eine
   Volkszählung durchgeführt.

4. Die Abgrenzung und innere Gliederung von Agglomerationsräumen erfolgt aufgrund statistischer Schwellenwerte. Sie sind in der Regel das Ergebnis von Kon-
   ventionen, über die in Kommissionen und Ausschüssen zuständiger Behörden
   Einigkeit erzielt wurde, und folglich subjektiver Natur. Zudem haben sie immer
   nur für bestimmte Raumausschnitte und Zeitphasen Gültigkeit.

Ein differenzierendes Kriterium stellt die Abgrenzungsmethode dar. In Abhängigkeit von den berücksichtigten Indikatoren lassen sich drei Ansätze unterscheiden:

1. *Die geographisch-städtebauliche Methode.* Sie räumt dem physiognomisch
   wahrnehmbaren Erscheinungsbild der Siedlungen eine hohe Priorität ein. Bekannte Modelle, die auf dieser Methode beruhen, sind die britische „*Conurbation*"
   und die US-amerikanische „*Urbanized Area*".

2. *Die demographisch-soziologische Methode.* Sie berücksichtigt vor allem sozial-
   statistische Indikatoren. Als differenzierende Variablen werden soziale, ethnische
   und demographische Merkmale von Personen oder Haushalten herangezogen.
   Der bekannteste Vertreter der demographisch-soziologischen Methode ist der
   Franzose BENARD (1952). Er stützte seine Agglomerationsforschungen in Frankreich auf die Untersuchung von Haushaltsformen.

3. *Die sozioökonomische Methode.* Ihre Vertreter ziehen als Abgrenzungs- und Gliederungsmerkmale vor allem die berufliche und wirtschaftliche Differenzierung der Bevölkerung heran. Zudem berücksichtigen sie Verkehrsbeziehungen, die sich im Berufspendlertum, in der Versorgungszentralität und den Kommunikationsfeldern niederschlagen (BOUSTEDT 1975, S. 321f.). Zu dieser Gruppe zählt das verbreitete Modell der Stadtregion.

2.2.1 Nationale Ansätze

2.2.1.1 Erste Gliederungsversuche

Als erster Wissenschaftler bemühte sich der Städtestatistiker SCHOTT (1912) um die statistische Erfassung und Beschreibung der seit der Gründerzeit räumlich expandierenden Großstädte. Er definierte als Agglomeration „eine Großstadtgemeinde nebst der von dieser in ihrer sozialen und ökonomischen Bevölkerungsstruktur entscheidend beeinflussten Umgebung" (S. 5). Neben den spezifischen Bau- und Wohnweisen berücksichtigte SCHOTT auch die Verkehrsbeziehungen, die aufgrund der räumlichen Trennung von Arbeits- und Wohnstätten an Intensität und Bedeutung beträchtlich zugenommen hatten. Seine Untersuchungen stießen auf starke Resonanz, so dass das statistische Reichsamt die Volkszählungsdaten des Jahres 1910 nach den von SCHOTT vorgeschlagenen Schwellenwerten für Agglomerationen aufbereitete und mit Band 240 der „Statistik des Deutschen Reiches" die erste umfassende Agglomerationsstatistik veröffentlichte (BOUSTEDT 1975, S. 341).

Auch in der Zwischenkriegszeit wurden Versuche unternommen, die zunehmende räumliche Ausdehnung der Großstädte und die Verstädterung des Umlandes mittels taxonomischer Modelle zu erfassen. Allen Ansätzen aus dieser frühen Phase ist gemeinsam, dass sie lediglich Entwicklungen nachzeichneten, jedoch keinen normativen Einfluss auf die Raumplanung nahmen. Als wichtigster Indikator wurde in der Regel die Bevölkerungsdichte verwendet. Wegen der leichten Verfügbarkeit entsprechender statistischer Daten wurde sie zur Spiegelung anderer Verdichtungsphänomene benutzt, wie zum Beispiel der Bebauungsdichte und der Arbeitsplatzdichte. In einigen Fällen wurde die Beziehung zwischen Städten und den durch sie beeinflussten Umlandgebieten mit Hilfe von Isochronen, d.h. Linien gleicher zeitlicher Erreichbarkeit, zu beschreiben versucht. Die so durchgeführte äußere Abgrenzung von Agglomerationen führte jedoch zu Raumstrukturen, deren Umrisse in erheblichem Umfang von Auswahl und Leistungsfähigkeit der berücksichtigten Verkehrsmittel abhingen. Zudem spiegeln Isochronen keine Verflechtungsintensitäten zwischen Kernstädten und Außenzonen wider. Dieses Manko erklärt, warum ihre Adaption durch Wissenschaft und Raumplanung gering blieb.

2.2.1.2 Ballungsraum und Ballung

Die Bevölkerungssuburbanisierung, die Ende der 1950er Jahre an Bedeutung zunahm, führte zu einem Auftrieb der Agglomerationsforschung. In der ersten Phase wurden einige Modelle entwickelt, die ausschließlich den Indikator „Bevölkerungsdichte" berücksichtigten. Sie unterscheiden sich lediglich durch die verschiedenen Schwellenwerte und die administrativen Einheiten, die für die empirischen Analysen und die Modellbildung herangezogen wurden.

ISENBERG (1957) entwickelte das Konzept des *Ballungsraums*. Er grenzte Ballungsräume durch die Zusammenfassung von Kreisen und kreisfreien Städten mit hoher Bevölkerungsdichte ab. Die Berücksichtigung dieser großen Einheiten führte zu einer vergleichsweise groben Abgrenzung. ISENBERG fasste in einem ersten Schritt solche Städte zusammen, die einzeln oder zusammen eine Einwohnerzahl von mehr als 0,5 Millionen aufwiesen und deren mittlere Bevölkerungsdichte über 1000 Einw./km² lag. Den so ermittelten Ballungskerngebieten fügte er später jene angrenzenden Landkreise zu, deren Bevölkerungsdichte über 250 Einw./km² lag. Die Ballungskerngebiete und die ihnen zugeordneten Randgebiete bezeichnete ISENBERG als Ballungsräume. Allerdings schlossen die großflächigen Landkreise eine präzise Abgrenzung nach topographischen Wohnplätzen aus.

WEINHEIMER (1957) zog zur Abgrenzung von *Ballungen* Siedlungseinheiten unterhalb der Gemeindeebene, sog. topographische Wohnplätze, heran. Er entwickelte eine Abgrenzungsmethode, die es ihm gestattete, die äußeren Grenzen jener Gebiete festzulegen, innerhalb derer die Bevölkerungsdichte noch über 1000 Einw./km² lag.

In der Folgezeit trieben vor allem die Akademie für Raumforschung und Landesplanung (ARL) in Hannover, die von den Bundesländern getragene älteste zentrale Forschungseinrichtung für Raumforschung, und die Bundesforschungsanstalt für Landeskunde und Raumordnung (BfLR; heute BBR – Bundesamt für Bauwesen und Raumordnung) als Forschungseinrichtung des Bundes die Agglomerationsraumforschung in Deutschland entscheidend voran. Ihre Forschungsergebnisse werden im Folgenden chronologisch geordnet vorgestellt und diskutiert. Besonders ausführlich wird auf das Modell der Stadtregion eingegangen. Zum einen hat es die Agglomerationsforschung stärker als andere Modelle beeinflusst, zum anderen eignet es sich wegen seines klaren Aufbaus besonders gut, um die grundsätzlichen Aspekte der Modellbildung nachzuzeichnen.

2.2.1.3 Stadtregion

Im Herbst 1960 stellte der Ausschuss „Raum und Bevölkerung" der ARL unter der Federführung des Regionalplaners OLAF BOUSTEDT einen Bericht vor, in dem die Abgrenzung von sog. *Stadtregionen* vorgeschlagen wurde. Die Aufgabe des Ausschusses bestand darin, Raumeinheiten mit gleichen Merkmalsstrukturen und Merkmalskombinationen auszugliedern (BOUSTEDT 1967, S. 1). Diese Raumeinheiten sind jene Ausschnitte des Stadt-Land-Kontinuums, deren Einwohner überwiegend nicht-agrarische Tätigkeiten ausüben und von denen der überwiegende oder zumindest ein erheblicher Teil seine Existenzgrundlage in den Arbeitsstätten der Kernstädte hat (BOUSTEDT 1970, Sp. 3207). Damit schuf BOUSTEDT erstmals einen empirisch fundierten Rahmen für die Agglomerationsforschung in Deutschland. Auch im Ausland wurden die Forschungen BOUSTEDTS berücksichtigt. So wurde auf der methodischen

Grundlage des Stadtregionmodells eine räumliche Gliederung des Großraums Brüssel durchgeführt. Auch die Ausgliederung von Stadtregionen in Österreich erfolgte in Anlehnung an BOUSTEDTS Arbeiten (ISTEL 1982).

Zur Messung des Verdichtungsgrades einer Gemeinde zog BOUSTEDT wegen der leichten Zugänglichkeit des Datenmaterials zunächst die Bevölkerungsdichte heran. Er ersetzte sie jedoch später, nach einer Modifizierung des Modells, durch den Indikator „Einwohner-Arbeitsplatzdichte".

Zur äußeren Abgrenzung und inneren Gliederung berücksichtigte BOUSTEDT nicht nur Verdichtungsmerkmale, sondern auch strukturbeschreibende und Verflechtungsmerkmale. Die Erwerbsstruktur der Bevölkerung bildete BOUSTEDT mit der „Agrarquote" ab, die den Anteil der in der Landwirtschaft Erwerbstätigen ausdrückt. Während der Fortschreibung des Stadtregionmodells verlor die Agrarquote jedoch zunehmend ihre Bedeutung, da sie in der Bundesrepublik insgesamt von 23,2 % im Jahre 1950 auf 13,5 % im Jahre 1961 abgesunken war. Somit hatte auch ihr Wert für die Differenzierung der inneren Struktur von Stadtregionen eingebüßt.

Die Verflechtung von Kerngebiet und Umlandzonen ermittelte BOUSTEDT auf der Grundlage von Pendlerzahlen (Abb. 2.7a). Dabei spiegelt der Anteil der in das Kerngebiet Auspendelnden an allen Erwerbstätigen die Intensität der Verflechtung zwischen Umland und Kerngebiet wider. Die Ausrichtung einer Umlandgemeinde auf ein spezielles Kerngebiet wird durch den Anteil der in dieses Kerngebiet Auspendelnden, bezogen auf alle Auspendler einer Gemeinde, angezeigt.

Als Raumbezugssystem wählte BOUSTEDT die administrative Gliederung der Bundesrepublik in Kommunen. Stadtregionen weisen also gemeindescharfe innere und äußere Grenzen auf. Die Ränder der konzentrischen Kreisringe, aus denen das taxonomische Stadtregionmodell aufgebaut ist, sind somit in Wirklichkeit unregelmäßig verlaufende Abschnitte von Gemeindegrenzen.

An das administrative Gebiet der Kernstadt schließt sich das sog. „Ergänzungsgebiet" an. Es umfasst Gemeinden, die an die Kernstadt stoßen und aus struktureller und funktionaler Sicht ein hohes Maß an Gemeinsamkeiten mit ihr aufweisen. Beide Gebietskategorien, Kernstadt und Ergänzungsgebiet, werden zusammen als „Kerngebiet" bezeichnet. Weiter außen folgt ein Ring verstädterter Gemeinden, die sog. „verstädterte Zone". Dieser wird von zwei „Randzonen" umrahmt, die aufgrund der Erwerbsstruktur ihrer Bevölkerung nochmals unterschieden werden: Die Gemeinden der äußeren, sog. weiteren Randzone weisen einen höheren Anteil an Erwerbspersonen in der Landwirtschaft auf als die Gemeinden der engeren, innen liegenden Randzone. Verstädterte Zone und Randzonen fasste BOUSTEDT zu „Umlandzonen" zusammen.

Das Modell der Stadtregion wendete BOUSTEDT zunächst auf der Grundlage von Daten an, die im Rahmen der Volkszählungen von 1950 und 1961 erhoben worden waren. Für das Jahr 1950 fand er mit Hilfe seiner gewählten Indikatoren in der Bundesrepublik 56 Stadtregionen. Jede Stadtregion umfasste mindestens 80 000 Einwohner. In der Summe deckten die 56 Stadtregionen 12 % der Landesfläche ab, auf die sich jedoch 44,4 % der Einwohner konzentrierten.

Aufgrund der fortschreitenden Verstädterung konnte BOUSTEDT für 1961 bereits 68 Stadtregionen ermitteln. Auf sie entfiel nun nahezu die Hälfte der deutschen Bevölkerung (49,4 %). Veränderungen der räumlichen Strukturen zu 1950 zeigten sich

a   Stadtregion [1960] (Akademie für Raumforschung
                         und Landesplanung ARL)

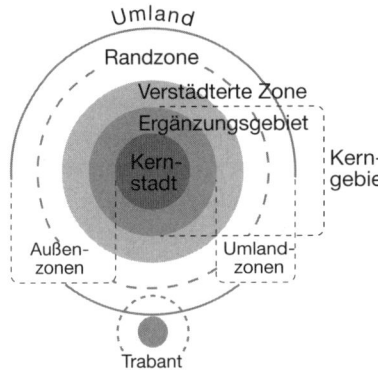

Indikatoren

Volkszählung 1950/1961

– Einwohnerdichte
– Agrarerwerbsquote
– Auspendler in das Kerngebiet
  an allen Erwerbspersonen [%]
– Auspendler in das Kerngebiet
  an allen Auspendlern [%]

Volkszählung 1970

– Einwohner-Arbeitsplatzdichte
– Agrarerwerbsquote
– Anteil der Auspendler in das
  Kerngebiet an allen
  Erwerbspersonen [%]

b   Verdichtungsraum [1964/1968] (Bundesforschungsanstalt
              für Landeskunde und Raumordnung BfLR, heute BBR)

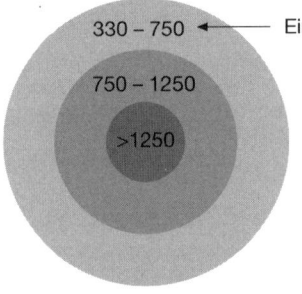

330 – 750 ◄──── Einwohner-Arbeitsplatzdichte

750 – 1250

>1250

Indikatoren

– Einwohner-Arbeitsplatzdichte
– Fläche
– Einwohnerzahl
– Einwohnerdichte
– Wachstumsrate der Einwohnerzahl

c   Agglomerationsraum [1978] (Akademie für Raumforschung
                         und Landesplanung ARL)

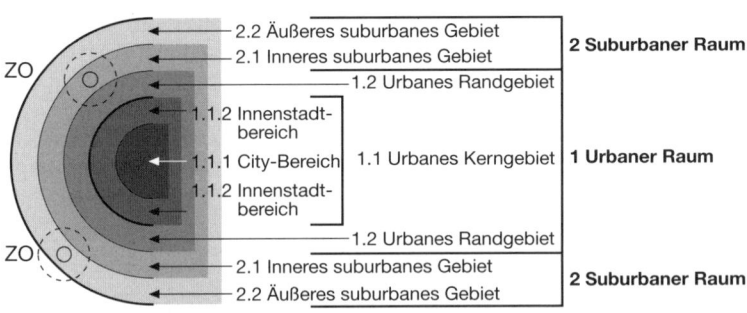

2.2 Äußeres suburbanes Gebiet
2.1 Inneres suburbanes Gebiet   **2 Suburbaner Raum**
1.2 Urbanes Randgebiet
1.1.2 Innenstadt-
      bereich
1.1.1 City-Bereich   1.1 Urbanes Kerngebiet   **1 Urbaner Raum**
1.1.2 Innenstadt-
      bereich
1.2 Urbanes Randgebiet
2.1 Inneres suburbanes Gebiet   **2 Suburbaner Raum**
2.2 Äußeres suburbanes Gebiet

ZO   Zentraler Ort (Versorgungszentrum)

Indikatoren

– Arbeitsplatzdichte
– Einzelhandelsdichte
– Einfamilienhaushalte [%]
– Einfamilienhäuser [%]

JK-2000-92

insbesondere in Nordrhein-Westfalen, wo die 1950 noch als eigenständig ausgewiesenen Stadtregionen Düsseldorf, Köln, Krefeld und Wuppertal/Solingen/Remscheid mittlerweile zusammengewachsen waren. Im Rahmen der Modifizierung wurden sie der polyzentrischen Stadtregion Rhein-Ruhr zugeordnet.

Die tief greifenden Veränderungen der sozioökonomischen und siedlungsräumlichen Strukturen in den Agglomerationen machten bei der Anwendung des Stadtregionmodells auf die Datenbasis der Volkszählung von 1970 einige Veränderungen erforderlich. Es hatte sich gezeigt, dass die Ausblendung industriell-gewerblicher Arbeitsplätze ein schwerwiegendes Manko des Modells darstellte. Als Konsequenz ersetzte BOUSTEDT die Bevölkerungsdichte durch die kombinierte Variable Einwohner-Arbeitsplatzdichte. Allerdings blieb fraglich, ob diese neue Variable, die das Problem der Doppelzählung jener Personen, die am Wohnort arbeiten, aufwarf, zu einer inhaltlichen Verbesserung der Abgrenzungsmethode führte.

Das Modell der Stadtregion wurde in einer Zeit großer Bevölkerungs- und Wirtschaftsdynamik entwickelt. Stadt-Land-Wanderungen und Pendlertum nahmen damals rasch zu, die in der Landwirtschaft tätige Erwerbsbevölkerung reduzierte sich kontinuierlich, während der Anteil der Industriebeschäftigten sowohl auf dem Land als auch in der Stadt zunächst weiter anstieg. Folglich konnte das Stadtregionmodell keinen abgeschlossenen Prozess widerspiegeln, sondern nur eine Momentaufnahme eines dynamischen Strukturwandels bieten.

Von einigen Kritikern wurde die innere Differenzierung des Modells als zu wirklichkeitsfremd erachtet, da die zunehmende Bedeutung von Subzentren mit eigenen Pendlereinzugsbereichen in den Umlandzonen ausgeblendet blieb. Zudem war inzwischen eine hohe statistische Korrelation zwischen Agrarerwerbsquote und Bevölkerungsdichte nachgewiesen worden. Damit war die geforderte Unabhängigkeit der Dimensionen „Verdichtung" und „Struktur" nicht mehr erfüllt.

Daher entschloss sich BOUSTEDT zu einer Vereinfachung seines Modells. Die Agrarquote wurde in seinem neuen Entwurf nicht mehr zur Abgrenzung von Kerngebiet und verstädterter Zone sowie den beiden Randzonen verwendet. BOUSTEDT beschränkte sich bezüglich der Agrarquote auf den Schwellenwert „50%", um Stadtregionen zum ländlichen Raum abzugrenzen. Damit wurde auch die bis dahin aufrechterhaltene Einteilung in eine engere und weitere Randzone überflüssig. Mit der Erhöhung der Pendlerquote an den Erwerbstätigen von 20% auf 25% trug BOUSTEDT den unterdessen intensiver gewordenen Verflechtungen zwischen Randzone und Kerngebiet Rechnung. Auf die Berücksichtigung der dem Kerngebiet zuzuordnenden Pendlerquote verzichtete er ganz. Dies hatte in wenigen Einzelfällen die Ausweitung von Stadtregionen zur Folge (BOUSTEDT 1967, S. 11f.).

Die Anwendung des modifizierten Stadtregionmodells auf die Datenbasis von 1970 führte schließlich zur Ausweisung von 72 Stadtregionen. Allerdings zeigte sich immer deutlicher, dass das Modell der Stadtregion den sich weiter ausbreitenden und strukturell verändernden Agglomerationsräumen nicht mehr gerecht werden

Abb. 2.7: Schematischer Aufbau von Stadtregion, Verdichtungsraum und Agglomerationsraum (Quellen: eigener Entwurf, verändert nach BOUSTEDT 1967, S. 8 [a], KÖCK 1992, S. 88 [b], und NELLNER 1984, S. 31 [c])

konnte. So verwundert es nicht, wenn in der Agglomerationsforschung ein moderneres Konzept neben das Stadtregionmodell trat, dem eine höhere Realitätsnähe im Hinblick auf räumliche Planung zugeschrieben wurde.

2.2.1.4 Verdichtungsraum und Ordnungsraum

Bereits 1964 war im Auftrag der Ministerkonferenz für Raumordnung (MKRO) vom Institut für Raumordnung, das bei der BfLR angesiedelt war, unter der Federführung von BOUSTEDT, MÜLLER und SCHWARZ das Modell des *Verdichtungsraumes* entwickelt worden. Dieses Modell fußte zum einen auf statischen, strukturbeschreibenden Variablen, zum anderen wurde mit der Bevölkerungsprognose auch eine dynamische Komponente aufgenommen. Zugleich erhielt das Modell normativen Charakter.

Unter Berücksichtigung der Indikatoren „Einwohner-Arbeitsplatzdichte" (EAD), „Fläche", „Einwohnerzahl", „Einwohnerdichte" und „Bevölkerungswachstum" wurden auf der räumlichen Grundlage von Gemeinden drei Zonen unterschiedlicher Verdichtung ermittelt (Abb. 2.7b). Auf der Datenbasis der Volkszählung von 1961 wurden Gemeinden mit einer Einwohner-Arbeitsplatzdichte über 1250 mit solchen angrenzenden Gemeinden zusammengefasst, für die zwar ein geringerer Verdichtungsgrad, jedoch ein überdurchschnittliches Bevölkerungswachstum festgestellt wurde. Den äußeren Rand von Verdichtungsräumen bildeten Gemeinden, die eine Einwohner-Arbeitsplatzdichte über 330, ein Bevölkerungswachstum zwischen 1961 und 1967 von über 20% oder eine Bevölkerungsdichte über 100 Einw./km² aufweisen konnten. Ferner wurden im Zuge der Randabgrenzung solche ländlichen Gemeinden hinzugenommen, die sich gemäß landesplanerischer Entwicklungsziele zu verdichteten Gemeinden entwickeln sollten, auch wenn sie noch nicht alle Kriterien zum Zeitpunkt der Abgrenzung erfüllten. Auf diese Weise wurden über 100 km² große „Verdichtungsräume" ermittelt, in denen jeweils mehr als 150000 Menschen wohnten. Die mittlere Bevölkerungsdichte lag in jedem Fall über 1000 Einw./km² (TÖNNIES 1981, S. 152). Im Herbst 1968 beschloss die MKRO förmlich die Ausweisung von 24 Verdichtungsräumen, die aufgrund der Anwendung des oben beschriebenen Verfahrens identifiziert worden waren.

Die beiden größten Verdichtungsräume, Rhein-Ruhr und Rhein-Main, verkörpern den polyzentrischen Typ. Sie weisen mehrere gleichgewichtige Verdichtungskerne auf. Dagegen sind Hamburg, München und Stuttgart typische monozentrische Verdichtungsräume, die aus einer einzigen Kernstadt und einem stark verstädterten Umland bestehen.

Obgleich bereits 1968 die MKRO selbst vorgeschlagen hatte, die Verdichtungsräume mit den angrenzenden Randgemeinden des suburbanen Raumes zu sog. *Ordnungsräumen* zusammenzufassen, dauerte es 11 Jahre, bis dieser Gedanke verwirklicht wurde. Bei der Abgrenzung der Ordnungsräume wurden funktionale Beziehungen zwischen Verdichtungsräumen und Randgebieten berücksichtigt. Dazu wurden Berufspendleranteile und Berufspendlerdichten berechnet. Berücksichtigung fanden zudem Siedlungsachsen und Funktionsbeziehungen zwischen Nahbereichen und Verdichtungsräumen, z.B. Flughafenflächen und Naherholungsgebiete.

2.2.1.5 Agglomerationsraum

Ende der 1970er Jahre trat neben das Modell des Ordnungsraumes das von der ARL entworfene Konzept des *Agglomerationsraumes*. Der 1978 eingesetzte Arbeitskreis „Abgrenzung von Agglomerationsräumen" beabsichtigte, erstmals auch ökologische Variablen einzubeziehen, mit denen Verdichtungsschäden gemessen werden sollten. Tatsächlich unterblieb aber ihre Berücksichtigung. Zur Begründung führte TÖNNIES an, dass eine Reihe von „Belastungen" sich einer quantitativen Erfassung schlichtweg entzögen und für viele Belastungsmerkmale keine statistischen Daten bereitstünden (1984, S. 100).

Somit beschränkte sich die Datenbasis letztlich wieder auf dichte- und strukturbeschreibende Merkmale. Im Vergleich zu früheren Ansätzen wurde nun jedoch den Beschäftigtenstrukturen größere Bedeutung eingeräumt. Deshalb wurden die Arbeitsplatzdichte des sekundären und tertiären Sektors und der Anteil der Einzelhandelsbeschäftigten berücksichtigt. Als soziostruktureller Indikator diente der Anteil der Einfamilienhaushalte, während zur Beschreibung der Siedlungsstruktur der Anteil der Einfamilienhäuser herangezogen wurde. Die innere Gliederung der Agglomerationsräume erfolgte auf drei hierarchisch angeordneten Ebenen, die als „Räume" (obere Ebene), „Gebiete" (mittlere Ebene) und „Bereiche" (untere Ebene) bezeichnet wurden (Abb. 2.7c).

Auch dieses Agglomerationsraummodell konnte sich nicht entscheidend durchsetzen. Heute werden als Agglomerationsräume die „Regionen mit großen Verdichtungsräumen" gemäß der Abgrenzung des Bundesamtes für Bauwesen und Raumordnung (BBR) aufgefasst (SCHÖN 1996, S. 361). Gemeint sind damit auf der Ebene von Kreisen abgegrenzte Regionen mit einem Oberzentrum von mindestens 300 000 Einwohnern und/oder einer Einwohnerdichte von mindestens 300 Einw./km². Sie setzen sich aus vier Teilregionen, nämlich einer oder mehreren Kernstädten, einem hochverdichteten Umland (ca. 300 Einw./km²), verdichteten Kreisen (150–300 Einw./km²) und ländlichen Kreisen (<150 Einw./km²) zusammen.

2.2.1.6 Metropolregion

Vor dem Hintergrund der zunehmenden politischen und ökonomischen Konvergenz der EU-Staaten gewinnt die europabezogene Ausweisung von Agglomerationsräumen gegenwärtig an Bedeutung. Die wirtschaftlichen Aktivräume der Europäischen Union bilden in zunehmendem Maße ein System untereinander vernetzter und miteinander korrespondierender Metropolen. Wegen der Ausgewogenheit des deutschen Städtesystems, der zentralen Lage der Bundesrepublik Deutschland in Europa und der hohen wirtschaftlichen Leistungsfähigkeit nehmen die deutschen Städte in diesem Gefüge eine vergleichsweise starke Position ein (SCHÖN & STRUBELT 1996, S. 6).

Eine von der BfLR (heute BBR) im Jahre 1998 vorgenommene Raumgliederung weist insgesamt neun Agglomerationsräume von unterschiedlicher Struktur und Größe aus. Für ihre Abgrenzung wurden Indikatoren zu folgenden Themenblöcken verwendet:

1. Siedlungsstruktur und Metropolen
2. Langfristige Bevölkerungsentwicklung
3. Struktur der aktuellen Bevölkerungsentwicklung
4. Erwerbstätige nach Wirtschaftsabteilungen
5. Industriebetriebe und –beschäftigte
6. Arbeitslosigkeit
7. Sozialhilfeempfang und Einkommensversorgung
8. Baulandmarkt und Wohnungsversorgung
9. Überregionale Funktionen der Metropolregionen.

Aus der Gruppe der Agglomerationsräume wurden für Deutschland sechs sog. *„Metropolregionen"* hervorgehoben, die innerhalb der Europäischen Union ein be-

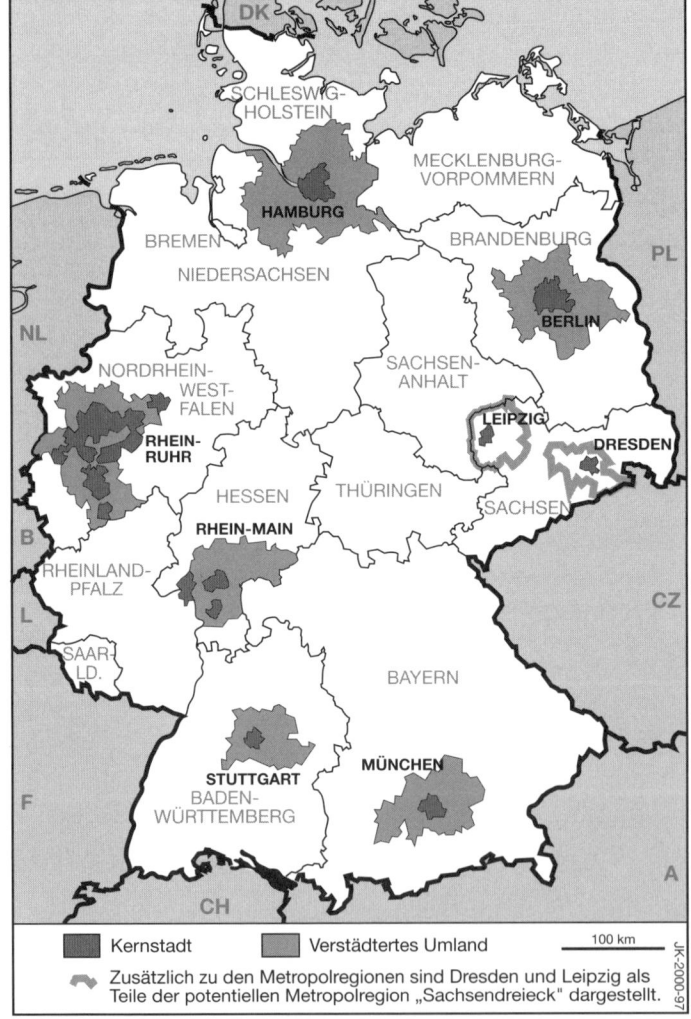

Abb. 2.8:
Metropolregionen in
Deutschland
(Quelle: Schön 1996,
S. 363)

sonderes Gewicht haben. Dabei handelt es sich um Berlin / Brandenburg, Hamburg, München, Rhein-Main, Rhein-Ruhr und Stuttgart (Abb. 2.8). Zusätzlich wurde dieser Gruppe als „potentielle Metropolregion europäischen Zuschnitts" (SCHÖN 1996, S. 360) die Stadtregion Halle / Leipzig-Sachsendreieck zugeordnet.

Die genannten Städte sind aufgrund politischer, wirtschaftlicher und kultureller Funktionen Zentren transnationaler Reichweite. Äußere Symbole und Zeichen des Metropolencharakters sind spezialisierte Teilräume von internationalem Bekanntheitsgrad und globaler Bedeutung. Bekannteste Beispiele sind das Frankfurter Bankenviertel, das Berliner Regierungsviertel und der Hamburger Hafen.

2.2.2 Internationale Ansätze

Eine ausführliche Zusammenstellung der Abgrenzungsmodelle von Agglomerationen unter weltweiter Perspektive wurde 1982 von der ARL vorgenommen.

Im Rahmen der Auswahl, die in diesem Kapitels getroffen werden musste, wurden die Fallbeispiele unserer westlichen Nachbarländer Großbritannien und Frankreich sowie die USA ausgewählt. Großbritannien hat eine lange Tradition in der Agglomerationsforschung, während sich die französische Raumforschung erst zu Beginn der 1950er Jahre von ihren tradierten Stadtvorstellungen löste und „‚eine gewisse Amerikanisierung' der neuen Vorstellungen von der ‚Stadt'" (WACKERMANN 1982, S. 120) akzeptierte. Die USA dürften, aus weltweiter Sicht betrachtet, das Land sein, in dem die durch die Verstädterung induzierten Probleme (Flächenversiegelung, Individualverkehr) am größten sind.

2.2.2.1 Fallstudie Großbritannien

Großbritannien kann als das Mutterland der Agglomerationsraumforschung bezeichnet werden. Dies ist verständlich, da Verstädterungsprozesse, ausgelöst durch die Industrielle Revolution, bereits Ende des 18. Jh. einsetzten. Zudem bedeutete der Verzicht auf den Bau von mehrstöckigen Mietskasernen, zumindest in englischen und walisischen Städten, ein stärkeres Ausufern der Städte als auf dem Kontinent. Insbesondere nach dem Erlass der sog. „bye laws", Ortsstatuten für den Wohnungsbau, nahm das Flächenwachstum der Industriegroßstädte sprunghaft zu (HEINEBERG 1997, S. 274). Die Abkehr von den eng gereihten Arbeitersiedlungen aus der frühviktorianischen Zeit, den „back-to-back houses", an deren Stelle ab 1875 die komfortableren „bye-law houses" traten, führte zu einer sprunghaften Ausdehnung der Städte.

Für die sich in der spätviktorianischen Epoche ausweitenden, teilweise miteinander verschmelzenden Industriestädte führte 1915 GEDDES den Begriff „conurbation" ein. Conurbation kann sinngemäß mit „Städteschar" übersetzt werden. GEDDES gliederte neben London sechs weitere Conurbations aus: Groß-Manchester, Groß-Liverpool, Leeds / Bradford, Groß-Birmingham mit dem angrenzenden Black Country, Groß-Newcastle und Groß-Glasgow. FAWCETT, der 1922 die Arbeit von GEDDES weiterführte, benutzte den Begriff conurbation *"to describe areas where a number of separate towns have grown into each other and become linked by such factors as common industrial or business interest or a common center of shopping, education etc. The Conurbations are each made up of a collection of complete local authority areas"* (The Registrar Generals Statistical Review of England and Wales for the year 1951, 1952, S. 7).

In dieser Definition spielt zum einen die Mehrkernigkeit von Conurbations eine zentrale Rolle, zum anderen wird deutlich, dass Conurbations im Wesentlichen nach stadtmorphologischen Kriterien abgegrenzt wurden. Das Modell der Conurbations ist somit ein typisches Beispiel für die geographisch-städtebauliche Methode (BOUSTEDT 1975, S. 321).

Die Arbeit von FAWCETT wurde von FREEMAN (1959) fortgesetzt. FREEMAN wies neben den „Major Conurbations" weitere 89 Minor Conurbations aus, deren Einwohnerzahl zwischen 50 000 und 700 000 lag.

Wichtige Impulse erhielt die britische Agglomerationsforschung vor allem in den 1940er Jahren, als deutlich wurde, dass dem ungebremsten Wachstum Londons mit planerischen Maßnahmen Einhalt geboten werden musste (HALL 1973, POWELL 1960, WISE 1964).

Eine vor allem methodisch bereichernde Arbeit publizierte im Jahre 1972 ARMEN, dessen Forschungsergebnisse bei der Standortwahl der sog. New Towns berücksichtigt wurden. Auf der Grundlage von Luftbildern grenzte ARMEN zunächst zusammenhängend bebaute Gebiete ab, die er als „cities" bezeichnete. Mit Hilfe clusteranalytischer Verfahren führte er auf der Grundlage von ca. 130 Merkmalen, die er auf drei relevante Faktoren reduziert hatte, eine funktionale Typisierung durch. Diesen Städten ordnete ARMEN suburbanisierte Gebiete zu. Zur Festlegung ihrer äußeren Grenze rückte er von der Analyse der Flächennutzung ab. Stattdessen entschied sich ARMEN unter Berücksichtigung seines eigentlichen Untersuchungszieles, Standorte für Neue Städte zu identifizieren, die in einer noch zumutbaren Entfernung von einer Großstadt liegen sollten, für die Ermittlung einer Erreichbarkeitszeitgrenze von 40 bis 45 Minuten (ISTEL 1982, S. 264).

Die zu Beginn der 1970er Jahre vorgenommene Ausweisung metropolitaner Arbeitsmarktregionen, sog. „Standard Metropolitan Labour Areas", kann als Vorläufer der administrativen Neugliederung Großbritanniens in den Jahren 1994 und 1996 aufgefasst werden. Sie sah die Ausgliederung von sieben Agglomerationen, sog. Metropolitangebieten, vor. Darunter fallen neben London die nordostenglische Region Tyne and Wear (Newcastle), Merseyside (Liverpool), Greater Manchester, West Yorkshire (Leeds / Bradford), South Yorkshire (Sheffield) und die West Midlands (Birmingham); vgl. HEINEBERG (1997, S. 22).

2.2.2.2. Fallstudie Frankreich

Im Gegensatz zu Großbritannien blieb Frankreich bis zum Zweiten Weltkrieg ein ländlich geprägter Staat. Erst seit Beginn der 1950er Jahre lösten die Zunahme der Bevölkerung, hohe Wachstumsraten der Industrie und die Industrialisierung des Agrarsektors einen kräftigen Wachstumsschub der Städte aus (BRÜCHER 1992, S. 102).

Dadurch wird verständlich, warum ernsthafte Versuche, Agglomerationsräume in Frankreich auszugliedern, erst in der Nachkriegszeit unternommen wurden. Die wichtigsten Beiträge lieferte das „Institut National de la Statistique et des Etudes Economiques" (INSEE). Dort wurden in der ersten Hälfte der 1950er Jahre die beiden Modelle der „*Agglomérations Urbaines*" und der „*Zones des Peuplement Industriel ou Urbain*" (ZPIU) entwickelt. Das erstgenannte Konzept war stärker auf die Erfassung von Agglomerationskernen ausgerichtet, während das Modell der ZPIU auch die industriell geprägten Agglomerationsränder einbezog. Diese beiden amtlichen Modelle wurden seither nur geringfügig modifiziert. Im Vergleich mit deutschen, britischen oder US-amerikanischen Entwürfen erscheinen sie methodisch und konzeptionell vergleichsweise dürftig, was sich beispielsweise darin zeigt, dass wesentliche Verstädterungssymptome, wie der Umfang des sozialen Wohnungsbaus, nicht operationalisiert wurden.

WACKERMANN (1982, S. 151) erklärt das erwähnte Manko damit, dass von der Pariser Administration befürchtet wurde, mit der Festschreibung von peripheren Agglomerationsräumen und Regionalmetropolen (métropoles d'équilibres) könnte föderalistischen und separatistischen Strömungen Vorschub geleistet und das Kräfteverhältnis zwischen Paris und dem Rest Frankreichs, der sog. „desért français" (GRAVIER 1947), gestört werden. Daher wurde auch den Forschungsergebnissen einzelner Wissenschaftler, die den amtlichen Untersuchungen eigene, erheblich differenziertere Vorschläge gegenübergestellt hatten (z. B. BENARD 1952, ROUGE 1958), von Seiten der Behörden kaum Beachtung geschenkt.

2.2.2.3 Fallstudie USA

In den Vereinigten Staaten hat die Agglomerationsforschung eine im Vergleich zu Frankreich lange Tradition. Bereits in den 20er Jahren des 19. Jh., als in Mitteleuropa noch nicht einmal die Industrialisierung der Städte begonnen hatte, entstanden am Rande der US-amerikanischen Städte die ersten Vororte. Waren es zunächst Pferdebahnen und Pferdebusse, deren Einsatz eine räumliche Trennung von Arbeiten und Wohnen für wohlhabendere Teile der städtischen Bevölkerung ermöglicht hatte, so entstanden bis Mitte der 1890er Jahre in nahezu allen Mittel- und Großstädten elektrifizierte Straßenbahnstrecken (MULLER 1986, S. 12). Die Straßenbahnen ermöglichten nun breiteren Schichten, in größerer Entfernung von der Innenstadt zu wohnen. Somit überrascht es nicht, dass bereits 1910 das für die Erfassung der Bevölkerung zuständige „Bureau of the Census" von „der Stadt" als statistischem Bezugsraum abrückte. Mit dem Konzept der „*Metropolitan Districts*" wurde stattdessen ein neues, den Siedlungsstrukturen adäquateres Bezugssystem eingeführt.

Die Metropolitan Districts wurden nach dem Zweiten Weltkrieg durch die „*Urbanized Areas*" (verstädterte Gebiete) abgelöst. Sie bildeten gewissermaßen das Gegenstück zu den britischen Conurbations. Das Bureau of the Census grenzte sie erstmals mittels der Volkszählungsdaten von 1950 ab. Die Behörde legte als Kerngebiete der Urbanized Areas Städte mit mindestens 50 000 Einwohnern fest, denen sie angrenzende Gebiete der Stadtrandzone *(„urban fringe")* zuwies. Diese mussten eine bestimmte Mindesteinwohnerzahl und Besiedlungsdichte aufweisen. Für die genaue

Abgrenzung der so definierten verstädterten Gebiete berücksichtigte das *„Bureau of the Census"* sowohl Gemeindegrenzen als auch statistische Zählbezirke. Der äußere Grenzverlauf der Urbanized Areas orientiert sich folglich oft an topographischen Elementen, Straßen, Wegen, Eisenbahngleisen, Flussläufen oder sonstigen Linien, die als Grundlage der Zählbezirksabgrenzung verwendet wurden (BOUSTEDT 1975, S. 340).

Während das Modell der Urbanized Areas dem geographisch-städtebaulichen Typ zuzuordnen ist, repräsentiert das Modell der *„Standard Metropolitan Statistical Area"* (SMSA), die 1960 eingeführt wurde, den sozioökonomischen Ansatz.

Den Kern einer SMSA bildete ein county mit einer Mindesteinwohnerzahl von 50 000 Einwohnern. Unter Berücksichtigung von Agrar- und Pendlerquoten wurden ihm weitere, im Umland gelegene *„counties"* hinzugefügt. In strittigen Fällen wurden mit Hilfe einer Reihe ungewöhnlicher, gleichwohl innovativer Merkmale die Verflechtungen zwischen Kerngebiet und Umland nachgezeichnet: Berücksichtigung fanden u. a. die durchschnittliche Zahl der Telefongespräche vom Umlandkreis in die Kernstadt, das Auslieferungsgebiet von Zeitungen sowie das Einzugsgebiet von Auslieferungs- und Kundendiensten ausgewählter Einzelhandelsgeschäfte. Zudem wurden Kundenkonten bei den großen Einzelhandelsgeschäften der Kernstadt analysiert. So sollte mit Methoden, deren Anwendung in Deutschland aus Datenschutzgründen undenkbar wäre, der Grad der Bindung von suburbanen Räumen an die Kernstadt ermittelt werden. Dennoch wurde die SMSA zum Vorbild für einige europäische Agglomerationsmodelle (NELLNER 1984, S. 3).

1983 erfolgte die Umbenennung der SMSA in *„Metropolitan Statistical Area"* (MSA). Voraussetzung für die Ausweisung einer MSA war die Existenz einer Kernstadt mit 50 000 Einwohnern und eine gesamte Einwohnerzahl von mindestens 100 000. Gleichzeitig fasste das Zensusbüro MSAs mit gemeinsamen Grenzen zu sog. *„Consolidated Metropolitan Statistical Areas"* (CMSAs) zusammen, eine regional-planerische Entscheidung, die der weiter ausgreifenden Suburbanisierung Rechnung trug (HOLZNER 1996, S. 63). Die Abgrenzung der CMSAs erzeugte in einigen Fällen ein stark vergrößertes Bild vom wirklichen Ausmaß der Verstädterung, denn die Abgrenzungsmethode sah vor, dass, wenn bereits ein Teil einer County den formalen Rahmenbedingungen einer CMSA entsprach, das gesamte County dem Agglomerationsraum zugeschlagen wurde (HOFMEISTER 1994, S. 87).

3   Ansätze und Methoden – ein Rückblick

Aus historischer Sicht lassen sich die bisherigen Ansätze, Forschungsrichtungen und Themen der Stadtgeographie zu vier Zeitphasen zusammenfassen:

1. *Ca. 1840 bis ca. 1900:* Ansätze, die noch stark durch die physische Geographie geprägt wurden (z. B. geographische und topographische Lage von Städten).
2. *Ca. 1900 bis 1969* (Kieler Geographentag): deskriptive Ansätze zur Analyse der inneren Gliederung der Stadt (morphogenetische Ansätze, funktionale Ansätze), kulturgenetische Ansätze und Zentralitätsforschung.
3. *1969 bis ca. 1985:* analytische Ansätze (Sozialraumanalyse), sozialgeographische und wahrnehmungsgeographische Ansätze sowie angewandte Stadtforschung.
4. *1985 bis heute:* interdisziplinäre, gesellschaftsbezogene Ansätze (Lebensstilforschung, raumbezogene Konfliktforschung, lokale und regionale Identifikation etc.).

Jede neue Phase begann entweder mit einem Paradigmawechsel oder der Etablierung innovativer Ansätze. Das Aufkommen neuer Betrachtungsweisen bedeutet jedoch weder, dass mit einer anderen Sicht auf das Forschungsobjekt „Stadt" die bisherigen Fragestellungen ad acta gelegt wurden, noch dass die neu aufgenommenen Forschungszweige fortan eine kontinuierliche oder überragende Rolle in der Stadtgeographie spielten. Charakteristisch ist vielmehr die alternierende, mitunter zyklisch verlaufende „Konjunktur" einzelner Ansätze, die jeweils verschiedene Strömungen innerhalb der gesamten Kulturgeographie widerspiegelt. An zwei zeitlichen Nahtstellen zeigt sich der Sachverhalt besonders deutlich:

Bis in die 20er des 20. Jh. hinein wurde die Kulturgeographie erheblich durch eine naturdeterministisch geprägte Sichtweise beeinflusst. Dies war eine Folge der in der Frühphase des Hochschulfaches „Geographie" starken Stellung der Geomorphologie, „dem Teilbereich der Allgemeinen Geographie, in dem am frühesten eigenständige Beobachtungs- und Forschungstechniken entwickelt und die ersten systematischen Lehrbücher vorgelegt wurden" (WARDENGA 1995, S. 83 f.). Der Geomorphologie kam „im Hinblick auf die Einteilung der Erdoberfläche eine überragende Bedeutung zu, weil sie es war, die in den Augen der Zeitgenossen die Fakten für eine Regionalisierung des Naturraums lieferte, vor dessen Hintergrund man die Beziehungen der Lebenswelt zur Erdoberfläche analysieren und beschreiben konnte" (ebd. S. 84).

Ein hervorragendes Beispiel für diese Einflussnahme liefert die Agrargeographie. In der Frühphase dieser Teildisziplin herrschte die Auffassung vor, die räumliche Differenzierung des Agrarraumes werde ausschließlich durch Naturverhältnisse, besonders Böden und Relief, bestimmt. Der Mensch als ökonomisch handelnder Akteur und Landschaftsgestalter blieb lange Zeit ausgeblendet, da unterstellt wurde, dass „er sich als Gegenstand einer exakten Erfassung im Sinne naturwissenschaftlicher Methodiken und Arbeitsweisen entziehe" (LESER 1980, S. 21). Erst mit dem von LÜDGENS (1921) formulierten Prinzip der Wechselwirkung zwischen Mensch und Raum begann die allmähliche Loslösung der Agrargeographie vom naturdeterministischen Prinzip (ARNOLD 1997, S. 13).

Auch die Stadtgeographie wurde bis in die Zwischenkriegszeit durch die physische Geographie erheblich beeinflusst. Die starke Berücksichtigung von Reliefverhältnissen zur Erklärung der Lage von Städten und die noch bis in die frühen 1930er Jahre auf die Beschreibung des Grund- und Aufrisses beschränkte Stadtanalyse spiegeln diese Einflussnahme wider. Erst in der späten Zwischenkriegszeit rückte das Verhältnis „Mensch–Raum" in den Mittelpunkt der kulturgeographischen Forschung und fand somit auch in der Stadtgeographie seinen Niederschlag. Der Wandel vom morphogenetischen zum funktionalen Ansatz ist ein Beleg für den Strömungswechsel.

Besonders deutlich wird der schwindende Einfluss der Geomorphologie bei CHRISTALLER (1933), der als Prämisse für sein Modell der zentralen Orte die Existenz von Menschen voraussetzte, die in verschiedenen Rollen als ausschließlich ökonomisch motivierte und handelnde Akteure auftreten. Der Raumbeschaffenheit, die er als ideal, das heißt homogen und unbegrenzt, annahm, maß er keine Bedeutung mehr bei.

Ein zweiter, entscheidender Wechsel des wissenschaftlichen Selbstverständnisses der Geographie erfolgte Ende der 1960er Jahre, als sich das Fach vom Paradigma der klassischen Geographie lossagte und mit der „spatial analysis" eine methodologische und methodische Erneuerung erfuhr. Der zentrale Aspekt dieser Neuorientierung bestand darin, die idiographische Ausrichtung komplett aufzugeben und sie durch die Suche nach allgemeinen Gesetzen räumlicher Verteilungen zu ersetzen. Mit dem Kieler Geographentag löste sich die Geographie von ihrer Sondermethodologie und schloss sich in methodischer Hinsicht ihren benachbarten Natur- und Sozialwissenschaften an (BAHRENBERG 1995, S. 155). Mit anderen Worten: Statistische Prüf-, Test- und Schätzverfahren ersetzten fortan Landschaftsbeschreibungen und länderkundliche Arbeiten.

Der Kurswechsel der Geographie von einem landschaftsbeschreibenden und -erklärenden Fach zu einer problemorientierten, gesellschaftsbezogenen Raumwissenschaft spiegelte sich erneut in der geographischen Stadtforschung wider: Die moderne, analytische Stadtgeographie löste die klassische, deskriptive Stadtgeographie ab. Die Erfassung, Beschreibung und Interpretation der Individualität von Städten auf der Grundlage von Kartierungen, Luftbildauswertungen und Bildanalysen wurde innerhalb weniger Jahre fast aufgegeben. An ihre Stelle trat die mathematische Modellbildung. Sowohl strukturentdeckende als auch strukturprüfende Verfahren wurden eingesetzt, um Gesetzmäßigkeiten aufzudecken und Regelhaftigkeiten zu erkennen.

Trotz einiger Erkenntniszugewinne, zu denen im Wesentlichen die Sozialraumanalyse beitrug, brachte der Paradigmenwechsel in den späten 1960er und frühen 1970er Jahren die Stadtgeographie inhaltlich nicht entscheidend weiter. Zudem wurden die Kontakte zu manchen Nachbarwissenschaften, besonders zu den historischen Disziplinen und zum Städtebau, reduziert. Nur die Auslandsforschungen, wo nicht zuletzt aufgrund von Sprach- und sonstigen Barrieren die Ansätze der klassischen Stadtgeographie weiterhin genutzt werden mussten, sicherten einen gewissen Erhalt der thematischen und methodischen Vielfalt.

Wenngleich die sog. „quantitative Revolution" aus heutiger Perspektive nicht die Fortschritte brachte, die man sich zunächst erhofft hatte, führte der Kieler Geographentag dennoch zu einer grundlegenden Neuorientierung der Stadtgeographie. Sie zeichnet sich seither durch eine zunehmende Gesellschaftsorientierung und Interdisziplinarität aus. Gentrification, Flächenrecycling und Stadtmarketing sind einige Beispiele für interdisziplinäre Forschungsaufgaben.

Im Folgenden wird die Entwicklung der Stadtgeographie von einer „vergleichenden Verbreitungskunde städtischer Siedlungen" zu einer fächerübergreifenden, gesellschaftsbezogenen Großstadtforschung nachgezeichnet. Am Beispiel von Forschungsarbeiten, die als typisch für eine Entwicklungsphase gelten, wird gezeigt, welche Fragestellungen und Ansätze die einzelnen Epochen der Stadtgeographie bestimmt haben.

3.1 Lageansätze

Im 19. Jh. beschränkte sich Stadtgeographie im Wesentlichen auf die Beschreibung der Verbreitung städtischer Siedlungen. Die ersten stadtgeographischen Publikationen listeten groß- und kleinräumige Stadtlagen mit einer Akribie auf, die aus heutiger Sicht übertrieben erscheint. Stellvertretend seien die Arbeiten von KOHL „Die geographische Lage der Hauptstädte Europa's" (1874) und von HETTNER „Die Lage der menschlichen Siedlungen" (1895) genannt.

3.1.1 Geographische Lage

KOHL und HETTNER arbeiteten heraus, dass großräumig betrachtet (geographische oder geochorologische Lage) Städte keineswegs gleichmäßig auf der Erde verteilt sind. Vielmehr wechseln meist bandartige Gebiete mit einem hohen Städtebesatz und stadtärmere, flächengrößere Gebiete einander ab. Besonders an der Nahtstelle unterschiedlicher Naturräume und somit auch wirtschaftsgeographischer Eignungsräume reihen sich Städte aneinander. Typisch sind Städtereihen am Fuß von Gebirgsketten. Beispiele aus Deutschland sind die Harzrandstädte, die Städte an der Bergstraße und am Fuße der Schwäbischen Alb (HOFMEISTER 1984). Ein schönes Beispiel aus England ist das Städteband am Rande des Rossendale-Berglandes nördlich von Manchester. Durch den Wasserreichtum der in das Vorland austretenden Flüsse existierten dort in der Frühphase der Industrialisierung entscheidende industrie- und energiewirtschaftliche Standortfaktoren für die Gründung sog. „textile mills". Unter diesem Sammelbegriff werden Spinnereien, Webereien und sog. Walkmühlen zusammengefasst. Diese Textilfabriken bildeten die wirtschaftliche Grundlage für neu entstehende Industriestädte. Für Nordamerika verweist HOFMEISTER (1971) auf die Fall-Linien-Orte im „Alten Süden" der USA, wo sich Städte an der geologischen Grenze Piedmont–Küstenebene aufreihen. Die in Richtung Atlantik strömenden Küstenflüsse schneiden sich an dieser Grenzlinie in die weicheren Sedimente der Küstenebene ein und haben hier Schnellen und Fälle ausgebildet. Aus verkehrsgeographischer Sicht bedeutete die geologische Grenze Unterbrechungen der Schifffahrt, so dass genau dort die Entstehung von Handels- und Marktorten begünstigt wurde (HOFMEISTER 1971, S. 275; Abb. 3.1). Auch Flüsse und Küstenverläufe

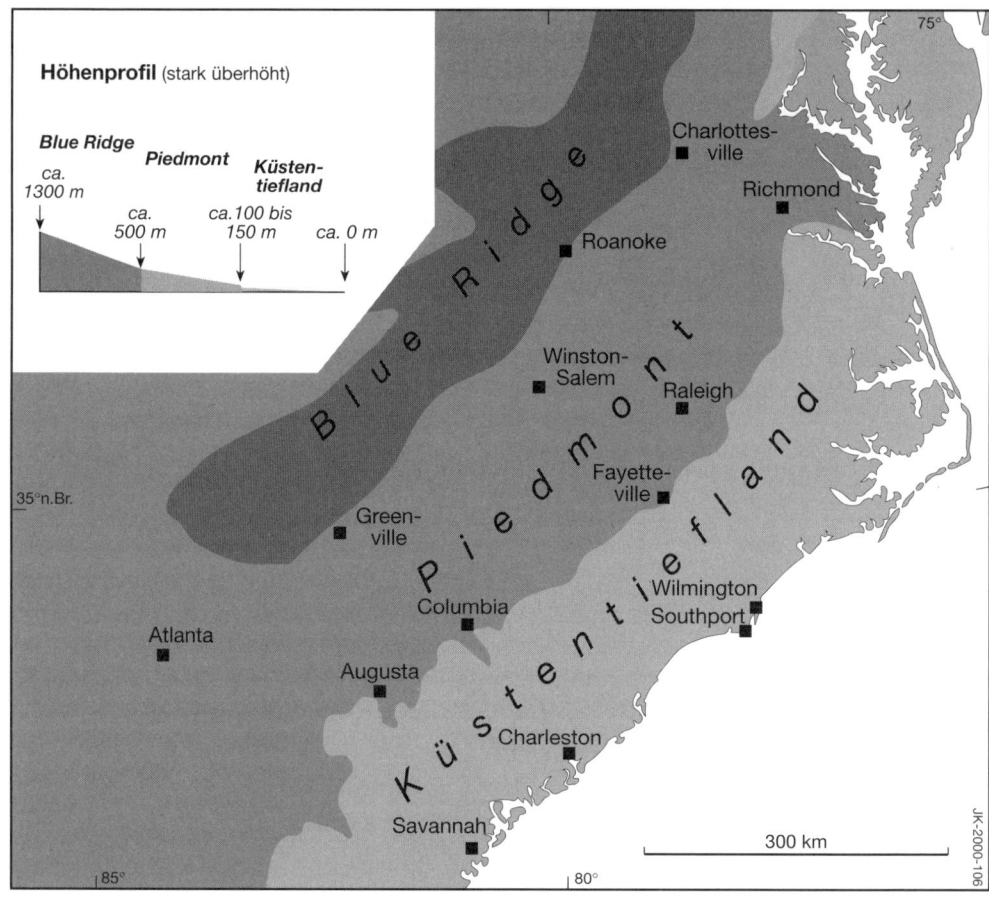

Abb. 3.1: Städtebänder im Südosten der USA (Quelle: eigener Entwurf)

waren häufig Leitlinien für Stadtgründungen. Die Standortwahl an diesen Grenzlinien lässt sich in der Regel auf Handels- und Verteidigungsfunktionen zurückführen.

3.1.2 Topographische Lage

Bei großmaßstäbiger Betrachtung rücken die topographischen Lagemerkmale der Städte stärker in den Vordergrund (topographische oder geotopologische Lage). Die engen Bezüge, die Geographen in der Frühphase der Stadtgeographie zwischen Relief, geologischer Situation und der Stadt als Baukörper auszumachen glaubten, hob GEISLER (1924) hervor:

„Die Gestalt der Erdoberfläche beeinflußt das Stadtbild wesentlich und tritt um so klarer hervor, je mehr wir uns der äußeren Grenze des Siedlungsraumes der

Abb. 3.2:
Wasserburg am Inn als
Beispiel einer Spornlage
(Quelle: eigener Entwurf
auf der Grundlage der
TK 25, Blatt 7939
[Wasserburg am Inn])

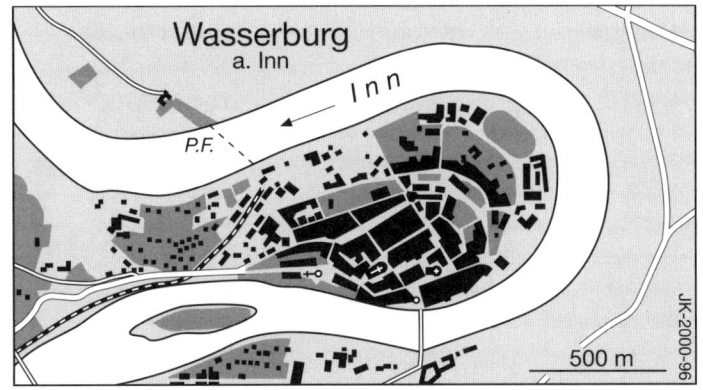

Stadt nähern ... So steht der Siedlungsraum der Stadt innerhalb der umgebenden Landschaft, ja er wächst aus ihr heraus, so daß eine Trennung von ihr nur gewaltsam möglich wäre" (S. 367).

In seiner Monographie „Die deutsche Stadt" unterschied GEISLER (1924) 33 verschiedene topographische Lagetypen (Tab. 3.1), die er zu 13 Unter- und 5 Haupttypen weiter zusammenfasste. Entscheidend für die Zuweisung zu einem Lagetyp war der Bezug einer Stadt zu einer morphologischen Einheit, beispielsweise einer Flussterrasse, einem Basaltkegel oder Talkessel. Abbildung 3.2 zeigt die süddeutsche Stadt Wasserburg am Inn, die durch eine typische Spornlage gekennzeichnet ist.

Zwischenzeitlich etwas in Vergessenheit geraten, wird der topographischen Lage von Städten heute aus der Perspektive der angewandten Geographie wieder Beachtung geschenkt. Dies belegt etwa die von BRUNOTTE et al. (1994) verfasste Arbeit über die Naturlandschaft und ihre Umgestaltung durch den Menschen. Dort wird u. a. die anthropogene Gestaltung bzw. Überformung des Stadtreliefs am Beispiel von Köln aufgearbeitet. Darin finden Themen wie die historische Bodenbelastung durch die Kontamination mit Schwermetallen und Phosphaten in der römischen Epoche sowie die Veränderung des Stadtreliefs in preußischer Zeit Beachtung, als Köln Festungsstadt wurde.

Auch im Hinblick auf die zunehmend unter Einsatz geographischer Informationssysteme behandelte Problematik von Flusshochwässern erscheint die exakte Erfassung des Stadtreliefs heute in einem neuen Licht (vgl. u. a. DICKMANN & ZEHNER 1999, S. 167 ff.; SPEIER 1998, S. 5).

3.2 Morphogenetische Ansätze

In der Zwischenkriegszeit entwickelte sich die Analyse des Stadtgrundrisses zu einer zentralen Aufgabe der Stadtgeographie (DÖRRIES 1969, S. 25). Den Grundstein für die wissenschaftliche Auseinandersetzung mit Städten aus morphologischer Perspektive hatte bereits 1916 der Österreicher HASSINGER gelegt. Seine Arbeit über die „Historischen Haustypenkarten" von Wien, die zu einem kunsthistorischen Atlas der Reichs- und Residenzstadt Wien zusammengestellt wurden, hatte bahn-

Haupttyp	Untertyp	Topographischer Lagetyp	Beispiel
A Oberflächenlage	I Flächenlage	1 Ebenenlage 2 Hochflächenlage 3 Diluvialflächenlage	Jever (Ostfriesland) Oberhof (Thüringer Wald) Burg (Fehmarn)
	II Höhenlage	4 Hanglage 5 Sattellage 6 Berg- u. Gipfellage	Marburg (Hess. Bergland) Tübingen Amöneburg (Hess. Bergland)
	III Tiefenlage	7 Nestlage 8 Nischenlage 9 Muldenlage 10 Kessellage	Eckartsberga (Thüringen) St. Andreasberg (Harz) Springe am Deister (Nieders. Bergland) Stuttgart
B Flusstallage	IV Längslage	11 Talstraßenlage 12 Bodenlage 13 Stufenlage	Lahr (Schwarzwald) Düsseldorf Kassel
	V Querlage	14 Talgabellage 15 Talausgangslage	Furtwangen (Schwarzwald) Goslar (Harz)
	VI Flussschlingen- lage	16 Schleifenlage 17 Spornlage 18 Flussinsellage	Wasserburg (Inn) Passau Lübeck
C Seenlage	VII Uferlage	19 Seitenlage 20 Endlage	Friedrichshafen (Bodensee) Konstanz (Bodensee)
	VIII Mittellage	21 Halbinsellage 22 Insellage 23 Isthmuslage	Ratzeburg (Lauenburg, Schleswig-Holstein) Lindau im Bodensee Plön (Holsteinische Schweiz)
D Urstromlage	IX Trockenlage	24 Randlage 25 Terrassenlage	Hamburg-Blankenese Magdeburg
	X Feuchtlage	26 Moorinsellage 27 Niederungslage	Greifswald Torgau (Elbe)
E Meerlage	XI Offene Lage	28 Küstenlage 29 Mündungslage	Cranz (Königsberg) Warnemünde (Rostock)
	XII Geschützte Lage	30 Buchtenlage 31 Fördenlage	Wismar (Mecklenburg) Kiel
	XIII Geschlossene Lage	32 Strandseelage 33 Hafflage	Heiligenhafen (Schleswig- Holstein) Usedom (Stettiner Haff)

Tab. 3.1:   **Topographische Lagetypen von Städten**
   (Quelle: eigener Entwurf, verändert nach GEISLER **1924)**

Die Systematik der Gliederung, Bezeichnung der Lagetypen und Auswahl der Beispiele erfolgten in starker Anlehnung an die Originalarbeit von GEISLER aus dem Jahre 1924. Die Tabelle dokumentiert die Akribie, mit der in der Zwischenkriegszeit derartige Bestandsaufnahmen durchgeführt wurden, sowie deren Stellenwert.

brechenden Charakter. Für das Ende der 1920er Jahre skizzierte FRENZEL (1930) die Aufgaben und Ziele der „Stadtgeographie" wie folgt: *„Geographische Stadtuntersuchungen stellen im allgemeinen Lage und horizontalen wie vertikalen Aufbau der Stadt in den Mittelpunkt ihres Interesses ... Grundrißgestaltung und Antlitz der Stadt werden aus ihrer geschichtlichen Entwicklung und geographischen Bedingtheit heraus erklärt, und damit eine wechselseitige Befruchtung von Geographie und Geschichte erzielt"* (S. 15).

Die präzise Beschreibung und akribische Inventarisierung des Kulturraumes „Stadt" rückte nun in das Zentrum geographischer Stadtforschung. Es entstanden sowohl eine Reihe mit großer Akribie angefertigter Monographien über einzelne Städte, zum Beispiel SCHAEFERS Arbeit über Basel (1929), als auch Arbeiten, deren Schwerpunkt auf der Systematisierung von Stadtgrundrissen lag. Ein gutes Beispiel hierfür stellt die Studie MARTINYS (1928) über die Grundrissgestaltung der deutschen Siedlungen dar.

Neben der Analyse und Klassifikation von Stadtplänen befasste sich die Stadtgeographie in der Zwischenkriegszeit auch mit dem *Stadtbild* bzw. der *Stadtphysiognomie.* Im Mittelpunkt standen die Typisierung und Klassifizierung von Hausformen. Als Indikatoren wurden Baumaterialien und Farben, Fassadengliederungen und -kompositionen, Fensterformen und -größen sowie andere architektonische Merkmale berücksichtigt.

Aus jüngerer Zeit ist die Untersuchung von HÖFLE über „Das Londoner Stadthaus" (1977) hervorzuheben. Sie mag als Beleg dafür dienen, dass stadtmorphologische Themen trotz einer Verlagerung des Forschungsschwerpunktes der Stadtgeographie weiter bearbeitet wurden. Auch im Zusammenhang mit der Sanierung historischer Altstädte in den 1980er Jahren erfuhren Analyse und Bewertung von Gebäudeaufrissen erneut Beachtung. Die physiognomische Restrukturierung vor allem mittelalterlicher Stadtkerne wurde damals als eine wesentliche Voraussetzung für eine Förderung des Städtetourismus angesehen.

3.3   Funktionale Ansätze

Einen ersten Anstoß, die räumliche Differenzierung von Städten nicht allein auf den physischen Baukörper der Stadt zu beschränken, sondern auch den städtischen Funktionen und ihrer Verortung Interesse zu schenken, erhielt die Stadtgeographie in den späten 1920er Jahren durch BOBEK. Entscheidende Impulse jedoch kamen aus Skandinavien und Angloamerika. Als Meilenstein der funktionalen Stadtgeographie gilt DE GEERS (1923) Arbeit über Groß-Stockholm, in der zahlreiche funktionale Stadtviertel und Quartiere ausgegliedert werden (SCHÖLLER 1969, S. 51).

Insbesondere in den späten 1940er Jahren wurde die funktionale Stadtgeographie durch Forschungsbeiträge aus den USA belebt. Damals hatte sich die Untersuchung innerstädtischer Zentren in Angloamerika längst als zentrales Forschungsthema etabliert. SCHÖLLER erklärt den methodischen Vorsprung der US-amerikanischen Stadtgeographie, der in dieser Phase offensichtlich wurde, durch den „Schachbrett-Schematismus des Grundrisses" (1969, S. 52), der „mit den oft gleich großen Häuserblocks eine gute Beziehungsgrundlage für statistische Vergleiche" (ebd., S. 52) lieferte.

Obwohl diesbezüglich die Voraussetzungen ungünstiger waren, gewann die funktionale Perspektive nun in Europa an Bedeutung. Besondere Aufmerksamkeit wurde auch hier dem zentralen Stadtgebiet, der City, gewidmet. Die Arbeiten von Wise (1949) über das Viertel der Juweliere und Waffenschmiede in Birmingham und der Aufsatz von Hartke (1951) über den Strukturwandel der Frankfurter Altstadt stehen stellvertretend für eine große Zahl von Citystudien.

Ein wesentlicher Unterschied allerdings blieb bestehen: Während die amerikanische Stadtgeographie bereits starke Bezüge zur Planungspraxis aufwies und von dort auch Impulse erhielt, blieb das Interesse der deutschen Stadtgeographie (noch) rein akademischer Natur. Ihr Anliegen bestand nach wie vor darin, „Gefüge, Bild und Funktion der städtischen Landschaft als Ganzes zu sehen und zu werten, die siedlungsmorphologische und funktionale Einheit in Lage, Entwicklung und Wechselbeziehungen zum landschaftlichen Bereich zu sehen" (Schöller 1969, S. 39).

Neben der funktionalen Differenzierung der Stadt entwickelte sich mit Beginn der 1940er Jahre die Analyse funktionaler Städtesysteme zu einem Schwerpunkt stadtgeographischer Forschung. Aus heutiger Sicht wird deutlich, dass dabei weniger die inhaltlichen Aspekte als mehr die statistischen Methoden im Vordergrund standen.

Bereits in der Zwischenkriegszeit waren Versuche unternommen worden, funktionale Klassifikationen von Städten durchzuführen. Ein typisches Beispiel aus dieser Epoche stellt die Arbeit von Aurousseau (1921) dar, der aufgrund des äußeren Erscheinungsbildes und des funktionalen Besatzes der von ihm untersuchten Städte zu einer Unterscheidung von sechs funktionalen Stadttypen kam. Die Arbeiten aus dieser Zeitphase kamen jedoch über das deskriptive Niveau nicht hinaus, da sie sich noch nicht auf amtliche statistische Bevölkerungsdaten hatten stützen können. Dies änderte sich erst zu Beginn der 1940er Jahre.

3.3.1 Der Ansatz von Harris

Unter der Vielzahl funktionaler Klassifikationen, die auf der Grundlage statistischer Verfahren durchgeführt wurden, ist die Untersuchung von Harris (1943) als wegweisend hervorzuheben. Harris arbeitete erstmals auf der Grundlage amtlicher Beschäftigtenzahlen funktionale Spezialisierungen des Städtesystems heraus. Dabei stützte er sich auf Beschäftigtenzahlen der 984 US-amerikanischen Städte mit mehr als 10 000 Einwohnern. Grundlage seiner Klassifikation waren Häufungen von Beschäftigten in bestimmten Branchen. Diese interpretierte Harris dann als signifikant, wenn sie über einem Schwellenwert lagen, den er als idealtypisch für eine „normale" Stadt ansah. Mit seiner Methode arbeitete Harris acht funktionale Stadttypen heraus:

1. *Industriestädte:* Subtyp 1: Anteil der in der Industrie Beschäftigten (bezogen auf Gesamtbeschäftigte in Industrie-, Groß- und Einzelhandel) >74 % (bei einem Arbeiteranteil >45 %); Subtyp 2: Anteil der in der Industrie Beschäftigten (bezogen auf Gesamtbeschäftigte in Industrie-, Groß- und Einzelhandel) >60 % (bei einem Arbeiteranteil 30 – 45 %).

2. *Einzelhandelsstädte:* Anteil der im Einzelhandel Beschäftigten (bezogen auf Gesamtbeschäftigte in Industrie-, Groß- und Einzelhandel) >50% und mindestens das 2,2 fache der im Großhandel Beschäftigten.
3. *Großhandelsstädte:* Anteil der im Großhandel Beschäftigten (bezogen auf Gesamtbeschäftigte in Industrie-, Groß- und Einzelhandel) >20% und mindestens 45% der im Einzelhandel Beschäftigten.
4. *Multifunktionale Städte:* Anteil der in Industrie, Großhandel und Einzelhandel Beschäftigten <60%, 20% bzw. 50% der Gesamtbeschäftigten in diesen drei Wirtschaftszweigen (bei einem Arbeiteranteil in der Industrie von 25–35%).
5. *Verkehrsstädte:* Anteil der Arbeiter im Verkehrs- und Kommunikationswesen (bezogen auf die Gesamtarbeiterzahl) >11%, und die Zahl der Arbeiter entspricht wenigstens einem Drittel der Zahl der Arbeiter in der Industrie und zwei Dritteln der Zahl der Arbeiter im gesamten Handel.
6. *Bergbaustädte:* Anteil der Arbeiter im Bergbau >15% (bezogen auf die Gesamtarbeiterzahl).
7. *Universitätsstädte:* Studentenanteil an der Gesamtbevölkerung >25%.
8. *Fremdenverkehrs- und Seniorenstädte:* ohne feste Abgrenzung; die Einstufung erfolgte aufgrund einer „geringen" Erwerbsquote, deren Untergrenze allerdings nicht präzisiert wird.

Ein Manko des Ansatzes war jedoch unübersehbar: Die Schwellenwerte hatte HARRIS subjektiv festgesetzt und auf ihre empirische Begründung verzichtet. Somit wird nachvollziehbar, warum in der Folgezeit die Beseitigung dieses Defizits das Forschungsinteresse leitete.

3.3.2 Der Ansatz von MATILLA & THOMPSON

Fortan stand die Fragestellung im Mittelpunkt, welche Beschäftigtenstruktur denn typisch sei für eine „Ideal-" oder „Musterstadt", mit der alle anderen Städte verglichen werden konnten. Vor allem amerikanische und australische Geographen (MATILLA & THOMPSON 1955, ALEXANDERSSON 1956, POWELL 1960) entwickelten kreative Ansätze zur Bestimmung dieser „Musterstadt".

Aus der Vielzahl der Arbeiten ist die Untersuchung von MATILLA & THOMPSON (1955) hervorzuheben. Die beiden amerikanischen Forscher entwickelten den verblüffend einfachen, aber hinreichend genauen Index der Überhangsbeschäftigten. Dabei verglichen sie branchenweise die in einer Stadt anzutreffende Beschäftigtenzahl mit der Zahl, die zu erwarten wäre, wenn es in der Stadt keine branchenbezogene Spezialisierung gäbe. Den Vergleichsmaßstab hierfür lieferten die jeweiligen Beschäftigtenanteile in der nationalen Wirtschaft. Dabei setzten MATILLA & THOMPSON vereinfachend die ökonomische Autarkie des Staates voraus und ließen globale Verflechtungen unberücksichtigt.

Das Prinzip des Ansatzes ist jedoch CHRISTALLER (1933) zuzuschreiben, der mit einem ähnlichen Indikator bereits die regionale Telefondichte und somit den Bedeutungsüberschuss zentraler Orte gemessen hatte. Er hatte den Bedeutungsüberschuss eines Ortes erfasst, indem er die vorhandene Anzahl der Telefonanschlüsse in dem Ort mit einem Sollwert von Telefonanschlüssen abgeglichen hatte, der aufgrund der Einwohnerzahl des Ortes im Vergleich zur Region eigentlich zu erwarten gewesen wäre.

3.3.3   Der Ansatz von ALEXANDERSSON

Wegen ihrer innovativen Methodik erfuhr auch die Arbeit des Schweden ALEXANDERSSON starke Beachtung, der eine funktionale Analyse der Städte in den Vereinigten Staaten vornahm. Wie HARRIS zog auch ALEXANDERSSON als empirische Datenbasis für seine Untersuchung die Beschäftigtenstatistiken der 864 größten US-amerikanischen Städte heran. Zur Bestimmung seiner „Musterstadt" ordnete er branchenweise die Beschäftigtenanteile jeweils in aufsteigender Reihenfolge an. Aus den so aufgebauten Tabellen der einzelnen Branchen wählte er jeweils den 43. Wert von unten (= 5 % von 864) und setzte den so ermittelten Beschäftigtenanteil, den er als sog. k-Wert bezeichnete, als notwendig für die Eigenversorgung seiner idealen Stadt an. Auf eine theoretische Begründung des k-Wertes verzichtete ALEXANDERSSON jedoch. Mit seiner

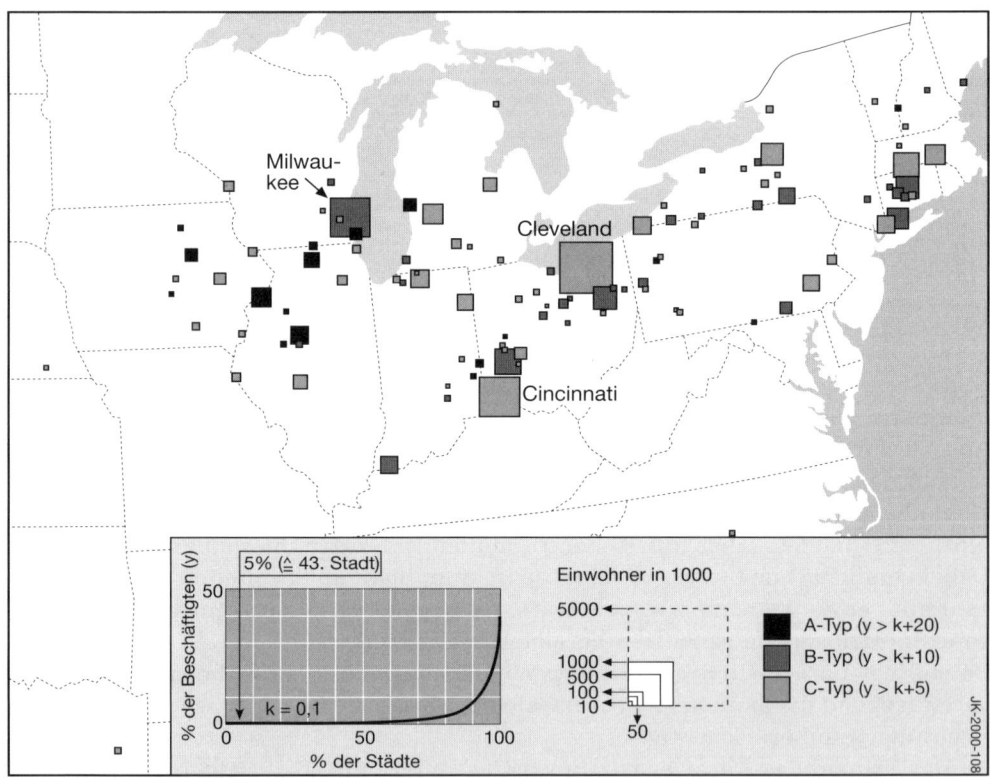

Abb. 3.3:   Die Städte im Manufacturing Belt mit einer Spezialisierung auf den Maschinenbau
            (Quelle: eigener Entwurf, verändert nach ALEXANDERSSON 1956, S. 47)

Methode bestimmte ALEXANDERSSON branchenweise den Anteil der Beschäftigten, der ausreicht, um die innerörtliche Nachfrage zu bedienen. Den Anteil bezeichnete er als sog. „non-basic-portion". Der über diesem Schwellenwert liegende Anteil, die „basic-portion", befriedigt dagegen die außerörtliche Nachfrage. ALEXANDERSSONS ideale Stadt zeigt daher keine funktionalen Konzentrationen, sondern weist nur so viele Beschäftigte in einer Branche auf, wie zum Erhalt des städtischen Lebens notwendig sind.

Funktionale Konzentrationen maß ALEXANDERSSON, indem er zunächst branchenspezifisch den kritischen Schwellenwert berechnete, bei dessen Überschreiten er eine Produktion von Gütern und Dienstleistungen zur Befriedigung der überörtlichen Nachfrage unterstellte. Anschließend bestimmte er den Grad der Abweichung von dem zuvor ermittelten Schwellenwert, um so Aussagen über die Intensität bzw. Größenordnung der funktionalen Spezialisierung zu treffen.

Sein Prinzip verdeutlichte ALEXANDERSSON am Beispiel von Detroit: *"In Detroit 28 per cent of the gainfully employed population is engaged in automobile manufacturing. One and a half per cent are, ..., needed to supply the city's own population with a normal amount of cars. The 1,5 per cent represents the city serving (non-basic) portion, the remaining 26,5 per cent is the city-forming (basic) ratio of automobile manufacturing in Detroit"* (1956, S. 16).

Abbildung 3.3 zeigt die Städte der USA, die Mitte der 1950er Jahre durch eine Spezialisierung im Maschinenbau geprägt waren. Das kumulative Verteilungsdiagramm zeigt, dass die 43. Stadt einen Anteil von 0,1 % (k-Wert) der Beschäftigten im Maschinenbau aufweist. Im Sinne ALEXANDERSSONS bedeutet dies, dass zur internen Versorgung einer „normalen" Stadt mit Produkten aus dem Maschinenbau jeder 1000. Beschäftigte in dieser Branche tätig sein muss. Abweichungen nach oben deuten bereits eine funktionale Spezialisierung an, d. h. die Befriedigung einer außerörtlichen Nachfrage. Kartographisch dargestellt sind sog. A-, B- und C-Städte, die unterschiedlich starke Konzentrationen zeigen. A-Städte weisen einen branchenspezifischen Beschäftigtenanteil von 20 % über dem k-Wert auf, für B-Städte liegt der Wert zwischen 10 % und 20 % und für C-Städte zwischen 5 % und 10 % (ALEXANDERSSON 1956, S. 26).

3.3.4   Das Ende der „Klassifikationsepoche"

Die Entwicklung funktionaler Klassifikationssysteme erreichte in den 1950er Jahren, als vor allem in den USA und Australien zahlreiche Klassifikationen durchgeführt wurden, ihren vorläufigen Höhepunkt. Zu Beginn der 1960er Jahre begann das Interesse an dieser Fragestellung allmählich abzunehmen. Spätere Arbeiten konzentrierten sich noch auf Verfeinerungen einzelner Methoden.

Aufgrund der Entwicklung leistungsfähiger Großrechner Mitte der 1970er Jahre entdeckte die Stadtgeographie Städteklassifikationen als Thema wieder. Nun ließen sich auch multivariate Verfahren, z. B. Clusteranalysen oder Hauptkomponentenanalysen, mit vertretbarem zeitlichem Aufwand durchführen. In die Analysen wurden jetzt auch sozioökonomische Merkmale einbezogen. Ein Beispiel aus dieser Phase stellt die Studie von FORST (1974) dar, der mittels einer hierarchischen Clusteranalyse sechs verschiedene Städtegruppen für die Bundesrepublik Deutschland ausgliederte.

Eine inhaltliche Erweiterung dieses Forschungszweiges bilden Gemeindetypisierungen. In dem Zusammenhang sei auf die Arbeit von BUCHHOLZ et al. (1994) verwiesen, die am Beispiel des Regierungsbezirks Köln sechs verschiedene Gemeindetypen unterschieden und dabei flächenbezogene Indikatoren, sozioökonomische Merkmale, arbeitsplatzbezogene Indikatoren sowie Wahlergebnisse berücksichtigten.

3.4   Kulturgenetische Ansätze

Die Erforschung von Städten in anderen Kulturerdteilen führte seit den 1930er Jahren, begünstigt durch die immer besser werdenden Reisemöglichkeiten, zur Gründung einer „vergleichenden Stadtlandschaftskunde" (PASSARGE 1930, S. 5). Ihre Vertreter gingen von der Annahme aus, dass Landschaft und Kultur einer Großregion, etwa eines Kulturerdteils, die äußere Gestalt der Städte in erheblicher Weise beeinflussen. Eine derartige Abhängigkeit kommt beispielsweise in den regionalen Baumaterialien zum Ausdruck, findet aber auch in den Bauformen (z.B. Dachformen), die an die naturräumlichen Verhältnisse angepasst sind, ihren Niederschlag. So erklärte GEISLER (1930) in seinem Beitrag über australische Stadtlandschaften die auf die feuchten Tropen beschränkte Verbreitung der Pfahlbauweise: *„In den feuchten Tropen verlangt das Klima gebieterisch eine Änderung [im Vergleich zum normalen Holzhaus der außertropischen Gebiete; Anmerk. d. Verf.] im Hausbau. Diese besteht zunächst darin, daß man das Haus zwecks besserer Durchlüftung und zum Schutze gegen Feuchtigkeit und tierische Schädlinge – vor allem die Ameisen – auf Pfähle setzte, und zwar imprägnierte, mit einer Zinkplatte bedeckte Holzpfosten verschiedener Höhe – ohne daß sich die Form des Hauses änderte"* (S. 141).

3.4.1   Forschungsergebnisse

Die in den folgenden Jahrzehnten publizierten Monographien über die kulturerdteilspezifischen Ausprägungen der Stadtstruktur festigten das Fundament der kulturgenetischen Stadtforschung. HOFMEISTER (1996), wichtiger Vertreter dieser Richtung, arbeitete insgesamt zwölf kulturgenetische Stadttypen heraus (vgl. auch Kap. 7).

Trotz mancher Abweichungen hinsichtlich des äußeren Erscheinungsbilds der Städte in den einzelnen Kulturerdteilen verdeutlichten die Forschungen, dass viele Stadtlandschaften der Erde in ihren strukturellen Grundzügen übereinstimmen. Das zentrale Fazit von viereinhalb Jahrzehnten kulturgenetischer Stadtforschung untermauerte WIRTH (1975), der im Rahmen seines Vergleichs von mitteleuropäischer und islamisch-orientalischer Stadt mehr Gemeinsamkeiten als Unterschiede identifizierte: *„Auch die orientalische Stadt ist befestigt; sie hat einen Mauerring, Türme und wehrhafte Stadttore, und sie wird von einer Burg oder Zitadelle überragt. Analog zu unseren Klöstern und Kirchen sind im Orient Moscheen, Koranschulen und Heiligengräber über die ganze Stadt verstreut; unseren Kathedralen entspricht in den größeren orientalischen Städten eine zentral gelegene große Hauptmoschee"* (ebd., S. 50).

Natürlich existieren kulturelle, politische, mitunter auch religiöse Einflüsse, die den Städten in den verschiedenen Kulturerdteilen ein unverwechselbares Gepräge verschafft haben. Es sei hier nur auf die schillernden Bazare orientalischer Städte, die Uniformität angloamerikanischer Stadtzentren oder die eindrucksvollen Magistralen und großflächigen Aufmarschplätze sozialistischer Metropolen verwiesen. Dennoch sind sich die Funktionen dieser Städte, ihre sozialen und ökonomischen Probleme sowie ihre Beziehungen zum Umland kulturübergreifend viel ähnlicher als ein erster, flüchtiger Blick erwarten lässt. Kulturerdteilspezifische Unterschiede sind eher gradueller als struktureller Art. Zudem hat unter dem Einfluss zunehmender Kulturkontakte, Deregulierung und Globalisierung die Konvergenz von Großstädten der Alten und der Neuen Welt, in Industrie- und Entwicklungsländern weiter zugenommen. Vor allem für die Mega- und Weltstädte lässt sich nachweisen, dass der kulturelle Einfluss auf Grundriss, Baumaterial, Architektur und Funktionen zumindest in den zentralen Stadtteilen nahezu verschwunden ist. Hier sind es eher architektonische und technologische, weniger kulturelle Determinanten, die den Städten ihr spezifisches Gepräge geben.

3.4.2 Kulturgenetische Stadtstrukturmodelle

In den 1970er Jahren erreichte die kulturgenetische Stadtforschung ihren Bedeutungshöhepunkt. In dieser Phase entstanden eindrucksvolle Arbeiten über die Stadt und ihre Ausprägung in verschiedenen Kulturerdteilen. Hervorragende Beispiele sind HOFMEISTERS Abhandlung über die Stadt und den Kulturraum Angloamerikas (1971), BÄHRS Publikation über die sozialräumliche Differenzierung der lateinamerikanischen Großstädte (1976),

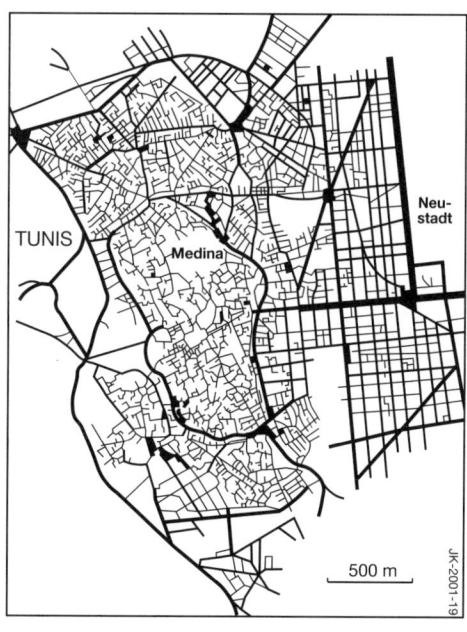

DETTMANNS (1970) Untersuchung des Städtewesens im Norden des Industieflandes, MANSHARDS Analyse der Städte im tropischen Afrika (1977) und SEGERS Monographie über Teheran (1978). Ein zentrales Anliegen der genannten Arbeiten bestand darin, die Grundzüge der Stadtstruktur und ihre kulturerdteilspezifischen Besonderheiten herauszuarbeiten und sie anhand vereinfachter Schemata, die als Stadtstrukturmodelle bezeichnet wurden, zu verdeutlichen.

Ein bekanntes Beispiel ist das Modell der zweipoligen islamisch-orientalischen Großstadt, das SEGER aus der Untersuchung Teherans ableitete. Trotz

Abb.: 3.4:

Grundriss von Medina und Neustadt in Tunis
(Quelle: eigener Entwurf)

seiner weiten Verbreitung handelt es sich streng genommen nicht um ein Modell, da für die Entwicklung eines taxonomischen Modells eine viel breitere Zahl von Fallbeispielen notwendig gewesen wäre. Vielmehr stellt es ein vereinfachtes Strukturschema dar, das sich in der Tat in den meisten islamisch-orientalischen Städten wiederfinden lässt. Allerdings ist die Zweipoligkeit vieler orientalischer Städte nicht das Ergebnis eines schleichenden Prozesses der Verwestlichung, sondern auf die Kolonialzeit und die in dieser Epoche errichteten modernen Neustädte zurückzuführen. In vielen Städten grenzen die ummauerten malerischen Medinen mit ihrem Sackgassengrundriss, ihrer dichten Bebauung und ihren Bazaren unmittelbar an die planmäßig angelegten britischen bzw. französischen Stadterweiterungsgebiete aus dem späten 19. Jh. Die tunesische Hauptstadt Tunis liefert hierfür ein eindrucksvolles Beispiel (Abb. 3.4).

3.5 Zentralitätsforschung

Neben der funktionalen Gliederung von Städten und der Entwicklung funktionaler Städteklassifikationen wurde seit den 1950er Jahren auch den Stadt-Umland-Beziehungen Beachtung geschenkt. Die Zentralitätsforschung begann sich zu etablieren und entwickelte sich in den 1960er Jahren zu einem fast eigenständigen Forschungszweig, „der die Grenzen klassisch stadtgeographischer Arbeit längst überschritten hat" (Schöller 1973).

3.5.1 Die Theorie der zentralen Orte nach Christaller

Den Ausgangspunkt der Zentralitätsforschung bildete die von Christaller 1933 verfasste Dissertation über „Die zentralen Orte in Süddeutschland". Bedauerlicherweise blieb seine Arbeit nahezu zwei Jahrzehnte in der deutschen Stadtgeographie unbeachtet. Erst nach seiner Würdigung seitens der angelsächsischen Geographie wurde dem Werk auch in Deutschland Beachtung geschenkt. Mitte der 1950er Jahre gelang ihm schließlich der Durchbruch.

Im Folgenden werden die Christallerschen Gedanken in den wesentlichen Grundzügen skizziert: Christallers Ziel bestand darin, ein deduktives Modell zur Erklärung von Regelhaftigkeiten der Verteilung städtischer Siedlungen zu entwickeln. Dieses Modell fußt auf wenigen Prämissen und Annahmen zur Raumbeschaffenheit und zum Verhalten und Handeln von Akteuren, die als Konsumenten und Anbieter auftreten.

Christallers Annahmen beruhen zum einen auf einem idealen Raumbild. Die Registrierplatte „Raum" soll einheitliche Züge tragen und keinerlei äußere Grenzen aufweisen. Zum anderen geht Christaller von Akteuren aus, die, befreit von sämtlichen sonstigen Lebensbedürfnissen, ausschließlich daran interessiert sind, ihren materiellen Nutzen zu maximieren. Der „homo oeconomicus", wie Christaller diesen Akteurstyp bezeichnet, ist vollständig informiert, kennt alle Handlungsalternativen und hat die Fähigkeit, stets diejenige Option zu wählen, die seinen ökonomischen Zielen am nächsten kommt.

Eine Gruppe ökonomisch Handelnder sind die Konsumenten, deren Ziel es ist, möglichst wenig Geld für ein Produkt, das sie erwerben möchten, auszugeben. Jedem Konsumenten steht dafür der gleiche Betrag zum Erwerb zur Verfügung. Der Preis des Produktes ist bei allen Anbietern gleich. Der Betrag, den der Konsument ausgeben muss, setzt sich aus dem zu zahlenden Preis und den Transportkosten zusammen, die sich mit abnehmender Distanz zwischen Angebotsstandort und Wohnort verringern. Dies bedeutet, dass der Konsument immer den nächsten Angebotsstandort aufsuchen wird. Für jedes Produkt oder Gut gibt es eine Distanz zwischen Wohn- und Angebotsstandort, für deren Überwindung die Transportkosten gerade so hoch sind, dass sie, zusammen mit dem Kaufpreis, genau dem Betrag entsprechen, den der Kon-

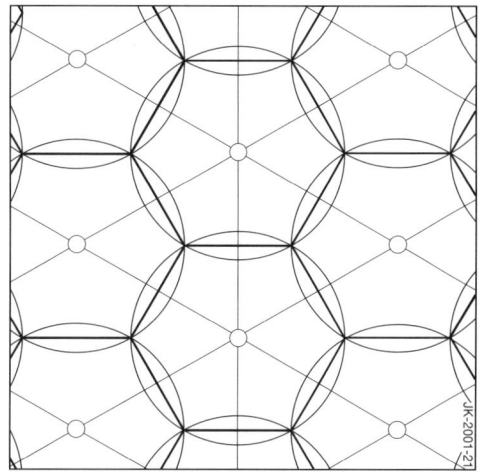

Abb. 3.5: Angebotsstandorte und Einzugsbereiche nach dem Versorgungsprinzip CHRISTALLERS (Quelle: eigener Entwurf, verändert nach HEINRITZ 1979, S. 28)

sument zur Verfügung hat. Wohnt er weiter entfernt von dem Angebotsstandort, kann er dieses Produkt dort nicht mehr erwerben. Somit existiert für jedes Produkt oder Gut eine äußere Reichweite.

Wo aber liegen die Angebotsorte? Da auch die Anbieter an einer Gewinnmaximierung interessiert sind, werden sie ihre Standorte so wählen, dass ihr Absatzgebiet möglichst groß ist, in ihrem Einzugsgebiet also möglichst viele Konsumenten wohnen, deren Verteilung CHRISTALLER als gleichmäßig unterstellte. Da sich alle Anbieter nach der genannten Vorgabe richten, ordnen sich ihre Standorte so an, dass „sie auf den Ecken gleichseitiger Dreiecke liegen, die sich ohne weiteres zu Sechsecken gruppieren" (CHRISTALLER 1933, S. 69, zit. nach HEINRITZ 1979, S. 24). Die Kantenlänge der Dreiecke ergibt sich aus der äußeren Reichweite eines Gutes. Die zentralen Orte haben einerseits einen so großen Abstand, dass jeder Anbieter ein Optimum an Kunden versorgen kann, andererseits liegen sie so nahe beieinander, dass keine unterversorgten Gebiete entstehen. Das räumliche Ergebnis ist ein System zentraler Orte gleicher Hierarchiestufe, die auf den Ecken gleichseitiger Dreiecke liegen und umgeben werden von flächendeckenden Einzugsgebieten. Sie fügen sich zu einem Muster regelmäßiger Sechsecke zusammen, das auch als Wabenmuster bezeichnet wird (Abb. 3.5).

Das hinter diesem Raummodell stehende Prinzip bezeichnete CHRISTALLER als sog. „Versorgungsprinzip". Durch die Einbeziehung zentraler Orte niedrigerer Hierarchiestufen, wo nur Güter geringerer Reichweite angeboten werden, vervollständigte er das System weiter und verdichtete das Wabenmuster.

CHRISTALLER selbst räumte jedoch ein, dass für Zahl, Größe und Lage zentraler Orte auch andere Prinzipien geltend gemacht werden können. So kann etwa eine möglichst kostengünstige Verkehrsführung berücksichtigt werden. Nach dem sog. „Verkehrsprinzip" entwickelte er ein modifiziertes System zentraler Orte. In einem weiteren Versuch bezog er die politisch-administrative Raumgliederung als Determinante ein und kam so zu seinem „Verwaltungsprinzip". Eine ausführliche Darstellung der Theorie der zentralen Orte und der auf Basis der drei unterschiedlichen Prinzipien entwickelten Modelle findet sich bei HEINRITZ (1979).

Der wissenschaftliche Wert der CHRISTALLERschen Arbeit liegt in der bestechenden inneren Logik der Ableitungen und der Stringenz der Schlussfolgerungen, die CHRISTALLER zieht, begründet. Wenn sich aus heutiger Perspektive das Modell der zentralen Orte zur Erklärung von Siedlungssystemen in hoch entwickelten Staaten nur noch begrenzt eignet, so liegt das an den verwendeten starren Prämissen, die abgeändert und angepasst werden müssten. Die Konturen der CHRISTALLERschen Gedanken jedoch würden dann zweifellos an Schärfe verlieren.

Die in der Nachkriegszeit durchgeführten Forschungen zu Stadt-Umland-Beziehungen konzentrierten sich im Wesentlichen auf die Entwicklung von Methoden zur Messung der Zentralität von Orten. Begrifflich muss hier zwischen Zentralität im Sinne von *absoluter Bedeutung eines Ortes* und Zentralität im Sinne von *relativer Bedeutung* oder *Bedeutungsüberschuss* unterschieden werden. Die absolute Bedeutung zentralörtlicher Funktionen schließt den Ort, an dem diese Funktionen ausgeübt werden, und sein Um- bzw. Hinterland ein. Bedeutungsüberschuss dagegen meint das „Mehr" an angebotenen Gütern und Dienstleistungen, die nicht zur Selbstversorgung eines zentralen Ortes notwendig sind, sondern der Versorgung eines wie auch immer definierten Ergänzungsgebietes dienen.

Zur Messung des Bedeutungsüberschusses zog CHRISTALLER die von ihm selbst entwickelte Telefonmethode heran. Allerdings verlor der Indikator „Telefon" in den beiden ersten Nachkriegsjahrzehnten zunehmend an Bedeutung, so dass in der Folgezeit Ersatzindikatoren herangezogen werden mußten.

3.5.2   Die Katalogmethode

Grundsätzlich lässt sich Zentralität über die Ausstattung zentraler Orte, die Häufigkeit und die Intensität der Kontakte messen. Die erste Gruppe von Verfahren setzt an der vorhandenen Bestückung eines Ortes mit zentralen Einrichtungen an. Grundlage der Typisierung sind Zusammenstellungen zentraler Einrichtungen, die als Kataloge bezeichnet und die für Orte einer bestimmten Hierarchiestufe als typisch angesehen werden. Daher werden derartige Methoden auch als *Katalogmethoden* bezeichnet. Die Überprüfung der zentralörtlichen Ausstattung städtischer Siedlungen bietet den Vorteil, dass eine klare und eindeutige Zuordnung eines zentralen Ortes zu einer bestimmten Hierarchiestufe möglich ist. Die Katalogmethode hatte besonders in den 1950er, 1960er und 1970er Jahren Konjunktur. Stellvertretend seien hier die Arbeiten von BOUSTEDT (1952) über die zentralörtliche Struktur Bayerns, von MANSHARD (1961) über die zentralen Orte in Ghana und die Untersuchung von BORCHERDT & SCHNEIDER (1976) über die innerstädtische Zentrenstruktur in Stuttgart genannt.

Kritiker der Katalogmethode haben immer wieder deren Aussagekraft in Zweifel gezogen. Sie bemängelten, dass das Vorhandensein einer zentralen Einrichtung allein noch nichts über deren Qualität und Größe aussagt. Außerdem – und dieser Kritikpunkt ist bedeutender – messen Kataloge nur die absolute Bedeutung, d.h. die nicht weiter differenzierte Bedeutung für die Stadt und ihr Umland, und nicht den Bedeutungsüberschuss, also die ausschließlich auf das Umland bezogene Bedeutung.

3.5.3 Interaktionsmodelle

Die zweite Gruppe von Verfahren ist dadurch gekennzeichnet, dass die Zentralität eines Ortes durch die auf ihn gerichteten Interaktionen widergespiegelt wird. Einen besonders kreativen Ansatz entwickelten die amerikanischen Wissenschaftler NYSTUEN & DACEY (1961). Auf der Grundlage der Zahl von Telefonaten zwischen Städten, die sie in einer Matrix zusammenstellten, entwickelten sie ein graphentheoretisches Modell des von ihnen untersuchten Städtesystems (Abb. 3.6). Die in die Städte hineingehenden Telefonate, deren Summe spaltenweise zusammengefasst wird, bilden dabei die Messlatte für die absolute Bedeutung dieser Städte. Vereinfacht ausgedrückt, lässt sich aus dem Vergleich der Spaltensummen eine zentralörtliche Rangordnung der Städte ableiten. Um die Beziehung der Städte zueinander darzustellen, unterschieden NYSTUEN & DACEY „unabhängige" und „abhängige" Städte. Sie

		In eine Stadt hineingehende Telefonate											
		a	b	c	d	e	f	g	h	i	j	k	l
Aus einer Stadt herausgehende Telefonate	a	0	**75**	15	20	28	2	3	2	1	20	1	0
	b*	69	0	45	50	58	12	20	3	6	35	4	2
	c	5	**51**	0	12	40	0	6	1	3	15	0	1
	d	19	**67**	14	0	30	7	6	2	11	18	5	1
	e*	7	40	48	26	0	7	10	2	37	39	12	6
	f	1	6	1	1	10	0	**27**	1	3	4	2	0
	g*	2	16	3	3	13	31	0	3	18	8	3	1
	h	0	4	0	1	3	3	6	0	12	**38**	4	0
	i	2	28	3	6	43	4	16	12	0	**98**	13	1
	j*	7	40	10	8	40	5	17	34	98	0	35	12
	k	1	8	2	1	18	0	6	5	12	**30**	0	15
	l	0	2	0	0	7	0	1	0	1	6	**12**	0
Spaltensumme		113	337	141	128	290	71	118	65	202	311	91	39

▸ Die Größe der Stadt wird durch die hineingehenden Telefonate definiert.
▸ Größte Ströme fett gedruckt. Größter Strom durch die Anzahl der herausgehenden Telefonate bestimmt.
▸ * Unabhängige Stadt (größter Strom ist auf eine kleinere Stadt gerichtet).

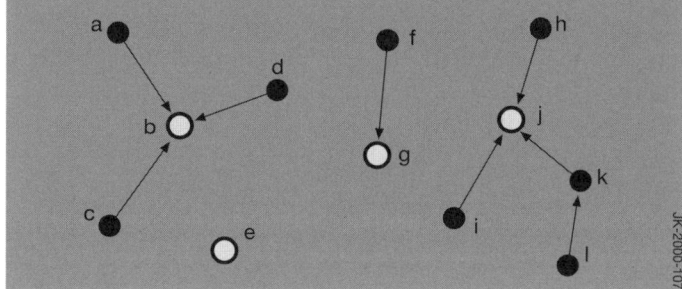

Abb. 3.6:
Graphentheoretisches Modell eines Städtesystems (eigener Entwurf, verändert nach NYSTUEN & DACEY 1961, S. 31)

JK-2000-107

fassten eine Stadt als unabhängig auf, wenn der größte Strom von Telefonaten auf eine weniger bedeutende Stadt gerichtet ist. Ob eine Stadt weniger bedeutend ist, kann anhand der Spaltensummen, die ja die Gesamtbedeutung der Städte widerspiegeln, rasch überprüft werden. Umgekehrt gilt: Eine Stadt ist dann von einer anderen Stadt abhängig, wenn der größte von ihr ausgehende Strom auf eine Stadt gerichtet ist, die auf einer höheren Hierarchiestufe steht.

Auf die Weise entwickelten NYSTUEN & DACEY ein Kanten-Knoten-Modell des untersuchten Städtesystems, in dem die Knoten Städte und die Kanten die funktionalen Verflechtungen der Städte widerspiegeln. Aus heutiger Perspektive kann dieser bestechend einfachen, nur auf die Erfassung der wesentlichen Beziehungen gerichteten Methode Pioniercharakter attestiert werden. In ihrem Kielwasser entstanden eine Reihe weiterer graphentheoretisch angelegter Arbeiten, zum Beispiel in der Verkehrsgeographie. Exemplarisch sei hier auf die Arbeit von VETTER (1970) verwiesen, der auf der Grundlage des graphentheoretischen Ansatzes das niedersächsische Eisenbahnnetz analysierte.

3.5.4   Die Umlandmethode

Zur Bestimmung der Ergänzungsgebiete der zentralen Orte setzte sich die sog. Umlandmethode in der Zentralitätsforschung durch. Wie der Name bereits andeutet, werden in den Umlandgebieten zentraler Orte Konsumenten befragt, welchen Ort sie für den Erwerb eines bestimmten Gutes bzw. einer bestimmten Dienstleistung aufsuchen.

Aus der Vielzahl zentralörtlicher Untersuchungen, die mit Hilfe der Umlandmethode entstanden sind, ist die von KLUCZKA (1968) durchgeführte „Zentralörtliche Bereichsgliederung der Bundesrepublik Deutschland" hervorzuheben. Seine Forschungen mündeten in die flächendeckende Karte „Zentrale Orte und zentralörtliche Bereiche mittlerer und höherer Stufe" (HEINRITZ 1979, S. 73).

Das Zentrale-Orte-Konzept wurde nach 1965 zu einem wichtigen Instrument der Raumordnungspolitik in der Bundesrepublik Deutschland. Auch heute noch dient es als raumordnungspolitische Zielvorgabe für die zukünftige Entwicklung des Siedlungsnetzes in Deutschland. Die Bundesländer haben das Zentrale-Orte-Konzept in ihren Landesentwicklungsplänen konkret umgesetzt (vgl. Kap. 9.1).

In jüngerer Zeit mehren sich die Zeichen dafür, dass Zentralität im Sinne von Bedeutungsüberschuss einer Stadt gegenüber ihrem Umland an Bedeutung verloren hat. Jedenfalls trifft dies für die Städte in hoch entwickelten Staaten zu. In zunehmendem Umfang gestatten ökonomische Rationalität und technische Möglichkeiten eine Verortung städtischer Funktionen im suburbanen oder sogar ländlichen Raum. Nicht mehr alle großen Handelseinrichtungen und Dienstleistungsunternehmen unterliegen heute den klassischen Standortzwängen zentraler Lagen in den Innenstädten. Aus betriebswirtschaftlicher Sicht werden immer häufiger dezentrale, an der Autobahn oder am Flughafen gelegene Standorte und nicht mehr die Innenstadt favorisiert (HÄUSSERMANN & SIEBEL 1997). Es scheint, als ob im Zeitalter der virtuellen Welten reale Raumwiderstände und Distanzen, die noch die ausschlaggebende Rolle bei CHRISTALLER darstellten, abgewertet seien.

3.6   Sozialgeographische Ansätze

3.6.1   Daseinsgrundfunktionen und ihre Raumansprüche

Trotz des Fortschritts, den der funktionale Ansatz und die Zentralitätsforschung der Stadtgeographie bescherten, fällt aus heutiger Sicht auf, dass den Akteuren entweder zu wenig Beachtung geschenkt wurde oder dass sie als Subjekte begriffen wurden, die losgelöst von jeglichen Lebensbedürfnissen, ausschließlich nach streng ökonomischen Maximen handeln. Mit dem Aufkommen der sozialgeographischen Betrachtungsweise wurde diese statische, technokratische Perspektive aufgegeben. Nun rückten Individuen und soziale Gruppen als Gestalter der „Registrierplatte Erde" in den Mittelpunkt; ihre Wahrnehmungen, Entscheidungen und Handlungen bestimmten fortan den Interpretationshintergrund sozialgeographischer Arbeiten.

Erste Ansätze in der deutschsprachigen Geographie, die aus allgemeinen Lebensbedürfnissen, Aufgaben und Tätigkeiten resultierenden Raumansprüche systematisch zu erfassen und zu interpretieren, gehen auf Bobek (1948) zurück. Allerdings konnte sich seine Einteilung nach sog. „Lebensformgruppen" in der Kulturgeographie nicht etablieren. Vielmehr setzte sich der aus der Raumordnung stammende Katalog der Daseinsgrundfunktionen in der Sozialgeographie durch (Maier et al. 1977, S. 20). Zu den wesentlichen Daseinsgrundfunktionen zählen Wohnen, Arbeiten, Versorgen, Bilden, Erholen, Verkehrsteilnahme und in Gemeinschaft leben. Die Daseinsgrundfunktionen bildeten die zentralen Leitlinien für die Erarbeitung einer inneren Systematik der Sozialgeographie.

Übertragen auf die Stadtgeographie, bedeutete diese Systematik die Untersuchung der Raumwirksamkeit sozialer Gruppen und der sich darüber definierenden Raumansprüche. So umfasste die Analyse der Grundfunktionen „Wohnen" und „In Gemeinschaft leben" den weiten Bereich siedlungs- und bevölkerungsgeographischer Fragestellungen. Dazu zählte auch die Analyse der verschiedenen Migrationsströme (Stadt–Land, Land–Stadt) und ihrer gruppenspezifischen Ausprägungen. Arbeiten zur Daseinsgrundfunktion „Versorgen" setzten sowohl bei der Angebots- als auch bei der Nachfrageseite an. Untersuchungsziele bildeten zum einen die Aufnahme, Klassifizierung und Typisierung innerstädtischer Zentren unterschiedlicher Hierarchiestufen, zum anderen die Erfassung von Herkunft und aktionsräumlichem Verhalten demographisch und sozial definierter Gruppen, die am Einkaufsverkehr teilnehmen.

Der sozialgeographische Ansatz wurde außer von Bobek vor allem von Hartke und Schöller in den 1950er und 1960er Jahren stark geprägt. Ihre Arbeiten über die Wirkungen sozialräumlicher Verhaltensmuster führten zu der Erkenntnis, dass durch raumbezogenes Verhalten von Individuen und sozialen Gruppen nicht nur Aktionsräume, sondern auch „soziale Räume" geschaffen werden. Dieser Aspekt ist besonders wichtig, da hier zum ersten Mal der Raumbegriff nicht auf den physischen Erdraum bezogen, sondern auf ein soziales Konstrukt angewandt wurde.

In den 1970er Jahren war es vor allem die sog. „Münchner Schule", die der sozialgeographischen Stadtforschung entscheidende Impulse verlieh. Maier et al. (1977) fassten die vor allem von Downs & Stea (1973) und Saarinen (1969) entwickelten Grundvorstellungen der Sozialgeographie zu einem prozessualen Modell zusam-

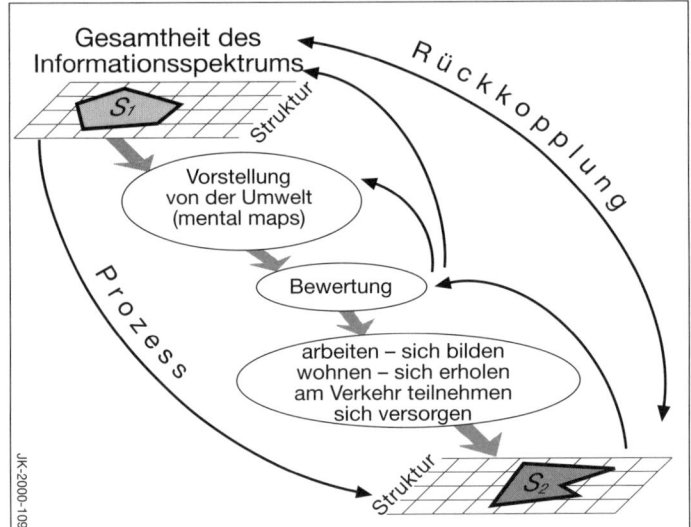

Abb. 3.7:
Das sozialgeographische
Raumsystem
(Quelle: eigener Entwurf,
verändert nach MAIER et al.
1977, S. 26)

men, das sie als „sozialgeographisches Raumsystem" bezeichneten (Abb. 3.7). Den Ausgangspunkt ihrer Überlegungen bildet die Gesamtheit des Informationsspektrums über die Umwelt, aus der bewusst und unbewusst Informationen selektiert werden. Diese Auswahl führt zu bestimmten Vorstellungen von der Umwelt, die sich beispielsweise mit Hilfe subjektiver Kartenskizzen *(„mental maps")* überprüfen lassen. Vor dem jeweils individuellen Erfahrungshintergrund werden diese Informationen bewertet. Das Ergebnis dieser Bewertung wiederum ist Grundlage für raumbezogenes und raumwirksames Verhalten und Handeln. Dieses spielt sich nicht nur auf der „Registrierplatte Erde" ab, sondern führt dort auch zu strukturellen Veränderungen, die ihrerseits wieder neu wahrgenommen werden.

3.6.2   Sozialräumliche Stadtgliederungen

Von den prozessorientierten Ansätzen klar zu unterscheiden sind sozialräumliche Gliederungen, die zumeist für Großstädte vorgenommen wurden. Ihr Ziel bestand darin, die Städte nach objektiv erfassbaren Merkmalen ihrer Bevölkerung (harte Daten) in verschiedene „Sozialräume" einzuteilen. Grundlage für die Zuweisung von Vierteln zu bestimmten Sozialraumkategorien waren Merkmale der Bevölkerung, wie Alter, Beruf, Einkommen, Bildungsstand, Besitzverhältnisse etc. Umfang und Auswahl der berücksichtigten Variablen waren von vornherein durch die im Rahmen der amtlichen Zählungen erfassten Indikatoren festgelegt.

Sozialräumliche Gliederungen von Großstädten tauchen in der stadtsoziologischen Forschung erstmals Mitte der 1920er Jahre im Zusammenhang mit der Entwicklung modellhafter Vorstellungen zum Wachstum angloamerikanischer Großstädte auf. Vor allem das von BURGESS (1925, 1929) konzipierte Modell der konzentrischen Ringe ist als Pionierarbeit zu würdigen. Auch die Untersuchung von HOYT (1939) über das Mietpreisgefüge angloamerikanischer Großstädte thematisiert die sozialräumliche Gliederung von Großstädten. Sie ist in diesem Zusammenhang jedoch nicht das eigentliche Erkenntnisziel, sondern die (entscheidende) Determinante für die generelle Erklärung von Stadtentwicklung.

Intraurbane sozialräumliche Gliederungen im Sinne strukturentdeckender Verfahren, die als Sozialraumanalysen bezeichnet werden, entstanden erstmals Ende der 1940er Jahre in den USA. Pionierarbeit auf diesem Feld leisteten SHEVKY, WILLIAMS und BELL (SHEVKY & WILLIAMS 1949, SHEVKY & BELL 1955), die am Beispiel von Los Angeles die „Theorie des sozialen Wandels" entwickelten. Sie gingen von einem zeitlichen, ökonomischen, sozialen und ethnischen Wandel der Bevölkerung aus, den sie über drei voneinander unabhängige Dimensionen (ökonomischer Status, Familienstatus und ethnischer Status) abbildeten. Diese Dimensionen spiegelten sie durch wenige Leitvariablen wider, unter deren Berücksichtigung sie die sozialräumliche Gliederung durchführten.

Die Sozialraumanalyse von SHEVKY & BELL ist eine deduktive Methode. Dies bedeutet, dass die Dimensionen von den Autoren theoretisch begründet wurden und nicht auf induktivem Wege, wie bei Anwendung der Faktorialökologie, erst gefunden werden mussten (FRIEDRICHS 1983, S. 197). Die Faktorialökologie ist ein induktives Verfahren, bei dem die Hauptkomponentenanalyse, ein multivariater statistischer Ansatz, auf ein Set vorgegebener sozialer, demographischer, ökonomischer und ethnischer Merkmale angewandt wird. Die Methode dient dazu, eine größere Zahl von Variablen, die untereinander verschieden stark miteinander korrelieren, auf wenige voneinander unabhängige Größen zu verdichten. Diese Größen werden als Hauptkomponenten, gelegentlich auch als Faktoren bezeichnet. Sie beschreiben Phänomene oder allgemeine Sachverhalte, wie beispielsweise den ökonomischen Status oder den Familienstatus einer Bevölkerungsgruppe. Im Gegensatz zu Variablen sind diese Hauptkomponenten dimensionslos, d. h., ihnen liegen keine mess- oder zählbaren Einheiten mehr zugrunde. Interpretationsgrundlage können daher nicht die absoluten Werte einzelner Hauptkomponenten, sondern nur deren relative Unterschiede sein.

Arbeiten zur sozialräumlichen Gliederung von Großstädten bildeten in den 1960er und 1970er Jahren eine zentrale Säule der stadtsoziologischen und stadtgeographischen Forschung. Als positivistische Ansätze lagen sie zu dieser Zeit im Trend eines generellen methodischen und theoretischen Wandels der Stadtgeographie (LESER & SCHNEIDER-SLIWA 1999, S. 86). Gegen Ende der 1970er Jahre ließ das Interesse an sozialräumlichen Analysen nach. Die Arbeit von O'LOUGHLIN & GLEBE (1980) über die sozialräumliche Struktur der Stadt Düsseldorf markiert das vorläufige Ende einer dichten Folge sozialraumanalytischer Untersuchungen mitteleuropäischer Städte. Ein wesentlicher Grund für die Aufgabe dieser Forschungsrichtung bestand darin, dass das aus den amtlichen Volks-, Gebäude- und Arbeitsstättenzählungen stammende Variablenset unverrückbar feststand und keine inhaltlichen Erweiterungen zuließ. Somit lieferten Hauptkomponentenanalysen immer wieder gleichartige Faktoren, die dem gesellschaftlichen Wandel zunehmend weniger gerecht wurden.

Heute eignen sich die verfügbaren Variablen kaum noch zur Beschreibung von Individuen und sozialen Gruppen, da sie auf eine Erfassung der horizontalen sozialen Schichtung der Gesellschaft ausgerichtet waren. Zur Differenzierung unserer

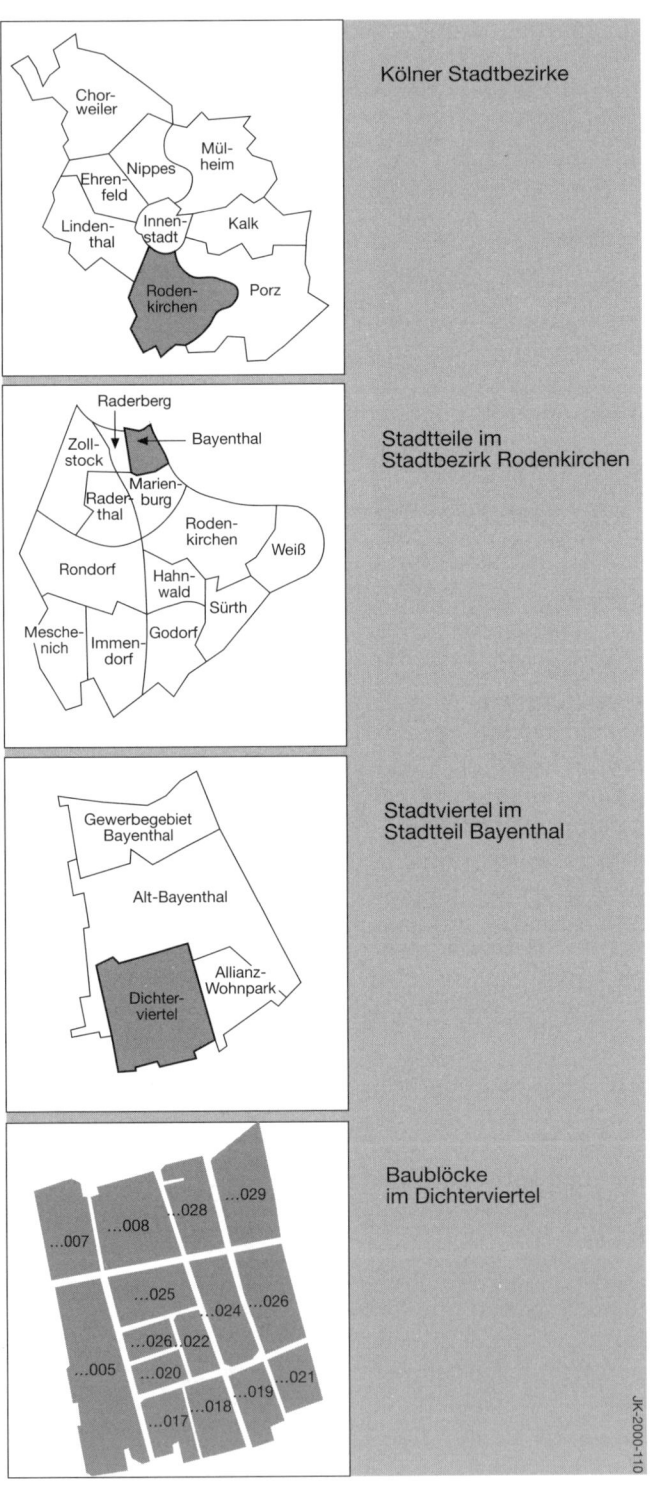

Kölner Stadtbezirke

Stadtteile im
Stadtbezirk Rodenkirchen

Stadtviertel im
Stadtteil Bayenthal

Baublöcke
im Dichterviertel

Abb. 3.8:
Raumbezugssysteme für
sozialräumliche Gliederungen
am Beispiel von Köln
(Quelle: eigener Entwurf)

JK-2000-110

postmodernen, städtischen Gesellschaft müssten Indikatoren, die sog. „Milieus" oder Lebensstilgruppen beschreiben, herangezogen werden. Determinanten solcher Milieus sind einerseits die tradierten, an Einkommen, Bildung und Herkunft orientierten Einteilungsraster, andererseits verhaltensorientierte Grundorientierungen, die sich auf einer „Verhaltensskala" zwischen den Extrema „traditionell" und „postmateriell" einstufen lassen (Nowak & Becker 1985, S. 14). Eine Berücksichtigung von Lebensstilgruppen als Grundlage sozialräumlicher Gliederungen von Städten scheint derzeit noch in weiter Ferne zu liegen (Helbrecht 1997).

Als zweiten Grund für die abnehmende Bedeutung der Sozialraumanalyse lässt sich der Paradigmenwechsel innerhalb der Kulturgeographie anführen. Die Renaissance hermeneutischer Ansätze korrespondierte mit einem wachsenden Unbehagen an quantitativen Verfahren, denen ein positivistisches Wissenschaftsverständnis zugrunde liegt und deren interner Ablauf sich oftmals dem mathematisch Ungeschulten verschließt.

Schließlich muss drittens auf eine nur schwer vermeidbare methodische Schwäche hingewiesen werden. Eine Durchsicht der sozialräumlichen Untersuchungen verdeutlicht, dass die Wahl von Raumbezugssystemen für Sozialraumanalysen in der Regel nicht begründet oder kritisch hinterfragt wurden. Vielmehr wurden – vermutlich aus Gründen der Zugänglichkeit des Datenmaterials – als vermeintlich homogene Basiselemente Stadtteile herangezogen. Allerdings sind Stadtteile administrative Einheiten, die als „Bausteine" für sozialräumliche Differenzierungen nur begrenzt tauglich sind, da sie – in vielen Fällen offensichtlich – in kleinere genetisch, physiognomisch und sozialstrukturell unterschiedliche Teilräume zerfallen, die als „Viertel" bezeichnet werden können (Abb. 3.8).

Zudem verleitete die Verwendung zu weitmaschiger Raumbezugssysteme die Bearbeiter in manchen Fällen dazu, aus ihren räumlichen Clustern sozialräumlicher Einheiten Analogmodelle, ja gelegentlich sogar taxonomische Modelle abzuleiten (Reichart 1999, S. 17 f.). Dies führte zur Entwicklung manch fragwürdiger sektorartiger oder ringzonaler Schemata, die durch die flächenbezogene Kartierung von Hauptkomponentenwerten des ökonomischen Status bzw. Familienstatus Muster eine sektorartige Anordnung unterschiedlicher Sozialräume suggerierten. Dabei wurde übersehen, dass die geometrische Struktur der Schemata in erster Linie eine Funktion der gegebenen Umrisse von Stadtteilarealen war. In Wirklichkeit bedecken vor allem die Siedlungsgebiete am Stadtrand nur einen kleinen Teil der administrativen Stadtteilflächen, zu denen auch Industriegebiete, landwirtschaftliche Flächen und Waldgebiete zählen können.

3.7   Entscheidungs- und handlungstheoretische Ansätze

In den 1970er und 1980er Jahren wuchs die Kritik an den positivistischen Ansätzen, deren Grenzen allmählich sichtbar wurden. So hatten beispielsweise die auf der Grundlage von Hauptkomponenten- und Clusteranalysen entwickelten Stadtstrukturmodelle, die scharf begrenzte Zonen, Sektoren oder Kerne unterschiedlicher Struktur und verschiedenartigen Wachstums zeigten, den Menschen als Entscheidungsträger weitgehend ausgeblendet.

Vor diesem Hintergrund sind die entscheidungs- und handlungstheoretischen Ansätze der 1980er und 1990er Jahre, die auch als akteursbezogene Ansätze bezeichnet werden, als Gegenreaktion zu interpretieren. Der entscheidende Unterschied zu den mathematischen Modellbildungen der positivistischen Phase ist in einem anderen Wissenschaftsverständnis zu sehen, das nicht mehr auf dem Boden des Kritischen Rationalismus wurzelt, sondern der Hermeneutik zuzuordnen ist. Anders ausgedrückt: Es ging fortan nicht mehr um das *Erklären*, sondern um das *Verstehen* von Zusammenhängen.

Dieser methodologische Paradigmenwechsel spiegelt sich in den Instrumenten der Datenerhebung bzw. den Datenquellen und Forschungsmethoden deutlich wider. Die der positivistischen Phase zuzuordnenden quantitativen Verfahren verarbeiteten entweder massenstatistische Daten, die im Rahmen amtlicher Zählungen bzw. deren Fortschreibungen erhoben worden waren, oder Daten, die das Ergebnis standardisierter Massenbefragungen darstellten. Letztere wurden in der Regel als Stichproben einer Grundgesamtheit aufgefasst, über die unter Berücksichtigung einer einkalkulierten Irrtumswahrscheinlichkeit Aussagen getroffen wurden.

Hermeneutische Verfahren dagegen sind interpretativ-verstehende Verfahren, bei denen das Plausibilitätskriterium im Vordergrund steht. Gegenstände einer Interpretation können tiefen- bzw. leitfadengestützte Interviews mit ausgewählten Schlüsselpersonen sein. Des Weiteren können Akten, Biographien, Tagebücher, Gemälde, Filmdokumente oder Fotos ausgewertet werden (Hall 1998, S. 22).

Fachinhaltlich lässt sich die Entwicklung der Stadtgeographie in den 1980er und 1990er Jahren durch eine starke Interdisziplinarität kennzeichnen. Besondere Bedeutung kommt der Vernetzung mit den Politik-, Sozial- und Wirtschaftswissenschaften zu. Trotz der großen Vielfalt von Themen und Ansätzen lassen sich einige Schwerpunkte benennen.

In der zweiten Hälfte der 1980er Jahre entstanden eine Reihe von Arbeiten, in denen die Beziehung Mensch – Verdichtungsraum aus perzeptionsgeographischer Perspektive untersucht wurde. Dieser Themenkreis hatte sich aus zunächst auf regionaler Ebene angesiedelten Forschungen zum Thema Heimat, Regionalbewusstsein und raumbezogene Identität abgespalten (vgl. u.a. Meier-Dallach 1987 und Fichtner 1988). So ging beispielsweise Reuber (1993) am Beispiel Kölns mit Hilfe themenzentrierter, impulsgesteuerter Leitfaden-Interviews der Frage nach, welche „Hierarchiestufen raumbezogener Identität" (Weichhart 1990, S. 374) bzw. „Maßstabsebenen von Ortsbindung" (Gebhardt et al. 1992) sich in Verdichtungsräumen finden lassen (Abb. 3.9).

Einen zweiten Themenkreis bildet die ökonomische Restrukturierung von Städten als Folge von Deindustrialisierung und Raumansprüchen technologieorientierter innovativer Branchen. Räumlicher Ausdruck dieses Umbruchs ist das Recycling industrieller Altflächen. Methodisch steht hier die qualitative Untersuchung raumwirksamer Entscheidungen und Handlungen von Akteuren, die an der Regeneration und Umnutzung der Flächen beteiligt sind, im Vordergrund.

Zweifellos stellt die Revitalisierung brachgefallener Industrie-, Gewerbe- und Verkehrsflächen in oftmals attraktiver Lage einen der wichtigsten räumlichen Prozesse der gegenwärtigen Stadtentwicklung dar (vgl. Höhmann 1999). Aus Sicht der Geographie interessieren dabei zum einen die hinter der Reorganisation städtischer

Abb. 3.9:
Maßstabsebenen
räumlicher Bindung in der
Großstadt
(Quelle: eigener Entwurf,
verändert nach REUBER
1993, S. 59)

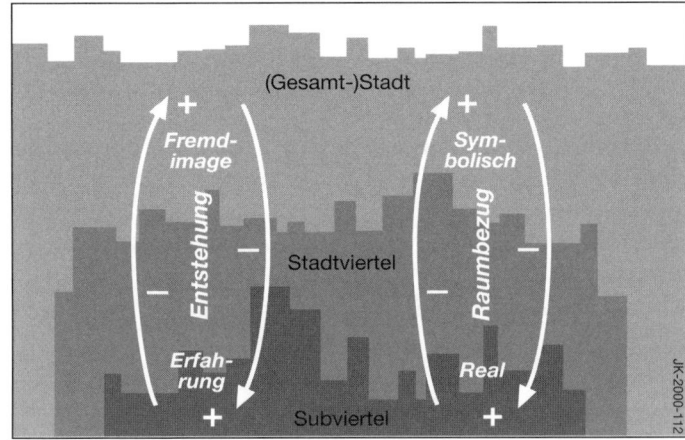

Flächennutzungen stehenden Kräfte und Prozesse, zum anderen die unterschiedlichen stadtentwicklungspolitischen Konzepte, deren entscheidungs- und handlungstheoretische Hintergründe sowie deren Erfolge.

Besonderes Interesse hat in diesem Zusammenhang das Fallbeispiel Großbritannien hervorgerufen. Als Reaktion auf das Scheitern traditioneller Revitalisierungsstrategien sind in Großbritannien, insbesondere in der sog. Thatcher-Ära, außergewöhnliche, an neoklassischen Theorien ausgerichtete Konzepte entwickelt und erprobt worden. So wurden staatlich bestellte Stadtentwicklungsgesellschaften (Urban Development Corporations) mit der Durchführung von Stadterneuerungsaufgaben betraut, die eigentlich in kommunale Zuständigkeitsbereiche fallen (DANIELZYK & WOOD 1993, KLETZANDER 1995). Eine Schlüsselrolle im Gefüge neoliberaler Ansätze kam den sog. Enterprise Zones zu. Diese sind vergleichsweise kleine, zumeist in Großstädten ausgewiesene Sonderwirtschaftszonen, die durch eine Reihe künstlicher Standortvorteile, u. a. Steuerbefreiungen und Abschreibungserleichterungen, indirekt subventioniert wurden und dadurch gegenüber benachbarten Arealen als Wirtschaftsstandorte eine völlig neue Bewertung erfuhren (ZEHNER 1999, S. 24).

Träger der Revitalisierung von einstigen Hafenarealen und Industrieflächen sind in der Regel transnational operierende Konzerne. Sie treten sowohl als „Developer" wie auch als spätere Nutzer auf. Gleichzeitig verdeutlicht ihre Präsenz, dass der ökonomische, soziale und städtebauliche Umbau der Städte in nur geringem Umfange das Ergebnis endogener politischer und wirtschaftlicher Kräfte ist. Entscheidender sind die Ausweitung des internationalen Handels (globale Gütermärkte), das Anwachsen der internationalen Kapitalströme (globale Finanzmärkte) und die grenzüberschreitende Organisation der Produktion (globale Firmennetze) (NUHN 1998, S. 50 f.), die sich auf die Meso- und Mikroebene von Verdichtungsräumen durchpausen. Am deutlichsten sichtbar werden derartige Auswirkungen in den sog. „Global Cities" (SASSEN 1991), wo sich, ermöglicht und bedingt durch Innovationen der Kommunikations- und Informationstechnologien, Einrichtungen des quartären Sektors (Finanzen, Forschung und Entwicklung) agglomerieren (CASTELLS 1996); vgl. Kapitel 8.2.

Diese Entwicklung begünstigt die soziale Reorganisation innerstädtischer Strukturen und Raummuster. Damit ist ein weiteres Themenfeld der aktuellen Stadtgeographie angesprochen. Eine Folge des ökonomischen Umbaus von Städten ist die Zunahme sozialer Ungleichgewichte. Diese spiegeln sich in einer sozialräumlichen Verinselung des Stadtgebietes wider. Gated Communities, d.h. von Schutzmauern eingefasste und von privaten Sicherheitsdiensten bewachte Oberschichtwohngebiete im suburbanen Raum, und gettoartige Exklaven in den „Inner Cities" bilden die Extremformen sozialer Segregationstendenzen (FRANTZ 2001). Mit zunehmender Bedeutung und Größe der Städte werden die sozialen und sozialräumlichen Unterschiede deutlicher sichtbar.

4 Stadträume

Ein wesentliches Kriterium für die innere Gliederung der Stadt bildet die Flächennutzung. Sie ergibt sich einerseits durch Boden- bzw. Mietpreise, die in Abhängigkeit von der räumlichen Lage zu erzielen sind, andererseits wird sie durch den verbindlichen Flächennutzungsplan vorgegeben. Im Hinblick auf ihre jeweiligen Flächenanteile und ihre Bedeutung für Wirtschaft, Bevölkerung und Umwelt lassen sich vier wesentliche Hauptnutzungsformen ausgliedern.

1. *Zentren:* Sie bilden die wirtschaftlichen und kulturellen Knotenpunkte in Städten. Zugleich sind sie Orte der Kommunikation und der Identifikation. Der City, dem zentralsten Stadtgebiet, kommt eine besondere Bedeutung zu, da sie nicht nur das Hauptgeschäftszentrum der Stadt einschließt, sondern auch der Versorgung der Umlandbewohner mit Gütern und Dienstleistungen dient. Zugleich ist die City derjenige Stadtausschnitt, der von Besuchern am deutlichsten wahrgenommen wird und somit mehr als andere Stadtteile zur Imagebildung beiträgt.

2. *Wohngebiete:* Gemeinsam mit den Zentren stellen sie den Schwerpunkt der Wahrnehmungs-, Aktions- und Lebensräume von Stadtbewohnern dar. Ihr Grund- und Aufriss, ihre Architektur und ihr Zustand sind das Ergebnis von historischen Ereignissen und Prozessen, wie Kriegszerstörung und Wiederaufbau, von kommunaler Stadtplanung, wie Stadtsanierung, und privaten Initiativen, wie Gentrification.

3. *Industriegebiete:* Die städtischen Industriegebiete spielen sowohl aus wirtschaftlicher als auch aus ökologischer Perspektive eine wichtige Rolle. Trotz Deindustrialisierung bildet die Industrie in den meisten Städten noch immer das zentrale wirtschaftliche Fundament, ohne das viele Dienstleistungsbetriebe nicht existenzfähig wären. Zugleich gehen von manchen Industriebetrieben erhebliche Gefahren (kontaminierte Böden, Emissionen) für die Umwelt aus. Aus stadtplanerischer Sicht von Bedeutung sind die Industriebrachflächen, die durch die Aufgabe industrieller Nutzungen entstanden sind.

4. *Grün- und Freiflächen:* Sie sind sowohl als Naherholungsgebiete als auch als ökologische Ausgleichsräume von Bedeutung. Besonders hervorzuheben sind neben den Brachflächen Parks, Gärten sowie landwirtschaftliche Nutzflächen.

4.1 Zentren

Neben die klassischen Zentrentypen in Großstädten, City und gewachsene Neben- oder Subzentren, sind in jüngerer Zeit neue Standortgemeinschaften getreten. Ihr gemeinsames Merkmal ist die periphere Lage am Rande der Städte in verkehrsgünstiger Lage. Das Spektrum der neuen Zentrentypen setzt sich aus *„Shopping-Centern"*, Fachmarktzentren und den freizeit- bzw. erlebnisorientierten *„Urban Entertainment Centern"* zusammen.

4.1.1 City

4.1.1.1 Der Citybegriff und andere Bezeichnungen für das zentrale Stadtgebiet

Unter den Funktionsflächen einer Stadt nimmt die Innenstadt eine herausragende Stellung ein. Dies betrifft sowohl ihre wirtschaftliche Bedeutung als auch ihren Bekanntheitsgrad. Die hier ansässigen kulturellen und wirtschaftlichen Einrichtungen dienen nicht nur der Versorgung der städtischen Bevölkerung. Vielmehr schließt ihr Einzugsgebiet den suburbanen Raum und Teile des daran grenzenden ländlichen Raumes ein.

In der deutschsprachigen Stadtgeographie hat sich zur Bezeichnung des zentralen Stadtraumes der Begriff *„City"* gegenüber synonymen Bezeichnungen wie Stadtmitte, Stadtkern und Zentrum durchsetzen können. Problematisch ist, dass City auch ein alltagsweltlicher Begriff ist, der in der Umgangssprache mehr oder weniger unreflektiert benutzt wird.

Zur Unklarheit trägt des Weiteren bei, dass der Citybegriff im angelsächsischen und angloamerikanischen Kulturraum eine andere Bedeutung hat. In Großbritannien wird mit City nicht das zentrale Stadtgebiet, sondern eine Großstadt als ganze Einheit bezeichnet. Im Unterschied dazu ist zur Benennung einer Mittel- oder Kleinstadt der Begriff *„Town"* gebräuchlich. Der Bedeutungsunterschied zwischen City und Town spiegelt sich in der unterschiedlichen Terminologie für die „Neuen Städte" wider. Die ersten, zwischen 1946 und 1949 errichteten Neuen Städte, die mit jeweils 50 000 Einwohnern Mittelstädte waren, wurden als New Towns bezeichnet. Folgerichtig wurde die ab den 1960er Jahren errichtete Neue Stadt Milton Keynes, mit ca. 200 000 Einwohnern formal eine Großstadt, zur New City erhoben.

Zur Bezeichnung des zentralen Stadtgebietes ist der Citybegriff in Großbritannien jedoch ungebräuchlich. Stattdessen werden die Begriffe *„city centre"* und *„central business district"* (CBD) angewendet. Der CBD ist ein Teilraum des city centres, das frei mit Innenstadt im historisch-genetischen Sinne übersetzt werden kann. Der Begriff CBD hat dagegen eine funktionsbezogene Bedeutung. Er bezeichnet das Hauptgeschäftsviertel einer Stadt. Einige Geographen rechnen ergänzende Funktionen hinzu. So umfasst etwa nach HERBERT & THOMAS (1990) der CBD auch das Großhandels- und Vergnügungsviertel: *"Typically it [the CBD; Anmerk. d. Verf.] comprises concentrations of retailing and associated consumer services, commercial and public office activities, whole-sailing and warehousing and an array of entertainment such as theatres, hotels and public activities"* (S. 175).

Aus historischer Perspektive ist City ein Begriff, der seine Wurzeln ebenfalls im britisch geprägten Kulturraum hat. In den ehemaligen Commonwealth-Staaten bedeutete City eine Stadt von einer gewissen Mindestgröße, die eigene Verwaltungskompetenzen hatte und über eine eingeschränkte Gesetzgebungsgewalt verfügte (NIEMEIER 1969, S. 292). Noch heute wird in den USA unter einer „Legal City" eine Gemeinde verstanden, die aufgrund ihrer Einwohnerzahl sowie auf Antrag und Beschluss der einzelstaatlichen Regierung eine „City Charter" verliehen bekommen hat. Diese legt zum einen den genauen Verlauf der Verwaltungsgrenzen fest, zum anderen weist sie der Stadt eine aus Bürgermeister und Stadtrat bestehende Legislative zu (HOFMEISTER 1971, S. 7).

Diesbezüglich dürfte die „City of London" eine Vorreiterrolle gespielt haben. Sie erhielt 1067 ihre „City Charter" und genießt heute noch formale Sonderrechte gegenüber den anderen Stadtbezirken Londons. Die „City of London" entwickelte sich vor allem während des 19. Jh. von einer dicht bevölkerten, multifunktionalen Stadt zum weltweit führenden Handels-, Banken- und Versicherungsplatz. Es ist vermutlich der besonderen Bedeutung dieses besonderen Standortes zuzuschreiben, dass sich im internationalen Sprachgebrauch der Begriff City für Standortgemeinschaften hochrangiger unternehmensbezogener Dienstleistungsunternehmen (Banken, Versicherungen, Anwälte etc.), Verwaltungseinrichtungen und Einzelhandelsgeschäfte durchsetzen konnte.

Dennoch wird City in der deutschsprachigen Stadtgeographie in einem weiteren Sinne verstanden. Zu ihr zählen nicht nur Standorte von Banken und Versicherungen, sondern auch von Verwaltungseinrichtungen, kulturellen Institutionen, Vergnügungsstätten und spezialisierten Einzelhandelsgeschäften. Würde man diesen umfassenderen Ansatz auf London zurückübertragen, so müssten neben der „City of London" auch die „City of Westminster" mit ihren Regierungs- und Verwaltungsfunktionen und die zwischen beiden Polen liegenden Stadtviertel, das Presseviertel um die Fleet Street, das Gerichtsviertel, das Theater- und Vergnügungsviertel Soho und das Einkaufsviertel um die Oxford Street, mit zur City gezählt werden.

Es hat vor allem in den 1950er und 1960er Jahren nicht an Versuchen gefehlt, synonyme Bezeichnungen für die zentralen Gebiete einer Stadt in die stadtgeographische Fachliteratur und Terminologie einzuführen (NIEMEIER 1969). So wurden die Begriffe „Stadtmitte" aus geometrischer und „Stadtkern" aus morphographischer Perspektive definiert. Beide Termini konnten sich im wissenschaftlichen Sprachgebrauch nicht durchsetzen.

Vom Citybegriff streng zu trennen ist der Begriff der Altstadt, der eine ausschließlich historisch-genetische Bedeutung hat. Als „Altstadt" wird das Territorium einer Stadt innerhalb der mittelalterlichen bis neuzeitlichen Fortifikationsanlagen bezeichnet. Schließen diese, wie etwa im Falle Hamburgs, eine Neustadt mit ein, so wird anstelle von Altstadt der Begriff „Innenstadt" verwendet. In einigen Städten, zum Beispiel in Köln, liegt die City vollständig innerhalb des Altstadtgebietes. In den meisten Städten jedoch greifen die Cities über den Bereich der Altstadt hinaus. Häufig haben sie sich entlang von Ausfallstraßen entwickelt oder in Richtung des außerhalb der alten Stadt gelegenen Hauptbahnhofs ausgedehnt, so dass ihr Umriss asymmetrische Züge aufweist. LICHTENBERGER (1972) prägte in diesem Zusammenhang den Begriff der asymmetrischen City. Ein gutes Beispiel für eine asymmetrische City liefert Frankfurt am Main, wo sich die City längs der Kaiserstraße in Richtung des im sog. Bahnhofsviertel liegenden Hauptbahnhofs ausgebreitet hat. Hier reihen sich die Büros der großen internationalen Luftverkehrsgesellschaften, die finanziell in der Lage und aus Repräsentionsgründen darauf bedacht sind, ihre Filialen in den zentralsten Lagen der Metropolen zu platzieren.

Schließlich liegen in manchen Städten City und historische Altstadt nebeneinander. In Mitteleuropa gilt Saarbrücken hierfür als Paradebeispiel (NIEMEIER 1969, S. 292). In den meisten Großstädten des Vorderen Orients ist dagegen das Nebeneinander von Medina (Altstadt) und westlich geprägter City die Regel.

4.1.1.2 Citybildung und Cityentwicklung

Die City ist ein vergleichsweise junger innerstädtischer Teilraum. Ihre Entwicklung begann erst mit der räumlichen Trennung von Produktion und Handel im 19. Jh. (SEDLACZEK 1994, S. 5). Der sich rasch entwickelnde Einzelhandel suchte die zentralsten Standorte auf, weil genau hier durch die gute Lage und die Verkehrsbündelung das größte Kundenpotential erreicht werden konnte und sich die Zirkulationsgeschwindigkeit des eingesetzten Kapitals erhöhen ließ (ebd., S. 5). Als sich während des 19. Jh. die City als funktionaler Stadtraum herauszubilden begann, wurden die von der Umwandlung betroffenen Altstadtgebiete auch baulich und sozial verändert. Die erheblich gestiegenen Bodenpreise innerhalb des zentralen Stadtgebietes führten zur Verdrängung der Wohnbevölkerung. In Berlin nahm die Bevölkerung in den zentralsten Lagen zwischen 1885 und 1935 um mehr als 90 % ab. In London sank die Zahl der Wohnbevölkerung im heutigen Citygebiet zwischen 1801 und 1951 von 128 000 auf 5 000. In relativen Zahlen ausgedrückt, entspricht dies einer Abnahme von 11 % auf 0,06 %. Dagegen stieg die Zahl der Büroarbeitsplätze in der weltberühmten „square mile" im selben Zeitraum von wenigen hundert auf 500 000 an.

Während der ökonomischen Umwandlung des zentralen Stadtgebietes erfuhren die ehemaligen Wohngebäude entweder einen Nutzungswandel oder wurden direkt durch Neubauten ersetzt. In der Bundesrepublik bot sich nach Ende des Zweiten Weltkriegs die Möglichkeit, die kriegszerstörten Innenstädte nach modernen Gestaltungsprinzipien neu aufzubauen. In manchen Fällen verhinderten jedoch komplizierte Besitzverhältnisse eine konsequente Umsetzung der Pläne.

Auch im Einzelhandel setzte mit Beginn der zweiten Hälfte des 19. Jh. ein Verdrängungswettbewerb ein, der zunächst zum Ausscheiden von Geschäften zur Deckung des Grundbedarfs führte. Stattdessen siedelten sich vermehrt Fach- und Spezialgeschäfte sowie Warenhäuser mit einem breiten und zugleich tiefen Sortiment an, welche die Attraktivität des Einkaufsstandorts weiter steigerten.

In den 1960er Jahren stieß die Cityentwicklung an ihre Grenzen. Verantwortlich hierfür waren der rasch zunehmende Wohlstand der Bevölkerung sowie die Automobilisierung. Die Innenstädte waren baulich und verkehrstechnisch nicht auf die anschwellenden Kundenströme ausgerichtet, obwohl die Entwicklung neuer Verkehrsinfrastrukturen in dieser Periode massiv vorangetrieben wurde (ARING 1999, S. 69). Zunehmende Beengtheit, Autolärm und Abgase führten erstmals in der Geschichte der City zur wirtschaftlichen Stagnation. In Westdeutschland versuchten die Planer, diesem Problem durch die Umwandlung der am stärksten frequentierten City-Einkaufsstraßen in Fußgängerzonen zu begegnen. Zugleich wurden zahlreiche Parkhäuser und Tiefgaragen errichtet, die das Hauptgeschäftsviertel kranzförmig einfassen und den auf die City gerichteten Pkw-Verkehr absorbieren sollten. Immerhin wurde mit diesen Maßnahmen einem weiteren Attraktivitätsverlust des Haupteinkaufsviertels erfolgreich begegnet.

Allerdings wird hier ein grundsätzliches Problem deutlich. Durch die infrastrukturelle Aufwertung der City werden Innenstadtgeschäfte standortpolitisch begünstigt, was in einem geschlossenen marktwirtschaftlichen System gleichzeitig eine Benachteiligung von Geschäften in schlechteren Lagen bedeutet. In jüngerer Zeit sind es insbesondere die Subzentren, die unter der Aufwertung von Citystandorten und der Ausweitung der Verkaufsflächen in städtischen Randlagen leiden. Befürworter der Cityaufwertung halten diesem Argument allerdings entgegen, dass städtebauliche Investitionen in der Citiy sehr häufig auch Katalysatorfunktionen für andere Investitionsbereiche und Standorte übernehmen (HATZFELD 1997, S. 38).

Die besondere Bedeutung der City als Wirtschaftsstandort lässt sich jedoch nicht allein auf harte, betriebswirtschaftliche Faktoren zurückführen. Die direkten persönlichen Kontakte von Entscheidungsträgern spielen immer noch eine wesentliche Rolle. Auch imagebezogene Gründe sind nach wie vor wichtig. So sind beispielsweise Banken und Versicherungen sowie internationale Konzerne aus Repräsentationsgründen gezwungen, ihre Unternehmenszentralen in den Cities zu belassen, obwohl aufgrund moderner Kommunikationsformen (Videokonferenzen, Internet, etc.) die traditionellen Standortvorteile der Citylage nicht mehr gegeben sind.

4.1.1.3 Struktur und Entwicklungsprobleme des Einzelhandels

Typisch für die Haupteinkaufsstraßen der City sind die große Zahl und hohe Dichte von Einzelhandelsgeschäften und kundenbezogenen Dienstleistungsunternehmen, wie Fachärzten, Notariaten, Anwaltskanzleien etc., die zumeist in den oberen Stockwerken der Citygebäude ihre Praxen bezogen haben. Die Haupteinkaufsviertel lassen sich nach der Standortqualität der Einzellagen weiter untergliedern. Üblich ist eine Einteilung in sog. 1a-, 1b- und 2-Lagen. Aussagekräftige Indikatoren sind die in den einzelnen Lagen zu erzielenden Mietpreise (Tab. 4.1).

Der Cityeinzelhandel gliedert sich in Fach- und Spezialgeschäfte mit einer tiefen Sortimentsgliederung und großflächige Kauf- und Warenhäuser mit einer breit gestaffelten wie tiefen Angebotsstruktur. In den letztgenannten Großbetrieben des Einzelhandels werden vor allem Waren für den Massenbedarf angeboten. Die Unterschiede zwischen Waren- und Kaufhaus sind gradueller Natur. Das Kaufhaus setzt sich aus großen spezialisierten Fachabteilungen zusammen, während das Warenhaus eine weniger tief gestufte Sortimentpalette vorhält. Die Übergänge sind jedoch fließend (MAYR 1980, S. 11).

In den vergangenen beiden Jahrzehnten hat sich die Struktur des Einzelhandels in der City beträchtlich gewandelt. Durch die Verdrängung kleiner Fach- und Spe-

Tab. 4.1:
Mietpreise für Ladenlokale [DM/m²] als Indikatoren der Standortbewertung am Beispiel von Köln (Quelle: Rheinische Immobilienbörse mit dem Ring Deutscher Makler 1997)

Lage	Verkaufsfläche		
	20–50 m²	50–100 m²	über 100 m²
Spitzenlage City (1a-Lage)	200–300	150–240	100–180
Sehr gute Innenstadtlage (1b-Lage)	90–150	70–120	40– 80
Gute Innenstadtlage (2-Lage)	40– 80	35– 70	25– 50
Sehr gute Vorortlage	40– 70	30– 60	25– 60
Gute Vorortlage	30– 60	25– 45	20– 30

zialgeschäfte, die im Wettbewerb mit den großen Filialisten unterlegen waren, nahm die Angebotsvielfalt ab. Heute sind die 1a- und 1b-Lagen offensichtlich nur noch bei Massenumsatz standardisierter Waren rentabel. In der Münchner City waren 1986 bereits 68 % der Verkaufsflächen im Besitz von Filialisten (HEINRITZ 1989, S. 38). In Bonn lag der entsprechende Anteil 1996 bei 73 % (WALDHAUSEN-APFELBAUM 1998, S. 106). Den höchsten Filialisierungsgrad der Großstädte in der Bundesrepublik wies Mitte der 1990er Jahre Köln mit ca. 90 % auf (Abb. 4.1).

Die Filialisierung trägt einerseits zu einer Entmischung des Angebots bei, ein Prozess, der als „Textilisierung" und „Banalisierung" bezeichnet wird (KULKE 1992, ADRIAN 1995). Andererseits führt der Filialisierungs- und Standardisierungsprozess der Innenstädte zum Verlust ihrer Individualität, „denn Filialisten verkaufen überall ein mehr oder weniger einheitliches Sortiment und bringen auch in der Laden-, Schaufenster- und Fassadengestaltung jeweils ihr eigenes, unverwechselbares Image zum Ausdruck" (WALDHAUSEN-APFELBAUM 1998, S. 106).

Das Warenhaus als klassischer Leitbetrieb des Cityeinzelhandels befindet sich gegenwärtig in einer Krise, möglicherweise sogar im Endstadium seines Lebenszyklus. Sein Niedergang begann sich bereits um 1980 abzuzeichnen, als die Verkaufsflächen der Selbstbedienungs-Warenhäuser und der Verbrauchermärkte, die städtische Randlagen bevorzugen, erstmals die der Innenstadt-Warenhäuser überragten (HUPPERT 1996, S. 17). Die Vorteile dieser neuen Betriebsformen lagen in den niedrigen Boden- bzw. Mietpreisen und ihrer guten Pkw-Erreichbarkeit an der städtischen Peripherie bzw. im stadtnahen Umland. Durch ihr preisaggressives Lebensmittelgeschäft als Kernbereich sicherten sie sich eine zunehmende Kundschaft (KLEIN 1997, S. 499).

Allerdings liegen die gegenwärtigen wirtschaftlichen Schwierigkeiten der Innenstadt-Warenhäuser, die sich in einem Rückgang des Umsatzes und einer Aufgabe von Standorten widerspiegeln, auch in ihrer internen Struktur begründet. Als klassische Versorger eines Massenmarktes sind sie nicht mehr zeitgemäß. Die zunehmende Pluralisierung und Fragmentierung der städtischen Gesellschaft hat zu einer Individualisierung der Nachfrage geführt, der das Unternehmenskonzept des Warenhauses in seiner klassischen Form nicht mehr gerecht wird. Zur Sicherung des Standorts „Innenstadt" sind daher einige Ketten dazu übergegangen, sich mit neuen Organisationsformen und Strategien der veränderten Wettbewerbssituation

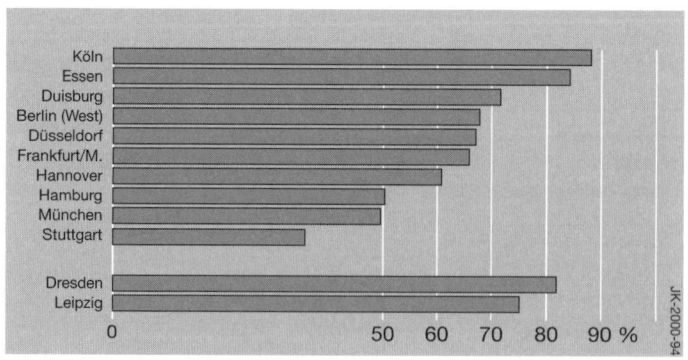

Abb. 4.1:
Filialisierungsgrad ausgewählter Innenstädte (Quelle: eigener Entwurf, verändert nach Angaben des Amtes für Stadtentwicklung und Statistik der Stadt Köln 1999)

anzupassen. Ein möglicher Weg aus der Krise scheint das sog. „Shop-in-Shop-Konzept" zu sein, das auf der Integration von Fremdunternehmen, verbunden mit der Substitution von Hausartikeln durch Markenartikel renommierter Hersteller basiert. Dadurch soll in Verbindung mit einer Ausweitung von Kundenberatung und -service das Angebotsniveau gesteigert werden.

In jüngerer Zeit hat der innerstädtische Einzelhandel mit öffentlichkeitswirksamen Aktionen darauf hingewiesen, dass der Standort Innenstadt gegenüber integrierten Einkaufszentren an der Peripherie benachteiligt ist. Er kann im Gegensatz zu den Betreibern privater Malls kaum juristische Maßnahmen zur Fernhaltung unerwünschter Gruppen und Vermeidung „konsumabträglicher" Situationen ergreifen. Beispielsweise stellte zur Demonstration dieses Problems eine Gruppe Frankfurter Einzelhändler ein sog. Verlustbarometer auf, das visualisierte, in welchem Umfang ihr Einbußen durch die Anwesenheit von Personen aus dem Drogen- und Obdachlosenmilieu entstanden sein sollen (FAZ 9.11.1998). In einigen Städten ist es Einzelhandelsgemeinschaften tatsächlich gelungen, über lobbyistische Tätigkeiten und Selbsthilfemaßnahmen das Image der Cities wieder aufzuwerten, so dass ein ungestörter Einkaufsbetrieb gewährleistet ist. In Köln und Frankfurt konnten bei den Stadtverwaltungen flächendeckende Raumverbote für soziale Randgruppen erwirkt werden, eine Entscheidung, über die man sehr geteilter Meinung sein kann.

4.1.1.4 Aufgaben der Stadtentwicklungsplanung

Obwohl derartige Strategien sozialer Exklusion zweifellos keinen Beitrag zu einer nachhaltigen Problemlösung leisten, sind aus gesamtstädtischer Sicht Sicherung und Umbau des Einkaufsstandorts City zentrale Ziele hoher Priorität. Große Bedeutung hat aus Perspektive des Einzelhandels nach wie vor die Pkw-Erreichbarkeit. Am Beispiel der Städte Bergheim und Köln konnte ZIEHE (1998) nachweisen, dass kurze Pkw-Fahrzeiten, das Parkplatzangebot, billige Parkplätze sowie die räumliche Nähe der Parkplätze zu den Geschäften wesentlich wichtiger eingestuft werden als die ÖPNV-Erreichbarkeit. Soll also der Cityeinzelhandel gestärkt werden, muss die Pkw-Erreichbarkeit der City durch Straßenbaumaßnahmen und Verkehrsleiteinrichtungen verbessert werden.

Attraktivitätssteigernd wirken sich auch bauliche Umgestaltungen und Aufwertungen von Straßen, Wegen und Stadtplätzen in den Haupteinkaufsvierteln aus. Eine zentrale Rolle kommt dabei *Passagen* zu. In der Bundesrepublik erlebt die Passage seit 1975 als Einkaufsstandort eine Renaissance. Schon Ende der 1980er Jahre konnte FLORIAN (1990) 160 Passagen in 80 Städten nachweisen. Passagen eignen sich besonders gut zur Erschließung von großen Baublöcken. Zudem lassen sie sich auch unter Aspekten der Objektsanierung und des Denkmalschutzes gut in die vorhandene Gebäudesubstanz integrieren (ebd., S. 57).

Nicht zu unterschätzen ist die Bedeutung von Werbeanlagen zur Kultivierung des Stadtbildes. Schriftzüge können fehlende Fassadenglieder ersetzen; mit Plakaten bestückte Lichtsäulen, Stadtinformationsanlagen und Wartehallen können wesentlich zur Attraktivitätssteigerung von Citystraßen beitragen (KREUTZER 1997, S. 41).

Allerdings sind manche Formen der Straßenmöblierung in der Öffentlichkeit umstritten. Städte und Länder, die über Gestaltungssatzungen und Landesbauordnungen Form und Umfang der Außenwerbung steuern, sind daher aufgefordert, tragfähige Kompromisse zwischen den Wünschen der Werbetreibenden und einer anzustrebenden Ästhetik des Stadtbildes zu finden. So sollten die in jüngster Zeit beobachtbaren, bis zu 200 m² großen Spannplakate, die umgangssprachlich als „Megaposter" bezeichnet werden, nur temporär, etwa zur Verkleidung von Baustellengerüsten, akzeptiert werden. Eine dauerhafte Integration in das Inventar der Straßenmöblierung würde einer ungewollten Amerikanisierung des Stadtbildes zweifellos Vorschub leisten.

4.1.1.5 Sonstige Cityfunktionen

Neben dem Haupteinkaufsviertel sowie dem Banken- und Versicherungsviertel schließt die City weitere, durch spezielle Nutzungen gekennzeichnete Teilräume ein. Einen wichtigen funktionalen Bereich innerhalb der City bildet das *Unterhaltungs- und Vergnügungsviertel*, das sich zumeist in der Nachbarschaft wichtiger Kulturstätten – Opern, Schauspielhäuser, Theater, Kleinkunstbühnen und Kinos – entwickelt hat. Hier ist der Besatz mit gastronomischen Betrieben überdurchschnittlich hoch. In den größeren Städten existiert des Weiteren ein *Kulturviertel*. Dort konzentrieren sich Kunststätten überregionaler Bedeutung, wie öffentliche Museen und private Galerien.

Auch Verwaltungseinrichtungen können Citystandorte besetzen, sie sind aber nicht an die City gebunden. Während Rathäuser aus Repräsentationsgründen in nahezu allen Epochen zentrale Standorte beanspruchten, wurden vor allem in den 1970er Jahren Verwaltungseinrichtungen, die seltener von den Bürgern aufgesucht werden müssen, an den Stadtrand verlagert. In jüngster Zeit sind manche Städte dazu übergegangen, interner Fühlungsvorteile wegen ihre Verwaltungseinrichtungen wieder innenstadtnah zusammenzufassen. In Köln beispielsweise wurde im citynahen Stadtteil Deutz im Februar 1999 das Technische Rathaus, Sitz der Kölner Stadtverwaltung, seiner Bestimmung übergeben. Hier sollen nach einer Übergangsphase alle städtischen Ämter untergebracht werden.

4.1.2 Subzentren, „Shopping-Center" und Fachmarktzentren

Allgemein sind Sub- oder Nebenzentren gewachsene oder geplante Standortagglomerationen von Einzelhandels-, Dienstleistungs- und Gastronomiebetrieben außerhalb der City. Sie haben sich in Altstadtvierteln, allerdings außerhalb des Citybereichs, in Neustädten, in gründerzeitlichen Vororten sowie in jüngeren Stadtteilen an der Peripherie entwickelt. Zumeist erstrecken sie sich entlang von Ausfallstraßen und bilden somit das wirtschaftliche Rückgrat der Viertel und Vororte. Die Größe ihres Einzugsbereiches hängt von der absoluten Zahl der Geschäfte und dem Spezialisierungsgrad der vorhandenen Einrichtungen ab. Typischerweise umfasst das Einzugsgebiet eines Subzentrums ein Stadtviertel bzw. einen Stadtteil; die größeren Nebenzentren dienen auch der Versorgung angrenzender Stadtteile. Je nach Größe werden die Subzentren beispielsweise als Viertels-, Stadtteil- bzw. Bezirkszentren bezeichnet.

4.1.2.1 Ältere Nebenzentren

Sowohl räumlich als auch im Hinblick auf ihre Bedeutung liegen die älteren, gewachsenen Sub- oder Nebenzentren von Großstädten zwischen den Cities und den Einkaufszentren (Shopping-Center oder Malls) bzw. Fachmarktzentren an der städtischen Peripherie bzw. im suburbanen Raum (Abb. 4.2).

Während der 1980er Jahre begannen sich innere Struktur und äußeres Erscheinungsbild der älteren, gewachsenen Subzentren allmählich zu verändern; des Weiteren gingen ihre Verkaufsflächen zurück. So hatten die Nebenzentren in den Städten des Kommunalverbandes Ruhrgebiet zwischen 1987 und 1997 einen mittleren Rückgang der Verkaufsflächen um gut 6% zu verkraften, während im selben Zeitraum die Randlagen einen Zugewinn von nahezu 81% verbuchen konnten (Tab. 4.2; Industrie- und Handelskammern Bochum, Dortmund, Duisburg, Essen, Hagen und Münster 1997). Der Rückgang der Verkaufsflächen ging mit qualitativen Einbußen einher. Charakteristisch für die schleichende Abwertung war die Aufgabe eingesessener Fachgeschäfte. In die frei gewordenen Ladenlokale zogen Filialisten, die minderwertige Sortimente anboten, Spielsalons und Sonnenstudios. Insbesondere die

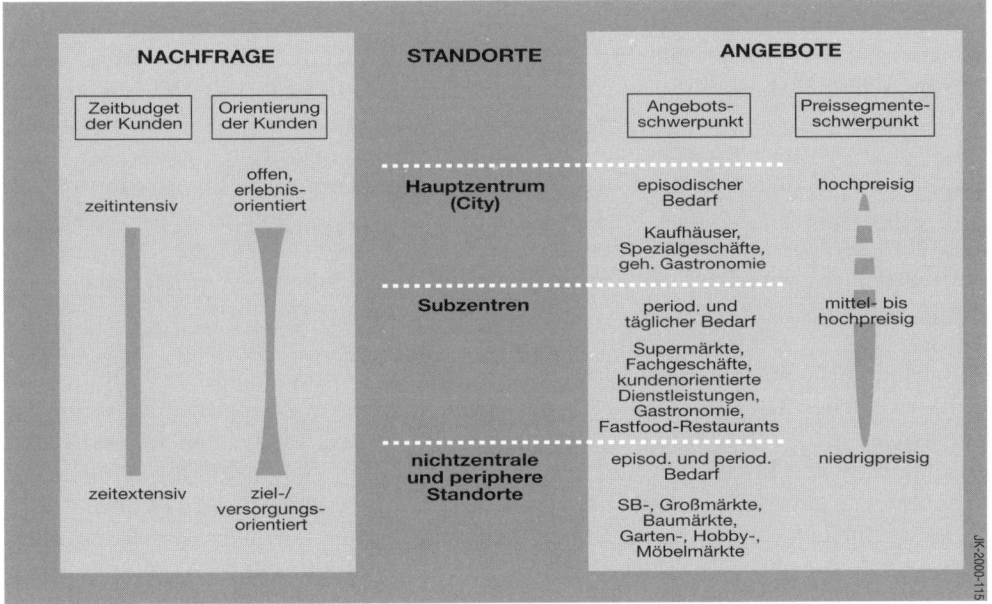

Abb. 4.2: Räumlich-funktionale Standortmuster im Einzelhandel großer Städte
(Quelle: eigener Entwurf, verändert nach Waldhausen-Apfelbaum & Grotz 1996, S. 72)

Standort	Verkaufsfläche [1 000 m²]		Veränderung [%]
	1987	1997	
City	1 179	1 195	1,35
Subzentren	774	727	−6,07
Randlagen	1 250	2 259	80,72

Tab. 4.2: Entwicklung der Verkaufsflächen großflächiger Einzelhandelsbetriebe nach
Standortlagen im Bereich des Kommunalverbandes Ruhrgebiet zwischen 1987 und 1997
(Quelle: eigener Entwurf, verändert nach HATZFELD & ROTERS 1998, S. 525)

Billigfilialisten sind häufig nur Zwischennutzer; in vielen Städten ist zu beobachten, dass nach einer Übergangszeit die Geschäfte an ausländische Geschäftsinhaber vermietet werden. Diese verkaufen in der Regel Lebensmittel und preiswerte Gemischtwaren. Da sie ihr Geschäft als Familienbetrieb führen, bleiben die Personalkosten gering, so dass sie auch gute oder sehr gute Lagen in den Nebenzentren bezahlen können.

Die Abwertung der Subzentren hat eigen- und fremdbestimmte Gründe. Zu den entwicklungshemmenden Faktoren zählt die defizitäre Infrastrukturausstattung. Es fehlt an Tiefgaragen und Parkhäusern, Fußgängerzonen und verkehrsberuhigten Gebieten (TANK 1988, S. 244). Außerdem verfügen die Nebenzentren kaum noch über sog. Ankerbetriebe.

Das ohnehin geringe Entwicklungspotential der Nebenzentren wird durch die Konkurrenz der City, vor allem aber der nichtintegrierten Einkaufszentren zusätzlich begrenzt. Insbesondere die Verbrauchermärkte und SB-Warenhäuser an den Ausfallstraßen und in den Gewerbegebieten werden in Zukunft die Funktionsfähigkeit und die Entwicklungschancen der Stadtteilzentren beeinträchtigen. Diese Großbetriebe am Stadtrand führen bereits heute je nach Größe zwischen 30 % und 50 % Waren des täglichen Bedarfs. Sie schöpfen daher das Absatzpotenzial für den Einzelhandel in den gewachsenen Subzentren ab. Von der unausweichlichen Aufgabe von Betrieben sind vor allem die immobilen und sozial schwächeren Bevölkerungsgruppen betroffen, die für ihre täglichen Versorgungen kein Auto nutzen können (GREINER 1992, S. 24). Daher muss künftig im Sinne einer sozial nachhaltigen Stadtentwicklung die Stärkung der Stadtteil- und Viertelszentren zu einem stadtentwicklungspolitischen Leitziel erster Priorität erhoben werden. Dies gilt umso mehr, als Subzentren nicht nur kommerzielle Funktionen erfüllen, sondern auch die sozialen Mittelpunkte von Stadtteilen und Stadtvierteln sind; in vielen Fällen bilden sie die Brennpunkte der Aktions- und Lebensräume von Stadtteilbewohnern (ZEHNER 1987).

Sollte die Revitalisierung der Subzentren misslingen, wird sich die Stadtentwicklungspolitik vom Leitbild eines polyzentrischen innerstädtischen Einzelhandelsversorgungsnetzes verabschieden müssen. In diesem Fall wird von einer dauerhaften Konkurrenz zwischen Pkw-orientierten Versorgungsstandorten an der Peripherie und eher auf den ÖPNV bzw. auf Fußgänger ausgerichteten innerstädtischen Zentren auszugehen sein (THOMI 1998, S. 24).

Wie eine Stärkung der Nebenzentren erreicht werden kann, zeigt das Beispiel von Pittsburgh (USA). Dort wurden von einer „Public-Private-Partnership", d.h. einer aus Behördenvertretern und privaten Akteuren zusammengesetzten Organisation, kleine und mittlere Geschäfte unterstützt, die der Versorgung der Bevölkerung im Nahbereich dienen. Darüber hinaus wurde der Ausbau der lokalen Infrastruktur gefördert. Das Ergebnis war ermutigend: Die Programme „haben bewirkt, daß sich zahlreiche Vereinigungen und Gesellschaften zur Stärkung der Nachbarschaften bzw. ihrer Zentren gebildet haben – sie stehen der Organisations-, Finanz- und Marktmacht von Einkaufszentren und Shopping-Malls nicht mehr so hilflos gegenüber" (TANK 1988, S. 246).

Auch in den Großstädten der Bundesrepublik existieren gute Ausgangsbedingungen für eine erfolgreiche Revitalisierung und Restrukturierung vieler gewachsener, innerörtlicher Zentren. Vor allem die großen Nebenzentren liegen innerhalb des Kranzes gründerzeitlicher Vororte, in denen der überwiegende Teil der städtischen Industriebrachflächen liegt. Diese zumeist in randlicher Lage zu den Geschäftsstraßen gelegenen Altflächen eignen sich in besonderer Weise für die Ansiedlung kleinerer Verbraucher- und Fachmärkte mit einem entsprechenden Angebot von Pkw-Stellplätzen. Sie könnten künftig die Rolle neuer Magnetbetriebe für Subzentren bilden, die sich auf diese Weise gegenüber nichtintegrierten Standortgemeinschaften in verkehrsgünstigerer Lage behaupten könnten.

4.1.2.2 „Shopping-Center"

Seit Mitte der 1960er Jahre ist zu den gewachsenen Nebenzentren in den Vororten und der City ein dritter Typ des Einzelhandelsstandorts hinzugetreten: Das am Reißbrett entworfene, in verkehrsgünstiger Lage an der Peripherie der Großstädte gelegene integrierte Einkaufszentrum, für das sich im wissenschaftlichen Sprachgebrauch die Begriffe „Shopping-Center" und „Mall" eingebürgert haben.

Als Shopping-Center wird eine geplante Standortgemeinschaft von Einzelhandelsbetrieben und einzelhandelorientierten Dienstleistungsunternehmen bezeichnet, die ein gemeinsames Management aufweist, wenigstens ein Waren-, Kaufhaus oder einen Verbrauchermarkt als Magnetbetrieb einschließt und in der Regel über eine Verkaufsfläche von 15 000 m² verfügt (MAYR 1980, S. 16).

Die in der Bundesrepublik errichteten Shopping-Center orientierten sich zunächst an angloamerikanischen Vorbildern. Das erste Shopping-Center in der Bundesrepublik Deutschland, das Main-Taunus-Zentrum, wurde im Mai 1964 in Sulzbach, westlich von Frankfurt an der Autobahn Wiesbaden–Frankfurt gelegen, eröffnet (WOLF 1966).

Aufgrund strengerer Planungsauflagen erfolgte die Verbreitung von Einkaufszentren in der Bundesrepublik jedoch langsamer als im angloamerikanischen Raum (GERHARD 1998, S. 59). Aus Furcht vor einer Bedrohung der gewachsenen zentralörtlichen Strukturen erteilten eine Reihe von Kommunen ansiedlungswilligen Investoren keine Genehmigung, so dass 1990 die Zahl der Shopping-Center in Deutschland bei nur 93 lag. Vor allem in den 1980er Jahren war das Interesse am Bau neuer Zentren auch deshalb abgeflaut, weil die City als Standort des Einzelhandels „wieder entdeckt" worden war und innerstädtische Einkaufspassagen sowie architektonisch anspruchsvolle Anlagen in den Cities eine Renaissance erlebt hatten (FLORIAN 1990).

Mit der Vereinigung der beiden deutschen Staaten erhielt die Entwicklung von Shopping-Centern neue Impulse. Vor allem in den östlichen Bundesländern sorgte der enorme Konsumaufschwung für eine Welle von Neugründungen. Insgesamt kam es in Deutschland zu einem Anstieg der Zahl der Malls auf 223 (PITTROFF 1997, S. 8). Fast die Hälfte der Shopping-Center (47%), die nach der Wende im Zeitraum 1991 bis 1995 errichtet wurden, waren „Grüne-Wiese-Center", hingegen nur 23% Innenstadt-Center. In der zweiten Hälfte der 1990er Jahre, nach Beendigung des Shopping-Center-Booms in den östlichen Bundesländern, kehrte sich das Verhältnis wieder um. Auch zukünftig dürfte die Innenstadt bei den Neugründungen stärker ins Gewicht fallen (Tab. 4.3).

Allerdings waren die Veränderungen in den 1990er Jahren nicht nur quantitativer Natur. Vielmehr ist für die neu errichteten Center die Einbeziehung von Erlebniskonzepten typisch. Ihre Attraktivität basiert auf einer Mischung aus Einzelhandel, Freizeiteinrichtungen, Dienstleistungsunternehmen (Büros), Gastronomiebetrieben, Hotels und Wohneinheiten in den verschiedensten Kombinationen. Zudem „zeichnet sich ein Trend zur Internationalisierung des Einzelhandels ab, bei dem zunehmend auch nordamerikanische Unternehmen auf dem deutschen Markt zu finden sind" (GERHARD 1998, S. 59). Der weiter anhaltende Boom der Shopping-Center wird durch die zunehmende Größe der neuen Betriebsformen begünstigt. Verbrauchermärkte, Fachmärkte, Baumärkte und Gartencenter lassen sich problemlos in ein modernes Shopping-Center integrieren.

Zu den wesentlichen Merkmalen und erfolgswirksamen Standortfaktoren von Shopping-Centern zählt ein hinreichend großes Angebot von Parkplätzen in fußläufiger Erreichbarkeit der Einkaufsstätten. So verfügt etwa das CentrO in Oberhausen über 10 500 Pkw-Stellplätze. Zudem sind im Gegensatz zu den USA die deutschen Shopping-Center gut an das öffentliche Nahverkehrsnetz angeschlossen. Ein Vorteil gegenüber nichtintegrierten Zentren besteht in der Fußgängerfreundlichkeit der Malls, die „einen durch Fahrverkehr ungehinderten Einkaufsbummel" (MAYR 1980, S. 23) ermöglichen. Die Planung der Zentren aus einem Guss bietet die Möglichkeit zur Realisierung optimaler Geschäftsstandorte. Ein wichtiger Aspekt ist dabei die Platzierung von Kaufhäusern bzw. Warenhäusern an den Enden der künstlichen Fußgängerzonen. Sie wirken als Magneten und sorgen für eine ausgewogene Dichte des Besucherverkehrs.

Jahr (31.12.)	Zahl der Zentren	Gesamtfläche [m²]
1965	3	100 000
1970	17	563 000
1975	50	1 487 900
1980	67	1 947 400
1985	79	2 273 400
1990	93	2 997 100
1994	170	5 639 700
1995	204	6 717 600
1996	223	7 419 400
1997	240	ca. 8 000 000

Tab. 4.3:
Entwicklung von Einkaufszentren in Deutschland mit einer Verkaufsfläche über 10 000 m² (Quelle: GERHARD 1998, S. 57)

Fallbeispiel 1: Regional-Shopping-Center in Großbritannien

In Großbritannien wurde in den 1980er und 1990er Jahren ein neuer Shopping-Center-Typ eingeführt, das sog. „Regional-Shopping-Center". Er soll hier exemplarisch vorgestellt werden, da die britische Situation ein denkbares Szenario für die Entwicklung in Mitteleuropa bietet.

In Großbritannien wurden von den nahezu 40 Planungsvorhaben der 1980er Jahre nur acht verwirklicht (Tab. 4.4). Die übrigen Projekte wurden nicht genehmigt, da eine Erosion des Einzelhandels in den im Einzugsbereich liegenden Städten befürchtet wurde. Das Genehmigungsverfahren für den Bau des 1998 eröffneten Trafford-Center, im Südosten Groß-Manchesters, allerdings bereits auf dem Territorium der Nachbarstadt Stetford gelegen, zog sich wegen heftiger Einsprüche der Stadt Manchester über zwölf Jahre hin. Gerade das Beispiel dieses in verkehrsgünstiger Lage an der Ringautobahn Manchesters gelegenen Shopping-Centers zeigt, dass die neuen „Kathedralen der Konsumgesellschaft" als Konkurrenten für Cities durchaus ernst zu nehmen sind: Das Londoner Kaufhaus „Selfridges" hat im Trafford-Centre seine erste Filiale außerhalb Londons errichtet.

Die Regional-Shopping-Center unterscheiden sich durch ihre Größenordnung, ihr Ambiente und ihre funktionale Vielfalt von den Shopping-Centern früherer Generationen. So weist das Trafford-Centre eine Verkaufsfläche von 130000 m² auf, die sich 350 Einrichtungen teilen. Beeindruckend ist, wie die Architekten das Flair New Yorks, Shanghais und New Orleans in die Mall zu übertragen versucht haben. Pompöse Architektur, historische Fassaden, Fresken, antike Figuren in Lebensgröße und Palmen bilden den optischen Rahmen für Stadtszenarien, die nach verschiedenen Themen und Räumen gestaltet wurden (DIEHL-WOBBE 1998, S. 54). Mit dem „Festival Village" an einer Flanke der Mall ist es gelungen, Atmosphäre und Funktionen eines historischen Marktes in den geschützten Bereich eines Shopping-Centers zu übertragen.

Name/Ort	Betriebe	Verkaufsfläche [m²]	Baukosten [Mio. £]	Besucher/Tag	Eröffnung
Metrocentre/Gateshead	350	180000	200	ca. 81000[1]	1986
Merry Hill/Dudley	250	180000	400	ca. 66000[1]	1989
Meadowhall/Sheffield	270	120000	k.A.	ca. 77000[1]	1990
Lakeside/Thurrock	350	130000	350	ca. 68000[1]	1990
The Mall/Bristol	130	70000	200	ca. 38000[2]	1998
Trafford Centre/ Manchester	280	130000	600	ca. 82000[3]	1998
Bluewater/Dartford	300	150000	350	ca. 82000[3]	1999
Braehed/Glasgow	100	80000	285	k.A.	1999
Vergleich: CentrO/Oberhausen	200	70000	492	80000	1996

[1] im Jahre 1987 [2] im Jahre 1998 [3] Ziel

Tab. 4.4: Die regionalen Shopping-Center in Großbritannien (Quelle: DIEHL-WOBBE 1998, S. 54 [für die britischen Standorte] und WILKE 1997, S. 36 [für CentrO])

Abb. 4.3: Bluewater, Großbritanniens modernste Mall (Foto: ZEHNER, März 2000)

Ziel der Betreiber ist es, die Kunden durch ein aufregendes und exotisches Ambiente in Kauflaune zu versetzen, die Verweildauer der Kunden zu erhöhen und die Zahl der Impulskäufe zu erhöhen. Damit dieses Ziel erreicht wird, haben die Architekten nachgeholfen: In der Regel bildet das Rückgrat der modernen Malls eine mehrfach leicht abknickende Erschließungsachse. Dadurch wird dem Kunden ein höheres Maß an Überschaubarkeit der einzelnen Teilbereiche vermittelt. In einzelnen Fällen (z. B. in der Meadowhall, Sheffield) weisen die Fußgängerpassagen zu den Rändern ein leichtes Gefälle auf. Damit soll eine gleichmäßigere Auslastung der Mall erreicht werden. Einen anderen Weg wählten die Architekten von „Bluewater", Europas modernster Freizeit- und Einkaufsmall. Bluewater liegt ca. 30 km themseabwärts von London auf dem Gelände eines stillgelegten Zementwerks. Die Mall wurde in Form eines Dreiecks angelegt, auf dessen Ecken Kaufhäuser, die als Magnetbetriebe wirken, platziert wurden. So wurde der Eindruck vermieden, dass die Mall ein (unattraktives) Ende habe. Außerdem sind die Parkdecks auch an die obere Verkaufsebene angeschlossen. Auf diese Weise wird eine gleichmäßigere Auslastung erreicht (Abb. 4.3).

Typisch für die Malls der 1990er Jahre ist ihre Multifunktionalität. Einzelhandel, Gastronomie und Multiplexkinos bilden in nahezu allen Centern eine funktionale Symbiose.

Fallbeispiel 2: CentrO Oberhausen

Das bekannteste Shopping-Center in Deutschland mit komplementärem Freizeitangebot ist das CentrO in Oberhausen (BASTEN 1998). Mit einer Verkaufsfläche von 70 000 m² nimmt es sich gegen die regionalen Shopping-Center Großbritanniens allerdings bescheiden aus. Das CentrO entstand auf dem Gelände eines ehemaligen

Abb. 4.4: CentrO Oberhausen, Deutschlands größte Mall (Foto: ZEHNER, April 2000)

Stahlwerkes (Abb. 4.4). Den Mittelpunkt des mit traditionellen Materialien (Stahl, Ziegelsteine, Glas) errichteten CentrO bildet die sog „Coca-Cola-Oase", die an eine mediterrane Plaza erinnern soll. Um sie gruppieren sich Bistros und sog. Fast-Food-Restaurants. Ein 360 m langer künstlicher Boulevard mit zahlreichen Kneipen, Geschäften und Restaurants soll Innenstadtatmosphäre ausstrahlen sowie die Verweildauer und die Einkaufswahrscheinlichkeit der Besucher erhöhen. Ergänzt wird das erlebnisorientierte Angebot durch eine „Abenteuerinsel" mit Piratenschiff, eine fernöstliche Pagode, ein Multiplexkino, verschiedene Veranstaltungsbühnen, eine Großleinwand, Diskotheken und eine Sportarena.

Aus Perspektive der Stadtentwicklungsplanung sind die Auswirkungen des CentrO ambivalent zu beurteilen. Zweifellos ist das Ruhrgebiet mit dem CentrO um eine touristische Attraktion reicher geworden. Täglich besuchen 80 000 Menschen die Mall, kurz nach der Eröffnung lag die tägliche Zahl der Besucher sogar bei 200 000. Allerdings sind kaum neue Arbeitsplätze geschaffen worden, da die meisten Betriebe ihren Standort lediglich verlagert haben. Dadurch ist u. a. das alte Zentrum der Stadt Oberhausen in Gefahr geraten. 1997 standen hier 16 Ladenlokale leer, acht davon in 1a- bzw. 1b-Lagen (WILKE 1997, S. 37).

4.1.2.3 Fachmarktzentren

Neben den integrierten Shopping-Centern findet man in vergleichbarer räumlicher Lage Standortgemeinschaften großflächiger Einzelhandelsbetriebe, die weder einem gemeinsamen Management unterstehen noch über gemeinsame Infrastruktureinrich-

Standort	Verkaufsfläche [m²]	[%]
City	430 000	29
Bezirks(-teil)zentren	330 000	23
Mittel- und Nahbereichszentren	275 000	19
Streulagen	90 000	6
Nichtintegrierte Standorte	340 000	23
Gesamt	*1 465 000*	*100*

Tab. 4.5: Räumliche Verteilung der Einzelhandelsverkaufsflächen in Köln, Stand 1996 (Quelle: Stadt Köln o. J., S. 6)

tungen wie Parkplätze, Gastronomie u. a. verfügen. Zur Bezeichnung dieser Einzelhandelsgruppen hat sich der Begriff „Fachmarktzentren" durchgesetzt. Fachmarktzentren setzen sich aus Bau-, Möbel-, Super- und Verbrauchermärkten und Spezialfachmärkten der Branchen Sanitär, Baustoffe, Heimwerker, Tapeten, Teppiche, Spielwaren, Tierfutter, Matratzen, Babywaren und Schuhe zusammen.

In Köln beispielsweise nehmen die Verkaufsflächen an nichtintegrierten Standorten bereits knapp ein Viertel der gesamten Einzelhandelsverkaufsfläche in der Stadt ein (Tab. 4.5). Als Problem hat sich der zunehmende Anteil von Rand- und Fremdsortimenten erwiesen, der Fachmärkte durchaus zu ernsthaften Konkurrenten der Geschäfte an integrierten Standorten macht. Schätzungen zufolge beträgt der entsprechende Flächenanteil der aus planerischer Sicht unerwünschten Sortimentgruppen bis zu 50 %.

4.1.3 Urban Entertainment Center (UEC)

Gegenwärtig zeichnet sich in Europa eine Dynamisierung des erlebnisorientierten Einkaufens ab, für das die USA Vorbilder liefern. Dort existieren bereits seit Ende der 1980er Jahre Standortgemeinschaften von Einzelhandel, Unterhaltung und Gastronomie, die mit Schlagwörtern wie „Retailtainment", „Shoppertainment", „Edutainment", „Diner- oder Eatertainment" um Kunden werben (HAHN 2001, S. 19). Eine besondere Bedeutung kommt in diesem Zusammenhang den sog „Urban Entertainment Centern" (UEC) im engeren Sinne zu, die eine Mischung aus Einzelhandel, Freizeit-, Kultur- und Sporteinrichtungen bieten. Sie repräsentieren das jüngste Evolutionsstadium der automobilorientierten Versorgungs- und Vergnügungsstandorte. Hier verzahnen, ergänzen und stützen sich konsum- und erlebnisorientierte Funktionen, so dass den Besuchern an einem Ort ein vielfältiges Unterhaltungsangebot offen steht. Es ist gerade die Kombination aus der Vielzahl von Unterhaltungs- und Erlebnisangeboten, die für die Attraktivität von UECs bestimmend ist. Ihr Angebotsschwerpunkt liegt im Bereich der Abendunterhaltung. Magnetbetriebe sind in der Regel Multiplex- und IMAX-Kinos (3D-Effekte). Themengastronomie, Internetcafes, Bowlingbahnen und Großdiskotheken komplettieren das Angebot (FRANCK 1999, S. 89; Abb. 4.5).

Für das Aufkommen dieser neuen Standorttypen lassen sich zwei Gründe anführen. Zum einen verzeichnen die Branchen des Freizeitsektors hohe Zugewinne. Der Umsatz für Freizeitkonsum hat sich z. B. in den westlichen Bundesländern seit 1989 nahezu verdoppelt. Zum anderen lassen Büroflächenleerstände und Wohnungsüberangebote in den für Investoren interessanten Marktsegmenten die Immobilienbranche nach anderen Wachstumsbereichen Ausschau halten (SCHOLZ 1997, S. 32).

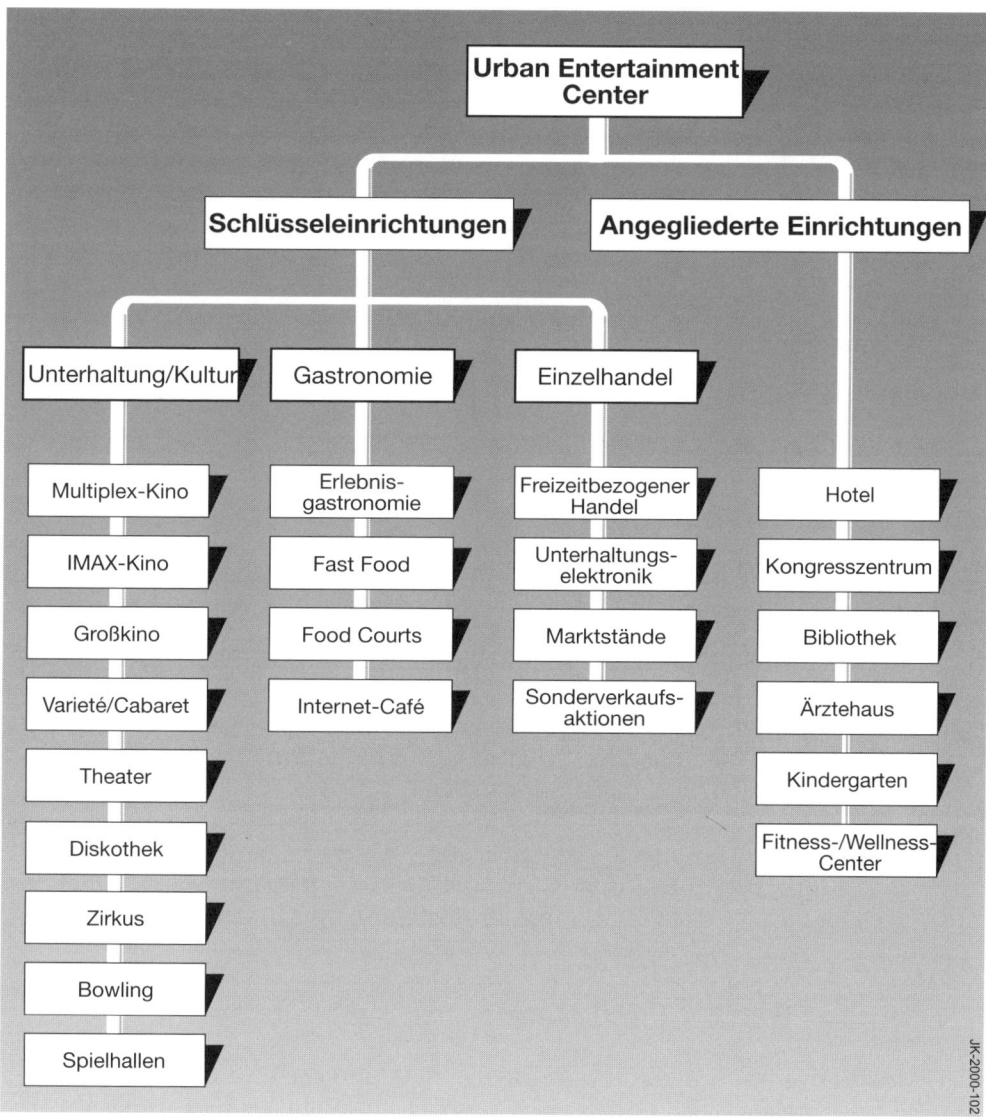

Abb. 4.5: Funktionale Struktur eines Urban Entertainment Center
(Quelle: eigener Entwurf, verändert nach FRANCK 1999, S.89)

Als Standorte von UECs kommen sowohl innenstadtnahe Industrie- und Verkehrsbrachflächen als auch neu erschlossene, verkehrsgünstige Standorte im suburbanen Raum in Frage.

Eine Typisierung der UECs nach Managementform und Standort zeigt drei verschiedene Grundformen:

1. Das UEC besteht aus einer Standortgemeinschaft (großflächiger) Einrichtungen, die von unterschiedlichen Unternehmen geführt werden. Ein gemeinsames Centermanagement stellt Dienstleistungen wie Sicherheits-, Reinigungsdienste etc. bereit. Diese Form des UEC ist mit den Fachmarktzentren im suburbanen Raum vergleichbar.

2. Die in unterschiedlichem Besitz befindlichen Betriebe des UEC sind in einem geschlossenen Gebäudekomplex untergebracht, der sich zumeist über zwei oder drei Ebenen erstreckt. Standorte sind in der Regel innerstädtische Flächen mit einem begrenzten Angebot an Stellplätzen für Pkw, dafür aber einer guten ÖPNV-Anbindung.

3. Das UEC, dessen Einrichtungen ebenfalls geschlossen in einem Gebäudekomplex untergebracht sind, wird von einem Betreiber verwaltet. Dies bedeutet, dass die einzelnen Anlagen und Einrichtungen Abteilungen eines einzigen Unternehmens sind. Derartige UECs sind nicht an einen bestimmten Lagetyp gebunden.

Bei einer Differenzierung nach dem Hauptmerkmal der Angebotsausrichtung lassen sich vier Grundformen erkennen:

1. Symbiosen zwischen Verkaufs- und Freizeiteinrichtungen (z. B. CentrO in Oberhausen). Sie bieten zum einen den Vorteil der Kopplungsaktivitäten, zum anderen hat die Anbindung großer Freizeiteinrichtungen an bestehende Einkaufszentren den Vorteil, dass die Lage bekannt ist und eine hinreichende Zahl an bewachten Parkplätzen angeboten werden kann.

2. Abendunterhaltungszentren mit Musicaltheater, Bade- und Saunalandschaft, Casino, Kino, Diskothek und Gastronomie. Das bekannteste Beispiel aus Deutschland dürfte das Freizeit- und Erlebniszentrum „Stuttgart International" sein.

3. Mediale und High-Tech-Unterhaltungszentren (z. B. „Trocadero" in London).

4. Thematisierte und unterhaltungsorientierte Großhotels mit ergänzenden Freizeiteinrichtungen (nach FRANCK 1999, S. 91). Las Vegas liefert hierfür das Vorbild.

Die räumliche Diffusion dieser freizeitbezogenen Standorte, in denen sich neue Technologien, Einkaufen, Sensationen und Vergnügen berühren, lässt sich über Paris und London nach Angloamerika zurückverfolgen. In Paris entstand Mitte der 1980er Jahre auf einem ehemaligen Schlachthofareal der weitläufige „Parc de la Vilette", in dem die Bevölkerung mit neuen Technologien in Berührung kommen und der als gigantisches Werbezeichen der französischen Wirtschaft dienen sollte (MÖNNINGER 1987, S. 27). Eine ähnliche Rolle spielt der im Osten Londons auf dem Südufer der Themse gelegene Millenium-Dome (Abb. 4.6). Hier wurden im Jahre 2000 in erlebnisorientierter Form 14 bildungsbezogene Themen präsentiert (ZEHNER 2000).

Abb. 4.6:
Millenium-Dome, London
(Foto: ZEHNER, März 2000)

Die folgenden Fallbeispiele verdeutlichen einige Formen und Ausrichtungen von Urban Entertainment Centers:

Fallbeispiel 1: Der „Space Park" in Bremen

In Bremen wird im Jahre 2001 auf dem Gelände einer stillgelegten Werft ein sog. „Weltraum-Vergnügungszentrum" eröffnet. Der „Space Park" in Bremen stellt eine neuartige Form der Inszenierung städtischer Kultur dar. Besucher können hier einkaufen und werden zugleich mit Informationen und einem themenzentrierten Bildungsangebot konfrontiert. Dabei verschwimmen die Grenzen zwischen Freizeit, Arbeit und Konsum. Das Angebot an Einzelhandelsgeschäften entspricht mit 44 000 m² einem mittelgroßen Shopping-Center. Neben den Einkaufsangeboten können Besucher eine Reihe von Freizeitattraktionen nutzen, die an das Rahmenthema „Raumfahrt" angelehnt sind: Weltraumakademie (Trainingsabenteuer), Mars Base 5 (Biosphäre einer Mars-Raumstation), IMAX-Theater (2D / 3D-Kino mit 350 Sitzplätzen), Time-Travel-Theater (3D-Erlebnis-Theater), Flug zum Roten Planeten (Simulation eines Marsflugs), Weltraumhalle (Darstellung der Lebenssituation im All), „Starlight-Bar" (Erlebnisgastronomie à la „Raumschiff Orion") und „Space Shot" (Erlebnis von Beschleunigung und Schwerelosigkeit). Ergänzt wird dieses umfangreiche Angebot durch ein Multiplex-Kino, das in 14 Sälen insgesamt 3 500 Besuchern Platz bietet.

Fallbeispiel 2: „Autostadt" Wolfsburg und „Gläserne Manufaktur" Dresden

Eine neue Facette im Spektrum konsumorientierter Vermarktungsstrategien stellt die Inszenierung der Produktion als Unterhaltungsform dar. Eine Vorreiterrolle haben einige Automobilhersteller übernommen. Bekanntestes Beispiel ist die „Autostadt" Wolfsburg. Außerdem errichtet Volkswagen auf dem Messegelände in Dresden eine Manufaktur für Luxusfahrzeuge. Hier sollen ab dem Jahre 2000 täglich 150 Luxuslimousinen in einem transparenten, in jeder Stufe für den Betrachter nachvollziehbaren Prozess montiert werden.

Um die Produktionsvorgänge visualisierbar zu machen, wird die Produktions-
stätte überwiegend mit Glas verkleidet. Der Käufer bekommt auf diese Weise die
Möglichkeit, das Werden „seines" Wagens direkt mitzuverfolgen. Zudem soll das
Gebäude unter anderem ein öffentliches Forum für Veranstaltungen, eine Kunst-
galerie, Luxusgeschäfte und ein Restaurant beherbergen.

4.1.4 Fazit und Ausblick

Die Elektronisierung des Einzelhandels, gestiegene Ansprüche der Konsumenten
und ein wachsender Wettbewerbsdruck haben zu einer räumlichen Umstrukturie-
rung des Einzelhandels geführt. Neben City und Nebenzentren ist ein disperses
Netz nichtintegrierter Standorte getreten. In diesem Netz fällt Malls, Urban Entertainment Centern und Fachmarktzentren eine besondere Rolle zu.

Die weitere Ausbreitung von Discountern, SB-Märkten, Direktvertreibern (factory outlets) und sonstigen Fachmärkten wird zu einem Anstieg der Verkaufsflächen
führen. Begleitet wird diese Entwicklung durch zahlreiche neue Verkaufsstandorte,
die beispielsweise in Tankstellen, Postämtern und Bahnhöfen entstehen werden.
Die Deutsche Bahn AG hat sich zum Ziel gesetzt, die Bahnhöfe der Metropolen – bis
vor wenigen Jahren noch unwirtliche Orte am Rande der Innenstädte – in postmoderne Einkaufs- und Freizeitstätten umzuwandeln. Vorbilder liefern u. a. die japanischen Shopping-Mall-Bahnhöfe (z. B. Kyoto, Osaka).

Das Beispiel der Einzelhandelsentwicklung zeigt, dass die Stadterneuerung zu
Beginn des 21. Jh. stark privatwirtschaftliche Züge trägt. Dies bedeutet zugleich, dass
der normative Charakter der Stadtentwicklungsplanung, der noch in den 1970er Jahren ein zentrales Kriterium war, zunehmend aufgegeben wird.

Im Übrigen konterkarieren Malls und Urban Entertainment Center, deren Ein-
zugsgebiete ganze Regionen umfassen, das Leitbild einer sozial und ökologisch ver-
träglichen Stadtentwicklung. Sie ziehen die Gruppe der Besserverdienenden aus
den gewachsenen Zentren ab. Die dadurch erzeugte Erosion der Kaufkraft führt
dort notwendigerweise zu Schrumpfungen und qualitativen Einbußen der Einzel-
handelsstruktur. Von dieser Entwicklung werden nicht nur eine Vielzahl von Ein-
zelhandelsbranchen betroffen, sondern auch zentrentypische kundenorientierte
Dienstleistungen, die auf Kopplungsaktivitäten der Kundschaft angewiesen sind.
Damit geht ein Attraktivitätsverlust einher: Angebotsvielfalt, Urbanität und lokale
Identifikation drohen verloren zu gehen. Daher sind die Stadtentwicklungsämter
aufgefordert, das bestehende Gefüge zentraler Orte in den Städten zu stärken oder
zumindest abzusichern.

Insbesondere das Beispiel der britischen Mega-Malls wirft ein Schlaglicht auf die
negativen stadtökologischen Auswirkungen, die von solchen Zentren ausgehen.
Tägliche Besucherzahlen von ca. 80 000, von denen der überwiegende Teil mit dem
Pkw kommt, erzeugen gewaltige Verkehrsströme. Um diese aufnehmen zu können,
müssen neue Straßen und Stellplätze gebaut werden. Die Flächenversiegelung
wächst, und der Verbrauch nichtregenerierbarer Rohstoffe steigt an. Zudem nimmt
die Verschmutzung der ohnehin schon stark belasteten Luft in den Verdichtungsräumen zu.

4.2 Wohngebiete

Die Wohngebiete einer Stadt lassen sich grob in gewachsene und geplante Viertel einteilen. Zwar ist jedes Haus bzw. Gebäudeensemble letztlich auch geplant, so dass die Einteilung in „gewachsen" oder „geplant" auf den ersten Blick wenig schlüssig erscheint. Gemeint ist jedoch der Unterschied zwischen Wohnvierteln, die sich über einen längeren Zeitraum entwickelt haben, und Quartieren, die als Ergebnis eines städtebaulichen Gesamtplans (Masterplan) entstanden sind und daher gemeinsame physiognomische und architektonische Grundzüge tragen. Letztere werden auch als Siedlungen bezeichnet. Des Weiteren lassen sich Wohngebiete nach historisch-genetischen Aspekten gliedern. Außerdem können physiognomische Aspekte, wie Grundrissplan, Stellung der Gebäude zueinander, Gebäudehöhen, architektonische Merkmale, oder Gebäudedichten als Gliederungskriterien berücksichtigt werden. Auch aus der Sozialstruktur der Bevölkerung lassen sich Gliederungsansätze ableiten. Schließlich können aus stadtökologischer Perspektive sog. „Habitatstypen" ausgegliedert werden. Differenzierende Merkmale der Habitatstypen sind der Versiegelungsgrad und die Nutzungsform der unversiegelten Flächen. Beide Faktoren bestimmen die Zusammensetzung von Flora, Vegetation und Fauna (SUKOPP & WITTIG 1993, S. 278).

Die Differenzierung der städtischen Wohngebiete erfolgt hier nach dem genetischen Ansatz, da in den meisten Städten eine historisch zu begründende, zentral-periphere Abfolge von Wohngebietstypen existiert. An die zumeist sanierten Altstadtwohngebiete, deren Anteil an historischen Bauten aufgrund unterschiedlicher kriegsbedingter Zerstörungsgrade variiert, schließen sich in Form eines ersten Erweiterungsringes planmäßig angelegte Neustadtquartiere an. Weiter nach außen folgen gründerzeitliche Wohngebiete, die von Industriebetrieben, mitunter sogar Industriegebieten durchsetzt sind. Fernab von der Industrie liegen die Villensiedlungen aus dem späten 19. Jh. Den nächsten Ring bilden geplante Siedlungen aus der Zwischenkriegszeit. Weiter stadtauswärts beginnt die suburbane Zone, die im Wesentlichen nach dem Zweiten Weltkrieg umgestaltet wurde und durch eine Vielzahl unterschiedlicher Siedlungsformentypen gekennzeichnet ist.

4.2.1 Altstadt-Wohngebiete

Die folgenreichste und schärfste Zäsur in der Geschichte des deutschen Städtewesens bilden zweifellos die Zerstörungen des Zweiten Weltkriegs (HOHN 1991, S. 1). Das Ausmaß der Zerstörungen variierte jedoch in Abhängigkeit von der Stadtgröße; besonders stark waren die Großstädte betroffen. Auch innerhalb jeder einzelnen Stadt existierten deutliche räumliche Unterschiede im Hinblick auf die Schwere der Zerstörungen. Vor allem die Altstadtgebiete nahezu aller deutscher Großstädte wurden in erheblichem Umfang zerstört (MÜLLER-RAEMISCH 1990, S. 21; HEWITT, NIPPER & NUTZ 1993, S. 438). Nur in einigen Mittelstädten, wie Flensburg oder Goslar, und in Kleinstädten blieben die historischen Kerne mit ihren mittelalterlichen Gebäuden vollständig von Kriegszerstörungen verschont.

In Städten, deren Kerne während des Krieges nicht zerstört wurden, existieren auch heute noch Wohngebiete mittelalterlicher und neuzeitlicher Bausubstanz.

Abb. 4.7:
Denkmalgeschütztes
Wohnhaus in der
Lübecker Altstadt
(Foto: ZEHNER, Juli 2000)

Typisch für die mittelalterliche Bauweise sind schmale giebelständige Fachwerk-
häuser, die zwei oder drei Stockwerke aufweisen. Charakteristisch für Hausformen
aus dem 16. bis 18. Jh. sind traufständige Steinbauten, die sich zu einer Blockrandbebauung zusammenschließen. Ein schönes Beispiel einer neuzeitlichen Altstadt
stellt Lübeck dar, das für seine mit Blendgiebeln verzierten Bürgerhäuser und goti-
schen Kirchen bekannt ist (Abb. 4.7). Trotz erheblicher Zerstörungen während des
Zweiten Weltkrieges kann Lübeck heute mehr als 550 unter Denkmalschutz stehende
historische Gebäude vorweisen (GÖÖCK 1990, S. 169 f.).

Vor allem in den 1970er Jahren wurden zahlreiche Altstädte in Deutschland saniert.
Wesentliches Ziel dieser Maßnahme war es, weitere Fortzüge von Familien aus den bis
dahin stark vernachlässigten Quartieren in das Umland der Städte zu verhindern. Der

Maßnahmenkatalog umfasste neben der baulichen Neu- bzw. Umgestaltung des Wohnumfeldes Verkehrsberuhigungen, das Entfernen quartiersfremden Pkw-Verkehrs, die
Errichtung von Tiefgaragen, die Schaffung von Freiräumen und Innenhofbegrünun-
gen sowie die Stabilisierung kleiner Handels-, Gewerbe- und Dienstleistungsbetriebe.
Am Beispiel von Augsburg konnten SCHAFFER & THIEME nachweisen, dass durch die
Schaffung eines attraktiven Wohnangebotes eine Stabilisierung der Einwohnerzahlen
erreicht und ein sozialer Niedergang vermieden werden konnte (1989, S. 15).

An der ökologischen Benachteiligung der Altstadtquartiere haben die Sanierungsmaßnahmen jedoch nichts Entscheidendes verändern können. Aufgrund
ihrer kompakten Bauweise weisen Altstadt-Wohngebiete eine nahezu flächendeckende Bodenversiegelung auf, so dass die spontane Flora hier nur spärlich mit wenigen, meist kümmernden Arten vertreten ist (SUKOPP & WITTIG 1993, S. 278). Daher
kommt aus stadtökologischer Sicht den Resten der mittelalterlichen oder neuzeitlichen Umwallungen und den sich stadtauswärts anschließenden offen gebliebenen,
ehemaligen Glacisflächen eine besondere Bedeutung zu. Sie bilden zudem eine
markante Grenze zwischen der über Jahrhunderte gewachsenen Altstadt und der
jüngeren Neustadt.

4.2.2 Neustadt-Wohngebiete

Die Neustadt ist eine geplante Stadterweiterung, „die im 18. und 19. Jahrhundert
den Kontakt zwischen Altstadt und den sich rasch vergrößernden Vorstädten" (HEI-
NEN & PFEFFER 1988, S. 15) herstellte. Charakteristisch ist ihr symmetrischer, auf
einen Generalplan zurückgehender Grundriss. Typische Grundrissmuster sind
schachbrettartige oder zumindest -ähnliche Pläne sowie radial-konzentrische Entwürfe. Die Wohnhäuser weisen in der Regel fünf bis sechs Stockwerke auf. Differenzierungen der Fassadengestaltung weisen auf den unterschiedlichen Sozialstatus der Eigentümer bzw. Bewohner hin. Während die Altstadt-Wohngebiete eine
vergleichsweise starke soziale Durchmischung aufweisen, ist für die Neustädte eine
Differenzierung in Quartiere unterschiedlicher Sozialstruktur typisch, die bereits
durch die Planungsvorgaben vorgezeichnet wurde.

Charakteristisch für die Neustadt ist eine geschlossene Blockrandbebauung mit
traufständigen vier- bis sechsstöckigen Mietshäusern, deren schlichtere Varianten
als „Mietskasernen" bezeichnet wurden. Die Blockinnenbereiche weisen ein heterogenes Nutzungsgefüge auf. Zum Teil sind sie durch Seiten- und Querflügel sowie
Gartenhäuser überbaut (Abb. 4.8). Teilweise wurden hier nachträglich Garagenzei-
len errichtet, da das Parkplatzangebot im öffentlichen Straßenraum begrenzt ist.
Des Weiteren waren die Blockinnenhöfe von Beginn an Standorte kleiner Hand-
werks- und Gewerbebetriebe. Diese Kombination verschiedener Nutzungen hat im
Übrigen zu der Bezeichnung „Wilhelminischer Wohn- und Gewerbering" geführt.
Jüngere Bemühungen, Wohn- und gewerbliche Nutzungen zu entflechten und die
alten Produktionsstätten in Form neuer Gewerbehöfe zusammenzuführen (HENCKEL
1981), hatten nur begrenzten Erfolg.

Im Gegensatz zu den dicht bebauten Altstadtquartieren sind die Wohngebiete
der Neustadt mit Grünanlagen oder Parks durchsetzt. Diese waren bereits zum Zeit-

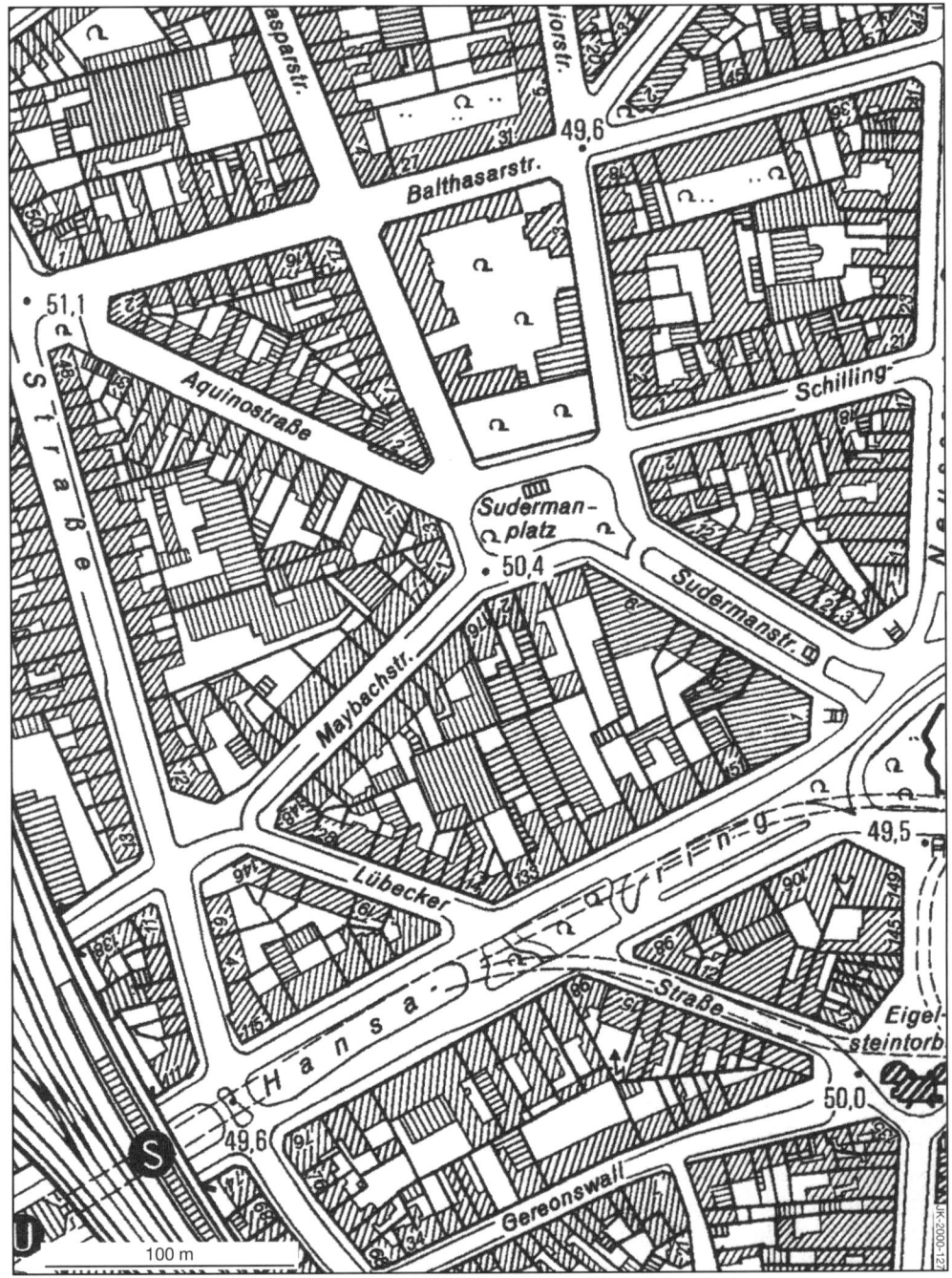

Abb. 4.8:   Bebauungsstruktur in der nördlichen Kölner Neustadt (Quelle: Vergrößerter Ausschnitt
            aus der Deutschen Grundkarte ^{25}66 Rechts, ^{56}46 Hoch; Köln, Altstadt Nord)
            © Topographische Karten: Landesvermessungsamt NRW, Bonn, S 2001 092

punkt der Erschließung feste Bestandteile der Bebauungspläne. So wurde beim Bau der Kölner Neustadt darauf geachtet, dass das Verhältnis von 25 ha Baugelände zu einem Hektar Grünfläche nicht unterschritten wurde. In London bildeten die sog. *Squares*, quadratisch, mitunter auch streifenförmig angelegte Plätze, die Ausgangspunkte für eine planmäßige Besiedlung des Westend im 18. Jh.

4.2.3 Gründerzeitliche Vorort-Wohngebiete

4.2.3.1 Arbeiterquartiere

Neben den geplanten Stadterweiterungen wurden vor allem in der zweiten Hälfte des 19. Jh. außerhalb der städtischen Gemarkungen Arbeitersiedlungen errichtet. Charakteristisch ist die enge Verzahnung von Industriebetrieben oder – wie in den Montanrevieren – Zechen und Siedlungen. In Deutschland wurde die Mietskaserne zur dominierenden Hausform, so dass die inneren Vororte hohe Bebauungs- und damit auch Bevölkerungsdichten erreichten. Noch heute ist die Mietskaserne ein stadtteilbestimmendes Element der gründerzeitlichen Vororte, wenngleich deren Bewohner nur noch zu einem Teil aus dem Arbeitermilieu stammen.

Die Physiognomie der einstigen Industrie- und Arbeiterquartiere wird durch einen planmäßig angelegten, meist auf Rechteck oder Quadrat basierenden Grundriss bestimmt. Die Straßenfluchten sind eng, so dass in Verbindung mit fünf bis sechs Stockwerke hohen Altbauten die Belichtungs- und Belüftungsverhältnisse schlecht sind. Die meisten Vororte weisen ein Subzentrum auf, das sich in der Regel entlang der Ausfallstraße, dem Rückgrat der meisten Vororte, entwickelt hat (ZEHNER 1987).

Viele der gründerzeitlichen Industriebetriebe, die einst Ausgangspunkte der flächenhaften Erschließung der Vororte waren, existieren heute nicht mehr. Ihr Gelände befindet sich in den verschiedensten Stadien der Revitalisierung. Wirtschaftlicher Umbau und soziale Transformation dieser Viertel stehen in einem engen Zusammenhang. Eine besondere Rolle spielt die Lebensstilgruppe der sog. „Gentrifier", die zur Aufwertung und Umgestaltung von gründerzeitlichen Stadtvierteln beigetragen hat. Die Sozialstruktur der Bevölkerung in den einstigen Arbeitervierteln ist heute durch ein hohes Maß an sozialer, ethnischer und demographischer Heterogenität geprägt.

4.2.3.2 Villenviertel

Als Reaktion der Oberschicht auf die zunehmende Überfüllung und Verdichtung der Altstädte entstanden um die Wende vom 19. zum 20. Jh. die ersten Villenviertel am damaligen Stadtrand. Sie wurden fernab der Arbeiter- und Industrieviertel, meist im Westen der Städte, gegründet. Ihre abseitige Lage zu den Ausfallstraßen und die geringe Bevölkerungsdichte haben hier die Entwicklung größerer Subzentren verhindert. Aus stadtökologischer Sicht spielen die Villenviertel eine bedeutende Rolle: Das Vorhandensein großflächiger Gärten bedingt den in diesen Gebieten geringeren Versiegelungsgrad. Typisch ist ein alter Baubestand, der sich aus

Rosskastanien, Platanen, Linden, Ahorn und hochstämmigen Obstsorten zusammensetzt. Sie spenden im Sommer Schatten, so dass die Villenviertel, wie auch Parks und Friedhöfe, Inseln geringerer Lufttemperatur am Tage darstellen (WITTIG 1991, S. 170 f.).

4.2.4   Zwischenkriegszeitliche Vorort-Wohngebiete

Außerhalb der gründerzeitlichen Quartiere liegen die Siedlungen aus der Zwischenkriegszeit. Ihre Planungsgrundsätze und Leitbilder sind vor dem Hintergrund einer berechtigten Kritik an der gründerzeitlichen Stadt zu werten, über die MAY urteilte: *„Die Stadtplanung des vergangenen Jahrhunderts, meist einseitig ästhetisch orientiert, ließ die Erfüllung elementarster Forderungen vermissen. Fünfstöckige Mietskasernen mit zementierten Höfen, von Rückgebäuden beschattet, ohne Gartenanlage entsprechen nicht den Lebensbedingungen des Menschen. Die Erhaltung der menschlichen Gesundheit, als des kostbarsten Gutes einer Stadt, hat aber alle Verwaltungsaufgaben zu beeinflussen"* (MAY & SCHLOSSER 1926/27).

Die Siedlungen aus der Zwischenkriegszeit wurden überwiegend von Baugenossenschaften und Bauvereinen sowie Wohnungsgesellschaften der öffentlichen Hand errichtet. Sie lassen sich drei Phasen zuordnen:

1. Struktur und Funktion der meisten Siedlungen aus den ersten Jahren nach dem Ende des Ersten Weltkriegs werden erst vor dem Hintergrund der Kriegsfolgen verständlich. Durch Kriegszerstörungen und Reparationszahlungen war in Deutschland unmittelbar nach Kriegsende eine große Wohnungsnot ausgebrochen. Daher hatte in der ersten Phase, die von 1918 bis 1920 andauerte, die Beschaffung von Wohnraum absoluten Vorrang. Im Rahmen von Selbsthilfegruppen entstanden behelfsmäßige Unterkünfte. Heute sind diese Notbehelfe nahezu aus dem Stadtbild verschwunden.

2. Stadtbildprägend sind dagegen bis heute am Leitbild der Gartenstadt orientierte Siedlungen aus der zweiten Phase geblieben, die von 1921 bis 1924 andauerte. In dieser Zeit entstanden genossenschaftliche Kleingartensiedlungen, „die den Übergang von der wilden Siedelei zur Entwicklung eines Großsystems organisierter Selbsthilfe" (REINBORN 1996, S. 91) darstellten. In diesen Siedlungen dominierten Kleinwohnhäuser mit 350–400 m² großen Gärten, die auch der Eigenversorgung mit Lebensmitteln dienten. Möglichkeiten der Privatisierung des gemeinschaftlichen Eigentums waren nicht vorgesehen. Die gemeinnützige Bindung des Genossenschaftsvermögens hatte zur Folge, dass eine Vielzahl von gemeinschaftlichen Einrichtungen, Kindergärten, Konsumanstalten, Bibliotheken etc. verwirklicht werden konnten. Die Kruppsche Siedlung „Essen-Margarethenhöhe" stellt im Hinblick auf Gemeinnützigkeit eine Mustersiedlung dar, auch wenn ihr Baubeginn bereits in das Jahr 1906 fällt.

3. In der dritten Phase, die in die Zeit der „goldenen zwanziger Jahre" fällt, wurden kommunale Wohnsiedlungen gebaut, die ohne Eigenleistung der Bewohner ent-

Abb. 4.9:
Bebauung in der Hamburger Jarrestadt um 1930
(Quelle: eigener Entwurf, verändert nach Reinborn 1996, S.123)

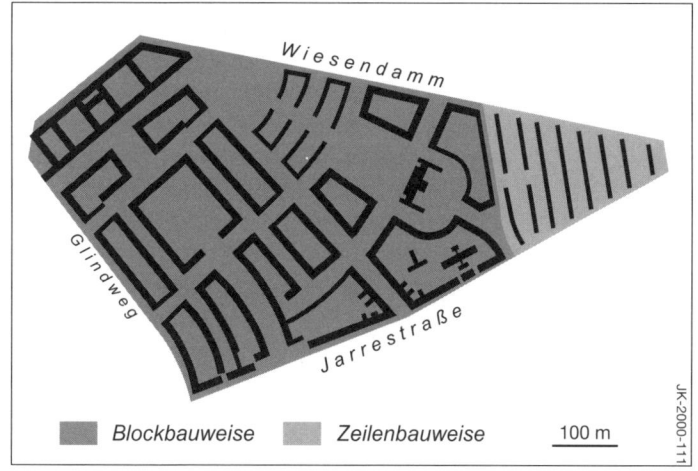

Blockbauweise   *Zeilenbauweise*   100 m

standen. Das Kleinwohnhaus wich Blockrandbebauungen mit mindestens vier- bis fünfgeschossigen Gebäuden. Im Gegensatz zu den gründerzeitlichen Vierteln wurden die Blockinnenhöfe nicht mehr gewerblich genutzt. Sie wurden begrünt und dienten ausschließlich der Erholung. Ab Mitte der 1920er Jahre trat neben die Blockrandbebauung gelegentlich auch die Form der zeilenweisen Erschließung von Blöcken. Das Beispiel der zwischen 1926 und 1928 von Fritz Schumacher errichteten Jarrestadt in Hamburg-Winterhude zeigt die Ablösung der Blockrandbebauung durch die zeilenweise Erschließung (Abb. 4.9). Um 1930 wurde der Baublock als Beziehungsgrundlage von Baugrund und Gebäude gänzlich aufgegeben. Mit der Beseitigung der Lageunterschiede zwischen den Blockseiten konnten nun Bauformen realisiert werden, die den Vorstellungen eines gesünderen und freieren Lebens nahe kamen (Reinborn 1996, S. 131). Viele der Siedlungen aus dieser Zeit weisen eine Nord-Süd-Ausrichtung auf, so dass die Wohnräume und Terrassen nach Westen ausgerichtet werden konnten und somit in den Nachmittagsstunden ein Maximum an Licht und Sonne bekamen. Der Wunsch nach optimalen Wohnverhältnissen führte zur funktionalen Gliederung bzw. Entflechtung der Stadt, ein Prinzip, das in der Charta von Athen seinen Niederschlag fand.

Die 1930er Jahre blieben im Hinblick auf den Städtebau vergleichsweise bedeutungslos, hauptsächlich eine Folge der Weltwirtschaftskrise von 1929.

4.2.5   Stadtrandsiedlungen und Siedlungen im suburbanen Raum

Der suburbane Raum wird durch eine Vielzahl von Siedlungsformentypen geprägt. Ein gutes Ordnungsraster bieten die durch unterschiedliche Zeitgeistströmungen und entsprechende architektonisch-planerische Leitbilder geprägten Zeitabschnitte der Nachkriegszeit.

4.2.5.1 Die aufgelockerte und gegliederte Stadt

Die erste Phase der Suburbanisierung orientierte sich am Leitbild der gegliederten und aufgelockerten Stadt. Typisch für in dieser Zeit errichtete Siedlungen sind voneinander separierte Siedlungseinheiten, die durch Grünzüge voneinander getrennt sind. Angestrebt wurde ein „organisches Gefüge mehr oder weniger selbständiger Stadtzellen mit eigenen örtlichen Mittelpunkten" (REINBORN 1996, S. 183). Für den suburbanen Raum bedeutete dies zunächst die Entstehung von Neubaugebieten mit dem Ein- bzw. Zweifamilienhaus als dominanter Hausform. Derartige Neubaugebiete wurden häufig am Rande von Dörfern oder Kleinstädten im näheren Umland der Großstädte ausgewiesen. An der Peripherie von Großstädten entstanden neue Siedlungen als geschlossene Stadtteile mit eigenen Versorgungseinrichtungen und Arbeitsstätten (IRION & SIEVERTS 1991, S. 9).

Gegen Ende der 1950er Jahre häufte sich die Kritik an dieser Erschließungsform des suburbanen Raumes. Sie entzündete sich an der vermeintlichen Zersiedlung der Landschaft, der städtebaulichen Monotonie und der durch die Funktionsentmischung erzeugten neuen Verkehrsströme. Allerdings verbargen sich hinter diesen vordergründigen Argumenten neue gesellschaftspolitische Einstellungen der Bevölkerung. Ein Jahrzehnt nach Ende des Zweiten Weltkriegs hatte sich der Zeitgeist in Deutschland verändert. Die Zeit der Bescheidenheit neigte sich dem Ende zu und wich einem wieder erstarkten Selbstbewusstsein. Das Leitbild der aufgelockerten und gegliederten Stadt hatte ausgedient und wurde innerhalb weniger Jahre durch Konzepte städtebaulicher Verdichtung und Urbanität ersetzt (HEINEBERG 1999, S. 106). Der neue Mythos hieß „Urbanität durch Dichte". Dem neuen Leitbild folgend, wurden ab Mitte der 1950er Jahre, vor allem aber in den 1960er Jahren, „Neue Städte" als Großwohnsiedlungen geplant. Diese wiesen eine außerordentlich hohe horizontale und vertikale bauliche Verdichtung auf. Die funktional entmischte Stadt der Charta von Athen und die Wohnformen LE CORBUSIERS bildeten den ideologischen Hintergrund für diese neuen Großformen des Wohnungsbaus (RODENSTEIN 1991, S. 60). Allerdings bedeutete der Leitbildwechsel keine völlige Abkehr vom individuellen Ein- und Zweifamilienhausbau, sondern lediglich eine neue Akzentuierung und Erweiterung des Siedlungsformenspektrums.

4.2.5.2 Großwohnsiedlungen

Bis Anfang der 1980er Jahre entstanden in Deutschland 239 Großwohnsiedlungen, d. h. Siedlungen mit mehr als 2 500 Wohneinheiten, darunter 95 in den westlichen Bundesländern (JESSEN 1998, S. 104). In der ehemaligen DDR wurde aus ideologischen Gründen der Großwohnsiedlungsbau stärker priorisiert als in der Bundesrepublik. Zudem waren die Einheiten im Osten größer: Jeder vierte DDR-Bewohner lebte in den 1980er Jahren in einer Großwohnsiedlung, in der Bundesrepublik dagegen nur jeder sechzigste (MÜLLER 1997, S. 5). Allerdings gab es im Westen beträchtliche regionale Unterschiede: So bildeten Großwohnsiedlungen ein wesentliches Element der Siedlungsstruktur Hamburgs, während sie etwa in Dortmund nur eine untergeordnete Rolle spielten.

Obwohl Großwohnsiedlungen wegen ihrer geringen gesellschaftlichen Akzeptanz und der tatsächlichen negativen Effekte, die von ihnen ausgehen (Kriminalität, soziale Brennpunkte), aus heutiger Perspektive den Städtebau in eine Sackgasse führten, stellten sie in den 1960er und frühen 1970er Jahren in beiden deutschen Staaten ein zeitgemäßes siedlungs- und wirtschaftspolitisches Instrument dar. Mit der Errichtung von Großwohnsiedlungen konnte der in den Ballungsräumen immer drängenderen Wohnungsnachfrage begegnet werden. Durch die Möglichkeit der industriellen Vorfertigung und standardisierter Montageverfahren ließ sich in vergleichsweise kurzer Zeit ein erheblicher Zuwachs an Wohneinheiten verwirklichen. Dadurch konnte der Staat seiner Aufgabe nachkommen, mit öffentlichen Mitteln geförderten Wohnraum bereitzustellen. Durch den Bau dieser Hochhausanlagen wurden auch wirtschaftliche Impulse ausgelöst, von denen insbesondere die Bauwirtschaft durch Großaufträge profitierte.

Neben Besonderheiten der Architektur wiesen die Großwohnsiedlungen weitere städtebauliche Merkmale auf, die sie deutlich von den Einfamilienwohnhausgebieten abhoben. So wurden Wohngebäude, Läden und Arbeitsplätze durch ein eigenes System von Fuß- und Fahrradwegen vernetzt. Die Trennung der Verkehrssysteme und Wege war ohnehin ein generelles Merkmal der Großwohnsiedlungen (IRION & SIEVERTS 1991, S. 10). Im Gegensatz zu älteren Wohngebieten zeichneten sich die Großwohnsiedlungen außerdem durch eine durchgehende Begrünung und Landschaftsanbindung aus.

Trotz dieser Vorzüge gerieten Großwohnsiedlungen schon bald nach Bezug der Wohnungen in die öffentliche Kritik. Sie wurden als Symbol eines inhumanen Städtebaus hingestellt und galten bald als „beklagenswertes Zeugnis stadtplanerischer Hybris, als Produkt eines rücksichtslosen Bauwirtschaftsfunktionalismus und als Beleg wohnungspolitischen Versagens" (JESSEN 1998, S. 110). In der Tat gaben vergleichsweise hohe Mieten, mangelhafter Lärmschutz, ein häufig unwirtliches Wohnumfeld und mangelhafte Infrastrukturen berechtigten Anlass zur Klage (Abb. 4.10).

Besonders in den neuen Bundesländern hatte sich schon kurz nach der Vereinigung der deutschen Staaten heftige Kritik an den in Plattenbauweise errichteten Großwohnsiedlungen entzündet. Durch teilweise unsachgemäße Berichte in den Medien wurde Verunsicherung, durch Nachrichten über potentielle Asbestverseu-

Abb. 4.10:
Großwohnsiedlung
„Kölnberg" (Bauzeit
1970–1974) im Süden
Kölns
(Foto: ZEHNER, März 2000)

chung sogar Angst unter den Bewohnern erzeugt. Inzwischen ist es jedoch gelungen, mit Hilfe staatlicher Fördermittel und -programme den Zustand der Großwohnsiedlungen zu verbessern und das Identifikationspotential der Bewohner zu steigern.

4.2.5.3 New Towns in Großbritannien

Einen anderen Weg, der Zersiedlung des suburbanen Raums zu begegnen, wählten die britischen Regionalplaner. In der Nachkriegszeit wurden im Vereinigten Königreich insgesamt 32 New Towns errichtet. In den meisten Fällen wurden Standorte in den äußeren Zonen der Metropolitanregionen gewählt. Die Bautätigkeit im suburbanen Raum sollte sich im Wesentlichen auf die New Towns konzentrieren. Mit dieser Strategie sollte der unkontrollierten Zersiedlung der Landschaft Einhalt geboten werden. Vor allem in der Zwischenkriegszeit war es zum Ausufern der suburbanen Wohngebiete gekommen. Ein Hauptgrund hierfür war die angestrebte geringe Siedlungsdichte in den Vororten, die durch den Bau von Doppelhäusern, sog. „semidetached houses", realisiert worden war. Durch die falsche Interpretation des Gartenstadtideals wurden wertvolle landwirtschaftliche Flächen in Bauland umgewandelt und neue Verkehrsströme erzeugt (MUGGLI 1968, S. 33).

Die New Towns wurden in Großbritannien zu einem zentralen Instrument der in staatlicher Hand liegenden Regionalplanung. Besondere Bedeutung kam den ersten, zwischen 1946 und 1950 außerhalb des Londoner Grüngürtels errichteten New Towns zu (Basildon, Bracknell, Crawley, Harlow, Hatfield, Hemel Hempstead, Stevenage, Welwyn Garden City). Sie waren keineswegs als reine Wohnsiedlungen konzipiert, sondern sollten durch die mit 40–50 km groß gewählte Entfernung zur Londoner

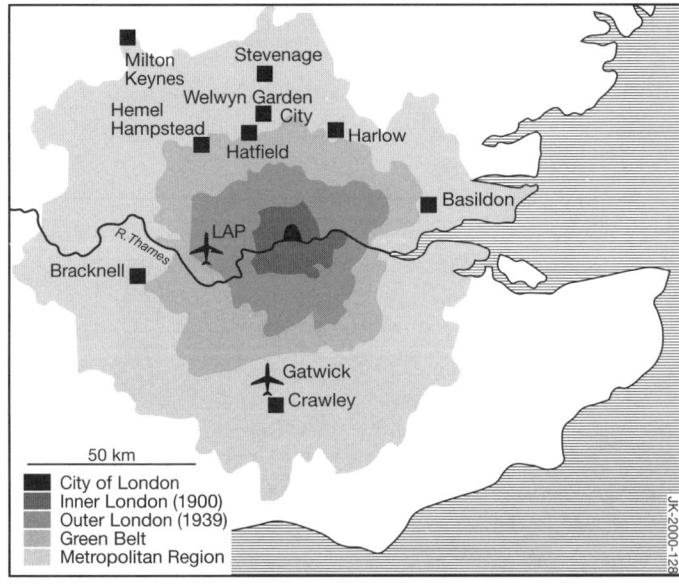

Abb. 4.11:
Greater London und seine
New Towns
(Quelle: eigener Entwurf)

Stadtmitte bald wirtschaftliche Autarkie erreichen. Jede einzelne New Town sollte 50 000 Menschen aufnehmen. Zum einen sollten die New Towns den Bevölkerungsüberhang Inner-Londons aufnehmen, zum anderen sollten sie auch zum Ziel interregionaler Zuwanderer werden (Abb. 4.11).

Die Struktur der New Towns zeigt einen hohen Grad funktionaler Differenzierung. Um das sog. *„town-center"*, das aus kommerziellen und administrativen Einrichtungen besteht, gruppieren sich einzelne Quartiere, sog. Nachbarschaften *(„wards", „neighborhoods")*, die durch offene Flächen voneinander getrennt sind. Jede Nachbarschaft ist mit einer Grundschule, einer Ladengruppe zur Deckung des täglichen Bedarfs und einem Pub ausgestattet. Im Osten der Stadt liegen in der Regel ein oder zwei Industrie- bzw. Gewerbeparks *(„industrial estates")*. Dort sind überwiegend „leichte Industrien" angesiedelt. Im Gegensatz zu den Großwohnsiedlungen in Deutschland bilden Wohnhochhäuser in den New Towns die Ausnahme. Nur vereinzelt wurden Hochhäuser, sog. *„tower blocks"*, errichtet, um städtebauliche Akzente zu setzen (HEINEBERG 1997, S. 295).

Neben den New Towns als Entlastungsstädten wurden Neue Städte auch als Werkssiedlungen errichtet. So sollten beispielsweise Aycliffe und Peterlee in Nordostengland einen Beitrag zur Neuordnung des Bergbaus leisten (HEINEBERG 1997, S. 293). Ein weiteres Beispiel ist die 1933 zeitgleich mit einem integrierten Hüttenwerk errichtete Stadt Corby in Mittelostengland, die 1950 zur New Town erklärt wurde.

Insgesamt nahmen die New Towns 2,25 Mio. Einwohner auf (POTTER 1992). Nach anfänglicher Zurückhaltung stieg die Bereitschaft von Wirtschaftsunternehmen, ihren Standort in eine New Town zu verlegen bzw. hier einen Betrieb bzw. Filialbetrieb zu gründen.

Das Konzept der New Towns wurde in zahlreichen Ländern kopiert. Bekannte Beispiele sind die französischen Villes Nouvelles, die zur Entlastung von Paris (Cergy-Pontoise, Évry, Marne-la-Vallée, Mélun-Senart und St. Quentin-en-Yvelines), von Lille (Lille Est), von Rouen (Le Vaudreuil), von Lyon (L'Isle d'Abeau) und von Marseille (Fos-Etang de Berre) errichtet wurden. In den sozialistischen Ländern wurden Neue Städte vorwiegend als Industriestädte gegründet. Eisenhüttenstadt, Halle-West (Leuna-Werke) und Neu-Hoyerswerda (Braunkohlenkombinat Schwarze Pumpe) sind die bekanntesten Beispiele aus der ehemaligen DDR.

In Entwicklungsländern dienen Neue Städte hauptsächlich zur Entlastung der jeweiligen Hauptstädte, die nach dem Zweiten Weltkrieg durch überdurchschnittliche Wachstumsraten gekennzeichnet waren und sich in den meisten Fällen zu Megastädten entwickelten. So entstanden ab 1977 um Kairo sechs Neue Städte, durch deren Bau dem Ausgreifen der unkontrollierten Bautätigkeit an den Rändern der Nilmetropole, vor allem aber dem Entzug der knappen landwirtschaftlichen Nutzfläche begegnet werden sollte (MEYER 1996).

In Brasilien und Australien erhielten Neue Städte sogar den Status von Hauptstädten. Damit wurde zum einen das Ringen zwischen nahezu gleichbedeutenden Metropolen (São Paulo – Rio de Janeiro bzw. Melbourne – Sydney) um die Hauptstadtfunktion und die damit verbundenen wirtschaftlichen Effekte beendet, zum anderen sollten mit der Gründung von Canberra und Brasilia im Landesinneren Entwicklungspole geschaffen werden, die zu einer gleichmäßigeren Landesentwicklung beitragen sollten.

4.3   Industrielle Großbetriebe, Industrie- und Gewerbeparks

Zu den wichtigsten funktionsräumlichen Flächen einer Stadt zählen die Industrie-
standorte. Sie lassen sich grob in Einzelstandorte und Standortgruppen bzw. Standortgemeinschaften (HOTTES 1967) unterscheiden. Letztere können in „gewachsene"
und geplante Standortagglomerationen, sog. „*Industrieparks*", weiter eingeteilt
werden. Unter Industrieparks sind nach einem Generalplan entwickelte Standortgemeinschaften von Betrieben des produzierenden Gewerbes, die der Leitung eines
privaten oder öffentlichen Planungsträgers unterstellt sind, zu verstehen (HÜTTER-
MANN 1985, S. 16).

4.3.1   Industrielle Großbetriebe

Eine Bilanzierung der städtischen Industrieflächen zeigt den besonderen Stellenwert industrieller Großbetriebe. Steinkohlenzechen, Hüttenwerke, Chemiebetriebe
und Automobilfabriken beanspruchen Areale, die der Größe ganzer Stadtteile, mitunter sogar kleiner Städte entsprechen können (WITTIG 1991, S. 191).

Je nach Gründungsepoche lassen sie sich unterschiedlichen genetischen Ent-
wicklungszonen oder -sektoren zuordnen. In den innenstadtnahen, gründerzeitlichen Vierteln wurden vorwiegend in der zweiten Hälfte des 19. Jh. Industriebetriebe
der Textil-, Montan- oder kohlechemischen Industrie angesiedelt. Da sich die meisten der in diesen Betrieben produzierten Güter entweder bereits im Endstadium
ihres „Lebenszyklus" befinden oder durch preiswertere, in Entwicklungs- bzw.
Schwellenländern hergestellte Konkurrenzprodukte in nur noch geringem Umfang
marktfähig sind, gelten diese Standorte als am stärksten gefährdet. Folglich sind in
den innenstadtnahen Vororten auch die ersten Industriebrachflächen entstanden.

Typische Großbetriebe aus der Zwischenkriegszeit sind Automobilwerke, die am
damaligen Stadtrand errichtet wurden und aufgrund ihrer horizontalen Produktionsabläufe große Flächen beanspruchen. Charakteristisch für ihre Lage ist eine
gute Verkehrsanbindung an Autobahnen, Schienennetz und Häfen. Ein typisches
Beispiel ist das in den 1920er Jahren gegründete Fordwerk in Köln, das im Norden
der Stadt errichtet wurde. Es liegt in unmittelbarer Nähe des Kölner Autobahnrin-
ges, hat Bahnanschluss und verfügt über einen werkseigenen Hafen.

Nach dem Zweiten Weltkrieg sind neue industrielle Agglomerationen von Großbetrieben am Rande der Verdichtungsräume entstanden. Besonders hervorzuheben ist die petrochemische Industrie mit Raffinerien als Schlüsselindustrien und
zahlreichen Folgeindustrien, wie beispielsweise Betrieben der Kunststoff erzeugen-
den und verarbeitenden Industrie.

Aus stadtökologischer Sicht ist die Bedeutung von Flächen großindustrieller Betriebe ambivalent zu bewerten. Zum einen bilden die Lagerplätze und Vorhalte-
flächen ein beachtliches Reservoir unversiegelter Areale. Zum anderen muss insbesondere auf dem Gelände alter Chemie- und Stahlwerke mit kontaminierten Böden
gerechnet werden (SUKOPP & WITTIG 1993, S. 287). Ihre Sanierung ist sehr aufwendig,
kostspielig und bildet aus diesem Grunde in vielen Fällen einen entwicklungshemmenden Faktor.

4.3.2 Industrieparks

Parallel zu industriellen Großbetrieben sind ab 1963 in der Bundesrepublik sog. „Industrieparks" entstanden (HOMMEL 1983, S. 11). Dabei handelt es sich um zusammenhängende, geschlossene Areale, auf denen sich klein- und mittelgroße Industrie- und Gewerbebetriebe angesiedelt haben. Träger von Industrieparks können Kommunen oder private Entwicklungsgesellschaften sein, die für die infrastrukturelle Erschließung (Gleis, Straße, Kanal, Energie, Wasser, Glasfasernetze etc.) zuständig sind und darüber hinaus zusätzliche Einrichtungen zur gemeinschaftlichen Nutzung bereitstellen (HÜTTERMANN 1985, S. 16). Hierzu zählen zentrale Kraftfahrzeug-Parkflächen, Tiefgaragen oder Parkhäuser, Anlagen im Außenbereich des Parks sowie Infrastruktureinrichtungen wie Post, Feuerwehr, Bank, Kantine, Kinderhorte, Schreibbüros etc. Gelegentlich werden auch bezugsfertige Betriebsgebäude angeboten.

Das Modell des Industrieparks geht auf den „industrial estate" in Großbritannien zurück. 1896 wurde in Stetford, einem Vorort von Manchester, „Trafford Park", der erste „industrial estate" der Welt, gegründet. Von den 1930er Jahren an wurden Industrieparks in Großbritannien mit großem Erfolg als Instrumente der regionalen Wirtschaftsförderung eingesetzt. Seither bilden sie sowohl in anderen Industrieländern als auch in Entwicklungsländern wichtige Elemente der Industrieansiedlungspolitik (HOMMEL 1983, S. 11).

4.3.3 Gewerbeparks

Neben dem Industriepark hat sich in der Bundesrepublik Deutschland seit Anfang der 1970er Jahre der Typus des Gewerbeparks entwickelt. Allerdings ist die Bezeichnung „Gewerbepark" nicht ganz zutreffend, da im Unterschied zum Industriepark Betriebe des produzierenden Gewerbes in der Minderzahl sind. Gewerbeparks lassen sich nach dem Schwerpunkt ihrer Nutzungsformen und den Trägern klassifizieren. Ebenfalls kann der Anteil der Büroflächen, der seit Ausweisung der ersten Gewerbeparks stetig zugenommen hat und heute zwischen 50% und 80% liegt, als differenzierendes Merkmal herangezogen werden.

Bei der ersten Generation von Gewerbeparks, deren Gründung in die Zeit zwischen 1970 und 1975 fällt, dominierten logistikorientierte Nutzungen. Vor allem Groß- und Zwischenhandelsbetriebe sowie Transportunternehmen bestimmten das Nutzungsgefüge. Die zu diesen Betrieben zählenden Bürogebäude hoben sich architektonisch kaum von den Lagerhallen ab, die das äußere Erscheinungsbild der Parks prägten. Begrünungen und Gestaltungsmaßnahmen der Außenbereiche blieben im Wesentlichen auf die der Zufahrtsstraße zugewandte Seite beschränkt.

Dies änderte sich bei der zweiten Generation, die zwischen Mitte der 1970er und Mitte der 1980er Jahre folgte. Die in dieser Phase gegründeten Gewerbeparks wiesen eine deutlich veränderte Nutzungsstruktur auf: Der Anteil der Dienstleistungsunternehmen lag nun signifikant höher. Zudem zeichneten sich die Anlagen durch ein attraktiveres äußeres Erscheinungsbild aus. Deutlich war zu erkennen, dass für die öffentlichen und privaten Träger die Ensemblewirkung des Gesamtareals wichtiger geworden war. Dies zeigte sich zum einen in der einheitlichen Gestaltung der

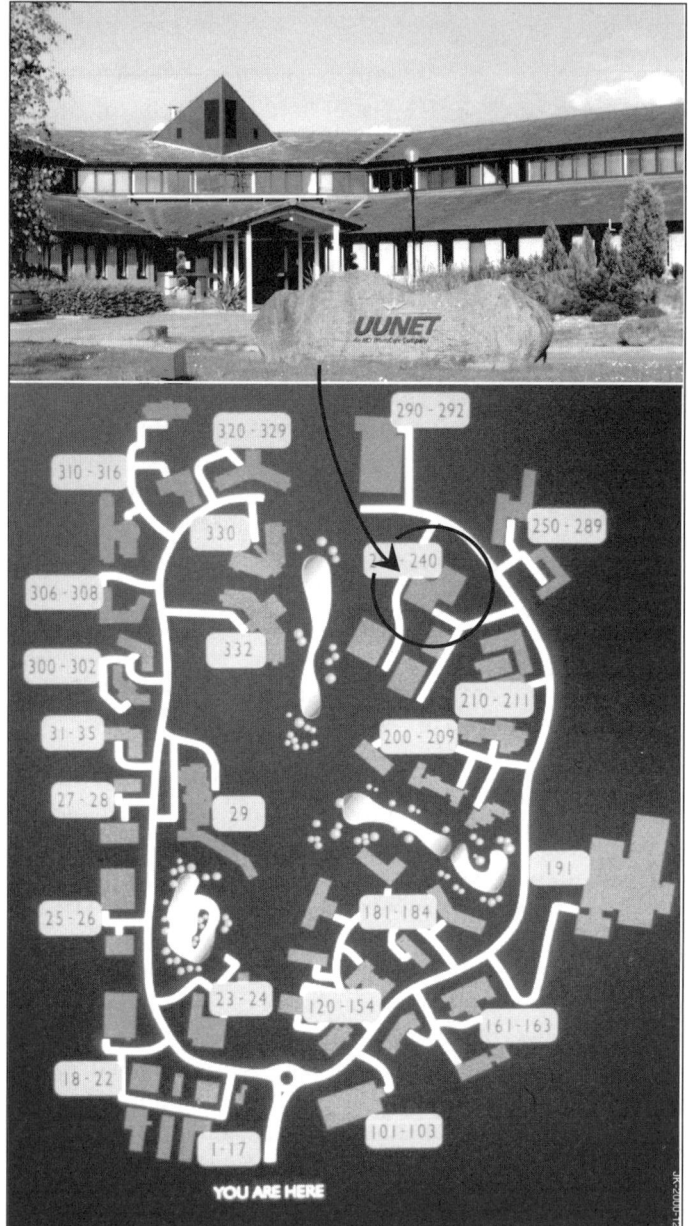

Abb. 4.12:
Sciencepark Cambridge/
England. Es dominieren
Betriebe der Biotechnolo-
gie, der pharmazeutischen
Industrie und der Informa-
tionstechnologie
(Foto: ZEHNER, Juni 2000).

Außenbereiche. Zum anderen wurde nun größerer Wert auf die Architektur der Bürogebäude gelegt, die sich deutlicher als früher von den Lagergebäuden abhoben. Treppenhäuser, Eingangsbereiche, Innenhöfe etc. wurden nicht mehr allein nach zweckorientierten Aspekten gebaut, vielmehr wurde ihrer Außenwirkung und Repräsentativität stärkere Beachtung geschenkt.

Dieser Trend wurde mit den ab Mitte der 1980er Jahre entwickelten Parks fortgesetzt, die der dritten Generation zugerechnet werden. Die in dieser Phase gegründeten Anlagen wiesen bereits einen Büroflächenanteil über 50 % auf. Vor allem jedoch ist das Aufkommen eines innovativen Nutzflächentyps, der sog. „Servicefläche", charakteristisch. Die Servicefläche stellt eine Mischform zwischen Bürofläche und Lagerfläche dar. Die entsprechenden Räumlichkeiten weisen geringere Raumhöhen als die klassischen Lagerräume auf, bieten andererseits annähernd das Niveau und die Ausstattung von Büroräumen. Mit dem Angebot dieser Serviceflächen entsprechen die Entwicklungsgesellschaften hauptsächlich der Zunahme von Firmen, die im Forschungs- und Entwicklungssektor (FuE) tätig sind und derartige Flächen für Prototypenentwicklung, labororientierte Tätigkeiten und ähnliche Arbeiten benötigen (SCHORER 1993, S. 22).

Die jüngste und vierte Generation der Gewerbeparks dürfte eigentlich nicht mehr als solche bezeichnet werden, da der Anteil der Büroflächen dominiert. Gelegentlich wird daher bereits von „Büropark" gesprochen. In den USA hat sich der Begriff „business park" etabliert. Standorte von Gewerbeparks der vierten Generation sind entweder neu erschlossene Flächen an der Peripherie der Verdichtungsräume oder recycelte industrielle Altflächen. Eine besondere Rolle spielen die sog. Wissenschaftsparks („Scienceparks"). Ihre Standorte befinden sich in der Nähe von Universitäten und anderen Forschungseinrichtungen. Entsprechend hoch ist der Anteil von forschungsbezogenen Einrichtungen, die in vielen Fällen als sog. „spin-offs" gegründet wurden. Ein typisches Beispiel ist der Sciencepark der ostenglischen Universitätsstadt Cambridge. Hier haben sich überwiegend Firmen der Informations- und Kommunikationsbranchen, der Biotechnologie und der Pharmaindustrie niedergelassen (Abb. 4.12).

Entwickler der dritten und vierten Generation von Gewerbeparks waren vorwiegend private Wirtschaftsunternehmen, während die älteren „Parks" von öffentlichen Trägerschaften geplant, gegründet und vermarktet wurden. Heute beschränkt sich die Aufgabe der Entwicklungsgesellschaften nicht nur auf Planung, infrastrukturelle Erschließung, Vermarktung und Verkauf von Grundstücken. Ihre Dienstleistungen schließen auch die spätere Betreuung der Firmen ein. Hierzu zählen beispielsweise Beratungen und regelmäßig stattfindende Informationsveranstaltungen (VOLGER 1998, S. 162).

4.4   Städtische Grün- und Freiflächen

Aus ökologischer Perspektive stellen Grün- und sonstige Freiflächen in Städten besonders wertvolle Areale dar. Sie lassen sich ihrer Nutzung entsprechend in Waldflächen, landwirtschaftliche Nutzflächen, Wasserflächen, Friedhofsflächen, Grünanlagen einschließlich zoologischer und botanischer Gärten, sonstige Parks, Sportplätze sowie Brachflächen untergliedern. In den Großstädten kann der Anteil dieser Flächennutzungen über 50 % der Gesamtfläche betragen. Beispielsweise liegt der Anteil unversiegelter Flächen in Düsseldorf bei 51 %, in Mönchengladbach bei 61 % und in Aachen sogar bei 67 % (Landesamt für Datenverarbeitung und Statistik Nordrhein-Westfalen 1998, S. 32 f.). Des Weiteren lassen sich Grünanlagen nach Besitzverhältnissen in öffentliche und private Flächen einteilen. Die Tatsache, dass die in Privatbesitz befindlichen Flächen, wie Schrebergärten, Hausgärten, Blockinnenhöfe etc., in der Regel unzugänglich sind, hat im Übrigen dazu geführt, das ihnen im Rahmen stadtökologischer Untersuchungen lange Zeit zu wenig Beachtung geschenkt wurde.

4.4.1   Grünanlagen und Parks

Die Palette der städtischen Grünanlagen umfasst hinsichtlich Größe, Nutzung und Vegetationszusammensetzung intensivst gepflegte Flächen, unterschiedliche Gartenformen, waldartige Parkanlagen und geschlossene Grüngürtel.

Zur Gruppe der sorgfältig gepflegten Grünflächen zählen kleine städtische Zierparks. Bekannteste Beispiele dürften die Londoner *„Squares"* sein, die als Mittelpunkte vornehmer Wohnquartiere im Londoner Westend angelegt wurden. Ihr Betreten war ausschließlich den unmittelbaren Anwohnern gestattet, eine Restriktion, die sich teilweise bis in die Gegenwart erhalten hat. Die Squares haben nicht nur einen hohen stadtökologischen bzw. stadtklimatischen Wert, sie sind auch Plätze von historischer Bedeutung. Diese definiert sich nicht allein über die Standorte von Denkmälern der für die Erschließung der Estates verantwortlichen Adligen, die historische Bedeutung ist insbesondere in dem städtebaulich-ästhetischen Bezug von Grünfläche und angrenzender Bebauung zu sehen. Dies trifft natürlich nicht nur für London zu, sondern lässt sich auf viele andere Großstädte übertragen (MEYNEN 1979, S. 12).

Insbesondere in den Residenzstädten trifft man auf waldreiche Parkanlagen. Ausgangspunkt ist zumeist ein Schloss, in dessen Nähe der Ziercharakter des Parks dominiert. In Anlehnung an den englischen Landschaftsgarten nimmt mit zunehmender Entfernung vom Schloss der naturnahe Charakter des Gartens zu. Einzelbäume werden von Baumgruppen bzw. kleinen Waldstücken abgelöst; ebenfalls können Feuchtwiesen und Moore hinzutreten. Klassisches Beispiel ist der Karlsruher Wildpark, der im Zusammenhang mit dem Bau des Schlosses ab 1715 entstand. Während sich im Süden des Schlosses Anlagen mit barockem, symmetrischem Umriss befinden, erstreckt sich im Norden ein Englischer Garten, der in den Wildpark übergeht. Dieser diente den Mitgliedern des badischen Herrschaftshauses über 200 Jahre als Jagdrevier.

Heute zählen derartige Parks aufgrund ihrer Landschaftsästhetik, zu der in vielen Fällen die in den Park eingebetteten Seen und Teiche beitragen, zu den wichtigen Naherholungsgebieten für die städtische Bevölkerung. Aus stadtklimatischer Perspektive sind sie aufgrund ihrer häufig bandartigen Erstreckung von besonderem Wert, da sie genau wie Flusstäler Frischluftschneisen bilden.

Unter den sog. Grüngürteln werden öffentliche Grünzüge verstanden, welche die Städte kreis- bzw. halbkreisförmig einfassen. Sie lassen sich am besten nach genetischen Gesichtspunkten klassifizieren. Entweder waren es ehemalige Rayongebiete, also Flächen, die als freie Schussfelder die Städte saumartig umgaben und von jeglicher Bebauung frei zu bleiben hatten, oder historische Wallanlagen mit Gräben, die nach ihrer Niederlegung zu Grünflächen umgestaltet wurden. Diese

Grünzüge werden häufig als innere Grüngürtel bezeichnet und entstanden mit dem Bau der Neustädte zumeist während des 19. bzw. frühen 20. Jh.

Dagegen sind die äußeren Grüngürtel vergleichsweise junge Anlagen. Beispielsweise wurde der sog. „Green Belt", der das suburbane London der Zwischenkriegszeit einschließt, erst im Jahre 1938 gesetzlich festgeschrieben. Der Londoner Grüngürtel war ein strategisches Planungsinstrument der Regionalentwicklungspolitik Groß-Londons. Der von Sir Patrick Abercrombie erstellte Greater London Plan untersagte hier jegliche weitere Siedlungsexpansion (Heineberg 1997, S. 287), so dass sich der Grüngürtel aus älteren kleineren Siedlungen und weitgehend offenen, teils kultivierten, teils naturbelassenen Flächen zusammensetzt. Dörfer, landwirtschaftliche Nutzflächen und Golfplätze prägen das Nutzungsgefüge des Green Belt.

In anderen Städten stand dagegen die Naherholungsfunktion im Vordergrund. Ein gutes Beispiel hierfür liefert die Stadt Köln, die ebenfalls in der Zwischenkriegszeit einen Grüngürtel erhielt. Hier allerdings wurde das Ziel verfolgt, die in einem weiten Bogen die Stadt umspannende historische Verteidigungszone mit ihren zahlreichen Festungsanlagen und detachierten Forts, die aus militärischer Sicht mittlerweile überflüssig geworden waren, in eine Naherholungszone umzuwandeln. Rasenflächen, Waldstücke und Seen bilden daher die wesentlichen Landschaftselemente des siedlungsfreien Kölner Grüngürtels.

4.4.2 Brachflächen

Als temporären innerstädtischen Freiflächen kommt den sog. „Brachflächen" eine besondere Bedeutung zu. Unter Brachflächen werden meist große Umwidmungsflächen, größere Baulücken und andere, vorübergehend nicht genutzte Flächen verstanden (Dorow et al. 1988). Obwohl sich der Begriff „Brache" im Sprachgebrauch von Geographie und Planungsdisziplinen durchgesetzt hat, ist er nicht glücklich gewählt. In der Landwirtschaft bedeutet Brache eine regelmäßige Unterbrechung der Anbaufolge, die der Regeneration des Bodens dient. Städtische Brachen dagegen sind weder regelmäßige Phänomene, noch dienen sie der Regeneration des Bodens.

Ihrer einstigen Nutzung entsprechend, lassen sich Industriebrachen, Gewerbebrachen, Zechenbrachen, Verkehrsbrachen, Wohngebietsbrachen und Gartenbrachen unterscheiden. Aus Sicht der Stadtentwicklungsplanung kommt gegenwärtig Industrie- und Verkehrsbrachen die größte Bedeutung zu, da aufgrund von Deindustrialisierung und Innovationen im Verkehrs- und Transportwesen („Containerisierung") innenstadtnahe Industrieareale und Hafen- bzw. Bahnhofsflächen verstärkt aufgegeben werden.

Dort, wo noch keine politische Einigung über Art und Zusammensetzung von Nachfolgenutzungen erzielt werden konnte, breiten sich Industriebrachen aus. Nach einer Untersuchung des Kommunalverbandes Ruhr lagen zu Beginn der 1990er Jahre 30% der einstigen industriellen Nutzflächen des Ruhrgebiets brach (Speer 1992, S. 27).

Brachflächen werden häufig in verschiedenster Weise zwischengenutzt, bevor sie einer permanenten neuen Nutzung zugeführt werden. Die Zwischennutzungen lassen sich in geplante bzw. geduldete und verbotene Nutzungsformen einteilen.

Alte Hafengebäude werden häufig als kostengünstige Lager von Speditionen und Möbelhändlern für die Übergangszeit angemietet. Preiswerten Lagerraum finden dort auch Groß- und Zwischenhandelsbetriebe vor. Gelegentlich werden die alten Gebäude auch in Filmstudios, Konzerthallen, Theaterbühnen und Museen umgewandelt. Vorteilhaft ist, dass durch die übergangsweisen Nutzungen ein völliges Brachfallen des Geländes vermieden wird. Gleichwohl ist trotz Zugangsverbot vielerorts zu beobachten, dass städtische Brachflächen als illegale Müllplätze missbraucht werden.

5 Entwicklungsprozesse I: Das Industriezeitalter

Die Entwicklung von Städten ist kein gleichmäßiger Prozess. Typisch ist vielmehr der Wechsel lang andauernder Phasen langsamen Aufstiegs oder Niedergangs, in denen sich Stadtbild und Stadtstruktur nur graduell verändern, und kurzer Epochen, in denen sich tief greifende Veränderungen städtischer Strukturen und Funktionen vollziehen. So war beispielsweise die Neuzeit ein Zeitabschnitt, in dem Städte zwar ihr äußeres Erscheinungsbild veränderten; sie taten dies jedoch nur allmählich und graduell. Insbesondere der 30jährige Krieg (1618–1648) lähmte die Entwicklung des Städtewesens. Somit blieb die vorindustrielle Stadt Mitteleuropas im 17. Jh. noch die Stadt des Fußgängers, deren Territorium eng begrenzt war und die sich im Weichbild klar von ihrem Umland abhob.

Zweifellos weisen noch eine Reihe von Städten deutliche Spuren ihrer vorindustriellen Entwicklungsepochen auf. Aufgepflasterte Altstadtgassen, die von herausgeputzten, giebelständigen Fachwerkhäusern flankiert werden, und von Bistros, Cafés und Andenkenläden gesäumte historische Marktplätze in einer autofreien Umgebung sind wichtige Standortfaktoren des bedeutender werdenden Städtetourismus. Heidelberg, Hannoversch-Münden und Goslar sind in dieser Hinsicht hervorragende Beispiele. Auch einige neuzeitliche Städte, wie Karlsruhe oder Mannheim, haben den Wert ihres historischen Potentials, zu dem das Schloss, der Schlosspark und ein auf das Schloss ausgerichtetes Straßennetz zählen, erkannt und für den Tourismus neu inszeniert.

Trotz dieser Einzelfälle und der historischen Spuren, die sich letztlich in jeder Stadt verfolgen lassen, führt eine zusammenfassende Betrachtung des strukturellen Aufbaus mitteleuropäischer Städte zu der Einsicht, dass die heutigen Städte, wie der Stadtplaner THOMAS SIEVERTS es ausdrückt, „kaum noch etwas mit den jeweiligen örtlichen vorindustriellen Stadttraditionen zu tun haben" (1997, S. 15).

Daher beginnt die Analyse der für das Verständnis der heutigen Stadtstrukturen notwendigen Entwicklungsprozesse mit dem Beginn des Industriezeitalters.

5.1 Innovationen als Faktoren der Stadt- und Regionalentwicklung

Das 19. Jh. war ein Zeitalter stürmischer politischer, sozialer und gesellschaftlicher Transformationen sowie technisch-ökonomischer Veränderungen. Die heftigen Umbrüche dieser Epoche waren das Ergebnis sich gegenseitig stimulierender Pull- und Push-Faktoren sowie technologischer, rechtlicher und sozialer Innovationen, die diesen Faktoren zum Durchbruch verhalfen.

Ausgelöst durch eine ununterbrochene Folge zahlreicher technischer Basiserfindungen und ihrer Weiterentwicklungen, entstanden innerhalb weniger Jahre in den Städten neue industrielle Arbeitsplätze. Dies betraf zunächst die Textil- und Montanindustrie, deren Bedarf an Arbeitskräften aus dem lokalen Arbeitskräftereservoir nicht mehr gedeckt werden konnte.

Somit wurde die Verfügbarkeit von Arbeitskräften zu einem wichtigen Faktor für die rasche Industrialisierung der Städte. Ohne den Zuzug erwerbswilliger Personen aus ländlichen Räumen, in denen noch um das Jahr 1860 70–80% der Gesamtbevölkerung gelebt hatten, wäre der wirtschaftliche Take-Off der Industriestädte kaum möglich gewesen. Die explosionsartige Bevölkerungszunahme der Städte, in Großbritannien ab 1790, im Deutschen Reich vor allem ab 1870, war daher eine direkte Folge intra- und interregionaler Zuwanderungen. Der entscheidende Push-Faktor auf dem Land war ein hoher Bevölkerungsdruck, der durch das Sinken der Sterblichkeitsrate aufgebaut wurde. In Großbritannien beispielsweise führte der Rückgang der Sterblichkeitsrate von 35 pro Tausend Mitte des 18. Jh. auf 20 pro Tausend Mitte des 19. Jh. bei einer gleich bleibenden Geburtenrate von 37 pro Tausend zu einer Verdoppelung der Bevölkerung. Im Deutschen Reich stieg die Bevölkerungszahl zwischen 1871 und 1910 trotz mehrerer Auswanderungswellen um nahezu 58% (LAUX 1983, S. 65).

Sowohl in West- als auch in Mitteleuropa lösten Bevölkerungsdruck und Armut auf dem Lande sowie bessere Verdienstmöglichkeiten in der Stadt eine Landflucht ehemaliger Kleinbauern, Pächter und Landarbeiter in die Städte aus (BENEVOLO 1991, S. 781). Da die in Preußen nach den STEIN-HARDENBERGschen Reformen befreiten Bauern in den meisten Fällen von den Großgrundbesitzern mit Geld statt mit Land abgefunden wurden, stand ihrem Fortzug in die Städte nichts mehr im Wege. Diese Binnenwanderung wurde in Preußen zum entscheidenden Faktor des Städtewachstums. Auch in Großbritannien führten frühe Bauernbefreiung und die sog. *„Enclosure-Bewegung"* zwischen 1760 und 1845 zu einer Freisetzung von Arbeitskräften in der Landwirtschaft (HEINEBERG 1997, S. 96). Deutschland, England, Frankreich und die Vereinigten Staaten, um die Mitte des 19. Jh. noch vorwiegend agrarische Gesellschaften, waren ein Jahrhundert später vorwiegend städtisch geprägt. Mit gutem Grund werden daher die 100 Jahre von 1848 bis 1948 auch als das Zeitalter der „Städtischen Revolution" bezeichnet (SENNET 1997, S. 395).

Die Folgen für die Entwicklung der Städte, die diesen Bevölkerungsverschiebungen unvorbereitet gegenüberstanden, waren einschneidend. Die Zuwanderung führte zunächst zu einer Überbauung und Überfüllung der Altstädte, die sich in enormen Bevölkerungsdichten widerspiegelte. In Köln etwa kam es zwischen den Jahren 1815 und 1870 auf dem Territorium der mittelalterlichen Stadt zu einer Verdreifachung der Bevölkerung. Gleichzeitig setzte die Citybildung ein. Sie führte zu einer sukzessiven Verdrängung rangniedriger Funktionen aus den zentralsten Stadtteilen.

Die sich verschlechternden Wohnbedingungen in den Altstädten lösten gegen Mitte der zweiten Hälfte des 19. Jh. die erste Phase der Bevölkerungssuburbanisierung aus. Die Wohlhabenderen, deren Altstadthäuser mittlerweile an Wert eingebüßt hatten, gaben diese auf und wanderten ab. Dies markiert den Beginn einer Folge flächenhafter Stadterweiterungen, die mit permanenten Eingemeindungen verknüpft waren. Sie sollten später aufgrund leistungsstärkerer innerstädtischer Verkehrsmittel weiter an Bedeutung gewinnen. Industriebetriebe, die zunächst innerhalb der Altstadtgebiete gegründet worden waren, verlagerten ihre Produktionsstätten vor die Tore der Stadt, weil die Altstadtlagen zu teuer geworden waren und keine Expansionsmöglichkeiten boten. Neue Industriebetriebe siedelten sich fortan direkt in den Vororten an. Die überschaubare Fußgängerstadt der vorindustriellen Epoche wandelte sich innerhalb nur weniger Jahrzehnte zur rasch expandierenden Schienenstadt des Industriezeitalters. Für die einzelne Stadt war bedeutsam, dass erstmals in ihrer Geschichte der Schutz durch eine Verteidigungsanlage aufgehoben wurde. Das Schleifen der Stadtmauer wurde zum Symbol für einen neuen gesellschaftlichen und wirtschaftlichen Aufbruch.

5.2 Eisenbahn und Stadtentwicklung

5.2.1 Der Einfluss der Eisenbahn auf das Städtesystem

Die entscheidende technische Basisinnovation des Industriezeitalters war die Dampfmaschine. Sie leitete ab 1800 die erste Industrialisierungswelle, die nach dem russischen Wissenschaftler ALEXANDER KONDRATIEFF als erster Kondratieffzyklus bezeichnet wird, ein. Zunächst wurde die Dampfmaschine vorwiegend in der Textilindustrie eingesetzt. Dort ersetzte Kohle Wasserkraft als Energielieferant. Fortan trieben Dampfmaschinen Webstühle und Spinnmaschinen an, was zu erheblichen Produktionssteigerungen führte. Die Erfindung des Schnellschützen-Handwebstuhls, der Mule-Spinnmaschine und der so genannten „Spinning-Jenny" bedeuteten das Ende der Heim- und Manufakturarbeit und begünstigten eine rasche Ausweitung der industriellen Massenproduktion in der Textilindustrie. Die neuen Arbeitsmöglichkeiten lösten Land-Stadt-Wanderungen bisher nie gekannten Umfangs aus. Damit verbunden war die Entstehung einer neuen sozialen Klasse in den Städten, des Proletariats.

Sowohl aus physiognomischer als auch aus soziodemographischer Sicht bildete die industriell geprägte Großstadt ein völlig neues Element in der Siedlungslandschaft. Städtische Lebensweisen wurden für die gesamte Gesellschaft dominant und bestimmten den gesellschaftlichen Transformationsprozess (SCHÄFERS & WEWER 1996, S. 25). Die Großfamilie wurde durch die Kernfamilie abgelöst.

Etwa fünf Jahrzehnte lang breitete sich die Textilindustrie weiter aus und steigerte kontinuierlich ihre Produktivität bei gleichzeitiger Vollbeschäftigung. Mitte des 19. Jh. stieß sie allerdings an die Grenzen ihres Wachstums. Eine Ausweitung der Produktion und die damit verknüpfte Sicherung der Arbeitsplätze erwiesen sich als nicht realisierbar, da die Transportkosten für die hergestellten Güter noch zu hoch waren. Damit geriet der erste Kondratieffzyklus in sein Endstadium. Erst die Erfindung von Eisenbahn und Dampfschiff lösten diese Krise auf.

Ab etwa 1830 begann das Zeitalter einer bis dahin nicht gekannten Mobilität: Die Dampfmaschine bildete die Grundlage für wichtige sog. abgeleitete Innovationen in der Verkehrstechnologie (CURDES & ULRICH 1997, S. 156). Eisenbahn und Dampfschiff führten zu erheblichen Effizienzsteigerungen im Transportwesen. Auch im Kohlebergbau wurde die Dampfmaschine zu einem unverzichtbaren Investitionsgut. Dort wurde sie zur Hebung des Grubenwassers und zugleich für die Förderung und den Abtransport der Kohle auf Schienenwagen *(„tramroads")* eingesetzt (DEGE & DEGE 1983, S. 29).

Auch für die Landesentwicklung kam der Eisenbahn eine herausragende Bedeutung zu. Zwar war in Großbritannien bereits seit Mitte des 18. Jh. durch den Bau von Kanälen, die Kohlefelder und Städte miteinander verbanden, eine beachtliche Zunahme des Güterverkehrs erzielt worden. Mit der Eisenbahn jedoch konnte die

Kanalschifffahrt nicht mehr ernsthaft konkurrieren. Der Güterverkehr zu Schiff musste erhebliche Einbußen hinnehmen. Gegenüber Kanalschiffen erzielte die Eisenbahn eine Steigerung der Transportgeschwindigkeit um den Faktor 10. Dieser enorme Vorteil, die größere Sicherheit der Transporte sowie die mit der Eisenbahn verknüpfte Preisgunst erklären die rasante Ausbreitung des europäischen Streckennetzes, das 1840 nur 2 900 km Länge aufgewiesen hatte, ein halbes Jahrhundert später bereits auf eine Länge von 223 700 km kam (CURDES & ULRICH 1997, S. 163).

Die Anbindung von Städten an Streckennetze der Eisenbahn löste vielerorts weitere wirtschaftliche Impulse aus. In Großbritannien verschärfte die Eisenbahn die vom Fabriksystem eingeleitete Konzentrationsbewegung und verursachte durch Marktausweitung eine anhaltende Zunahme sowohl der Zahl wie der Beschäftigungskapazität der Industriebetriebe (LEISTER 1970). Für jede einzelne Stadt erlangte sie umso größere Bedeutung, je ruckhafter eine schlechte, die Wirtschaft drosselnde Verkehrslage verbessert wurde (ebd., S. 23). In Sheffield etwa setzte unmittelbar nach der Anbindung der Stadt an die Eisenbahn der wirtschaftliche Take-Off ein, der sich in Form einer raschen Industrialisierung des östlich an die Altstadt grenzenden Don-Tals auswirkte.

Auch in Deutschland bildete die Eisenbahn bald das Fundament für den sich ausbreitenden Güterverkehr. Insbesondere für die Entwicklung des Ruhrgebiets spielte sie eine tragende Rolle. Noch bis um die Mitte des 19. Jh. war die Verhüttung unter Verwendung von Holzkohle auf den Erzfeldern wirtschaftlich notwendig gewesen. Standorte der Eisenverhüttung waren folglich erz- und waldreiche Mittelgebirgsregionen, wie das Bergische Land und das Siegerland.

Mit dem Aufkommen der Eisenbahn wurde jedoch der Transport von Erzen in die jungen Großstädte auf den neu erschlossenen Kohlefeldern nördlich der Ruhr kostengünstiger. Die einstigen Kleinstädte am Hellweg, Bochum, Essen, Mülheim, und Duisburg, vergrößerten sich sprunghaft. In den 60er Jahren des 19. Jh. entstanden weiter nördlich, in der Emscherzone, neue Städte wie Gelsenkirchen, Hamborn, Bottrop, Oberhausen und Witten (HARTOG 1962, S. 17 f.). Entscheidend war, dass die beiden Rohstoffe Eisen und Erz nun mit der Eisenbahn einander zugeführt werden konnten. Somit entwickelte sich die Eisenbahn zu einem entscheidenden Instrument der Industrialisierung, da die verarbeitende Industrie nicht mehr an die Standorte der Rohstoffvorkommen gebunden war, sondern sich in den Städten, wo Arbeitskräfte, Kapital und technisches sowie ökonomisches Wissen vorhanden waren, entfalten konnte (KIESS 1991, S. 25). Außerdem konnten die Fertigprodukte über das Eisenbahnnetz schneller und leichter verteilt werden. Handel und Wirtschaft erfuhren einen Aufschwung, „wie er zuvor über die herkömmlichen Verteilungswege der Chausseen, Kanäle und Flüsse unvorstellbar gewesen war" (ebd.).

Diese Entwicklung beschränkte sich nicht auf die Montanreviere. Auch in anderen Wirtschaftsräumen löste die Eisenbahn wirtschaftliche Impulse aus. Berlin, Kassel, Wiesbaden, Darmstadt, Karlsruhe und Stuttgart entwickelten sich zu wichtigen Verkehrsknotenpunkten und Gewerbestandorten. Auch Köln und Frankfurt am Main wurden aufgrund ihrer zentralen Lage zu Schwerpunkten des Handels und Verkehrs ausgebaut.

Die Vorzüge des neuen Transportmittels „Eisenbahn" wären jedoch kaum zum Zuge gekommen, hätten nicht gesellschaftlich-juristische Innovationen die Mobilität

	Zyklus	Anfang/Ende	Basisinnovationen/Industriezweige
Tab. 5.1: Die Kondratieffzyklen und ihre Basisinnovationen (Quelle: NEFIODOW 1999, S. 3)	1	1800/1850	Dampfmaschine/Textilindustrie
	2	1850/1900	Stahl, Eisenbahn/Montanindustrie
	3	1900/1950	Elektromotor, chemische Produkte auf Kohlebasis/Elektro- und Chemieindustrie
	4	1950/??	Automobil, Kunststoff/Autoindustrie, Petrochemie
	5	1990/20??	Computer/Informationstechnik, Biotechnik

der Bevölkerung erst ermöglicht. In Preußen etwa waren es die bereits erwähnten STEIN-HARDENBERGschen Reformen, die Bauernbefreiung und die Freiheit der Wohnortwahl umfassten und somit eine Voraussetzung für die erfolgreiche Entkopplung von lokalen Industrien und Arbeitskräftereservoirs bildeten. Erst Sozialreformen eröffneten die Möglichkeit der ungehinderten Zuwanderung von Arbeitskräften in die an der Ruhr, im Saarland und in Schlesien rasch expandierenden Montanreviere. Mit den neuen Arbeitsmärkten entstanden zugleich bedeutende Absatzmärkte für industriell gefertigte Produkte. Die hohe Zahl der Nachfrager erlaubte die Herstellung großer Stückzahlen und damit die Umlage der Entwicklungskosten auf viele Nachfrager. Der Massenmarkt bildete somit die Triebfeder für weitere Innovationen, die in der Tat rasch aufeinander folgten (Tab. 5.1; CURDES & ULRICH 1997, S. 162).

5.2.2 Der Einfluss der Eisenbahn auf die innere Entwicklung der Stadt

Für die Entwicklung jeder einzelnen Stadt bedeutete das Aufkommen der Eisenbahn eine Umbewertung innerstädtischer Standorte; der Bahnhof als Brennpunkt des Verkehrs wurde zu einem neuartigen Strukturelement innerhalb der alten Stadt. Allerdings wiesen viele Städte, vor allem in Westeuropa, zu Beginn des Eisenbahnzeitalters bereits eine so kompakte Bebauung auf, dass inmitten des Altstadtgebiets Bahnhöfe und Bahntrassen keinen Platz mehr fanden. Eine der wenigen Ausnahmen war Köln. Dort lag in zentraler Lage, unmittelbar neben dem Dom, der Botanische Garten. Durch die Umwidmung dieser Freifläche bestand die Möglichkeit, den neuen Zentralbahnhof (1859) im Gebiet der Altstadt zu errichten (WELTERS & LOHBECK 1976, S. 156).

Den meisten Städten bot sich diese Gelegenheit nicht. Ihre Bahnhöfe entstanden als Kopfbahnhöfe am Rande der Altstädte. Klassische Beispiele für Metropolen ohne Durchgangsbahnhof sind Paris, Berlin, Budapest, Wien, Brüssel und London. Am Rande der Londoner City wurden zwischen 1840 und 1886 neun Bahnhöfe gebaut, unter ihnen fünf große Kopfbahnhöfe (Abb. 5.1). Die Finanzierung eines Durchbruchs, der aus verkehrsgeographischer Perspektive sinnvoll und nützlich gewesen wäre, konnte sich aufgrund der hohen Bodenpreise keine der regionalen Eisenbahngesellschaften leisten (The Geographical Association 1993, S. 6). Allerdings hatte die Verteilung des Personenverkehrs auf mehrere Bahnhöfe den Vorzug, dass es nicht zu einer einseitigen Verkehrsüberlastung und (ungewollten) Überformung eines einzelnen Stadtteils kam.

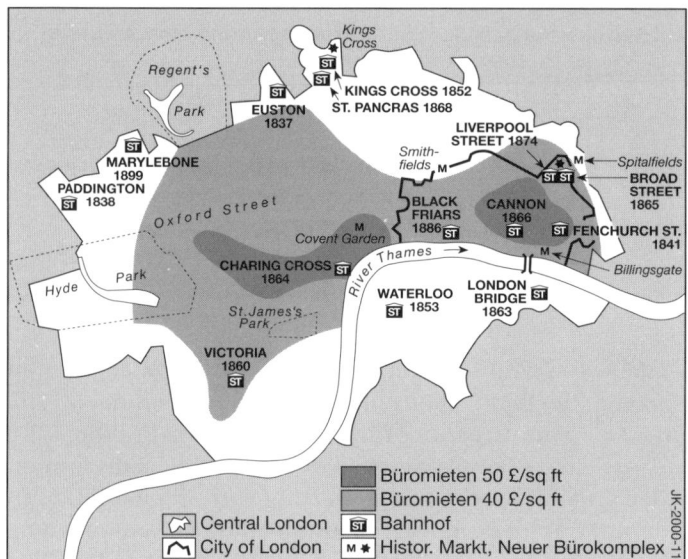

Abb. 5.1:
Die Lage der Bahnhöfe
und Büromieten im zentra-
len Stadtgebiet Londons
(Quelle: eigener Entwurf)

Dennoch entwickelten sich die großen Kopfbahnhöfe rasch zu Kristallisations-
kernen sog. Bahnhofsviertel, deren wirtschaftliche Grundlagen Einzelhandel,
Großhandel, Hotellerie, Gastronomie und Vergnügungseinrichtungen bildeten. Um
die neu errichteten Bahnhofsviertel in den Neustädten an die Hauptgeschäftsviertel der Altstädte anzubinden, wurden meist magistralenartige Verbindungsstraßen
gebaut, die rasch wirtschaftliche Bedeutung erlangten. Frankfurt am Main liefert in
dieser Hinsicht ein Musterbeispiel. Die den Altstadtdurchbruch am Taunustor und
den 500 m westlich davon errichteten Hauptbahnhof verbindende Kaiserstraße
(1880–1888) entwickelte sich bald nach ihrer Fertigstellung zu einer der wichtigsten
Frankfurter Geschäftsstraßen (STÖBER 1964, S. 24).

Vor allem die Kopfbahnhöfe im Osten der Städte bildeten Ansatzpunkte für die
Ansiedlung von Industriebetrieben. Da in den mittleren Breiten der Nordhemi-
sphäre Westwinde dominieren, glaubte man, durch die Konzentration von Industriebetrieben in den östlichen Stadtteilen Luftverschmutzung und Geruchsbelästi-
gung in der Stadtmitte reduzieren zu können. Später sollte sich zeigen, dass die
Lage von emittierenden Fabriken im Osten der Städte an manchen Tagen erhebliche Nachteile mit sich bringt. Ostwetterlagen sind an Hochdruckgebiete gebunden,
die wegen des geringen Luftaustausches den Städten Smog bescheren. Wegen der
geringen Zahl von Tagen mit reinem Ostwind wurde die Standortwahl jedoch nicht
revidiert: Industriebetriebe blieben nach wie vor in den östlichen Stadtteilen. In
ihrer Nähe wurden Siedlungen für die Arbeiter und ihre Familien gebaut, während
im Westen der Stadt Wohnviertel für wohlhabendere Kreise entstanden.

Der innerstädtische West-Ost-Kontrast lässt sich am Beispiel Londons deutlich
nachvollziehen. Im Anschluss an die Kopfbahnhöfe am Ostrand der City, wo auch
die innenstadtnächsten Docks des Londoner Hafens lagen, entwickelte sich vor
allem im 19. Jh. das berühmte wie berüchtigte *„Eastend"*. Seine ökonomischen Grund-

lagen bildeten Hafenwirtschaft, hafengebundene Industrien sowie Möbel- und Bekleidungsindustrie. Charakteristisch für das Eastend waren „veraltete, stark verdichtete Reihenhausquartiere; die Wohnhäuser stammten meist aus der zweiten Hälfte des 19. Jahrhunderts und wurden ganz überwiegend von einer Arbeiterbevölkerung, darunter einem hohen Anteil von farbigen Einwanderern aus dem New Commonwealth, bewohnt" (HEINEBERG 1997, S. 271). Das „*Westend*" dagegen bildete einen sozialen und städtebaulichen Gegenpol. Dort entstanden ebenfalls im 19. Jh. vornehme Wohnviertel, wie Belgravia oder Mayfair. Vor allem um die „*Squares*", begrünte Plätze von meist quadratischem, gelegentlich auch ovalem Umriss, errichteten adlige Familien oder Unternehmerfamilien ihre repräsentativen Stadthäuser, in denen sie die Wintersaison verbrachten. In der viktorianischen Ära wurde die sozialgeographische Polarisierung durch die Standortwahl der königlichen Residenz, des Buckingham-Palace, im Westen der Stadt noch verstärkt.

5.3 Neue Nahverkehrsmittel und Stadtentwicklung

Die ökonomische Transformation der Städte während der Industrialisierung wirkte sich nach der ersten Phase, in der es zur Überbauung und Verdichtung der Altstädte gekommen war, in einer räumlichen Expansion aus. Der Ausbau der Städte verlangte nach leistungsstärkeren innerstädtischen Verkehrssystemen. Die rasche Transformation der verdichteten Fußgängerstadt der früh- und vorindustriellen Epoche, die ein Fußgänger in höchstens 30 bis 40 Minuten durchquert hatte, in eine Stadt mit bandförmigen Wachstumskorridoren war nur durch die Entwicklung neuer Verkehrstechnologien möglich, die einander zeitlich überlagerten bzw. sich ablösten (Tab. 5.2). Gleichzeitig wurden die Verkehrsmittel immer leistungsfähiger und damit zum Motor weiterer Stadterweiterungsprozesse. Jede neue Verkehrsmittelgeneration erweiterte den „Spekulationsradius" der Landentwickler und Baugesellschaften (HOLZNER 1996, S. 62).

5.3.1 Pferdekutsche und Pferdebahn

Zunächst begünstigte die Einrichtung eines regelmäßigen Pferdekutschenbetriebs den Bau der ersten Villenvororte an der Peripherie. Vermutlich war London diejenige Großstadt in Europa, in der zum ersten Mal ein regelmäßiger Pendelverkehr zwischen Vorstadt und Stadtmitte stattfand: „*Eine neue Entwicklung setzte ein, als die Herren aus der City ihre Stadtwohnungen ganz aufgaben und begannen, von ihren Villen jeden Morgen in die City zu fahren.*"

Jahr	Ort / Innovation
1625	London / Mietkutsche
1703	Wien / Sesselträger
1882	New York / Pferdestraßenbahn
1852	Cincinnati / Dampfstraßenbahn
1863	London / dampfbetriebene Untergrundbahn
1879	London / elektrische Untergrundbahn
1881	Berlin / elektrische Straßenbahn
1907	Wien / Oberleitungsbus

Tab. 5.2: Entwicklung von Stadtverkehrsinnovationen (Quelle: verändert nach CURDES & ULRICH 1997, S. 168; WEINREB & HIBBERT 1983, S. 887)

Diese Entwicklung setzte Mitte des 18. Jahrhunderts wohl zuerst in Clapham ein, einem auf einem Hügel oberhalb Londons hübsch gelegenen Dorf" (GIROUARD 1987, S. 276).

Zwischen 1827 und 1835 wurden auch in New York Stadtkutschen, deren Kapazität kontinuierlich ausgeweitet wurde, als regelmäßig verkehrende innerstädtische Fahrzeuge eingesetzt. Allerdings begrenzten die unebenen Kopfsteinpflaster Transportgeschwindigkeiten und Fahrkomfort beträchtlich.

Leistungsstärker und schneller als Kutschen waren Pferdebahnen. Sie stellten eine bedeutende Weiterentwicklung dar. Die entscheidende Neuerung bestand in der Erfindung von Rädern und Schienen aus Stahl (HALL 1993, S. 389). Die Führung der Wagenräder in Schienen reduzierte den Reibungswiderstand in beträchtlicher Weise und ermöglichte ein geräuschärmeres, rascheres und bequemeres Fortkommen in der Stadt. Einen Einblick in Leistungskraft und Problematik dieser Verkehrsinnovation gibt STÜBBEN (1890): *„Gebräuchlich sind leichte Wagen mit je 12 Sitzen, einer hinteren und vorderen Plattform mit je fünf Stehplätzen. Der Betrieb wird beim Steigungsverhältnis 1:60 beschwerlich, bei 1:40 eine Quälerei; steilere Straßen erfordern unbedingt Vorspann. Ein Pferd kann täglich 20–25 Kilometer laufen, ist aber in fünf bis sechs Jahren verbraucht"* (S. 233).

In Berlin nahm 1872 die Charlottenburger Pferdebahn ihren Betrieb auf. Sie verband Westend und Altstadt. Bereits vier Jahre zuvor war die Station Lichterfelde der Anhalter Bahn fertiggestellt worden, so dass die gleichnamige Landhauskolonie die erwünschte schnelle Verbindung an die Stadt erhielt (HARTOG 1962, S. 24).

5.3.2   Dampfstraßenbahn und elektrische Straßenbahn

Um die Mitte des 19. Jh. neigte sich die Ära der Pferdekutschen und Pferdebahnen dem Ende zu. Die Dampfstraßenbahn, die 1852 erstmals in Cincinnati eingesetzt wurde, konnte sich allerdings nicht entscheidend durchsetzen. Die von ihr ausgehenden Umweltbelastungen erwiesen sich als zu nachteilig, so dass ihr Einsatz nur auf geraden, breiten Strecken möglich war. Dort kam ihre im Prinzip gegenüber der Pferdebahn höhere Geschwindigkeit zum Tragen. In Deutschland blieb aus diesem Grund der Einsatz der Dampfstraßenbahn auf Hamburg, Berlin, Darmstadt und Mannheim-Ludwigshafen beschränkt.

Gegen Ende des 19. Jh. endete die kurze Ära der dampfbetriebenen Eisenbahnen in der Stadt. Dampfstraßenbahnen und Pferdebahnen wurden in den meisten Städten nun durch elektrische Bahnen abgelöst. Die erste Probestrecke für elektrische Straßenbahnen baute WERNER VON SIEMENS 1880 in Berlin-Lichterfelde. Seine „Elektrische" hatte ein Jahrzehnt später Serienreife erreicht und trat ihren Siegeszug durch die europäischen Großstädte an. Die neuen Bahnen waren nicht nur umweltfreundlicher, sie meisterten auch größere Steigungen und engere Kurven besser (STÜBBEN 1890, S. 221).

Eine Einschränkung musste jedoch noch für eine Weile in Kauf genommen werden: Da das Problem der Stromzufuhr nur über eine dritte, Strom führende Schiene gelöst werden konnte, von der für den oberirdischen Betrieb Gefahren ausgingen, wurden elektrische Bahnen vorerst nur in geschlossenen Systemen als U-Bahnen und S-Bahnen eingesetzt. In den 1890er Jahren wurde dieses Problem mit der Entwicklung von Oberleitungen zur Stromversorgung gelöst, so dass um die Jahrhundertwende die Ära der städtischen Bahnen, insbesondere der Straßenbahnen, beginnen konnte.

Vor allem die radialen Strecken förderten ein tentakelartiges Wachstum der Stadt. Die Bahnlinien entwickelten sich zu wichtigen Wachstumsachsen. Besonders rege Bautätigkeiten erfolgten im näheren Einzugsgebiet der Haltestellen. Hier entstanden Wohngebiete für Angestellte und Arbeiter, die erstmals in der Geschichte der Stadt nicht auf Wohnplätze im fußläufigen Einzugsbereich ihrer Arbeitsstätten angewiesen waren. Zwischen den Entwicklungsachsen entlang der Bahntrassen blieben zunächst sektorförmige ländliche Gebiete erhalten. Erst allmählich mit der Einführung von Omnibussen, die von den Bahnhaltestellen verkehrten, wurden die siedlungsfreien Gebiete zwischen den Bahnstrecken in die Entwicklung einbezogen.

Als Musterbeispiel für diesen Entwicklungsverlauf gilt London: *„The steam trains gave fairly easy and rapid access to middle-class commuters (and, in East London, to the working class too) at distances up to 15 miles (24 km) from the centre. But they accelerated and decelerated poorly; stops tended to be widely spaced; and feeder services, in the form of horse buses or trams, were poorly developed or slow. The result is a typically tentacular form of growth, with development taking the form of blobs (or beads on a string, to change the methaphor) around each station"* (HALL 1992, S. 24).

Die vorgestellten Verkehrsinnovationen führten in allen Industrieländern zu einem zunächst linear-radialen, später zu einem flächenhaften Ausbau der Städte.

Die Form der Stadtentwicklung war in Großbritannien jedoch eine andere als im Deutschen Reich. Unterschiede werden im Hinblick auf die Rolle der Stadtplanung, die städtebaulichen Leitbilder und die verschiedenen Hausformen deutlich, obwohl die Ausgangsbedingungen und Probleme in beiden Ländern nahezu identisch waren.

5.4 Die bauliche und soziale Transformation der industriellen Stadt in Großbritannien und Mitteleuropa

Sowohl die Städte Mittel- als auch Westeuropas wurden zum Beginn des Industriezeitalters von den vielfältigen wirtschaftlichen, technischen und gesellschaftlichen Innovationen regelrecht überrollt. Aus heutiger Sicht lässt sich feststellen, dass sie auf das Industriezeitalter und die Veränderungen in keiner Weise vorbereitet waren. Stadtplanung im heutigen Sinne gab es weder in Großbritannien noch im Deutschen Reich, so dass die Entwicklung der Städte während der Frühphase der Industriellen Revolution im Wesentlichen durch technische Innovationen und Sozialreformen bestimmt wurde.

5.4.1 Die Verdichtung der Altstädte

Ein Unterschied zwischen deutscher und britischer Stadt existierte allerdings. Während die mitteleuropäische Stadt durch Befestigungsanlagen eine klare räumliche Grenze aufwies, fehlte der britischen Stadt in der Regel eine derartige Um-

mantelung. Dies bedeutete jedoch nicht, dass sich die britischen Städte uneinge-
schränkt in ihr Umland ausdehnen konnten. Vielmehr setzten Feldeinteilung und
Besitzverhältnisse in den angrenzenden ländlichen Gemarkungen dem freien
Wachstum der Städte nach außen mindestens ebenso wirksame Schranken (LEIS-
TER 1970, S. 26).

Die baulichen bzw. besitzrechtlichen Grenzen führten in beiden Fällen zunächst
zu einem kräftigen Bevölkerungswachstum und schließlich zu einer Überfüllung
der Altstädte. Die räumliche Nähe zu den in der Frühphase der Industriellen Revolution ebenfalls in den Altstädten bzw. an deren Rändern gelegenen Industriebetrieben
zwang die meist mittellosen Zuwanderer zur Wahl eines zentralen Wohnstandorts.
Dies führte zu einer Überbelegung des verfügbaren Wohnraums, Dachgeschosse
wurden ausgebaut, sogar Kellerwohnungen wurden vermietet. Nach einer amtlichen Zählung lebte im Jahre 1840 jeder siebte Liverpooler in einer Kellerwohnung
(LEISTER 1970).

Nur geringfügig gemildert wurde die Situation dadurch, dass die wohlhabendere
Bevölkerung nach und nach ihre Häuser in der Altstadt aufgab, an den Stadtrand zog
und damit Wohnungen frei wurden, die als Massenquartiere für die Armen und die
neu in die Stadt einwandernden Gruppen genutzt wurden (BENEVOLO 1991, S. 800).

Der anhaltende Druck auf den städtischen Wohnungsmarkt führte nun zu einer
baulichen Verdichtung der Altstädte. Ehemalige Grünanlagen und sonstige Freiflächen wurden aufgegeben und in Bauland umgewandelt. Allmählich begannen
die Altstädte zu innerstädtischen Slums und Notstandsgebieten abzusinken. Eine
sehr eindrucksvolle Schilderung der baulichen und sozialen Verhältnisse in Manchester Mitte des 19. Jh. liefert ENGELS (1845): *„Hier sind die Straßen, selbst die besseren eng und krumm ..., die Häuser schmutzig, alt und baufällig und die Art der
Nebenstraßen vollends abscheulich ... Man ist hier wirklich in einem fast unver-
hüllten Arbeiterviertel, denn selbst die Läden und Kneipen der Straßen geben sich
nicht die Mühe, etwas reinlich auszusehen. Aber das ist all noch nichts gegen die
Gassen und Höfe, die dahinter liegen und zu denen man nur durch enge, überbaute
Zugänge gelangt, in denen keine zwei Menschen aneinander vorbei können. Von
der unordentlichen, aller vernünftigen Baukunst hohnsprechenden Zusammen-
würfelung der Häuser, von der Gedrängtheit, mit der sie hier förmlich aneinander-
gepackt sind, kann man sich keine Vorstellung machen"* (S. 280 f.).

Auch in deutschen Städten kam es zu einer massiven Bodenverknappung, die zu
einer gesteigerten Ausnutzung des Baulandes in der Altstadt führte. In Berlin war
bereits zwischen 1817 und 1841, also noch vor der eigentlichen Industrialisierung,
die Zahl der Bewohner von 190 000 auf 340 000 angestiegen. Dieser Druck zwang zu
baulichen Erweiterungen, die meist durch das Hinzufügen von Seitenflügeln an
bereits bestehende Vorderhäuser erfolgten. Auf diese Weise wurden die inneren
Bereiche der Baublöcke erschlossen.

Besonders dramatisch entwickelte sich die Situation Kölns. Im Jahre 1815 wurde
Köln preußische Festungsstadt. Die mittelalterliche Stadtmauer wurde in die Ver-
teidigungsanlagen einbezogen, so dass ihr Abbruch nicht in Frage kam. Auch die
Bebauung des davor liegenden Schussfeldes blieb verboten, so dass sich das ab den
20er Jahren des 19. Jh. einsetzende Bevölkerungswachstum ausschließlich auf die
Altstadtfläche beschränkte. Bis zum Jahre 1880 verdreifachte sich die Bevölke-

rungszahl auf etwa 144 000, was einer Bevölkerungsdichte von 35 910 Einw./km² entsprach. London beispielsweise wies um diese Zeit eine Bevölkerungsdichte von nur 9 600 Einw./km² auf. Als Folge dieser Entwicklung stiegen die Bodenpreise kräftig an. Daher gaben, von wenigen Ausnahmen abgesehen, Industriebetriebe ihren Standort in der Altstadt auf. Sie zogen vor die Tore der Stadt, wo ab Mitte des 19. Jh. außerhalb der Festungswerke Fabriken und Arbeiterviertel entstanden (KREMER 1961, S. 155).

5.4.2 Der Ausbau der britischen Industriestadt: Back-to-back- und Bye-law-Phase

Spätestens ab der Mitte des 19. Jh. war sowohl in West- als auch in Mitteleuropa der Druck auf die Altstädte so groß geworden, dass eine räumliche Expansion unvermeidlich wurde. Die bereits beschriebenen Innovationen der Verkehrsmitteltechnologien bildeten die Voraussetzung für den Bau von Fabriken und ihren Arbeitersiedlungen außerhalb der städtischen Gemarkungen.

Am Rande der britischen Industriegroßstädte wurden nun große Fabriken, etwa Spinnereien, Webereien, Walkmühlen in Lancashire oder Flaschenöfen zum Brennen von Steingut in den *„Potteries"* (Newcastle-under-Lyme), errichtet, die Ansatzpunkte für den Bau von Arbeitersiedlungen bildeten. Siedlung, Fabrik, Schule und Kirche stellten die wesentlichen Strukturelemente der neuen Stadtviertel dar. Da jedoch ein verbindlicher Bebauungsplan fehlte, entstanden diese Viertel meist ungeplant nebeneinander. Die beherrschenden Grundrisselemente waren lang gestreckte, zugleich schmale Parzellen, deren Längsseiten von monotonen einstöckigen Reihenhauszeilen gesäumt wurden. Zwischen ihnen lag nur ein schmaler Weg, an dessen Enden sich sanitäre Einrichtungen und Wasserpumpen für den gesamten Block befanden. Die Häuser entsprachen dem in England bereits aus dem 17. Jh. bekannten Typ des *„Back-to-back"-Hauses*. Der Name lässt sich auf die trennende Wirkung der Firstlinie zurückführen, an der Vorder- und Hinterhaus mit ihrer Rückseite aneinander stoßen. Die bauliche Ausführung der Häuser war denkbar einfach, da die Häuser in der Regel auf gepachteten Flächen erbaut wurden, die, wie in England üblich, nach 20, 30, 40, 50 oder 99 Jahren wieder an den Eigentümer zurückfallen. Die Zimmer im Parterre hatten in den meisten Fällen nur einen festgestampften Lehmboden, die Wände waren nur einen Stein stark, und es gab kein Kellergeschoss. Die Häuser, die in zwei Größenvarianten gebaut wurden (30 und 50 m² Wohnfläche), bestanden aus zwei übereinander liegenden Räumen. Im Untergeschoss lag die Wohnküche, im Obergeschoss der Schlafraum. Die Wohndichte dieser Viertel war außergewöhnlich hoch. Die Bevölkerungsdichte lag bei ca. 550 Einw./ha.

Ein wohl kaum übertriebenes Bild von der Monotonie der mit Back-to-back-Häusern bebauten Viertel zeichnete HARTOG (1962, S. 8) für das Beispiel von Leeds: *„Wenn man von Norden kommend in die Stadt hineinfährt, sieht man auch heute noch fast nichts anderes als diese trostlosen Häuserreihen. Kein Baum erfrischt das Auge. Es ist ein schreckliches Durcheinander von Wohnhäusern, Eisenbahnen und Fabriken, ohne Beziehung zueinander gewachsen, ohne Kontrolle und ohne übergeordnete Planung"*.

Ein zentrales Problem dieser Siedlungen bildete die unzureichende Form der Abwasserentsorgung. Die Entwässerung erfolgte entweder über offene Bäche oder in Form von Latrinen; eine Kanalisation fehlte.

Folge der miserablen hygienischen Verhältnisse waren Epidemien, die sich rasch über das ganze Land ausbreiteten. Die schwere Choleraepidemie 1831/32 und die Typhusepidemie 1847 veranlassten die Regierung, 1848 ein wichtiges Gesetz zur Verbesserung der hygienischen Zustände in den Städten zu erlassen. Der *„Public Health Act"* sah den Einsatz einer städtischen Gesundheitsbehörde (*„General Health Board")* überall dort vor, wo die Sterblichkeitsquote den Grenzwert von 2,3 % überschritt. Ihre Aufgabe bestand darin, dort Kanalisationsanlagen zu bauen, an die alle bestehenden Häuser angeschlossen werden mussten. Der Bau neuer Häuser ohne Anschluss wurde untersagt. Zudem sollte die Behörde für die Bereitstellung sauberen Trinkwassers Sorge tragen.

In den folgenden Jahren wurde dieses Gesetz mehrfach ergänzt und in einer Novelle 1875 verabschiedet. Die aus ihm hervorgehenden Verordnungen wurden als *„by-laws"* oder *„bye-laws"* bezeichnet. Sie bedeuteten in der Praxis das Ende des „Back-to-back"-Hauses, das fortan durch das komfortablere *„Bye-law"-Haus* ersetzt wurde. Dessen Grundfläche entsprach etwa der doppelten Fläche eines „Back-to-back"-Hauses. Typisch war sein sägezahnartiger Grundriss. Wohnzimmer und Küche lagen in diesem neuen Haustyp voneinander getrennt. An die auf der Gebäuderückseite errichtete Spülküche schloss sich ein kleiner Schuppen an, in dem unter anderem Heizmaterial untergebracht werden konnte. Dies war insofern wichtig, als dass die Häuser kellerlos waren. Im oberen Stockwerk befanden sich zwei bis drei Schlafzimmer.

Die auf der Grundlage dieses Haustyps entstandenen Siedlungen wiesen eine erheblich geringere Bebauungsdichte auf (Abb. 5.2). Pro Hektar wurden nun zwischen 49 und 74 Wohneinheiten verzeichnet; bei der Back-to-back-Bauweise hatte der entsprechende Wert bei 150 Einheiten gelegen (HEINEBERG 1997, S. 47). Die entscheidende Innovation aber bestand darin, dass alle Häuser nun über Druckleitungen mit Wasser versorgt wurden und an die öffentliche Schwemmkanalisation angeschlossen wurden.

5.4.3 Der Ausbau der mitteleuropäischen Industriestadt: Neustadt und Vororte

In deutschen Städten war die ordnende Hand der Stadtplanung deutlicher zu erkennen als in Großbritannien. Mit den Neustädten, einem Strukturelement, das der britischen Stadt von wenigen Ausnahmen abgesehen fehlt, traten planmäßig angelegte Stadterweiterungsgebiete an die Seite der Altstädte.

5.4.3.1 Neustädte

Die Neustädte umfassen die Altstädte entweder in Form eines Kreisringes, wie in Berlin, eines Halbkreises, wie in Köln, oder schließen sich, wie in Mainz oder Hamburg, als neues Viertel an eine Seite der Altstadt an. Getrennt werden beide Stadträume durch die Festungsanlagen, welche die mittelalterlichen Städte eingefasst hatten. Diese wurden mit der Schleifung der Festungswerke zu Parks und Grünanlagen umgestaltet. Die ehemaligen Wassergräben vor den Stadtmauern wurden zu kleinen Seen. Mauerreste, ehemalige Forts und Wehrtürme erinnern auch heute noch vielerorts an die einstigen Verteidigungsanlagen.

Charakteristisch für die Neustädte ist ihr am Reißbrett entworfener Grundriss, ihre Bebauung mit fünf- bis sechsstöckigen Mietskasernen und ihre Durchsetzung mit kleineren Gewerbebetrieben. Die hierdurch bedingte Nutzungsmischung trug im Übrigen zur Namensgebung dieser geplanten Neustädte bei, die in Anlehnung an das Paradebeispiel Berlin als Wilhelminische Wohn- und Gewerberinge bezeichnet werden.

In der Tat erfüllte das Beispiel der preußischen Landeshauptstadt Vorbildfunktion für viele andere deutsche Großstädte. Unter der Federführung des Baumeisters und Stadtbaurats JAMES HOBRECHT wurde zwischen 1858 und 1861 der Bebauungsplan für ein Stadterweiterungsgebiet erarbeitet, das sich wie ein Reifen um die Berliner Altstadt legen und vier Millionen Menschen aufnehmen sollte.

Der Grundriss des Stadtplans zeigt gewisse Ähnlichkeiten mit der HAUSSMANNschen Stadterweiterung von Paris (1852–1871). So verfügt auch der Wilhelminische Ring über ein Boulevardsystem und Sternplätze, die durch radiale, ringförmige und diagonale Straßen miteinander vernetzt sind. Form und Größe der Baublöcke variieren; jedoch sind die Blöcke in der Regel so groß, dass sich ihre bauliche Nutzung nicht nur auf die Blockränder beschränkt. Vielmehr werden auch die Blockinnenbereiche durch Seiten- und Querflügel sowie sog. Gartenhäuser erschlossen. Limitierender Faktor für den Überbauungsgrad des Blockinneren war in Berlin die einzuhaltende Mindestgröße der Innenhöfe, die 28 m² betragen musste. Dadurch war gewährleistet, dass die Feuerwehr im Falle eines Brandes noch ihr Sprungtuch, das eine Normgröße von 5,3 · 5,3 m aufwies, aufspannen konnte. Durch den hohen Überbauungsgrad wurden Bevölkerungsdichten erreicht, die zwischen 550 Einw./ha und 1000 Einw./ha lagen (BADER 1985, S. 463).

Fallbeispiel Kölner Neustadt

Ein Musterbeispiel für eine geplante Stadterweiterung in der Gründerzeit ist die Kölner Neustadt. Sie schließt in Form eines 600–700 m tiefen Halbkreisringes die

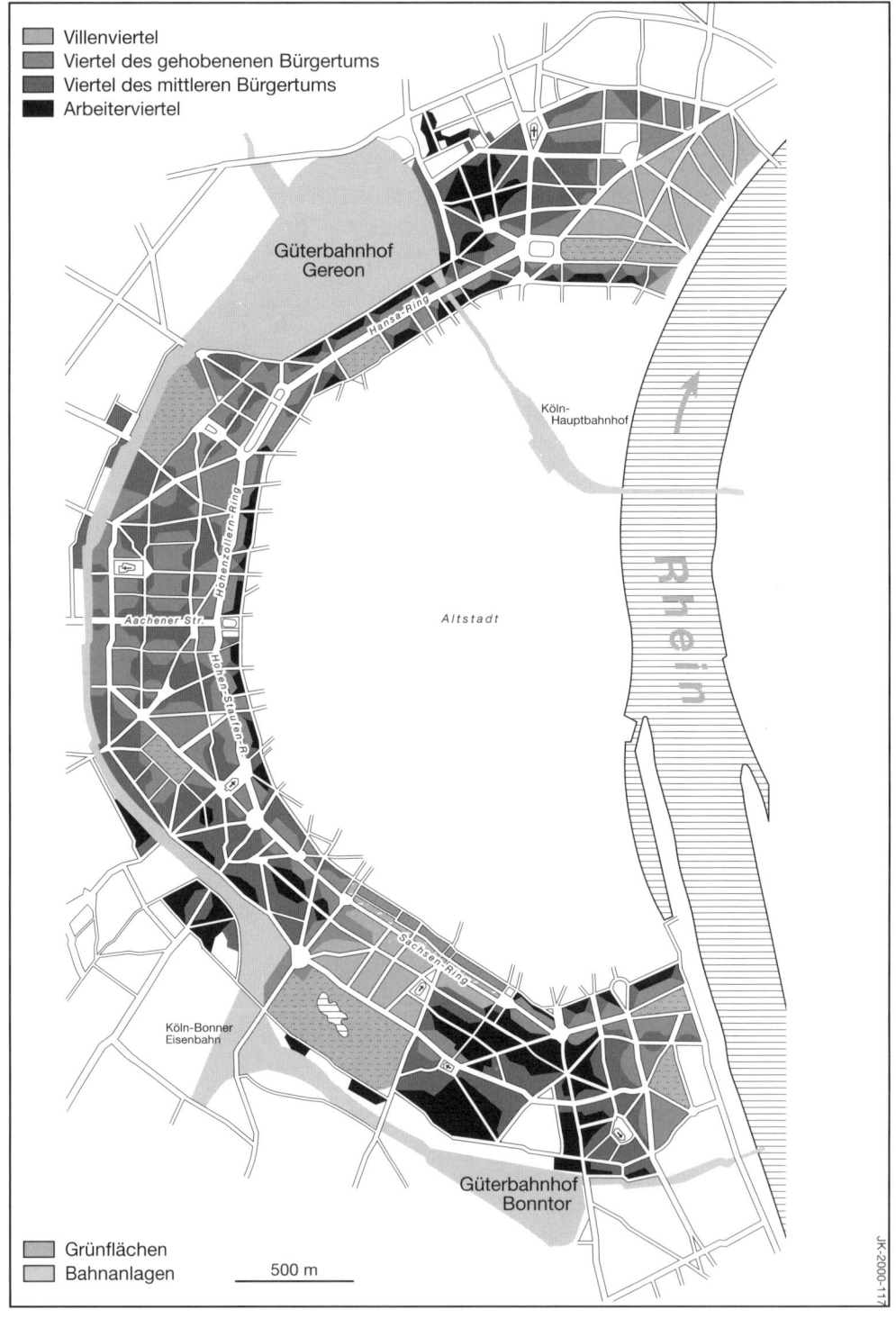

Villenviertel
Viertel des gehobenenen Bürgertums
Viertel des mittleren Bürgertums
Arbeiterviertel

Grünflächen
Bahnanlagen

500 m

Altstadt ein. Im Gegensatz zu Berlin, wo der Baubeginn des Wilhelminischen Ringes durch Enteignungsverfahren hinausgezögert wurde, spielten die baurechtlichen Voraussetzungen in Köln keine Rolle. Die Kölner Neustadt entstand nämlich auf ehemaligem preußischen Militärgelände, das die Stadt Köln 1880 dem Militärfiskus für nahezu 12 Mio. Mark abkaufte (KIER 1978, S. 23). Für das vor der mittelalterlichen Stadtmauer liegende einstige Militärgelände, das stadtauswärts bis zu dem etwa 600 m vorgeschobenen, aus Forts, Lünetten und einem Wall bestehenden zweiten Verteidigungsring reichte, wurde ein städtebaulicher Wettbewerb ausgeschrieben. Aus ihm gingen Stadtbaumeister JOSEPH STÜBBEN und Professor KARL HENRICI, beide aus Aachen, als Sieger hervor (CONRAD 1961, S. 170). Die wesentlichen Elemente ihres Planes waren radiale, breit angelegte Ausfallstraßen sowie eine boulevardartige Ringstraße, die teilweise Cityfunktionen übernahm. Diesbezüglich stellten Brüssel, Lüttich und Aachen Vorbilder dar (KIER 1978, S. 50). Weniger repräsentativ waren und sind die inneren und äußeren Wallstraßen. Sie bilden die Grenze zur Altstadt bzw. zum äußeren Teil des einstigen freien Schussfeldes (Rayon). Wie in Berlin wurde das Straßennetz durch Sternplätze und Verbindungsstraßen komplettiert.

Im Gegensatz zur Altstadt, die sich über viele Jahrhunderte unreglementiert entwickelt hatte, entstand die Neustadt am Reißbrett. Dies zeigt sich etwa darin, dass in Abhängigkeit von benachbarten Nutzungen Wohnviertel sehr unterschiedlicher baulicher Ausstattung und Dichte geplant wurden. Damit wurde die Entwicklung von Nachbarschaften vorgezeichnet. Für das Jahr 1926 lassen sich mindestens vier nach ihrem Sozialstatus unterschiedliche Viertelstypen ausgliedern (Abb. 5.3). In der Nähe des Rheins und der zahlreichen Parks liegen die Villenviertel bzw. Viertel des gehobenen Bürgertums, während die Arbeiterviertel an die lauten, verkehrsreichen Güterbahnhöfe grenzen. Dieses Muster hat sich bis in die Gegenwart erhalten.

5.4.3.2 Vororte

Seit der Mitte des 19. Jh. entstanden auch außerhalb der städtischen Gemarkungen neue Vororte und Vorstädte. Das wirtschaftliche Fundament der neuen Siedlungen bildeten in der Regel industrielle Großbetriebe oder, wie in den Montanrevieren, Zechen. In unmittelbarer Nähe der Werke wurden innerhalb kurzer Zeitspannen die Siedlungen für die Arbeiter hochgezogen. Auch hier wurde die meist schlichte *„Mietskaserne"* zur dominanten Hausform. Ansatzpunkte der Siedlungsentwicklung waren zumeist Landstraßen, die zu den Stadttoren führten. Hier entstand bald ein erster Besatz mit Einzelhandelsgeschäften und sonstigen zentralörtlichen Einrichtungen. Sie wurden zu Keimzellen der sich im Laufe der Zeit entwickelnden Subzentren. Teilweise wuchsen die neuen Arbeiterviertel sogar zu eigenen Vorstädten heran, eine Entwicklung, die den Politikern der Kernstädte ein Dorn im Auge war. Sie betrieben eine von Konfrontationen gekennzeichnete Eingemeindungspolitik.

Abb. 5.3: Sozialräumliche Struktur der Kölner Neustadt 1926
(Quelle: eigener Entwurf, verändert nach CONRAD 1961, S. 175)

Da wegen der Gewerbesteuereinnahmen das Interesse der jungen Vorstädte an Eingemeindungen gering war, kam es erst spät zu unvermeidlichen kommunalen Zusammenschlüssen bzw. Eingemeidungen.

Als Fazit lässt sich festhalten, dass die gründerzeitliche Stadtentwicklung in Deutschland in stärkerem Umfang durch die Planung beeinflusst wurde als in Großbritannien. Sowohl in den Neustädten als auch in den Vororten und Vorstädten wurde die fünf- bis sechsstöckige Mietskaserne zur dominierenden Hausform. Sie tritt einerseits als traufständige Blockrandbebauung in Erscheinung, andererseits diente sie auch der Erschließung der Blockinnenbereiche. Mit dieser Bauweise wurde in den Neustädten eine höhere Bevölkerungsdichte erreicht als in den spätviktorianischen Vierteln britischer Industriegroßstädte. Zugleich bedeutete die Mietskasernenbauweise einen schonenderen Umgang mit der Ressource „Fläche", so dass sich die Zersiedelung auf dem Kontinent in Grenzen hielt. Im Gegensatz zu Großbritannien wurden in Deutschland Häuser mit ihrem Bau an Kanalisation und Wasserleitung angeschlossen. Trotz der dadurch deutlich besseren hygienischen und medizinischen Verhältnisse waren auch die Wohnverhältnisse in deutschen Städten beengt, Belichtung und Durchlüftung der Quartiere ließen zu wünschen übrig.

5.4.4 Werkssiedlungen und Gartenstädte

Die teilweise katastrophalen Lebensbedingungen in den britischen Industriestädten erklären, warum gerade in Großbritannien neue Siedlungskonzepte entwickelt wurden. Von staatlicher Seite aus wurden zunächst jedoch keine Initiativen ergriffen. Es waren Privatiers, Fabrikanten, Bürger oder andere Laien, die aus Betroffenheit über das Elend der frühindustriellen Arbeiterschaft Ideen für einen humaneren Wohnungs- und Städtebau entwickelten. Zunächst allerdings wurden die Vorstellungen der Avantgardisten teilweise als revolutionär, teilweise sogar als utopisch abgetan. Zudem sprachen Kritiker den wegen ihrer väterlichten Fürsorgepflicht als *Paternalisten* bezeichneten Unternehmern humane Motive ab.

In der Tat verbargen sich hinter den paternalistischen Haltungen auch handfeste ökonomische Motive: Zu Recht durften Fabrikanten erwarten, dass das geregelte Leben der Arbeiter in einer sauberen, überschaubaren Werkssiedlung sich auch in einer Erhöhung ihrer Leistungskraft niederschlagen würde, was letztlich an einer Steigerung der Produktivität ablesbar sein würde.

Im Nachhinein ist es wohl nicht mehr möglich, die wirklichen Motive der Unternehmer aufzudecken. Wie auch immer sie sich dargestellt haben mögen, entscheidend war, dass zumindest einige Industrielle mit Entschlossenheit ihre Pläne in die Wirklichkeit umsetzten. In größerer Entfernung von den Toren der alten Stadt gründeten sie ihre neuen Betriebsstätten, in deren Nachbarschaft sie die Werkssiedlungen errichten ließen. Wegen der niedrigeren Bodenpreise konnte hier großzügiger gebaut werden. Im Verlaufe des 19. Jh. entstanden zunächst in Großbritannien vier größere derartige Siedlungen.

Als frühes Experiment (1800) kann die von ROBERT OWEN errichtete Siedlung New Lanark, 40 km südöstlich von Glasgow gelegen, angesehen werden. Gerade OWEN können paternalistische Motive nicht abgesprochen werden, da er seine persönlichen Erfahrungen mit New Lanark zur Grundlage eines Berichts an die Regierung machte. Darin forderte er dazu auf, *„die beängstigend anwachsenden Industriestädte durch Industrieansiedlungen von 1200 Einwohnern zu ersetzen, die überall im Lande verstreut sein sollen. Eine solche Siedlung sollte von Landwirtschaft umgeben sein, und sie sollte die Fabrik, die Wohnungen, Kirche, Schule ... enthalten"* (KIESS 1991, S. 105f). Leider blieben Reaktionen auf die Vorschläge OWENS aus.

Zwischen 1853 und 1863 errichtete der Textilfabrikant Sir TITUS SALT in der Nähe von Bradford eine *„textile mill"*. In einer textile mill wird Baumwolle zu Garnen gesponnen, die zur Tuchherstellung weiterverwendet werden. Für die 3000 Beschäftigten in seinem Werk ließ SALT über 900 Häuser, Kirchen, Schulen und weitere öffentliche Einrichtungen bauen. Im Nordosten der kleinen Siedlung Saltaire wurde im Stil der italienischen Renaissance das Werksgebäude errichtet. Diese Lage bedeutete, dass die Siedlung nur an wenigen Tagen im Jahr von Rauchbelästigungen betroffen war. Saltaire ist eine recht kompakte Siedlung. Zu den Häusern gehörten nur kleine Hinterhöfe, jedoch keine Gärten.

Dies ist ein entscheidender Unterschied zu den in der spätviktorianischen Epoche errichteten Werkssiedlungen. Zu ihnen zählt die 1895 von GEORGE CADBURY entworfene Siedlung Bournville, heute ein Stadtteil Birminghams, und die von dem Seifenproduzenten WILLIAM HESKETH LEVER 1888 errichtete Mustersiedlung Port Sunlight in der Nähe von Liverpool. Beide heben sich von ihren Vorläufern durch einen stärkeren Durchgrünungsgrad, niedrigere Bebauungsdichten und höhere Wohnstandards ab.

5.4.4.1 Mustersiedlung Port Sunlight

Als Standort für Werk und Siedlung wählte LEVER teilweise versumpftes Weideland auf der Halbinsel Wirral südwestlich von Liverpool aus. Das unerschlossene Land konnte nicht nur preisgünstig erworben werden, sondern zeichnete sich zudem durch eine gute Verkehrsanbindung aus. Die geringe Entfernung zum Mersey ermöglichte die kostengünstige und rasche Anlieferung von Rohstoffen, während die Fertigprodukte mit der Eisenbahn, deren Trasse das Werksgelände nach Osten begrenzt, abtransportiert werden konnten.

Die Siedlung, formal eine Kleinstadt, zeichnet sich durch ihr dörfliches Flair aus. Reizvoll sind zum einen die Durchgrünung und die Einbeziehung des Mikroreliefs in die Landschaftsgestaltung, zum anderen wirkt die Siedlung durch die verschiedenen Hausformen und deren individuelle Fassadengestaltung sehr abwechslungsreich. Sie muss zum Zeitpunkt ihrer Entstehung in scharfem Kontrast zu den monotonen, mit nahezu identischen Bye-law-Häusern besetzten Arbeitervierteln gestanden haben.

Individualität, Irregularität und Durchgrünung sind auch die städtebaulichen Leitbilder, die der deutsche Architekt GEORG METZENDORF auf einer Reise nach Port Sunlight zu Beginn des Jahrhunderts kennen lernte. Sie prägten seine Entwürfe für den Bau der Margarethenhöhe, der zweifellos am besten erhaltenen gartenstadtähnlichen Werkssiedlung in Deutschland. Die Margarethenhöhe entstand zwischen 1906 und 1929 vor den Toren Essens (Abb. 5.4).

Abb. 5.4:
Kruppsche Werkssiedlung
Essen-Margarethenhöhe
(Foto: ZEHNER, April 2000)

Zweifellos wirkte sich das Leben in Port Sunlight auf das Wohlbefinden und die Arbeitsmoral der Beschäftigten positiv aus und führte somit tatsächlich zu einer erhöhten Produktivität, die LEVER von Nutzen war. Auch reduzierte die Möglichkeit, in Port Sunlight wohnen zu können, sicherlich die Fluktuation der Arbeiterschaft. Vieles jedoch deutet darauf hin, dass auch LEVER nicht ausschließlich aus ökonomischen Motiven handelte. Für diese These spricht, dass er die mit seiner Firma erzielten Gewinne nicht einfach abschöpfte, sondern einen großen Teil in den Ausbau der Infrastruktur von Port Sunlight reinvestierte (SELLERS 1988). Zudem bot LEVER seinen Arbeitern eine Reihe von Wohlfahrtsprojekten, Fortbildungsinitiativen und Freizeitgestaltungen an. Auch die medizinische Versorgung war vorbildlich. 1907 erhielt die Siedlung ein kleines Krankenhaus, das bis zur Einführung des „National Health Service" 1948 von LEVER finanziert wurde.

5.4.4.2   Die Gartenstadt

Die genannten jüngeren Werkssiedlungen, insbesondere Port Sunlight, waren in der Tat funktional und strukturell die ersten Gartenstädte. Ihre Existenz muss allerdings allein dem Pioniergeist weniger Großindustrieller zugeschrieben werden; ein theoretisches Konzept lag ihnen nicht zugrunde. Dieses lieferte 1898 der britische Parlamentsschreiber EBENEZER HOWARD nach. Er hatte weder Stadtplanung studiert, noch war er jemals in der Planung tätig gewesen. Allerdings war HOWARD als Privatperson viel gereist; während eines mehrjährigen Aufenthalts in den USA, zu einer Zeit, in der die amerikanischen Städte kräftig wuchsen, hatte er Vorstellungen eines Gartenstadtmodells entwickelt. Nach seiner Rückkehr nach England begann er mit der Arbeit an seinem Buch „Garden Cities of Tomorrow". Seine Idee bestand in der Entwicklung eines hybriden Siedlungstyps, der die Vorzüge des Lebens in der Stadt mit den Vorteilen des Daseins auf dem Lande verbinden sollte. So sollte ein Siedlungsgefüge ohne wirkliche Nachteile realisiert werden, was HOWARD in seinem berühmten Diagramm „The Three Magnets" eindrucksvoll symbolisierte (Abb. 5.5).

Abb. 5.5:
EBENEZER HOWARDS „Drei
Magnete". Das Diagramm
zeigt die Vorteile und
Nachteile von Alltag und
Lebenswelt in der Stadt
und auf dem Lande. Die
hybride Form der Garten-
stadt soll die Vorteile von
Stadt- und Landleben zu-
sammenfassen und die
jeweiligen Nachteile aus-
schließen (Quelle: eigener
Entwurf, verändert nach
HALL 1992, S. 35).

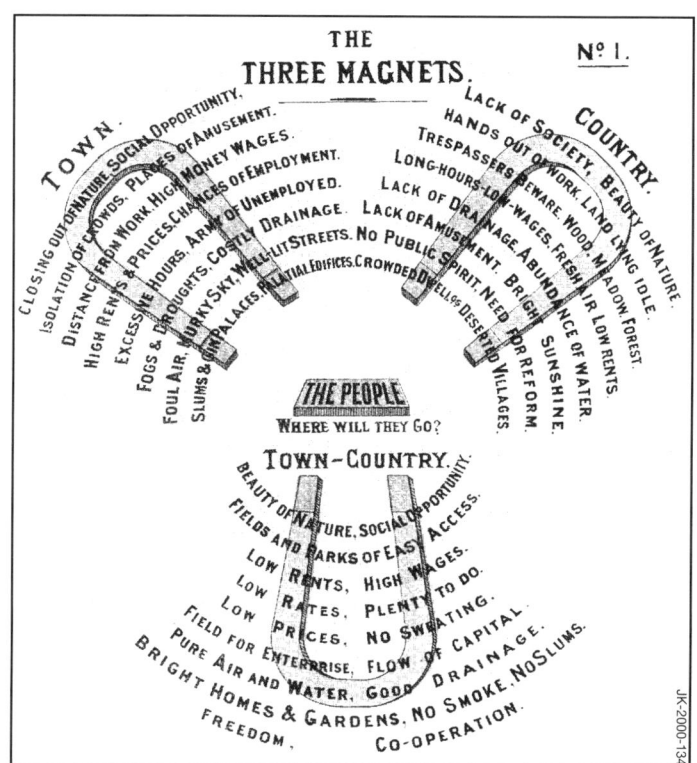

Den Nachweis der ökonomischen Rentabilität eines solchen Systems hatte bereits 1884 ALFRED MARSHALL geliefert. Er hatte nachgewiesen, dass die volkswirtschaft-
lichen Belastungen der Großstädte aufgrund der hohen Sozialkosten erheblich größer
waren, als sie es in neuen Siedlungsformen in ländlicher Umgebung sein würden.
Zudem stellte MARSHALL die These auf, dass für die meisten Industrieunternehmen
die Verfügbarkeit geeigneter Arbeitskräfte der entscheidende Standortfaktor sei und
somit die Unternehmen schnell bereit seien, in die neuen Siedlungen zu ziehen. Sowohl im Falle der ersten Gartenstadt Letchworth als auch der meisten nach dem
Krieg errichteten *„New Towns"* stellte sich jedoch heraus, dass MARSHALL sich in diesem Punkte gründlich geirrt hatte. Es war vor allem der geringen Mobilitätsbereit-
schaft von Industrieunternehmen zuzuschreiben, dass sich in den neuen Städten
kein tragfähiges wirtschaftliches Fundament entwickelte (HALL 1988, S. 96).

HOWARDS Modell der *„Social City"* basiert auf einem polyzentrischen Städtenetz,
das aus sieben Siedlungseinheiten von ca. 30 000 Einwohnern besteht. In der geographischen Mitte liegt die Stadt mit den ranghöchsten zentralen Einrichtungen
(Zentralstadt). Die übrigen sechs Städte ordnen sich in einer Entfernung von 6,4 km
um die Zentralstadt auf den Ecken eines imaginären Hexagons an. Untereinander
sind die Städte durch ein radial-konzentrisches System von Straßen für den Perso-
nen- und Kanälen für den Güterverkehr verbunden. Zusätzlich verbindet eine Ring-
eisenbahn die sechs trabantenartig angeordneten Städte miteinander.

Die einzelnen Städte weisen eine kompakte Bebauung auf. Nur im Vergleich zur alten viktorianischen Stadt ist ihre Bebauungs- und Bevölkerungsdichte von 200 bis 220 Einw./ha, die auch als *„garden city density"* bezeichnet wird, als niedrig zu bezeichnen. Es ist gerade der relativ kompakten Bebauung der Städte zu verdanken, dass die sektorartigen Gebiete zwischen den Städten ihren ländlichen Charakter behalten und frei von Bebauung bleiben, denn HOWARD verstand unter einer Gartenstadt eine Stadt in einem Garten und nicht eine Stadt mit Gärten. Dies geht jedenfalls aus einer Definition der *„Garden City and Town Planning Association"* hervor, die von HOWARD mitverfasst wurde: *„Eine Gartenstadt ist eine Stadt, die für gesundes Leben und für Arbeit geplant ist, groß genug, um ein volles gesellschaftliches Leben zu ermöglichen, aber nicht größer; umgeben von einem Gürtel offenen, landwirtschaftlich genutzten Landes"* (OSBORN 1968, S. 179).

Leider kam dieser Aspekt den Stadtplanern und Städtebauern der Zwischenkriegszeit abhanden, so dass das Gartenstadtkonzept zum *„urban sprawl"* degenerierte. LEISTER (1970, S. 79) kritisierte, dass in dieser Epoche „weder überschaubare Gartenstädte noch Stadtrandzellen mit eigenen Laden- und Schulzentren und eigenen Arbeitsplätzen" gebaut wurden. Stattdessen wucherten um die Großstädte breite Gürtel monotoner, nur wenig strukturierter Vorstädte, deren Bild durch das standardisierte Einfamilien-Doppelhaus (semi-detached house) beherrscht wurde. In der Zwischenkriegszeit wurden in Großbritannien mehr als vier Millionen solcher Häuser gebaut, überwiegend im suburbanen Raum. Die Erschließung der neuen Wohngebiete erfolgte durch meist geschwungene Straßen. Kreis *(„circus")*, Halbkreis *(„crescent")* und Ellipse sind die geometrischen Grundformen, welche die Grundrissgestaltung prägen, so dass die Grundrissmuster der Wohngebiete aus der Zwischenkriegszeit von manchen Kritikern zu Recht als „Zirkelübungen im Gelände" bezeichnet wurden (Abb. 5.6).

Trotz aller berechtigten Kritik am *„urban sprawl"* bleibt festzuhalten, dass die Einfamilienhäuser mit Vor- und Hintergärten für die einzelnen Familien, die in diese Häuser zogen und den beengten, schmutzigen Verhältnissen der alten viktorianischen Stadt den Rücken kehrten, einen beträchtlichen Zuwachs an Lebensqualität sicherten. In seinem Buch über das „Semi-detached London" hebt JACKSON (1973) diesen Aspekt hervor: *„Finding a house within their financial reach, many thousands had their living standards transformed; in a few short years, the sum of happiness was immeasurely increased"* (S. 363).

HOWARDS *„Social City"* wurde als vollständiges Modell nie in die Wirklichkeit übertragen, wenngleich die Neue Stadt Milton Keynes sowohl hinsichtlich ihrer Größe als auch ihres Nachbarschaftskonzepts einige Parallelen zu HOWARDS Vorstellungen aufweist.

Lediglich zwei Gartenstädte wurden tatsächlich gebaut. 55 km nördlich von London begannen 1903 die ersten vorbereitenden Arbeiten zum Bau von Letchworth. Interessanterweise wurde das Projekt von einer Privatfirma, der *„First Garden City Ltd."*, durchgeführt. Sie kaufte Grundstücke, sorgte für den Ausbau der Infrastruk-

Abb. 5.6: Typisches Wohngebiet aus der Zwischenkriegszeit (Stoke-on-Trent).
Quelle: Ordnance Survey, Pathfinder 809 (SJ 84/94), oben; Foto unten: ZEHNER, Juni 2000

tur und den Bau der Wohnhäuser. In diesem Sinne stellt sie eine Vorläuferin der
späteren „Development Corporations" dar, die in den 1950er und 1960er Jahren für
den Bau der Neuen Städte eingesetzt wurden.

Bereits nach kurzer Zeit wurden die wirtschaftlichen Probleme von Letchworth
deutlich, da ansiedlungswillige Industrieunternehmen, von denen Vor- bzw. Rück-
koppelungseffekte hätten ausgehen können, ausblieben. Erst mit dem Zuzug einer
Verlags- und Druckanstalt verbesserte sich die ökonomische Basis von Letchworth
geringfügig. 1938 verzeichnete die Stadt immerhin 94 industrielle Betriebe. Die Bevölkerungszahl lag aber weit hinter dem Planziel: Nur 15 000 Einwohner zählte die
Stadt, was noch nicht einmal der Hälfte der angestrebten Zahl entsprach. Erst heute
nähert sich die Einwohnerzahl der angestrebten Marke von 40 000. Auch städtebaulich erfüllte Letchworth keineswegs alle Erwartungen. Dies lag zum einen an einer
Eisenbahntrasse, welche die Stadt gewissermaßen halbierte. Zum anderen geriet
Letchworth „grüner" als vorgesehen, da die von HOWARD vorgegebenen Wohndichten unterschritten werden (REINBORN 1996, S. 52). Daher stellt die Stadt kein gutes
Vorbild für den Bau weiterer Gartenstädte dar.

Der zweiten Gartenstadt, Welwyn Garden City (1920), war etwas größerer Erfolg
beschieden. Ihre geringere Entfernung zu London und die nach dem Zweiten Weltkrieg erfolgte Deklaration zur New Town begünstigten ihre Entwicklung. Heute gilt
„Welwyn als eines der bestgelungensten Beispiele moderner Stadtgründungen"
(REINBORN 1996, S. 53).

Auch der Bau von Vorstadtsiedlungen orientierte sich am Konzept der Garten-
stadt. Das bekannteste Beispiel ist der im Nordwesten Londons gelegene Vorort
Hampstead Garden Suburb (1907). Die Architekten Sir RAYMOND UNWIN und BARRY
PARKER, die am Bau von Letchworth beteiligt waren, verwirklichten am Beispiel
Hampsteads das Prinzip der Gliederung in Nachbarschaften (neighborhoods,
wards, precincts).

Auch in Deutschland entstanden zwischen 1909 und 1914 eine Reihe von Gartenstädten. Eine Vorbildfunktion übernahm die Gartenstadt Hellerau bei Dresden.
REINBORN (1996, S. 72) unterscheidet nach Organisations- und Finanzierungsform
drei Grundtypen von Gartenstädten:

1. Gartenstädte, die von der 1905 ins Leben gerufenen Deutschen Gartenstadtge-
   sellschaft gegründet wurden. Hierzu zählen Karlsruhe-Rüppurr und die Gartenstadt Mannheim.
2. Gartenstädte, deren Anlage zwar auf die Initiative von Privatpersonen zurück-
   geht, die aber im Sinne des Gartenstadtideals gestaltet wurden, z. B. Hellerau und
   die Essener Margarethenhöhe.
3. Siedlungen mit Gartenstadtcharakter, aber ohne die soziale und wirtschaftliche
   Grundorientierung der Gartenstadt. Hierzu zählen Berlin-Staaken und die ebenfalls in Berlin gelegene Villenkolonie Zehlendorf-West.

6 Entwicklungsprozesse II: Die Postmoderne

6.1 Von der modernen zur postmodernen Stadt

Wie der Beginn des Industriezeitalters war auch das gerade zu Ende gegangene 20. Jh. eine Epoche des wirtschaftlichen, gesellschaftlichen und politischen Umbruchs. Globalisierungsprozesse, technische Innovationen und neue gesellschaftliche Leitbilder sind zu den tragenden Säulen eines tief greifenden Wandels geworden, der wirtschaftliche, soziale und raumstrukturelle Auswirkungen hervorgebracht hat. Aus ökonomischer Sicht bedeutete dieser Umbruch die Ablösung starrer, fordistischer durch flexible, postfordistische Produktionsweisen, aus soziologischer Perspektive den Wandel von der modernen zur postmodernen Gesellschaft. Aus Sicht der Geographie ist entscheidend, dass sich sowohl die ökonomischen als auch die gesellschaftlichen Veränderungen gestaltend auf die Struktur von Städten und Städtesystemen auswirken. So hat u. a. die soziale Polarisierung der Gesellschaft zur Entstehung neuer Armutsviertel in Städten geführt, die Globalisierung hat mit den Global Cities sogar einen eigenen Stadttyp hervorgebracht.

6.1.1 Fordismus

Die Stadt der „Moderne" ist die Stadt der Industriegesellschaft. In einem engeren Sinne umfasst die Moderne den Zeitraum vom Ende des Zweiten Weltkriegs bis zum Ende der 1960er bzw. Anfang der 1970er Jahre (BATHELT 1994, S. 75). Zur Beschreibung der für diese Epoche typischen industriellen Produktionsweisen hat sich in Anlehnung an die von HENRY FORD im Jahre 1908 erstmals eingeführte Fließbandproduktion der Begriff „Fordismus" etabliert (AMIN 1994, S. 9). Die Fließbandarbeit, die den Arbeitern einen extremen Gleichtakt der Handlungen auferlegte, wurde zum Symbol des Fordismus. Gebräuchlich ist auch der Begriff „Taylorismus". Er geht zurück auf den Ökonomen TAYLOR, der die fließbandbedingte Zergliederung von Arbeitsprozessen zu optimieren versuchte (OTTEN 1986, S. 364).

Die Wirtschaft der modernen Stadt basierte überwiegend auf industrieller Fertigung. Dienstleistungen spielten, zumindest in Europa, noch eine untergeordnete Rolle. Die industriellen Produktionsstrukturen im Fordismusregime waren durch Großserien- bzw. Massenherstellung von stark nachgefragten Konsumgütern gekennzeichnet, zum Beispiel von Autos und Elektrogeräten (BOYER 1988). Sie wurden in Großunternehmen hergestellt, die durch einen hohen Grad an vertikaler Integration gekennzeichnet waren. Charakteristisch für die Produktionsweisen waren zum einen kontinuierliche Fließprozesse mit sog. Ein-Zweck-Maschinen und tayloristischen Organisationsprinzipien, zum anderen ein geringes Maß an Flexibilität.

Besonders anschauliche und typische Beispiele für fordistische Produktionsstrukturen liefert die Automobilindustrie. Hier ist die Einsatzdauer der Maschinen und Anlagen durch die Produktionszeit der hergestellten Fahrzeuge vorgegeben. Ein Modellwechsel bedeutet gleichzeitig den Bau neuer Produktionsanlagen. Diese Abhängigkeit wirft ein Schlaglicht auf die geringe Flexibilität der Produktion (BATHELT 1994, S. 76).

Bis zu den ersten Wirtschaftskrisen der Nachkriegszeit, insbesondere der Rezession in den Jahren 1966/67 und der sog. Ölkrise im Jahre 1973, entwickelte sich das fordistische System unter der Rahmenbedingung eines stetigen Wirtschaftswachstums weiter. Die permanente Ausweitung der Produktion konnte sich auf das gleichzeitige reale Wachstum der Löhne stützen, das eine Zunahme der Nachfrage garantierte (BENKO 1996, S. 193).

Die Herstellung von Massengütern entsprach den materiellen Bedürfnissen und dem Nachfrageverhalten einer noch stark horizontal gegliederten Gesellschaft, die sich nach Bildungs- und Einkommensunterschieden in Schichten bzw. Klassen einteilen ließ. Dabei war die Homogenität innerhalb der Klassen vergleichsweise hoch. Diese Gesellschaftsstruktur spiegelte eine streng hierarchisierte Arbeitswelt wider, die durch die scharfe Trennung qualifizierter Arbeit von unqualifizierten Tätigkeiten gekennzeichnet war.

Der klare und geordnete Aufbau der Gesellschaft spiegelte sich in Städtebau und Architektur wider. Moderne Architektur definierte sich im Wesentlichen über die Zweckmäßigkeit und Funktionalität der Bauten. Massenproduzierte, monotone Gebäude prägten das äußere Erscheinungsbild von Siedlungen aus dieser Epoche, was sowohl für die nach dem Leitbild der aufgelockerten und gegliederten Stadt in den 1950er Jahren errichteten Einfamilienhausgebiete als auch für die Großwohnsiedlungen aus den 1960er Jahren zutrifft. Als einflussreichster Architekt der Moderne ist der Schweizer LE CORBUSIER hervorzuheben. Er entwarf eine Reihe von Gesamtplänen für Städte, deren Zentren von Hochhäusern gleicher Höhe und Gestalt gebildet wurden. Bekannt wurde LE CORBUSIER jedoch durch die Entwicklung eines neuen kubischen Wohnhaustyps. Seine Entwürfe übten auf die Avantgardisten in anderen Ländern starken Einfluss aus (PEVSNER, FLEMING & HONOUR 1984, S. 345).

6.1.2 Regulationstheorie

Eine wissenschaftliche Erklärung von Wirtschafts- und Gesellschaftsentwicklung im Fordismus liefert die sog. „Regulationstheorie", die in den 1970er und 1980er Jahren von französischen Sozialwissenschaftlern (DE BERNIS 1977, AGLIETTA 1976, LIPIETZ 1985, BOYER 1988) entwickelt wurde. Die Regulationstheorie bezieht ihre Dynamik aus verschiedenen Wissenschaften, vor allem aber aus der Ökonomie, der Soziologie und der Politologie. Mit ihrer Hilfe werden die Tertiärisierungs- und Globalisierungstendenzen in wichtigen Teilen der Wirtschaft sowie divergierende Entwicklungen prosperierender und stagnierender Räume innerhalb von Staaten und Städten erklärt (ARING 1999, S. 29). Die Regulationstheorie begründet Wirtschaftswachstum nicht allein ökonomisch, sondern stellt die Wechselwirkungen von gesellschaftlicher Regulation und wirtschaftlicher Akkumulation in den Vordergrund. Hinter diesem Ansatz steht die Annahme, dass ein Strukturzusammenhang (Regulation) zwischen Wirtschaft, Gesellschaft und Raum existiert, der den Aufbau und die Entwicklungsdynamik kapitalistischer Gesellschaften wesentlich bestimmt (HIRSCH 1990, S. 19). Abbildung 6.1 verdeutlicht, dass räumliche Veränderungen sowohl durch ökonomische als auch gesellschaftliche Umbrüche, die ihrerseits eng miteinander verknüpft sind, ausgelöst werden.

Abb. 6.1:
Die Beziehung von
Wirtschaft, Gesellschaft
und Raum in der
Regulationstheorie
(Quelle: eigener Entwurf)

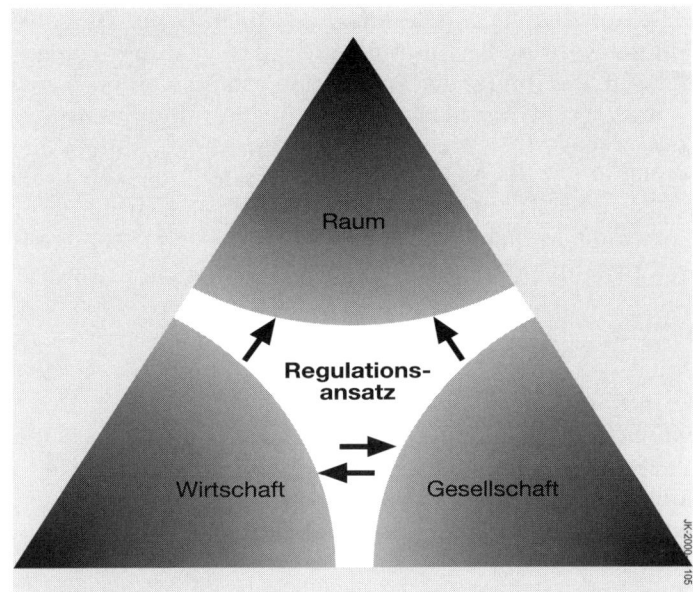

Obwohl die Regulationstheorie einige interessante Aspekte und Perspektiven beleuchtete, blieb ihre praktische Bedeutung eher gering, da sie zum einen kein auch nur annähernd geschlossenes Theoriegebäude vorzuweisen hatte und zum anderen zwar einen „Ansatz zum Verständnis des sozioökonomischen Wandels [...], jedoch kein Konzept der politisch-planerischen Gestaltung" (DANIELZYK 1995, S. 87) bieten konnte.

6.1.3   Ende des Fordismus

Anfang der 1970er Jahre geriet der Fordismus in eine Krise, die sowohl wirtschaftliche als auch gesellschaftliche Ursachen hatte. Aus ökonomischer Sicht lassen sich externe Ursachen, insbesondere Wirtschaftskrisen, anführen sowie interne Gründe, wie soziale und wirtschaftliche Grenzen des Wachstums. Die in der fordistischen Epoche domininierenden Großbetriebe waren an ihre Wachstumsgrenzen gestoßen. Nun begann ein Prozess der innerbetrieblichen Verschlankung. Bestimmte Unternehmensabteilungen, wie Forschungs- und Entwicklungsabteilungen bzw. Montageabteilungen, wurden ausgegliedert und an kostengünstigere Standorte verlagert: *„FuE-Zweigwerke (Forschung und Entwicklung, Anmerk. d. Verf.) wählen ihre Standorte in Regionen mit einem hochwertigen Arbeitsmarkt, Agglomerationsvorteilen, Forschungseinrichtungen und hoher Lebensqualität, Montagewerke präferieren Regionen mit geringen Löhnen, Steuern und sonstigen Kostenvorteilen. Zunehmend werden auch ausländische Regionen in die Standortwahl einbezogen, weil aufgrund unterschiedlicher Gesetze und Politiken (z.B. in Bezug auf Steuern, Außenhandelsbedingungen, Wechselkurse und Arbeitsmärkte) national differenzierte Standortvorteile entstehen"* (BATHELT 1994, S. 77f.).

Damit deutete sich bereits im Fordismus eine Globalisierung der Produktion an. Mit der Vergabe bestimmter Aufträge an Fremdfirmen *(„outsourcing")* konnte zudem die Flexibilität der Produktion erhöht werden.

Aus gesellschaftlicher Perspektive kündigte sich Ausgang der 1960er Jahre das Ende des Fordismus an (HIRSCH & ROTH 1986). Studentenunruhen waren die Vorboten eines tief greifenden sozialen Wandels, dessen Auswirkungen vor allem in den Großstädten sichtbar wurden. Neue Beziehungsformen zwischen Geschlechtern und Generationen, neu definierte Rollen von Frauen in der Arbeitswelt und neuartige Jugendkulturen mit spezifischen Verhaltensweisen, Freizeit- und Konsumgewohnheiten begannen sich zu entfalten (NOLLER 1999, S. 653). Mitte der 1970er Jahre hatte das fordistische Wirtschafts- und Gesellschaftsmodell endgültig seinen Erklärungswert eingebüßt. JENCKS (1984, S. 9) macht das Ende des Fordismus symbolisch an der am 15. Juli 1972 durchgeführten Sprengung des sog. Pruitt-Igoe-Wohnkomplexes in St. Louis fest. Der Pruitt-Igoe-Komplex war eine anonyme, zu Beginn der 1950er Jahre errichtete und überwiegend von Farbigen bewohnte Großwohnsiedlung, die dem von LE CORBUSIER entwickelten Leitbild „moderner Wohnmaschinen" nachempfunden war.

6.1.4   Postfordismus

Die Wirtschaft der postfordistischen Stadt basiert vorrangig auf Dienstleistungen und ist eingebunden in globale Entscheidungs- und Handlungsstrukturen transnational operierender Unternehmen. Computer, Netzwerke und Internet sind zu unverzichtbaren Produktionsmitteln in einer Arbeitswelt geworden, in der nicht mehr die Produktion von Gütern, sondern von Informationen und Wissen im Vordergrund steht. Die Mikroelektronik durchdringt alle Bereiche der Alltags- und Arbeitswelt. Für die industrielle Produktion bedeutet dies die Flexibilisierung der Produktionsvorgänge.

In zunehmendem Maße greift die Flexibilisierung auch auf die Arbeitsverhältnisse über. Unter deregulierten politischen Rahmenbedingungen und einer schwachen Stellung der Gewerkschaften können Arbeitsplätze abgebaut werden; außerdem kann der individuelle Kündigungsschutz der Arbeitnehmer gelockert werden, was bedeutet, dass feste Arbeitsverhältnisse zunehmend zeitlich befristeten Arbeitsverträgen weichen und die Zahl der „hire and fire jobs" zunimmt. Diese Entwicklung spiegelt die neue Macht vor allem transnational operierender Unternehmen gegenüber Arbeitnehmern, Gewerkschaften und politischen Verbänden wider.

Unter der neuen Macht der *„global player"* verändern sich auch Rolle und Handlungsrahmen der Stadtentwicklungsplanung. Sie hat nicht mehr die Aufgabe, raumbezogene Entwicklungen durch entsprechende Flächennutzungspläne vorzugeben, sondern versteht sich mehr als Koordinator. An die Stelle der regulierenden Stadtplanung der Moderne tritt die flexible, projektorientierte Stadtplanung der Postmoderne. Sie schafft den Rahmen und die Voraussetzungen für eine Stadterneuerung, die hauptsächlich von privaten Investoren und internationalen Kapitalgesellschaften getragen und finanziert wird. Deren Architekten bestimmen das künftige Erscheinungsbild der Städte. Das Herzstück der London Docklands, die

Isle of Dogs, liefert hierfür das Paradebeispiel. Die dort aufeinander prallende Vielfalt unterschiedlichster Baustile ist das Ergebnis einer Rahmenplanung, die bewusst keinen Einfluss auf äußere Gestalt und Architektur der Bauten nehmen wollte (ZEHNER 1999, S. 228). Die von der Regierung eingesetzte Entwicklungsgesellschaft sollte im Wesentlichen die Moderation eines raschen Transformationsprozesses übernehmen.

Insbesondere das Beispiel der britischen Stadt- und Regionalentwicklungspolitik zeigt, dass sich auch die Organisationsstrukturen verändert haben: Akteure der Stadtentwicklungsplanung sind nicht mehr ausschließlich kommunale Planungsämter, sondern verschiedenste private, amtliche und halbamtliche Interessengruppen, die im günstigsten Fall im Rahmen einer so genannten *Public-Private-Partnership* kooperieren: *„Denn in der* **Postmoderne***, der Zeit, in der nicht Integration und gemeinsame Utopie das Ziel ist, sondern einem radikalen Pluralismus gehuldigt wird, in der nicht Hierarchien Trumpf sind, sondern das gleichberechtigte Nebeneinander, ..., in dieser Postmoderne hat sich auch das Feld der Akteure in der Stadtentwicklung entscheidend erweitert: Es sind verschiedenste* **Teilöffentlichkeiten** *entstanden, die alle den Anspruch erheben,* **ihre** *Interessen und* **ihre** *Zielvorstellungen in die Stadtentwicklung einzubringen"* (WEHRLI-SCHINDLER 1993, S. 13; Hervorhebungen im Original).

Dieses Planungsverständnis kann zwar als Anpassung an eine gegenüber der Moderne veränderte Gesellschaftsstruktur interpretiert werden. Realistischer ist jedoch, Planung im Sinne von Stadtmarketing als eine Reaktion auf die wenig erfolgreichen Städtebaukonzepte der Vergangenheit anzusehen (BECKER 1996, S. 81; Bundesministerium für Raumordnung, Bauwesen und Städtebau 1994, S. 9). In der Postmoderne werden die uniformen Massen- und Großbauten der Moderne durch individueller gestaltete Gebäude ersetzt. Sie lassen die Wiederentdeckung von Symbolik, Ornament und architektonischer Sprache erkennen. Typisch für die postmoderne Architektur ist der *Stileklektizismus*, der sich über eine Neuzusammensetzung historischer Vorbilder definiert. Ästhetik und Formschönheit bekommen in diesem Zusammenhang eine neue Bedeutung (ROSSI 1973).

Die neuen ökonomischen Strukturen der Städte haben zu einer tiefen Spaltung städtischer Arbeitsmärkte geführt: Auf der einen Seite werden neue, hoch bezahlte Arbeitsplätze für Hochqualifizierte geschaffen, auf der anderen Seite wächst die Zahl unterbezahlter Jobs, „die durch schlechte soziale Absicherung und geringen Arbeitsplatzschutz gekennzeichnet sind" (FRIEDRICH 1999, S. 264). Den Stellen für gut ausgebildete Spezialisten global operierender Dienstleistungsunternehmen steht eine Vielzahl schlecht bezahlter Arbeitsplätze für einfache Hilfskräfte, wie Bürohilfen oder Reinigungspersonal, gegenüber (HÄUSSERMANN & ROOST 1998, S. 87). Die Aufspaltung der Arbeitswelt bedingt eine Polarisierung der Einkommensverhältnisse, die wiederum eine Verstärkung sozialer Segregation hervorruft.

Die Gesellschaft der postmodernen Stadt lässt sich am ehesten mit den Schlagwörtern „Komplexität" und „Polarisierung" beschreiben. Ihr hoher Differenzierungsgrad kommt vor allem in einer heterogenen Siedlungsstruktur zum Ausdruck. Armutsinseln und gentrifizierte Wohngebiete, die nicht, wie in der modernen Stadt, weit voneinander entfernt liegen, sondern mitunter nur durch wenige Straßenzüge voneinander getrennt sind, spiegeln eine „hochgradig differenzierte und sozial polarisierte Gesellschaft" (SCHMITZ & HESSE 1998, S. 441) wider, „deren Mitglieder und Gruppen sich durch vielfältige Lebensstile und Konsummuster voneinander unterscheiden" (ebd., S. 441).

Die Globalisierung der wirtschaftlichen Produktion und des Handels paust sich nicht nur auf der innerstädtischen Ebene durch, sondern führt ebenfalls zu einer Rehierarchisierung des globalen Städtesystems. Städte können sich nicht mehr damit begnügen, die Rolle zentraler Orte für ihre Regionen zu übernehmen. Wollen sie ihre wirtschaftliche Bedeutung erhöhen oder zumindest absichern, müssen sie sich in einem international geführten Wettbewerb gegen andere Städte durchsetzen. Ziel dieser Konkurrenz ist es, als potentielle Standorte transnational operierender Wirtschaftsunternehmen wahrgenommen und berücksichtigt zu werden.

Entscheidend für den Rangplatz, den eine Stadt in der Hierarchie des globalen Städtesystems einnimmt, ist „ihre Kontrollkapazität". Diese Größe beschreibt die Zahl der Unternehmenssitze, Banken und hochrangigen unternehmensbezogenen Dienstleistungsunternehmen. An der Spitze einer derart definierten Ordnung stehen die sog. *Global Cities.* Sie sind Stützpunkte des internationalen Kapitals, Entscheidungszentralen der transnational verflochtenen Ökonomie und Knoten eines weltweiten Handels- und Verkehrssystems. Die drei mit Abstand bedeutendsten Wirtschaftsräume der Erde, Nordamerika, Ostasien / Südostasien und Europa (Triade), haben mit London, New York und Tokyo jeweils eine „*Global City"* (SASSEN 1991, KING 1990 und CLARK 1996) hervorgebracht.

6.1.5   Fazit

Moderne und postmoderne Stadt scheinen aus wirtschaftlicher, gesellschaftlicher, politischer und städtebaulicher Perspektive Gegensätze zu bilden. Tatsächlich jedoch ist die postmoderne Stadt das Ergebnis einer Evolution der modernen Stadt.

Gegenwärtig lassen sich mindestens fünf miteinander verflochtene Entwicklungsprozesse ausgliedern (u. a. nach SOJA 1994):

1. Die Heterogenisierung der städtischen Bevölkerung wurde durch die *Suburbanisierung* initiiert. Anfang der 1960er Jahre setzte, verursacht durch neue gesellschaftliche Leitbilder und ermöglicht durch die Automobilisierung, eine spürbare Randwanderung der Bevölkerung ein. Die Teilnahme an dieser bis in die Gegenwart ungebrochenen Stadt-Land-Wanderung ist jedoch bis heute selektiv geblieben. Nur die mittleren und höheren Einkommensgruppen konnten und können an ihr teilnehmen. Zurück bleiben die ärmeren und immobilen Bevölkerungsgruppen, alte Menschen, Asylanten, Erwerbs- und Arbeitslose.

2. Die Marginalisierung der Bevölkerung, die sich in einer zunehmenden Armut, Obdachlosigkeit und Kriminalität widerspiegelt, steht in einem krassen Gegensatz zum wachsenden Anteil der Spitzenverdiener. Die *soziale Polarisierung* der Städte hat auch eine räumliche Dimension, die als *Segregation* bezeichnet wird. Obwohl es in Mitteleuropa noch keine von privaten Wachdiensten abgesicherte und von Schutzmauern umzogenen Wohngebiete (*„Gated Communities"*) ame-

rikanischen Zuschnitts gibt, lassen sich doch Tendenzen der Abschottung erkennen. Getto und Gated Community könnten die Pole einer künftigen Ausdifferenzierung städtischer Milieus werden.

3. Die neuen urbanen Eliten sind Spiegel einer tiefen Spaltung städtischer Arbeitsmärkte, deren oberes Segment sie bilden, und einer irreversiblen *Transformation der städtischen Wirtschaft*. Sie wird in zunehmendem Umfang durch Deindustrialisierungsprozesse einerseits und die Gründung neuer Unternehmen aus Informations- und Kommunikationsbranchen sowie den ihnen assoziierten unternehmensbezogenen Dienstleistungsunternehmen andererseits gekennzeichnet.

4. Vor allem in den Cities wird die Kaufkraft der im internationalen Sprachgebrauch als *„Yuppies"* (Young Urban Professionals) und *„Dinks"* (Double Income, No Kids) bezeichneten urbanen Eliten sichtbar. Luxusgeschäfte und gehobene Gastronomie bestimmen Funktion und äußeres Erscheinungsbild der Innenstädte. Dabei schreitet die *Privatisierung öffentlichen Stadtraumes* voran. Sie ermöglicht die soziale Ausgrenzung unerwünschter Randgruppen.

5. Vor allem Großstädte werden heute wie Wirtschaftsunternehmen geführt. Als probates Mittel, sich der Weltöffentlichkeit zu präsentieren, hat sich die *Festivalisierung der Stadtpolitik* erwiesen. Weltausstellungen und internationale Sportveranstaltungen sind Garanten dafür, deutlicher als die Konkurrenten wahrgenommen zu werden.

Im Folgenden werden die aufgeführten Entwicklungstendenzen detaillierter analysiert und ihre Auswirkungen auf Stadt und städtische Gesellschaft untersucht.

6.2 Suburbanisierungsprozesse

Die unmittelbare Nachkriegszeit in der Bundesrepublik Deutschland diente zunächst dem Wiederaufbau der Städte. Ziele der Stadtentwicklung waren insbesondere die Bereitstellung neuen Wohnraums und die Revitalisierung des städtischen Wirtschaftslebens, so dass die Grundversorgung der Stadtbewohner mit den wichtigsten Gütern und Dienstleistungen gewährleistet werden konnte. Auch die Entwicklung einer leistungsfähigen innerstädtischen Verkehrsinfrastruktur stellte ein vorrangiges Ziel dar (HÄUSSERMANN & SIEBEL 1993, S. 11).

Die Rückwanderung von Flüchtlingen und der Zuzug von Vertriebenen führten zu einer raschen Zunahme von Bevölkerung und Arbeitsplätzen in den Kernstädten. Erste Anzeichen für einen sozialen und demographischen Wandel der Städte ließen sich Ende der 1950er Jahre erkennen. Die Weichen hierfür wurden durch technische, ökonomische und politisch-gesellschaftliche Innovationen gestellt. Als entscheidender Faktor erwies sich die Massenmotorisierung, die durch den zunehmenden Wohlstand der Bevölkerung begünstigt wurde. Im Jahre 1949 hatte es in der Bundesrepublik Deutschland nur knapp 0,5 Mio. private Fahrzeuge gegeben. Die Fahrzeugdichte lag bei einem Fahrzeug je 100 Einwohner. Im Jahre 1960 war die

Jahr	Pkw-Bestand (Stichtag: 1.7.)
1950	49 182
1960	4 210 000
1970	16 783 227
1980	23 191 616
1990	30 684 800 (einschl. neue Länder)
1999	42 423 254

Tab. 6.1: Entwicklung des Pkw-Bestandes in der Bundesrepublik Deutschland nach dem Zweiten Weltkrieg (Quelle: Statistisches Jahrbuch für die Bundesrepublik Deutschland, verschiedene Jahrgänge, und http://www.vda.de/de/aktuell/statistik/jahreszahlen/kfz_bestand/index.html (Homepage des Verbandes der deutschen Automobilindustrie)

Zahl der Pkws schon auf 4,5 Mio. angewachsen, so dass nun die Voraussetzungen für eine durch das Automobil gestützte Suburbanisierung gegeben waren (Tab. 6.1).

6.2.1 Bevölkerungssuburbanisierung

Die Massenmotorisierung schuf die Voraussetzung für einen in der zweiten Hälfte der 1950er Jahre noch verhaltenen, ab Anfang der 1960er Jahre rasch zunehmenden Zuzug vorwiegend jüngerer Familien ins Umland der Kernstädte (Abb. 6.2).

Die Bevölkerungsgewinne des Umlandes wurden zu einem großen Anteil aus den Kernstädten gespeist. Die Motive für den Fortzug waren zum einen in den sich verschlechternden Wohnbedingungen der Kernstädte zu finden, die unter zunehmender Verkehrsdichte, Luftverschmutzung und Lärmbelästigung litten. Allerdings waren derartige Nachteile nicht neu, sondern hatten, wenn auch in anderer Form, bereits im 19. Jh. die Umweltbedingungen in den Industriestädten gekennzeichnet. Neu hingegen war, dass erst jetzt der überwiegende Teil der Stadtbewohner die finanziellen Möglichkeiten zur Abwanderung hatte, und sich „die Flucht aus der Stadt ... nicht auf wenige einkommensstarke Gruppen beschränkte" (BAHRENBERG 1997, S. 23).

Das Umland dagegen wartete mit ökologischen Vorzügen, mehr Licht, besserer Luft, weniger Lärm und größeren naturbelassenen Flächen auf. Dies waren die entscheidenden Motive für den Wohnortwechsel, bei dem in erster Linie eine Verbesserung des Wohnumfeldes in Richtung ruhige, grüne Lage angestrebt wurde (GEWOS 1996, S. 39). Der suburbane Raum wies eben solche Standortvorzüge auf. In einer akzeptablen räumlichen und zeitlichen Entfernung von der Kernstadt bot das stadtnahe Umland noch die gewünschte Kulisse einer ländlichen Umgebung (BAHRENBERG 1997, S.24). Neben der Automobilisierung, ohne die zweifellos Suburbanisierung als Massenphänomen nicht hätte stattfinden können, stand jedoch auch ein verändertes Wertesystem hinter der Abwanderung breiter Bevölkerungsschichten aus den Kernstädten. Die Entscheidung für das stadtnahe Umland als Wohnstandort stützte sich auf die Vorstellung, dass unter Wohnen ein von beruflicher Arbeit getrenntes Leben der Freizeit, Erholung und des Konsums zu verstehen sei (HÄUSSERMANN & SIEBEL 1987, S. 74).

Abb. 6.2: Raumbezogene Entwicklungsprozesse in Verdichtungsräumen während der Nachkriegszeit (Quelle: eigener Entwurf)

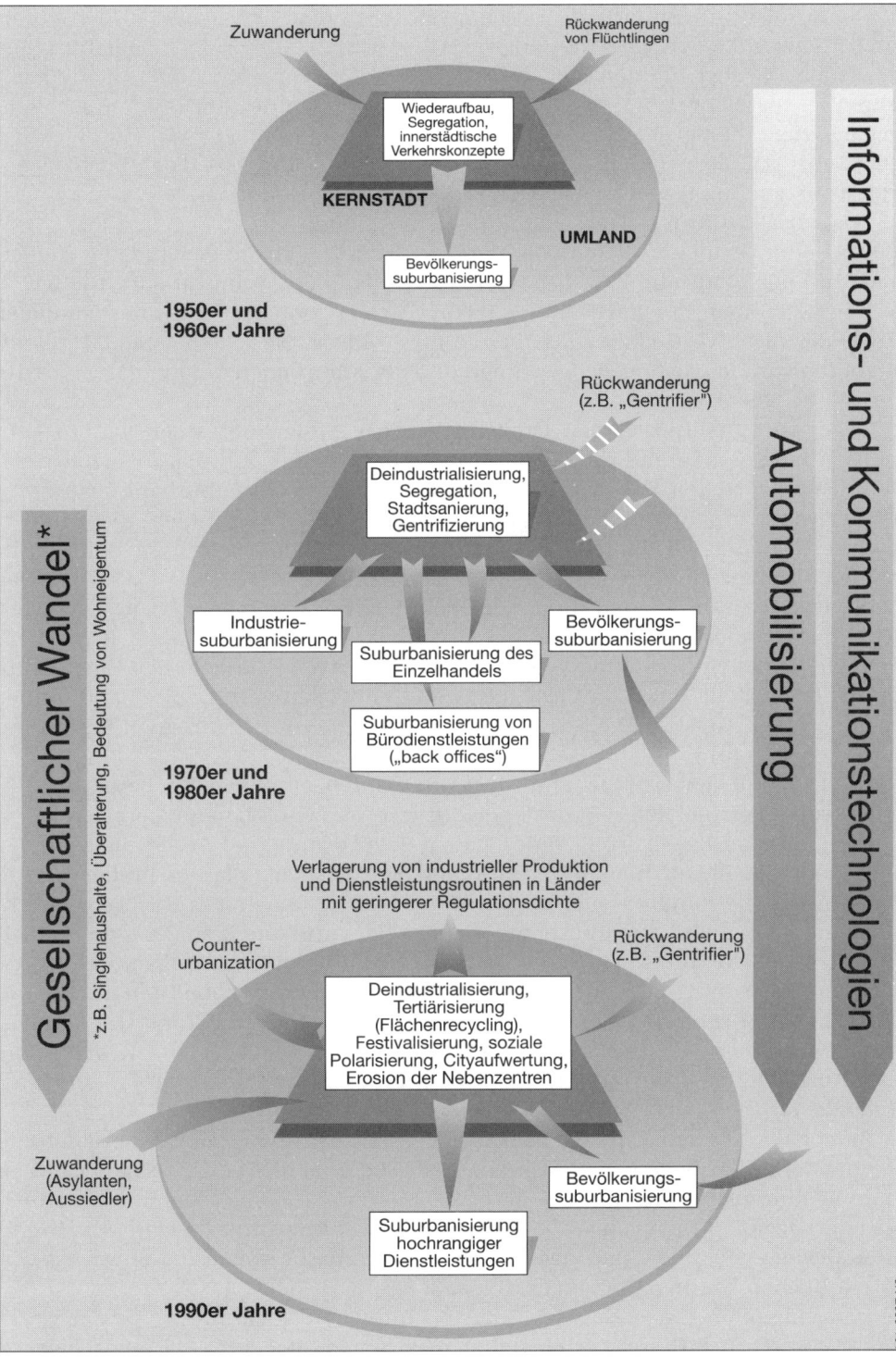

Gesellschaftlicher Wandel*

*z.B. Singlehaushalte, Überalterung, Bedeutung von Wohneigentum

Informations- und Kommunikationstechnologien

Automobilisierung

Zuwanderung

Rückwanderung
von Flüchtlingen

Wiederaufbau,
Segregation,
innerstädtische
Verkehrskonzepte

KERNSTADT

UMLAND

Bevölkerungs-
suburbanisierung

**1950er und
1960er Jahre**

Rückwanderung
(z.B. „Gentrifier")

Deindustrialisierung,
Segregation,
Stadtsanierung,
Gentrifizierung

Industrie-
suburbanisierung

Bevölkerungs-
suburbanisierung

Suburbanisierung des
Einzelhandels

Suburbanisierung von
Bürodienstleistungen
(„back offices")

**1970er und
1980er Jahre**

Verlagerung von industrieller Produktion
und Dienstleistungsroutinen in Länder
mit geringerer Regulationsdichte

Counter-
urbanization

Rückwanderung
(z.B. „Gentrifier")

Deindustrialisierung,
Tertiärisierung
(Flächenrecycling),
Festivalisierung, soziale
Polarisierung, Cityaufwertung,
Erosion der Nebenzentren

Zuwanderung
(Asylanten,
Aussiedler)

Bevölkerungs-
suburbanisierung

Suburbanisierung
hochrangiger
Dienstleistungen

1990er Jahre

JK-2000-101

Die Bevölkerungssuburbanisierung erreichte in den 1960er und 1970er Jahren ihren Höhepunkt. Seither schwächte sie sich etwas ab, ohne jedoch bedeutungslos zu werden. Darüber konnten auch die in den späten 1980er Jahren und frühen 1990er Jahren zu verzeichnenden positiven Wanderungssalden der Kernstädte nicht hinwegtäuschen. Die Bevölkerungszunahmen der westdeutschen Großstädte zwischen 1989 und 1993, die zwischen 0,2 % (Mülheim a. d. Ruhr) und 3,0 % (Paderborn) lagen, waren auf den Zuzug von Menschen aus den östlichen Bundesländern und aus Osteuropa zurückzuführen (GANS 1997, S. 27). Sie zählten in der Regel zu den sozial schwächeren Gruppen. Die einkommensstärkeren Haushalte bevorzugten freilich weiterhin den Stadtrand bzw. das stadtnahe Umland als Wohnstandort. Die Bevölkerungszunahmen der Kernstädte aufgrund interregionaler bzw. internationaler Zuwanderungen verdecken, dass auch in dieser Phase die selektive Stadt-Umland-Migration von Haushalten weiter anhielt und die suburbanen Räume stärker als die Kernstädte wuchsen.

Gegenwärtig gelingt es den Großstädten, ihre Einwohnerzahlen nahezu konstant zu halten, während die Umlandgemeinden weitere Zuwächse verzeichnen. Dabei ist festzustellen, dass sich die Gravitationszentren der Suburbanisierung von der Kernstadt zunehmend entfernen. Wachstumsspitzen liegen nicht mehr in den hoch verdichteten, an die Grenzen der Kernstadt stoßenden Kreisen, sondern in den noch stärker ländlich geprägten Gebieten (SCHMITZ & HESSE 1998, S. 436). Das Siedlungswachstum in den Umlandgemeinden trägt immer stärker dispersere Züge. Insbesondere die zwischen den Mittelzentren liegenden, in der Regel noch ländlich geprägten Gemeinden verzeichnen mittlerweile die höchsten Zuwachsraten. Zu Recht stellt MÖNNINGER fest, dass „Stadtentwicklung in Deutschland immer mehr zu einer Angelegenheit der Dörfer, Kleinstädte und suburbanen Reströme wird" (1999, S. 10 f.).

Dieser Trend lässt sich nicht nur in Deutschland nachweisen. Ein besonders eindrucksvolles Beispiel liefert Südostengland. Während Groß-London bereits seit den 1950er Jahren an Bevölkerung verlor, haben Bevölkerung und Arbeitsplätze in der metropolitanen Region massiv zugenommen. Seit den 1960er Jahren breitet sich die Wachstumswelle ständig weiter nach außen aus. Die stärksten Zuwächse verzeichnet heute nicht mehr der suburbane, sondern der exurbane Raum. Landschaftlich attraktive Gebiete, die 150 km und mehr von London entfernt liegen, weisen die höchsten Wachstumsraten auf. HALL unterstreicht: „*Der am schnellsten wachsende Gürtel in Großbritannien – man könnte ihn als den goldenen Gürtel oder Sonnengürtel bezeichnen – erstreckt sich von Cornwall über Somerset und Wiltshire bis nach Northamptonshire, Cambridge, Suffolk und Lincolnshire, und das sind alles ländliche Bezirke*" (1991, S. 25).

In noch stärkerem Umfang betreffen derartige Prozesse angloamerikanische Stadtlandschaften. So hat etwa zwischen 1970 und 1990 nicht nur die Stadt Chicago in ihren administrativen Grenzen Bevölkerungsverluste hinnehmen müssen. Auch der angrenzende Kranz von Vororten hat 17 % seiner Einwohner verloren, während die entfernter gelegenen Teile des suburbanen Raumes Bevölkerungszuwächse von 24 % verbuchen konnten (MÖNNINGER 1999, S. 11).

Determinanten dieser Entwicklung sind in den USA wie in Europa der wachsende Wunsch der Besserverdienenden nach einem sicheren wie landschaftlich attraktiven Wohnstandort bei zugleich günstigen Bodenpreisen sowie nach einem breiten Angebot an Freizeit- und Erlebnismöglichkeiten (GANS 1997, S. 33). Diese Ansprüche schlagen sich in der Zunahme von Siedlungs- und Verkehrsflächen nieder. Während noch in den 1950er Jahren der Zuwachs an Siedlungsflächen in der Bundesrepublik Deutschland 66 ha/Tag betrug, vergrößerte sich dieser Wert auf 120 ha/Tag in den 1980er Jahren (HAUBOLD 1997, S. 17). Gegenwärtig entspricht die jährliche Zunahme versiegelter Flächen in der Bundesrepublik dem Umfang einer mittleren Stadt (HOFFMANN-AXTHELM 1993, S. 141), die Wachstumsrate für Wohn- und Wirtschaftsflächen pro Jahr und Einwohner liegt in Deutschland derzeit zwischen 0,5 und 1 m^2 (SIEVERTS 1998, S. 456). Jeden Tag werden 1,2 km^2 Freifläche für den Bau neuer Straßen, Siedlungen und Gewerbegebiete in Anspruch genommen (MÖNNINGER 1998, S. 92).

In der Tat sind die zunehmende Umwandlung naturbelassener bzw. landwirtschaftlich genutzer Flächen und steigende Bodenversiegelungsraten Folgen der offenen Bauweise in Verknüpfung mit großen Grundstücks- und Abstandsflächen. Aus ökologischer Sicht ist eine derartige Entwicklung problematisch, denn neue Flächeninanspruchnahmen bedeuten eine Abnahme der potentiellen ökologischen Ausgleichsflächen für Klima- und Wasserhaushalt, einen weiteren Rückgang der naturnahen Flächen, eine Veränderung der faunistischen und floristischen Artenzusammensetzung sowie eine zunehmende Bodenversiegelung mit den Folgen eingeschränkter Grundwasserneubildung wie steigender Hochwassergefahr (GATZWEILER & IRMEN 1997, S. 48). Im Sinne einer nachhaltigen, ressourcenorientierten und an Verkehrsreduzierung ausgerichteten Politik ist eine derartige Entwicklung weder umweltverträglich noch nachhaltig. Trotz gegenläufiger Leitbilder des Städtebaus scheint sich die räumliche Trennung der Daseinsgrundfunktionen immer deutlicher niederzuschlagen.

Dennoch gibt es Anzeichen für eine Konsolidierung der Situation. Durch die Suburbanisierung von Unternehmen können die Distanzen zwischen Arbeitsplätzen und Wohnstandorten schrumpfen. Für das Beispiel Bremens konnten BAHRENBERG & ALBERS (1998) nachweisen, dass die Zahl der Berufstätigen, die in einer Umlandgemeinde wohnen und in derselben Gemeinde arbeiten, stärker zugenommen hat als die Zahl der im Umland wohnenden und in der Stadt Bremen arbeitenden suburbanen Pendler.

Folgen der Bevölkerungssuburbanisierung für die Kernstädte

Die Stadt-Rand-Wanderung großer Bevölkerungsteile hat von Beginn an eine soziale und demographische Polarisierung begünstigt, die insbesondere den Kernstädten Probleme bereitete, denn zu den ins Umland ziehenden Haushalten zählen vorwiegend junge und einkommensstärkere Familien. Beispielsweise zeigte MUGGLI (1968) für das Beispiel der acht Londoner New Towns, dass der Anteil der unter 40-Jährigen an den Neubürgern 1956 bei 86 % lag, während England und Wales im Durchschnitt nur einen Wert von 56 % an dieser Altersklasse aufwiesen.

Für die Kernstädte bedeutete eine derart selektive Abwanderung, dass diejenigen zurückblieben, die aus Altersgründen ihren angestammten Wohnplatz nicht mehr verlassen wollten, und diejenigen, denen die finanziellen Voraussetzungen für einen Wohnstandortwechsel fehlten. In die frei gewordenen Wohnungen rückten ausländische Arbeitsmigranten und ihre Familien, Umsiedler, Aussiedler, Asylanten und andere Minoritäten nach, ein Prozess, der als *Invasion* bezeichnet wird. Die Suburbanisierung wurde zum Motor einer sozialräumlichen Segregation auf regionaler Maßstabsebene.

Zweifellos gab die Suburbanisierung den Anstoß für eine Reihe weiterer sozialer und gesellschaftlicher Umbrüche in den Kernstädten. Gegenwärtig lässt sich beobachten, dass die noch für die unmittelbare Nachkriegszeit typische Kernfamilie allmählich aus den Großstädten verschwindet, ein Phänomen, das in der Soziologie als „soziodemographische Entdifferenzierung" bezeichnet wird (FROESSLER 1994, S. 11). Stattdessen nimmt die Zahl der Einfamilienhaushalte zu, das Alleinleben ist zur dominierenden Lebensform geworden, der Einpersonenhaushalt ist mittlerweile in den Großstädten der Bundesrepublik die am häufigsten vertretene Haushaltsform. Auch die gestiegene Zahl der kinderlosen Haushalte ist bemerkenswert. So leben beispielsweise nur noch in jedem siebten Münchner Haushalt Kinder. Ein Viertel dieser Haushalte wird von Alleinerziehenden und unverheirateten Paaren geführt, so dass HÄUSSERMANN & SIEBEL (1997) den Schluss ziehen, dass die „Normalfamilien" mittlerweile außerhalb der Städte leben (S. 42).

Die Tendenz zum Ein- bzw. Zweipersonenhaushalt hat konkrete städtebauliche Auswirkungen. Insbesondere sind die Entkernung und der Umbau von Mehrfamilienhäusern zu beobachten, Großwohnungen werden durch Appartements und Kleinwohnungen ersetzt. Hieraus kann jedoch keine Entlastung des suburbanen Raumes abgeleitet werden.

In jüngerer Zeit breiten sich die neuen Lebensstile und Haushaltsformen ins Umland der Städte aus. Bereits in den frühen 1980er Jahren bevorzugte ein großer Teil unverheiratet zusammenlebender Paare das Wohnen im Eigenheim am Stadtrand und im Umland (DROTH & DANGSCHAT 1985, S. 167). Mittlerweile hat dort auch der Anteil der Einfamilienhaushalte deutlich zugenommen. Es scheint, als ob nun der Stadtrand bzw. das stadtnahe Umland auch für „Lebensstil-Avantgardisten" (ARING 1999, S. 37) interessant geworden sei.

Auch der stadtfernere, ländliche Raum ist von bestimmten Lebensstilgruppen wieder entdeckt worden. So genannte *„rural gentrifier"* treten heute vielerorts als entscheidende Akteure bei der Neugestaltung ländlicher Siedlungen in Erscheinung. Die neuen ländlichen Milieus beginnen, die Tradition des Ortes als Ressource zur Identitätsbildung neu zu entdecken. Einfamilienhäuser werden um alte Marktplätze und Dorfkerne gruppiert, Straßen werden wieder aufgepflastert, Hauswände mit Fachwerkfassaden überzogen und Dorfbrunnen neu errichtet (RONNEBERGER, LANZ & JAHN 1999, S. 52). Die neuen Landbewohner sind daran interessiert, die idyllische Beschaulichkeit, die sie geschaffen bzw. angetroffen haben, zu bewahren.

Allgemein überschätzt wird der Umfang des Rückzugs „alternativer und technokratisch-liberaler Milieus" (HERLYN 1998, S. 153) in die Kernstädte. In der Tat finden diese Milieus in manchen innenstadtnahen Stadtteilen Bedingungen vor, die ihren Lebensstilpräferenzen entsprechen. Dennoch darf aus diesem Phänomen keineswegs auf eine allgemeine Reurbanisierung geschlossen werden (SCHMITZ & HESSE 1998, S. 436). Nach wie vor ist die Suburbanisierung der dominierende bevölkerungsgeographische Prozess.

6.2.2 Suburbanisierung von Unternehmen

Mit einer Phasenverschiebung von etwa einem Jahrzehnt folgte der Bevölkerungs-suburbanisierung die Suburbanisierung von Unternehmen. Die Verlagerung industrieller Arbeitsplätze aus den Kernstädten in das stadtnahe Umland, die *Industriesuburbanisierung*, setzte Mitte der 1960er Jahre ein und erreichte in den 1980er Jahren ihren Höhepunkt (BUCHER & KOCKS 1987, S. 692). So verbuchte etwa die Stadt München in den 1980er Jahren keinen nennenswerten Zuwachs an industriellen Arbeitsplätzen, während die Umlandgemeinden der bayerischen Landeshauptstadt kräftige Gewinne verzeichneten (WECK 1995).

Generell ist bei der Suburbanisierung von Unternehmen eine Unterscheidung zu treffen zwischen Betrieben, die auf die Nähe zur Wohnbevölkerung angewiesen sind, und Betrieben, die überregionale Marktverflechtungen aufweisen und von der lokalen Bevölkerung nicht direkt abhängig sind. Zur erstgenannten Gruppe zählen haushaltsorientierte Dienstleistungen, Fach- und Spezialärzte sowie der Einzelhandel, der auf die Nähe zum Kunden angewiesen ist. Insbesondere im suburbanen Raum konnte der Einzelhandel seine Verkaufsflächen seit den 1960er Jahren stetig ausweiten. In den 1980er Jahren stieg die Zahl der für Randlagen typischen Vertriebsformen, SB-Warenhäuser, Verbrauchermärkte und Heimwerkermärkte erheblich an; in den 1990er Jahren dagegen verlangsamte sich das Wachstum etwas. So nahm beispielsweise die Zahl der SB-Warenhäuser und Verbrauchermärkte in Nordrhein-Westfalen zwischen 1990 und 1997 nur noch um ca. 11 % zu, während der Zuwachs zwischen 1980 und 1990 noch 150 % betragen hatte (HATZFELD & ROTERS 1998, S. 524). Aus regionaler Sicht profitierte vom Aufkommen der neuen Vertriebsformen vor allem der suburbane Raum. Die überwiegende Zahl der Betriebsansiedlungen erfolgte an der Peripherie von Verdichtungsräumen bzw. größeren Städten.

Andererseits gibt es eine Suburbanisierung von Arbeitsplätzen, die von der Bevölkerungssuburbanisierung weitgehend entkoppelt ist und sowohl durch Push-Faktoren, die in den Städten wirken, als auch durch Pull-Faktoren des suburbanen Raumes erklärt werden kann. Standortnachteile in den Kernstädten sind hohe Boden- und Mietpreise, schlechte Verkehrsanbindungen und fehlende Expansionsmöglichkeiten. Dagegen locken im Umland günstige Mieten bzw. Grundstückspreise, Expansionsmöglichkeiten, vor allem für Flächen beanspruchende Handelsunternehmen, und gute Anbindungen an Fernstraßen und Autobahnen. Daher haben sich Gewerbegebiete in der Nähe von Autobahnzufahrten besonders gut entwickelt. Hier haben sich sowohl Betriebe des produzierenden Gewerbes als auch Dienstleistungsunternehmen und, in jüngerer Zeit, Einrichtungen aus Wissenschaft und Forschung niedergelassen. Ihnen ist die Ausrichtung auf überregionale Märkte gemeinsam, wobei Kontakte zur Wohnbevölkerung für ihre Standortwahl keine Rolle spielten. Die Zunahme von Arbeitsplätzen, die dieser Gruppe von Betrieben zuzuschreiben ist, bezeichnete BAHRENBERG (1999, S. 253) als „Nettosuburbanisierung".

6.3   Soziale und sozialräumliche Kontraste

6.3.1   Gettobildung

Soziokulturelle Entdifferenzierung und Segregation der städtischen Gesellschaft verlaufen in den sog. Industrieländern gegenwärtig mit großem Tempo. Diese Dynamik spiegelt sich in hohen innerstädtischen Wanderungssalden wider und zeigt sich vor allem in der Zunahme sozialer Brennpunkte.

Ein besonderes Problem stellt die Gettobildung dar. Von ihr erfasst werden insbesondere Wohngebiete, die durch belastende Standortfaktoren, wie eine Randlage, einen heruntergekommenen Altbaubestand oder eine Hochhausbebauung, eine unzureichende Infrastruktur und unbefriedigende Verkehrsanbindungen, zu Sammelbecken sozial benachteiligter Haushalte werden. Sie geraten in den Kreislauf eines Abwertungsprozesses, in dessen Verlauf die relativ Bessergestellten nach und nach fortziehen. Dieser Vorgang wird in der Stadtsoziologie als „Herunterfiltern" *(„filtering down")* bezeichnet (FRIEDRICHS 1983, S. 279).

In einem davon betroffenen Viertel bleiben marginalisierte Gruppen zurück, die sich aufgrund ihres schwachen Einkommens, ihrer geringen Bildung und ihrer Arbeitsplatzunsicherheit am unteren Rand der Gesellschaft bewegen. Unter ihnen sind allein erziehende Frauen, Menschen ohne Pass des Einwanderungslandes, Asylsuchende, alte Menschen, Sozialhilfeempfänger und Langzeitarbeitslose besonders stark vertreten. Hoffnungslosigkeit, Armut, Kriminalität und Drogenprobleme bestimmen Alltag und Lebenswelt der Bewohner dieser Viertel. Es macht sich ein zunehmend normabweichendes Verhalten der Bevölkerung bemerkbar: *„Wenn erst einmal durch ... Abriß, Bevölkerungsaustausch, die Moral eines Stadtbereichs gebrochen ist, ist auf lange Sicht nichts mehr zu helfen. Der zerstörte soziale Konsens wiederholt sich bis ins kleinste, die Zerstörung des Menschen beginnt beim Alkoholismus der Eltern und kommt bei den Kindern als eine nicht mehr angreifbare Orientierungslosigkeit und Gleichgültigkeit an. ... Man nimmt sich, was man haben muß, Bandenbildung, Raub, Erpressung von Mitschülern, Waffengewalt fangen in der Grundschule an, Drogen auf der Mittelschule und das Leben ist bereits fertig. Das ist die verdrängte Realität des Stadtzerfalls in Kreuzberg wie in jeder größeren anderen Stadt, von London, Paris und Madrid zu schweigen, in Neapel oder Palermo oder in den Metropolen Südamerikas ist es die Realität schlechthin"* (HOFFMANN-AXT-HELM 1993, S. 140 f.).

Als direkte Folge von Armut können außerdem gesundheitliche Probleme entstehen. Sie sind in vielen Fällen das Resultat falscher Ernährungs- und Lebensgewohnheiten. Zugleich verhindern sie die erfolgreiche Reintregration ins Erwerbsleben und begünstigen Langzeitarbeitslosigkeit. Die sich hieraus begründende Perspektivlosigkeit verleitet viele Menschen zum Missbrauch von Drogen. Besorgnis erregend ist die Zahl der Kinder und Jugendlichen, die von Alkohol und härteren Drogen Gebrauch machen. Der Druck, diese Drogen bezahlen zu müssen, begünstigt die Beschaffungskriminalität, die sich in einer erhöhten Zahl von Einbruchsdelikten und ähnlichen Straftaten widerspiegelt. Dies wiederum führt zum einen zu einer Verschlechterung des Images, zum anderen zu einer Verunsicherung der übrigen Bevölkerung (FROESSLER 1994, S. 24).

Die Abwertung von Vierteln reduziert die Bereitschaft privater Kapitalgeber, Renovierungen durchzuführen, so dass keine einkommensstärkeren Gruppen zuziehen. Im Gegenteil: Die soziale Segregation nimmt weiter zu. Begleitet wird diese Entwicklung vom baulichen Verfall privater und öffentlicher Gebäude. Dieser Prozess bekommt eine fast irreversible Eigendynamik. Das ohnehin schon angegriffene äußere Erscheinungsbild wird durch mutwillige Zerstörungen, den sorglosen Umgang mit Abfällen und Unrat sowie „Graffities" an Häuserwänden und Fabrikmauern weiter verschlechtert.

Die soziale Segregation ist zu einem typischen Merkmal der postmodernen Stadt geworden. Zwar hat es auch in historischen Epochen immer soziale Ausgrenzung in der Stadt als soziales Phänomen gegeben. Neu hingegen ist, dass die soziale Ausgrenzung inmitten eines insgesamt hohen gesellschaftlichen Wohlstandes stattfindet. Die heutige Armutsbevölkerung scheint vom gesellschaftlichen Aufstieg abgekoppelt zu sein. Ein sozialer Ausstieg aus ihrer prekären Situation ist den meisten aufgrund fehlender beruflicher Qualifikationen verbaut (FARWICK 1998, S. 146). Allem Anschein nach nehmen Gesellschaft und Politik die Bildung eines neuen städtischen Proletariats billigend in Kauf, das in kleine kontrollierbare Bezirke abgedrängt, mit einer Verschlechterung der Lebensbedingungen konfrontiert und einer rigorosen polizeilichen Repression ausgesetzt wird (KNAPP 1995, S. 300). Nur noch bürgerkriegsähnliche Unruhen wie in Liverpool, Paris, Los Angeles und Rostock scheinen für kurze Zeit die Öffentlichkeit zu beunruhigen.

Eine vor allem in den Vereinigten Staaten deutlich zu registrierende Reaktion auf die Zunahme sozialer Gegensätze in den Städten und die daraus resultierenden Folgen und Probleme ist die Zunahme von privaten, mit Sicherheitseinrichtungen, wie bewachten Toreinfahrten, Zäunen und Videokameras, geschützten Wohngebieten, die längst nicht mehr der Oberschicht und oberen Mittelschicht vorbehalten sind. FRANTZ (2001, S. 14) schätzt, dass in den Vereinigten Staaten mittlerweile 8,4 Mio. Menschen in 19 000 Gated Communities wohnen. Die Tragweite des Problems der sozialen Spaltung zeigt sich in US-amerikanischen Städten besonders deutlich. SCHNEIDER-SLIWA (1999, S. 50) weist darauf hin, dass dort „vernachlässigte Stadtviertel räumliche Ausmaße erreicht haben, die mit dem Begriff ‚Viertel' nicht mehr adäquat erfasst werden können". So nehmen etwa in Atlanta die deprivierten Stadtgebiete mehr als die Hälfte des Stadtgebiets ein. Das so genannte Hypergetto von Los Angeles, South Central Los Angeles, hat eine Nord-Süd-Erstreckung von 15 Meilen.

Derartige Dimensionen weisen europäische Städte nicht auf, wenngleich – vor allem in britischen Industriegroßstädten – das Problem der Gettoisierung an Schärfe gewonnen hat. Dort sind es vor allem die sog. *„inner cities"*, die aus der viktorianischen Ära stammenden Wohn- und Gewerbegebiete, in denen sich ökonomische, soziale und bauliche Verfallserscheinungen häufen. Als Beispiel sei hier Manchester genannt, dessen „Inner-city"-Gebiete vor allem in den 1970er Jahren durch Arbeitsplatzverluste, Bevölkerungsrückgang und baulichen Verfall geprägt waren. In den 1960er und 1970er Jahren waren in der citynahen Übergangszone nahezu 57 % der industriellen Arbeitsplätze fortgefallen. Ein Auszug aus dem Zensus von 1981 verdeutlicht Schärfe und Dimension der sozialen Problematik, die sich als Folge der Deindustrialisierung entwickelte (Manchester/Salford Inner City Partnership 1983, S. 2):

1. 24,7% der männlichen Erwerbstätigen waren arbeitslos (im übrigen Greater Manchester 12,7%),
2. 31,0% der Jugendlichen im Alter zwischen 16 und 19 Jahren waren arbeitslos (19,6%),
3. 9,9% der Bevölkerung waren Angehörige ethnischer Minoritäten (5,5%),
4. 68,9% der Haushalte verfügen über keinen eigenen Pkw.

Am Beispiel Pariser Vororte haben DUBET & LAPEYRONNIE (1994) Alltag und Lebenswelt sozial schwacher Bevölkerungsgruppen in Frankreich aufgezeigt. Als besondere Probleme haben sie die räumliche Isolation und die Chancenlosigkeit der Bewohner herausgearbeitet.

Aus der sozialen Benachteiligung ergibt sich ein erhöhtes Verarmungsrisiko, was insbesondere jene Haushalte aus dem unteren Einkommensfünftel trifft, die mehr als die Hälfte ihres Einkommens für die Daseinsgrundfunktion „Wohnen" aufbringen müssen. Persönliche Krisen, wie Arbeitslosigkeit oder Scheidung, bedeuten für viele dieser Personen, dass sie die Miete nicht mehr aufbringen können. Sie sind künftig auf die Sozialhilfe angewiesen. Zwar kann sich ein großer Teil der Bedürftigen durch Eigeninitiative nach kurzer Zeit aus der Krise lösen. Mit zunehmender Dauer der Sozialhilfebedürftigkeit verschärft sich jedoch die Situation. Mangelndes Selbstwertgefühl, Rückzugsverhalten und Resignation stellen sich ein und führen zu einer sozialen Isolation (FARWICK 1998, S. 147). Neben den psychosozialen Problemen kommen auf die betroffenen Menschen weitere belastende Veränderungen zu. Sie müssen sich eine neue Wohnung in einem statusniedrigeren Wohngebiet suchen. Dabei kommen für sie nur solche Viertel in Frage, die von Einkommensstärkeren gemieden und von ebenfalls sozial schwachen Bevölkerungsgruppen bewohnt werden (KECSKES 1997, S. 228). Für die Städte bedeutet dies eine Verschärfung der sozialräumlichen Segregation mit der Tendenz zur Gettobildung.

6.3.2 Obdachlosigkeit

Zudem steigt der Anteil der Obdach- und Wohnungslosen. 1992 betrug die Zahl der allein lebenden Wohnungslosen in der Bundesrepublik 150 000 (ZIMMERMANN 1996, S. 105). Dies ist jedoch nur die Spitze einer viel größeren Gruppe marginalisierter Personen. Wohl weitere 100 000 Menschen sind in Billighotels und Pensionen untergebracht. Noch größer ist die Gruppe der Menschen, die in Heimen und Anstalten leben. In der Bundesrepublik sind schätzungsweise eine halbe Million Personen von städtischen Notunterkünften und Übergangsunterkünften aufgenommen worden (KECSKES 1997, S. 229).

Ein Spiegel dieses sozialen Desasters sind die Unterbringungskosten, die von den Kommunen aufgebracht werden müssen. SPECHT (1990, S. 234 f.) verwies darauf, dass bereits Ende der 1980er Jahre in Köln jährlich 25 Mio. DM, in München 30 Mio. DM und in Hamburg 36 Mio. DM von den Städten für die Unterbringung von Menschen in Pensionen und Hotels bereitgestellt werden mussten.

Für Hamburg wies DANGSCHAT (1995) nach, dass sich in den 1970er Jahren die Zahl der Sozialhilfeempfänger verdoppelt und in den 1980er Jahren sogar nahezu verdreifacht hat. Dieses Beispiel belegt eindrucksvoll die wachsende soziale Polarisierung in ökonomisch aufsteigenden Städten. Gerade Hamburg stellte sich während der 1980er Jahre als eine Großstadt außergewöhnlicher ökonomischer Prosperität dar. Die Hansestadt zählte zu den „Gewinnerstädten", die sich durch niedrige Arbeitslosenraten, „moderne" Wirtschaftsstrukturen, hohe Raten der Wertschöpfung, hohe Zuwanderungsraten von Spezialisten, umfangreiche Investitionen im Bürosektor und im Reproduktionsbereich (Einkaufsgalerien, Messen, Hotels, Festivals etc.) auszeichnen (ZIMMERMANN 1996, S. 117). An diesem Wachstum konnten die Arbeitslosen kaum teilhaben, da konjunkturelle und Arbeitsmarktzyklen mittlerweile voneinander abgekoppelt sind. ALISCH & DANGSCHAT (1993) zeigten ebenfalls am Beispiel Hamburgs, dass Arbeitsplätze, die eine geringe berufliche Qualifizierung erfordern, hauptsächlich von Zuwanderern (aus den neuen Ländern) und Berufsrückkehrerinnen eingenommen wurden.

Für die sozialräumliche Struktur Hamburgs hatte die Polarisierung der Einkommensverteilung fatale Folgen. Sie führte zu einer Verschärfung der sozialräumlichen Segregation. Die Kluft zwischen statusniedrigeren Stadtteilen, die sich zu gettoartigen Vierteln entwickelten, und statushöheren Wohngebieten wurde tiefer und breiter.

6.3.3 Gentrification

Eine andere Facette der sozialen Polarisierung innerhalb der Kernstädte ist die Aufwertung innenstadtnaher Wohnviertel. Hierfür prädestiniert sind insbesondere Altbauviertel, in denen seitens der Stadtverwaltung Vorleistungen erbracht wurden. Hierzu zählen etwa Verkehrsberuhigungsmaßnahmen und Straßenmöblierungen, wie das Aufstellen von Bänken, die Verschönerungen von Bürgersteigen etc. Zusätzlich kommt der gründerzeitlichen Architektur, die besser als die moderne Architektur geeignet ist, Geschmack, Status und Individualität des Eigentümers nach außen zu dokumentieren, sowie der Nähe zur City eine gewisse Bedeutung zu (JAGER 1986).

Diese Faktoren können einen Verdrängungsprozess anstoßen, in dessen Verlauf Mitglieder einer alternativen Szene, die bürgerlichen Lebensentwürfen und -stilen kritisch gegenüberstehen, die angestammten, überwiegend sozial schwächeren Bevölkerungsgruppen zu ersetzen beginnen (HARDT 1996, S. 283). Der Austausch einer statusniedrigeren durch eine statushöhere Bevölkerung in einem Wohngebiet wird als „Gentrification" bezeichnet. Der Begriff, der bereits 1964 von GLASS eingeführt wurde, geht auf die englische Bezeichnung „gentry" zurück, was frei übersetzt so viel wie „feine Leute" bedeutet.

Allerdings beschränkt sich dieser Bevölkerungsaustausch zumeist auf wenige, in der Regel benachbarte Baublöcke, seltener auf ein ganzes Stadtviertel, wie KÜPPERS (1996) am Beispiel der Kölner Südstadt nachweisen konnte.

Der Austausch der Bevölkerung lässt sich mit Hilfe des so genannten *Invasions-Sukzessions-Modells* beschreiben, das in den 1920er Jahren von der Chicagoer Schule der Humanökologie entwickelt wurde. Es geht von der Prämisse aus, dass zunächst einzelne Mitglieder einer sozial hohen oder niedrigen Bevölkerungsgruppe in ein Wohngebiet ziehen. Nach und nach mieten weitere Mitglieder der Gruppe Wohnungen in diesem Wohngebiet an, so dass schließlich die neue Bevölkerungsgruppe überwiegt.

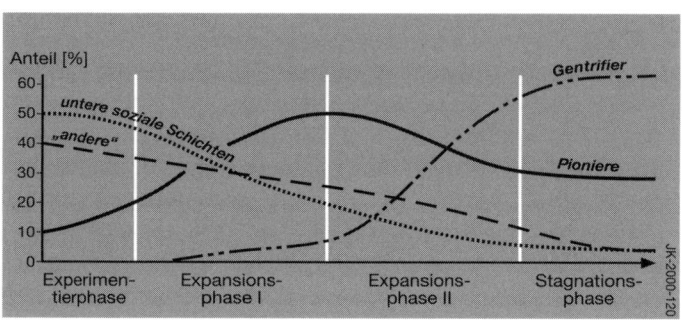

Abb. 6.3:
Phasen des
Gentrifizierungsprozesses
(Quelle: eigener Entwurf,
verändert nach FRIEDRICH
2000, S. 35)

Das Invasions-Sukzessions-Modell wurde zunächst zur Erklärung des Statusverlustes innenstadtnaher Wohnviertel großer nordamerikanischer Städte in den 1920er Jahren herangezogen. Dort allerdings waren im Gegensatz zur Gentrification einkommensschwache Minoritäten (Einwanderergruppen) in statushöhere Wohngebiete eingedrungen und hatten die wohlhabenderen Gruppen zum Verlassen des Gebietes veranlasst.

Die im Rahmen der Gentrification stattfindende soziale Aufwertung lässt sich in vier Phasen gliedern (FRANZMANN 1996; Abb. 6.3):

1. In der *Experimentierphase* kommt es zum vereinzelten Zuzug von Personen aus alternativen Milieus, Künstlern, Studierenden, Musikern etc. Die Personen, die in dieser Phase einwandern, werden als *Pioniere* bezeichnet. Charakteristisch ist ihre Risikobereitschaft, in ein abgewirtschaftetes Viertel zu ziehen, wo die Grundstücks- und Mietpreise zunächst noch niedrig sind. Bevorzugt ziehen diese Pioniere in leer stehende, heruntergekommene Gebäude ein, die sie in Eigeninitiative sanieren und modernisieren (FRIEDRICH 2000, S. 35). Da es sich in dieser frühen Phase noch um Einzelmaßnahmen handelt, werden die Veränderungen von der Öffentlichkeit kaum wahrgenommen.

2. In der folgenden *ersten Expansionsphase* beginnen nicht nur weitere Pioniere, sondern zusätzlich Haushalte mit überdurchschnittlichem Einkommen zuzuziehen. Die Mitglieder dieser Gruppe werden als *„Gentrifier"* bezeichnet. Bedeutende Teilgruppen der Gentrifier stellen die *„Yuppies"* (Young Urban Professionals) bzw. *„Dinks"* (Double Income, No Kids) dar. Ihnen kommt das Leben in der Innenstadt entgegen, sie brauchen den städtischen Raum als Bühne zur Selbstdarstellung und demonstrativen Präsentation von Konsum. Pull-Faktoren sind (noch) günstige Kaufpreise und gewisse architektonische Qualitäten, in der Regel sanierungsgeeignete Altbauten. In dieser Phase beginnen Makler, auf das Gebiet aufmerksam zu werden; das Interesse der Öffentlichkeit wird geweckt. Dadurch steigen die Mieten, was nach und nach zur Verdrängung von älteren Personen und Haushalten niedrigeren Einkommens führt.

3. In der *zweiten Expansionsphase* schließlich kommt es verstärkt zum Zuzug älterer, allerdings wohlhabenderer Haushalte. Diese Haushalte sind eher als risiko-

scheu einzustufen, jedoch gewillt, die jetzt geforderten höheren Mietpreise zu zahlen. Mittlerweile sind die baulichen Veränderungen, die den sozialen Umbruch begleiten, deutlicher wahrnehmbar. Modernisierungs- und Sanierungsmaßnahmen gehen nun nicht mehr allein von Einzelpersonen aus. Bau- und Entwicklungsgesellschaften beginnen, Neu- und Umbauvorhaben größeren Umfangs zu verwirklichen. Dadurch gerät das Gebiet verstärkt in das Blickfeld von Medien, Öffentlichkeit und Stadtverwaltung. Der durch die Pioniere und frühen Gentrifier in Gang gesetzte Prozess hat mittlerweile eine Eigendynamik entfaltet und verstärkt sich selbst.

Der Austausch der Bevölkerung spiegelt sich nun auch im Einzelhandelsbesatz wider. Das Nachfrageverhalten der neuen Viertelsbewohner führt zu einer neuartigen Einzelhandels- und Gastronomiestruktur. Zahlreiche neue Läden werden eröffnet. Boutiquen und Antiquitätengeschäften kommt in diesem Zusammenhang eine besondere Bedeutung zu: *"Gourmet food shops replace general grocery stores, speciality shops ranging from clothing boutiques to plant stores are established, and new restaurants cater to more expansive tastes"* (HOLCOMB & BEAUREGARD 1981, S. 33).

3. Die letzte Phase des Bevölkerungsaustauschs, die *Stagnationsphase*, ist durch die Aktivitäten kapitalkräftiger Investoren gekennzeichnet. Sie forcieren die Umwandlung von Miet- in Eigentumswohnungen. Die dadurch weiter ansteigenden Mieten können sich nicht mehr alle Gruppen leisten; vor allem die Gruppe der Pioniere wird teilweise verdrängt (FRIEDRICHS 1998, S. 61).

Wenngleich Gentrification ein in seinem quantitativen Ausmaß häufig überschätzter Prozess ist, so bilden die Gentrifier ein aus sozioökonomischer Perspektive bedeutsames Milieu. Ihnen kommt eine Leitbildfunktion innerhalb der postmodernen Gesellschaft zu. Aus der Gruppe der Gentrifier speisen sich die Berufsmilieus der neuen Dienstleistungsökonomie, Banker, naturwissenschaftlich-technologische Kader, Werbe- und Marketingstrategen, die eine wirtschaftliche und gesellschaftliche Schlüsselposition einnehmen (RONNEBERGER 1998). Sie bestimmen die Trends neuer Wohn-, Kultur- und Konsumtionsstile. Sie sind Produzenten und Konsumenten von Symbolen und Images. Vornehme Einkaufsstraßen mit Luxusgeschäften und Bistros, postmoderne Straßenmöblierungen und ein breit gefächertes kulturelles Angebot sind sichtbare Ausdrucksformen der (Raum-)Ansprüche der Gentrifier (NOLLER 1999, S. 34). In diesem Sinne verstärkt Gentrification nicht nur die sozialräumliche Polarisierung, sondern spiegelt zugleich die soziokulturelle Heterogenisierung von Großstädten wider, die sich eben in der Herausbildung und öffentlichen Darstellung individueller Lebensstile ausdrückt (ALISCH et al. 1993, S. 93).

In Zukunft wird Gentrification möglicherweise an Bedeutung zunehmen. Die Gruppe der mittleren Jahrgänge (25- bis unter 45-Jährige), die lange Zeit Träger der Suburbanisierung war, kann zum Träger einer breiteren Rückwanderung in die Kernstädte werden (LÖTSCHER 1992, S. 20). Für eine neue wirtschaftliche Dynamik in den Kernstädten wird auch die Gruppe der „Jungen Alten" sorgen, deren Lebensstil und Handlungsmuster sich deutlich von denen vorheriger Generationen alter Menschen abheben. Darauf deuten jedenfalls Untersuchungen aus Nordamerika hin.

6.3.4   Soziale Fragmentierung

Generell ist das Vermögen der Wohlhabenden absolut und relativ deutlich ange-wachsen. Dadurch sind „Reichtumsinseln" entstanden, die zunehmend von der übrigen städtischen Umwelt getrennt werden (RONNEBERGER, LANZ & JAHN 1999, S. 49). Für das Beispiel der Hauptstadt Berlin haben HÄUSSERMANN & SIEBEL (1991) bereits vor einem Jahrzehnt ein Szenario entworfen, das in einigen Städten bereits zur Wirklichkeit geworden ist: Einem kleinen Segment von Spitzenverdienern, die unmittelbar von der Global-Ökonomie profitieren, stehen ein rückläufiges Segment deutschstämmiger Mittelschichten, das sich einer zunehmenden Liberalisierung des Arbeitsmarkts ausgesetzt sieht, sowie ein schnell anwachsendes Segment marginalisierter Bevölkerungsgruppen gegenüber.

CASTELLS stellte für das Beispiel New Yorks fest, dass sich zwischen 1977 und 1987 die soziale Polarisierung beschleunigt hat: *„Die obersten 20% der Bevölkerung wurden in dieser Zeit reicher, viel reicher. Die untersten 20% wurden ärmer im absoluten Sinne des Wortes, und daneben vollzog sich der Prozeß des Schwunds der Mittelklasse"* (1991, S. 210).

Aus sozialgeographischer Sicht bedeutsam ist die Tatsache, dass sich die Randgruppen nun nicht mehr in den vielfach aufgewerteten innenstadtnahen Wohngebieten konzentrieren (PRIGGE 1999, S. 14), sondern in peripherere Stadtteile abgedrängt wurden. Zu den vom sozialen Niedergang bedrohten Vierteln zählen des Weiteren alte Arbeiterquartiere, die durch Barrieren wie Eisenbahntrassen, Industrieareale oder andere sperrige Flächennutzungen von der Innenstadt abgeschnürt und teilweise hohen Lärm- und Emissionsbelastungen ausgesetzt sind (KECSKES 1997, S. 228).

Bemerkenswert ist, dass die soziale Polarisierung durch politische Entscheidungen begünstigt wird. Der auf transnationaler Ebene geführte Wettbewerb um die Ansiedlung sog. Wachstumsindustrien (unternehmensbezogene Dienstleistungen, Softwareentwicklung, Beratungsdienste, Finanzdienstleistungen u.a.) veranlasst die Städte zur Vermarktung und Inszenierung ihres Standortpotentials. Aus Sicht der Planungspraxis unterstreicht KLAUS-STÖHNER: *„Die meisten Maßnahmen, Strategien und Ansätze zur Verbesserung kommunaler Standortbedingungen zielen auf Außenwirkung. Standards und Anspruchniveaus sind daher weitgehend durch externe Maßstäbe bestimmt. ... Die Bedürfnisse der lokalen Bevölkerung treten hingegen bei den meisten Aufwertungsansätzen und Marketingstrategien mehr und mehr in den Hintergrund. Ihr wird zunehmend eine Statistenrolle zugewiesen"* (1992, S. 39).

Mit anderen Worten: Der für neoliberale Wirtschaftsregime typische Verdrängungswettbewerb, der sich üblicherweise zwischen Individuen oder Wirtschaftsunternehmen abspielt, hat auch die Städte erfasst. Sie fühlen sich offenbar gezwungen, ihren Rangplatz in der nationalen oder sogar globalen Städtehierarchie stetig zu verbessern, um als potentieller Standort kosmopolitan operierender Unternehmen wahrgenommen zu werden (THRIFT 1999, S. 283). Getragen von der Sorge, ein möglichst günstiges Investitionsklima zu erzeugen, ergreifen die Stadtverwaltungen mitunter außergewöhnliche Maßnahmen. Das Spektrum reicht von Gehaltskürzungen städtischer Angestellter und Arbeiter bis zu öffentlichen Investitionen in Prestigeobjekte.

Zum Thema „Soziale Polarisierung"

Wachsende Disparitäten der Einkommen, der Chancen und Lebensqualitäten innerhalb der Städte sind in reichen und armen Ländern gleichermaßen zu erkennen. Häufig wird dies auf die Globalisierung der Wirtschaft und den Verlust regionaler Einflussnahme zurückgeführt.

Während jedoch globale Zwänge zunehmen, wird die Verantwortung auf kommunaler Ebene zumeist ignoriert. Hier jedoch müssen Investitionsentscheidungen getroffen, der Ausbau der Infrastruktur geplant, die Einrichtung sozialer Dienste entschieden und die Verwendung kommunaler Ressourcen für Instandhaltung und Renovierung geplant werden. Ob die Verwaltung funktioniert und die Bedürfnisse der Menschen erfüllt werden, hängt von diesen Entscheidungen ab.

In Buenos Aires und New York wird dieses Problem besonders deutlich. Zwischen 1991 und 1997 wendete die kommunale Regierung von Buenos Aires 68 Prozent ihrer infrastrukturellen Investitionen für Wohnviertel auf, in denen nur elf Prozent der Stadtbewohner lebten. Ähnlich ist die Situation auch bei den Ausgaben für öffentliche Schulen. Es überrascht nicht, dass die ungleiche Verteilung öffentlicher Investitionen zu einem starken Einkommens- und Wohlstandsgefälle führt: größere Armut, häufige Schulabbrüche, eine höhere Kriminalitätsrate und verfallender Wohnraum. Der Graben zwischen den Stadtteilen wird immer tiefer.

In Buenos Aires wird durch die Unterschiede zwischen den 21 Schulbezirken deutlich, was unter den „Fünf Städten von Buenos Aires" zu verstehen ist. Geographie ist Schicksal: Sage mir, wo Du lebst, und ich sage dir deinen wirtschaftlichen und sozialen Status voraus. Globale Kräfte mögen Zinssätze und das Beschäftigungswachstum beeinflussen, aber die Qualität der kommunalen Verwaltung und das Leben in den Stadtvierteln bestimmen, ob die Menschen gebildet, gesund und leistungsfähig sind und in der Lage, ihren Lebensunterhalt zu verdienen.

In New York kam man 1998 durch die Untersuchung von mehr als 70 sozialen, wirtschaftlichen und gesundheitsrelevanten Indikatoren zu derselben Erkenntnis: Die Zukunft der Kinder von New York City wird in hohem Maße durch ihr Wohnviertel bestimmt. Die Wall Street mag einen Boom erleben und die Kriminalitätsrate in Manhattan gesunken sein, aber der Graben zwischen den reichen Kindern Manhattans und den armen Kindern in den vier anderen Stadtbezirken wird breiter. Die New Yorker Studie kommt also zu dem gleichen Ergebnis: Geographie (oder Postleitzahl) ist Schicksal.

Text 6.1:   Quelle: Frankfurter Allgemeine Zeitung vom 7. Juni 2000, Seite V4

Einen erheblichen Teil ihrer Ressourcen investieren die Stadtverwaltungen in die Aufwertung der zentralen Stadtbereiche, die quasi ein Schaufenster der globalen Wettbewerbsfähigkeit darstellen. Postmoderne Architektur, gehobene Einkaufspassagen, Tagungszentren, Disney-Worlds, Einkaufszentren in den Cities, Musicals und Messen bilden Standortkriterien für ein schmales Segment von Spitzenverdienern mit weit reichenden Entscheidungskompetenzen.

Allerdings gehen die „Subventionierung reicher Verbraucher und Unternehmer" (HARVEY 1987, S. 113) und „die Bemühung, mächtige Befehlsfunktionen in der Stadt zu halten" (ebd.) zu Lasten öffentlicher Ausgaben für die weniger Privilegierten. Für die Sanierung von Arbeiterquartieren ohne erkennbares Gentrifizierungspotential und Großwohnsiedlungen an der städtischen Peripherie fehlen die finanziellen Ressourcen (Text 6.1).

6.4   Transformation der städtischen Wirtschaft

Ansätze einer sozialen Fragmentierung der postmodernen Stadt Mitteleuropas zeichneten sich bereits während der 1950er und 1960er Jahre ab, als die Suburbanisierung einsetzte und vor allem die wohlhabenderen Haushalte der Stadt den Rücken kehrten. Doch erst der wirtschaftliche Umbau der Städte, der durch Deindustrialisierung, Tertiärisierung, neue Produktions- und Organisationsformen und Globalisierung angestoßen wurde, geriet zum Motor einer funktions- und sozialräumlichen „Verinselung" der Stadt. Mit diesem Schlagwort wird die Herausbildung inselhafter Stadträume bezeichnet, die scheinbar keinerlei Beziehungen zueinander aufweisen.

Die aktuelle städtebauliche und architektonische Transformation ist Spiegel eines tief greifenden wirtschaftlichen Umbruchs, der vor allem in den Großstädten seine Spuren zeigt. Er ist das Ergebnis sich überlagernder bzw. ergänzender Prozesse, unter denen die Deindustrialisierung, die Suburbanisierung der Industrie und die Globalisierung industrieller Produktion hervorzuheben sind. Eine wachsende Bedeutung kommt in diesem Zusammenhang auch unternehmensbezogenen Dienstleistungen und der Entwicklung neuartiger Produkte zu.

6.4.1   Deindustrialisierung

Die Industrie- und Verkehrsbrachflächen sind räumlicher Ausdruck der massenhaften Schließung solcher Industriebetriebe, die Produkte hergestellt hatten, die entweder ihr Reifestadium überschritten hatten (Montanindustrie, Werftindustrie, Kohlechemie) oder die sich in Schwellenländern günstiger herstellen ließen. Dieser Prozess wird als *Deindustrialisierung* bezeichnet. Er begann in den 1960er Jahren zunächst schleichend und nahezu unbemerkt; heute sind seine Ausmaße und Auswirkungen nicht mehr zu übersehen (Tab. 6.2). Zwischen 1970 und 1993 reduzierte sich in Deutschland der Anteil der industriellen Produktion am Bruttoinlandsprodukt von 38 % auf 27 %. Noch höhere Rückgänge hatten Japan und Australien zu verkraften. Im selben Zeitraum verzeichnete Indonesien einen entsprechenden Anstieg von 10 % auf 22 %, Thailand von 16 % auf 28 % und Malaysia von 12 % auf 19 %.

Ein aussagekräftiger Indikator für Deindustrialisierung ist die Entwicklung der Zahl von Industriebeschäftigten. Im Vereinigten Königreich sind zwischen 1975 und 1995 3,433 Mio. industrielle Arbeitsplätze weggefallen (HALL 1998, S. 31). In der Bundesrepublik Deutschland hat sich zwischen 1986 und 1996 der Anteil der Arbeitsplätze im produzierenden Gewerbe von ca. 42 % auf 35 % reduziert (KAHNERT

Tab. 6.2:
Entwicklung des Anteils der industriellen Produktion am Bruttoinlandsprodukt in ausgewählten Ländern (QUELLE: Lo & YEUNG 1998, S. 3)

Staat	1970 [%]	1993 [%]	Veränderung [%]
Indonesien	10	22	120
Singapore	20	37	8
Thailand	16	28	75
Malaysia	12	19	5
China	30	38	27
Taiwan	35	39	11
UK	33	25	−24
Frankreich	29	22	−24
USA	25	18	−28
Deutschland	38	27	−29
Japan	36	24	−33
Australien	24	15	−38
Hongkong	29	13	−55

1998, S. 509). Während dieser Dekade stieg dagegen der Anteil der Beschäftigten in Dienstleistungsbranchen von 53 % auf 62 % (Abb. 6.4).

Die Verschiebung von der industriellen Produktion zu vor allem informationsbezogenen Dienstleistungen wird noch deutlicher, wenn eine Zuordnung nicht branchengebunden, sondern in Abhängigkeit von individuellen Arbeitsplatzprofilen vorgenommen wird. Unter dieser Prämisse arbeiteten bereits 1991 mehr als zwei Drittel aller Beschäftigten in Dienstleistungsberufen. Insbesondere konnten in den Branchen, die der unmittelbaren Produktion vor- bzw. nachgelagert sind, Arbeitsplatzzuwächse verzeichnet werden. Hierzu zählen Forschungs- und Entwicklungsaufgaben, Beratungsdienste und Finanzdienstleistungen. Das Vorhandensein bzw. Fehlen derartiger Unternehmen ist heute ein signifikantes Kriterium für die Einschätzung des ökonomischen Erfolgs von Regionen (HÄUSSERMANN & SIEBEL 1995, S. 94).

Die Folgen der Deindustrialisierung bekamen insbesondere traditionelle Industrieregionen zu spüren, die durch Großbetriebe mit standardisierter Massenproduktion beherrscht wurden. Der Weg aus der Krise gelang nur jenen Regionen, in denen sich Unternehmen niederließen, die sich auf die Entwicklung von Basisinnovationen für neue Wirtschaftszyklen konzentrierten.

Abb. 6.4:
Entwicklung der Beschäftigten nach Wirtschaftssektoren in Deutschland (Quelle: eigener Entwurf, verändert nach Statistisches Jahrbuch der Bundesrepublik Deutschland, verschiedene Jahrgänge)

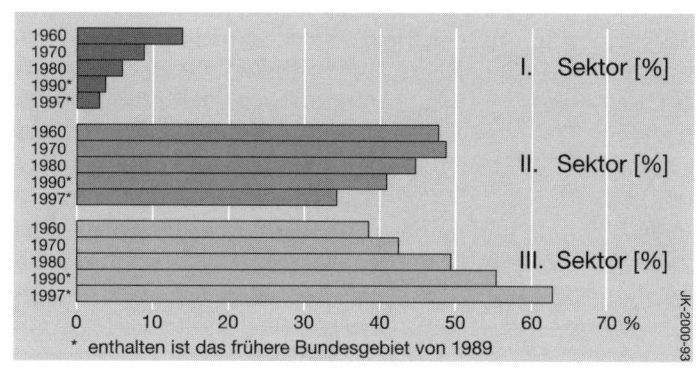

Die entscheidende Basisinnovation der 1980er Jahren war der Computer. Er ermöglichte die Entstehung einer Informationswirtschaft, die sich auf Informationstechnik, Informationsdienstleistungen und informationstechnische Anwendungen stützte. Zur Informationstechnik zählen die Mikroelektronik, die Informations- und Verarbeitungstechnik, die Softwareentwicklung, die Kommunikationstechnik, die Unterhaltungs- sowie die Industrieelektronik. Die Gruppe der Wirtschaftszweige, die sich auf der Grundlage dieser Basisinnovationen entwickelte, zeichnet sich durch ihren hohen Diversifizierungsgrad aus. Die elektronische Datenverarbeitung hat mittlerweile nahezu alle Arbeits- und Lebenswelten postmoderner Gesellschaften durchdrungen. Zu den wichtigsten Branchen zählen die Telekommunikation, internetbezogene Dienstleistungen in Privatunternehmen, Körperschaften und privaten Haushalten sowie die Werbebranche. Allerdings substituieren die in den neuen Wirtschaftszweigen entstandenen Arbeitsplätze die in den traditionellen Branchen weggefallenen nur teilweise. Städte mit einem hohen Potential an alten Industrien, die Unternehmen dieses sog. „neuen Marktes" an sich binden konnten, haben sich mittlerweile erfolgreich aus der Wirtschaftskrise lösen können.

6.4.2 Industriesuburbanisierung

Die Analyse des sektoralen Wandels unter räumlichen Gesichtspunkten zeigt, dass vor allem die Agglomerationen vom Beschäftigungsrückgang in der industriellen Produktion betroffen waren. Neben der Schließung von Industriebetrieben spielte die *Suburbanisierung der Industrie* eine zentrale Rolle. Die Verlagerung von Produktionsstätten aus den Verdichtungsräumen in suburbane und ländliche Gebiete setzte in den 1960er Jahren ein und erreichte vor der ersten Energiekrise 1973 einen vorläufigen Höhepunkt. Geringere Produktions- und Lohnkosten erwiesen sich als die entscheidenden Pull-Faktoren.

Im Übrigen erforderte die Einführung arbeitsplatzsparender Produktionstechniken andere Gebäudetypen. Statt Stockwerkbauten, wie sie für gründerzeitliche Betriebe charakteristisch waren, werden für Produktionsabläufe in modernen Betrieben Flachbauten gebraucht. In den Kernstädten existierten die hierfür notwendigen Erweiterungsflächen meist nicht, oder sie waren für industrielle Nutzungen zu teuer (HÄUSSERMANN & SIEBEL 1987, S. 46). Somit war es für expansionswillige Betriebe aus betriebswirtschaftlicher Sicht effizienter und kostengünstiger, in neue Anlagen „auf der grünen Wiese" zu investieren als einen Umbau der alten Betriebsstätten vorzunehmen. Diese einzelbetrieblichen Entscheidungen wurden im Übrigen lange Zeit planerisch unterstützt. Um dem Leitbild der Nutzungsentflechtung zu entsprechen, wurden Standortverlagerungen mit Städtebaumitteln öffentlich gefördert (SPEER 1992, S. 29 f.).

Am Beispiel von München wies DECKER (1984) nach, dass vor allem die stadtnahen suburbanen Gebiete bevorzugt wurden, so dass die Stammbelegschaft am neuen Standort gehalten werden konnte. Zudem spielte die bessere Anbindung an überregionale Verkehrswege eine wichtige Rolle. So liegen die ab den 1960er Jahren entstandenen Gewerbegebiete häufig in der Nähe von Autobahnzufahrten.

Gegenwärtig sind die Zielgebiete aus der Stadt abwandernder Industriebetriebe nicht mehr, wie in den 1960er und 1970er Jahren, die an die Kernstädte grenzenden suburbanen Gemeinden, sondern die äußeren, mitunter noch ländlich geprägten Zonen der Verdichtungsräume (KAHNERT 1998, S. 510). Zwischen den Jahren 1989 und 1993 betrug der Rückgang der industriellen Arbeitsplätze in den Verdichtungsräumen 3,3% und stieg zwischen 1993 und 1996 nochmals auf 3,8% an. Dagegen konnten die ländlichen Regionen zwischen 1989 und 1993 sogar einen Zugewinn von 3,2% verbuchen. Aus regionalentwicklungspolitischer Sicht ist die mit diesen Zahlen dokumentierte Randwanderung der Industrie problematisch, da Arbeitsplätze an Standorte verlagert werden, wo sie nur zu einem geringen Teil nachgefragt werden. Somit produziert Industriesuburbanisierung wiederum neue Verkehrsströme.

Für das Beispiel Nordamerikas wies HARVEY (1987) nach, dass insbesondere die auf die erste Ölkrise 1973 folgende Rezession die Verlagerung industrieller Arbeitsplätze aus den Großstädten begünstigte. Schrumpfende Märkte und hohe Arbeitslosigkeit führten zu Fabrikschließungen in den Großstädten und zu einer verstärkten Randwanderung der Industrie „über die Vororte hinaus und hin zum ländlichen kleinstädtischen Amerika" (S. 112). Die Folgen für die Großstädte waren einschneidend. Mitten in einer Zeit wachsender sozialer Bedürfnisse mussten vor allem die Großstädte Steuereinbußen hinnehmen, die sie zu Ausgabenkürzungen zwangen, in einigen Fällen sogar in den wirtschaftlichen Ruin trieben. Das bekannteste Beispiel ist New York, das 1975 als zahlungsunfähig und bankrott galt.

6.4.3 Globalisierungsprozesse

Ein entscheidender Grund für die Deindustrialisierung einstiger Industriestädte und Industrieregionen sind *Globalisierungsprozesse*. Mit diesem schillernden Begriff werden Interaktionen transnationaler Unternehmen zusammengefasst, in deren Folge die Souveränität der Nationalstaaten durch weltweit geflochtene wirtschaftliche Netzwerke unterlaufen wird (BECK 1998, S. 28f.). Als Akteure treten einerseits transnational operierende Wirtschaftsunternehmen auf, andererseits spielen supranationale politische Zusammenschlüsse wie die Europäische Union und internationale Organisationen wie der Internationale Währungsfonds eine zunehmend bedeutendere Rolle. Das Geflecht internationaler Abkommen wird dichter und unübersichtlicher. In diesem Sinne beschreibt Globalisierung zugleich eine neue Qualität internationaler Verflechtungen.

Globalisierung ist ein mehrdimensionaler Begriff, der neben ökonomischen auch ökologische, kulturelle, technologische und arbeitsorganisatorische Aspekte beinhaltet. In dem hier skizzierten Zusammenhang interessiert vor allem die wirtschaftliche Komponente. Eine entscheidende Voraussetzung für die Globalisierung der Wirtschaft stellte die Digitalisierung des Kommunikationsnetzwerks dar. Vor allem das Internet ermöglicht eine ungehinderte weltweite Vernetzung ökonomischer Aktivitäten, bei der Richtung und Hierarchieunterschiede der Zielgebiete keine Rolle mehr spielen. Der Handel mit immateriellen Gütern hat sich von den üblichen ortsgebundenen Handelswegen abgelöst. Über das Internet werden heute grenzüberschreitend Güter angeboten, verkauft, Geschäftspartner gesucht, Dienstleistungen erbracht und Verträge geschlossen (OSTERTAG 2000, S. 16). Ganz besonders

hat die Kostenentwicklung der Telekommunikation den wirtschaftlichen Globalisierungsprozess begünstigt. Weitere Determinanten, auf die hier nicht näher eingegangen werden kann, sind verbesserte Transporttechniken, der Abbau tarifärer
Handelshemmnisse, die Deregulierung der Finanzmärkte sowie der Zusammenbruch der kommunistischen Welt.

Aus ökonomischer Perspektive werden wirtschaftliche Globalisierungsprozesse
durch die Privatisierung von Staatsunternehmen und die Deregulierung von Märkten ausgelöst, die den Spielraum für *transnationale Unternehmen* (global player)
erhöhen. Sie tragen gegenwärtig bereits ein Drittel zum Weltsozialprodukt bei, etwa
30% des Welthandels sind unternehmensinterner Handel. Nahezu der gesamte
Außenhandel der Vereinigten Staaten und Großbritanniens liegt in der Hand transnationaler Unternehmen. Durch eine Öffnung der Märkte für den internationalen
Warenaustausch, den Handel mit Dienstleistungen und den freien Fluss von
Kapitalströmen werden transnationale Unternehmen in erheblicher Weise begünstigt. Unterstützend wirkt zudem die stetige Absenkung der Kosten, die für die
Raumüberwindung von Gütern und Dienstleistungen aufgebracht werden müssen
(LAMMERS 1999, S. 9).

Folgen der Globalisierungsprozesse für Städte und Städtesysteme

Globalisierungsprozesse wirken sich sowohl auf die Struktur von Städten als auch
von Städtesystemen aus. So bedeutet die Globalisierung der Produktion, dass sich
die Zahl der Konkurrenzstandorte für den Standort „Großstadt" deutlich erhöht.
Transnationale Unternehmen können Produktionsstätten und industrielle Fertigungsanlagen als verlängerte Werkbänke in diejenigen Billiglohnländer auslagern,
in denen geringe Lohnkosten, niedrige Bodenpreise, unternehmerfreundliche Besteuerungsformen und Regulationsdichten (z.B. Tarifbindungen, Sozialversicherung, Umweltauflagen) eine maximale Rendite versprechen. Die verschärfte Konkurrenz des Weltmarkts zwingt Unternehmen einerseits dazu, selbst geringfügigen
Unterschieden im Hinblick auf die Arbeitskraft, die Ressourcen, die Infrastruktur
usw. Beachtung zu schenken. Die Absenkung räumlicher Widerstände bietet ihnen
andererseits die Möglichkeit, selbst kleinste räumliche Unterschiede der Standortqualitäten auszunutzen (KNAPP 1995, S. 295).

Gegenwärtig profitieren Länder wie die sog. Tigerstaaten des asiatisch-pazifischen Wirtschaftsraums sowie die Volksrepublik China in besonderer Weise von
Standortverlagerungen produzierender Betriebe aus den Industrieländern. In diesen Schwellenländern *(„newly industrialized economies")* werden insbesondere
solche Produkte erzeugt, die hinsichtlich der Produktentwicklung ihr „Reifestadium"
erreicht haben und deren Produktion standardisierbar ist. Da in diesem Stadium
keine wesentlichen Produktverbesserungen mehr notwendig sind, wird keine hohe
Zahl an qualifizierten Arbeitskräften mehr benötigt. Da in den genannten Ländern
die Lohnkosten für an- bzw. ungelernte Arbeitskräfte im Vergleich zu den Industrienationen wesentlich niedriger liegen, bieten sich die Schwellenländer als Standorte
für die Massenproduktion in besonderer Weise an. In zunehmendem Umfang werden dort auch technisch anspruchsvolle Güter, deren Anteil am Welthandel stetig
zunimmt, hergestellt. Rohstoffe und Nahrungsmittel als Handelsgüter verlieren da

gegen an Bedeutung. Im Jahre 1995 überstieg der Handel mit Elektronikartikeln der Computer- und Telekommunikationsbranchen bereits die 50%-Schwelle des gesamten Handels mit Industriegütern.

Die Verlagerung der Produktion aus den Industrieländern kann den Niedergang „alter Industriestädte", mitunter sogar ganzer Industrieregionen einleiten (RONNE-BERGER, LANZ & JAHN 1999, S. 12). Besonders kritisch wird die Situation, wenn der Wegfall industrieller Arbeitsplätze in den „alten Industrien" nicht durch die Ansiedlung innovativer, zukunftsfähiger Industrien kompensiert werden kann. Investitionshemmnisse sind häufig zu hohe staatliche Auflagen, die etwa ausländische Direktinvestitionen anderer Industriestaaten verhindern. In diesem Zusammenhang sei hier auf das Beispiel der japanischen Automobilindustrie verwiesen, deren wichtigste Vertreter (Nissan, Toyota, Honda) sich Mitte der 1980er Jahre auf der Suche nach geeigneten Standorten für europäische Zweigwerke gegen Deutschland entschieden. Favorisiert wurde dagegen von den genannten Weltkonzernen Großbritannien, da dort die raumwirksame Staatstätigkeit durch Deregulierung und Liberalisierung schwach war und ein unternehmerfreundliches Klima vorherrschte.

Auf der anderen Seite hat die Globalisierung die Entwicklung spezifischer Stadttypen begünstigt. Als Transformatoren der Weltwirtschaft bildeten sich Global Cities unterschiedlicher Bedeutung und Reichweiten heraus. Des Weiteren profitierten vor allem im ostasiatisch-pazifischen Raum solche Städte von der Globalisierung, in denen Sonderwirtschaftszonen ausgewiesen wurden. Die Sonderwirtschaftszonen, die mit Steuerbefreiungen, dem Wegfall von Zöllen und minimalen Auflagen lockten, hatten die Funktion, den Wirtschaftsraum der Länder dem Welthandel so weit zu öffnen, dass die Standorte für internationale Investoren attraktiv wurden (OSTERTAG 2000, S. 62).

In China beispielsweise wurden 1992 13 Freihandelszonen ausgewiesen. Sie liegen ausnahmslos an der Küste. Diese Städte, auf deren Territorium die Zonen ausgewiesen wurden, werden als „Open Cities" bezeichnet. Ihre Offenheit kommt in ausländischen Direktinvestitionen, Technologietransfer und Freihandel zum Ausdruck (ERNST & YOUNG 1994, S. 118).

6.4.4 Neue Produktionsstrukturen und Organisationsformen

Eine weitere Ursache des Rückgangs industrieller Arbeitsplätze in den so genannten Industrieländern ist die mit der Verbreitung der Mikroelektronik erfolgte Revolution industrieller Produktionsprozesse und innerbetrieblicher Organisationsabläufe. Während der fordistischen Epoche zeichnete sich der typische Industriebetrieb durch die straffe Hierarchisierung von Produktions- und Organisationsabläufen aus. Herstellungsprozesse waren in kleine Einzelschritte gegliedert, die von Mitarbeitern per Weisung ausgeführt wurden. Die wichtigsten Eigenschaften der Beschäftigten waren Gehorsam, Geschick und Schnelligkeit. Die standardisierte, fordistische Massenproduktion hat mittlerweile flexiblen, postfordistischen Herstellungsprozessen weichen müssen. Wenngleich diese auch zur Herstellung neuer Produkte geführt haben, ist die entscheidende Innovation jedoch der Produktionsprozess selbst. Vor allem die mikroelektronische Verarbeitung von Zeichen eröffnete neue Produktionsweisen und ließ neue Formen sozialer Interaktion an Arbeitsplätzen entstehen (CASTELLS 1996, S. 130).

Ein weiteres Kennzeichen ist die Konzentration von Produktionsbetrieben auf ihre Kernbereiche. Vor- und nachgelagerte Dienstleistungen werden zunehmend ausgelagert. Die Fertigungstiefe im Werk nimmt ab, die Bedeutung von Zulieferunternehmen wächst. Die Zulieferer werden nun rigider an ihren Auftraggeber angebunden. Neue Kooperationsformen mit asymmetrischen Machtbeziehungen kennzeichnen dieses Beziehungsgefüge (SCHAMP 2000, S. 88). Diese neuartigen Produktionsabläufe werden unter dem Sammelbegriff *„lean production"* zusammengefasst. Für die Automobilindustrie beispielsweise bedeutet lean production, dass Kundenwünsche bei der Produktion der Fahrzeuge unmittelbar berücksichtigt werden können. Die erhöhte Flexibilität hat zur Folge, dass Lagerbestände reduziert, somit Kosten gesenkt werden und die Reaktionsfähigkeit der Produktion erhöht wird. Diese Produktionsweise setzt eine Intensivierung der Verflechtungen zwischen Zulieferern und Abnehmern voraus. Den zeitlichen Risiken der produktionsgenauen Zulieferung wird mit einer Konzentration auf wenige Zulieferer begegnet, die zudem in stärkerem Umfange dazu übergehen, fertige Systemkomponenten zu liefern. Voraussetzung für die Etablierung dieser Produktionsweisen ist der Einsatz von Computernetzwerken und innovativer Kommunikationssoftware. Für die Stadtentwicklung bedeutet dies u. a. die Entstehung neuer Gewerbeparks, die in der Nähe industrieller Großbetriebe ausgewiesen werden. Dort siedeln sich ausschließlich Zulieferunternehmen an. Eine Vorreiterrolle spielt auch hier die Automobilindustrie. Als Beispiel können die Fordwerke in Saarlouis und Köln genannt werden, in deren unmittelbarer Nähe sog. Zulieferparks entstanden.

In der wirtschaftswissenschaftlichen Literatur ist der Begriff „Toyotismus" zur Beschreibung der flexiblen Produktionsformen und gleichzeitig als Gegensatzbegriff zum Fordismus gebräuchlich. Damit wird unterstrichen, dass der Automobilhersteller Toyota als erstes Weltunternehmen konsequent eine Flexibilisierung seiner Produktion umgesetzt hat. Flache Hierarchien, das Arbeiten in Teams, gegenseitige Qualitätskontrolle und eine Zunahme der Mobilität am Arbeitsplatz sind die zentralen Merkmale postfordistischer Produktionsweisen, die zu einer Erhöhung der Qualität, der Produktion und der Motivation von Arbeitnehmern führen. Es ist keine Besonderheit mehr, dass Mitarbeiter aufgrund ihrer guten Ausbildung, ihrer Erfahrung auf ihrem Arbeitsgebiet kompetenter als ihre Vorgesetzten sind. Somit haben fachliches Weisungsrecht und Kontrolle teilweise ihren Sinn eingebüßt. Auf innerbetrieblicher Ebene bedeutet dies den Abbau von Hierarchiestufen (NEFIODOW 1999, S. 27).

Konsequenterweise wird die vertikale Organisationsstruktur von Belegschaften zunehmend durch eine horizontale Gliederung in Teams ersetzt. Innerhalb der Teams spielen Kommunikation und Kooperation eine wesentliche Rolle. Flexibilität am Arbeitsplatz bedeutet eine Diversifizierung der einzelnen Arbeitsplatzprofile, so dass die Fähigkeiten eines jeden Arbeitnehmers möglichst optimal genutzt werden können. Was genau mit dem schillernden Begriff „Flexibilität" gemeint ist, erklärt WICKENS, der die innovativen Produktionsweisen im 1986 eröffneten Nissan-Werk bei Sunderland (Nordostengland) untersuchte: *"Flexibility means expanding all jobs as much as possible and developing the capabilities of all employees to the greatest extent compatible with efficiency and effectiveness"* (1987, S. 44).

Daraus folgt, dass insbesondere qualifizierte Arbeitskräfte gefragt sind. Durch eine Diversifizierung ihrer Tätigkeiten und einen Zuwachs an Verantwortung am Arbeitsplatz wächst ihre strategische Bedeutung im Arbeitsprozess. Dagegen müssen ungelernte Arbeitskräfte mit einer wachsenden Unsicherheit ihrer Arbeitsplätze rechnen (BATHELT 1994, S. 82).

Die neuen Produktionsweisen bieten jedoch nicht nur Vorzüge: Immer weniger Menschen produzieren in kürzerer Zeit immer mehr Güter. Volkswirtschaftliche Berechnungen gehen davon aus, dass gegenwärtig mit einem Rationalisierungsfaktor von 4–5 % jährlich in der industriellen Fertigung zu rechnen ist (SPEER 1992, S. 28 f.). Um diesem Trend zu begegnen, ist eine weitere Flexibilisierung der Arbeitszeiten und Arbeitsverhältnisse unumgänglich. Längere Maschinenlaufzeiten erfordern beispielsweise Wochenend- oder sogar Nachtarbeit. Diese Entwicklung hat unmittelbare Auswirkungen auf die Stadtstruktur. Die Ausweitung von Produktionszeiten führt zwangsläufig zur Entstehung von Liefer- und Personenverkehr in der Nacht und an Wochenenden. Dadurch können gravierende negative Auswirkungen auf die Verträglichkeit der Funktionen Wohnen und Arbeiten entstehen. Auch mindern neue Logistikkonzepte mit kontinuierlichem Lieferverkehr die Verträglichkeit von Wohn- und Gewerbegebieten in benachbarter Lage (HENCKEL et al. 1989, S. 16). Vor diesem Hintergrund wird das gegenwärtige Leitbild der Stadtentwicklung, das auf einer Mischung von Funktionen beruht, in Frage gestellt. Sowohl seitens der Industrie als auch der Öffentlichkeit wird der Ruf nach einer erneuten Trennung der Funktionen im Sinne der Charta von Athen wieder lauter.

Zudem führen die flexiblen Produktionskonzepte der Unternehmen zu einem Beschäftigungsabbau im produzierenden Gewerbe und verstärken somit die soziale Ungleichheit in den Großstädten. Gleichzeitig wächst die Zahl derjenigen Arbeitskräfte, die in keinem festen Arbeitsverhältnis stehen, sondern gezwungen sind, befristete Arbeitsangebote anzunehmen. Von dieser Gruppe profitieren insbesondere Zeitarbeitsfirmen, die ihre Angestellten, von denen ein hohes Maß an Flexibilität und Mobilität erwartet wird, an andere Firmen weiter vermitteln. Die Zahl der über Zeitarbeit vermittelten Angestellten hat sich in den letzten fünf Jahren verdoppelt. Vermittelt werden nicht mehr allein ungelernte und Hilfsarbeitskräfte, sondern in zunehmendem Umfange auch Facharbeiter und sonstiges qualifiziertes Personal (RONNEBERGER, LANZ & JAHN 1999, S. 43).

Eine weitere Folge des Abbaus fester Arbeitsplätze ist die Zunahme des Phänomens der sog. Scheinselbständigkeit: *„Häufig aus der Sozialhilfe heraus gründen sich ohne jedes Kapital Kleinstunternehmen, die Tierfutter ins Haus liefern, Koffer tragen, Scheren schleifen oder – wie im Falle Berlins – Touristen mit gemieteten Fahrrad-Rikschas befördern. In vielen Städten gehören auch Formen der Schattenökonomie wie Blumenverkäufer, Straßenhändler oder Jugendliche, die an Ampelkreuzungen Windschutzscheiben säubern, zum Straßenbild"* (RONNEBERGER, LANZ & JAHN 1999, S. 44).

Neben diesem Arbeitsmarktsegment wächst die Zahl der Langzeitarbeitslosen weiter an, deren Reintegration in die Arbeitswelt schwierig ist.

Ein arbeitsmarktpolitisches Problem ergibt sich mittel- und langfristig daraus, dass der Wegfall industrieller Arbeitsplätze in den Großstädten nur teilweise durch neue Arbeitsplätze in Dienstleistungsbranchen substituiert werden kann, zumal von den Zugewinnen in den Dienstleistungsbranchen auch die ländlichen Regionen profitieren, die damit erneut mit den Städten in Konkurrenz treten (HÄUSSERMANN & SIEBEL 1987, S. 31).

6.4.5 Reorganisation des Dienstleistungssektors

Gegenwärtig scheint es, als ob der Dienstleistungssektor den gleichen standortverlagernden Kräften und Prozessen ausgesetzt sei wie einige Jahrzehnte zuvor die Industrie. Auch im Dienstleistungssektor lässt sich eine Suburbanisierung von Arbeitsplätzen feststellen, die zur Schwächung der städtischen Arbeitsmärkte beiträgt. Vor allem Banken und Versicherungen sind mittlerweile dazu übergegangen, Routinetätigkeiten (sog. *„back-office-activities"*) ohne Kundenkontakt aus den teuren Citystandorten in den suburbanen Raum zu verlagern, „wo die Immobilienpreise relativ niedrig, die Verkehrsanbindungen gut und vor allem genügend Arbeitskräfte vorhanden sind" (PAWLEY 1997, S. 23).

Eine weitere Gefahr droht durch die Zunahme der Globalisierung von Dienstleistungen. Deren Anteil am Welthandel nimmt kontinuierlich zu; im Jahre 1995 lag ihr Anteil bereits bei 23 % (LAMMERS 1999, S. 10). Ein eindrucksvolles Beispiel hierfür ist die von BECK (1998) beschriebene „Berlin-Kalifornische Flughafen-Ansage": Nach 18 Uhr erfolgt der Ansagedienst auf dem Berliner Flughafen *online* von Kalifornien aus. Dort entfallen zum einen Zuschläge für den Spätdienst, zum anderen liegen die Lohnnebenkosten für diese Tätigkeit in Kalifornien erheblich niedriger als in Deutschland. Zum ersten Male in der Geschichte der postindustriellen Gesellschaft entfällt der Zwang, an einem Ort zusammenzuarbeiten, um ein Produkt herzustellen, in diesem Fall eine Information (S. 40 f.).

Schließlich begünstigen Innovationen im Bereich der Mikroelektronik die Dekonzentration von Arbeitsplätzen. Leistungsfähige Datennetze und Datentransfersoftware haben zu kräftigen Wachstumsraten der Teleheimarbeitsplätze geführt. Der Anstieg der Computerarbeitsplätze im häuslichen Umfeld verlief in den 1990er Jahren steil. Während in Deutschland 1991 die Zahl der Teleheimarbeiter vermutlich erst zwischen 1000 und 1500 lag (FLOETING & HENCKEL 1994, S. 242), konnten Mitte der 1990er Jahre bereits 150 000 Teleheimarbeitsplätze verzeichnet werden. Fünf Jahre später lag die Zahl bei ca. 800 000 (KORDEY & KORTE 1996, S. 25). Ein Ende dieses Trends scheint noch nicht in Sicht zu sein. Nach Schätzungen lassen sich etwa 29 % aller Arbeitsplätze in Teleheimarbeitsplätze umformen (ebd. 1996, S. 33).

Diese Entwicklung wird Suburbanisierung und Counterurbanisierung weiter begünstigen. Jüngere Studien haben belegt, dass Telearbeit oft in der Form alternierenden Arbeitens auftritt. Neben einem Telearbeitsplatz zu Hause existiert in diesen Fällen ein temporär genutzter betrieblicher Arbeitsplatz. Hintergrund dieses Standortsplittings ist die Erkenntnis der Betriebsleitungen, dass ein Heimarbeitsplatz den Arbeitsplatz im Unternehmen nie vollständig ersetzen kann bzw. sollte. Zu groß wäre die Gefahr, dass die Funktion des Arbeitsplatzes als soziale Kontaktstelle in Gefahr geriete und Mitarbeiter aus unternehmensinternen Kommunikationsprozessen ausgeblendet würden (KAHNERT 1998, S. 513). Daher wird zwei bis drei Tage pro Woche der häusliche Telearbeitsplatz und die übrige Zeit der betriebliche Arbeitsplatz genutzt. Für die Stadt- und Regionalentwicklung ist bedeutend, dass die Bildung von arbeitsplatz- und wohnplatzbezogenen Zeitblöcken die Distanzempfindlichkeit der Beschäftigten reduziert und somit zu einer Priorisierung stadtferner Wohnorte führt. *„Längere Arbeitswege fallen weniger stark ins Gewicht, so dass stadtferne Wohnorte sich leichter mit dem Alltagsleben vereinbaren lassen. Im Extremfall kann es sogar zu einem Standortsplitting kommen zwischen Arbeitsort und Dauerwohnort"* (HENCKEL et al. 1989, S. 201).

Zum anderen wird durch die Dezentralisierung von Telematikarbeitsplätzen eine Grundlage für die Schaffung neuer Arbeitsplätze im Umland geschaffen. HEINZE & KILL (1995, S. 960) setzen einen Anteil der Telearbeitsplätze von 20 % am Wohnstandort als „kritische Masse" für vor- und rückgelagerte ökonomische Aktivitäten vor Ort an.

Aus gesellschaftlicher Perspektive ist die Verlagerung der Arbeit an häusliche Computerarbeitsplätze eine zweifelhafte Errungenschaft. Kosten und Risiken werden auf diese Weise aus dem Betrieb verlagert; zudem werden Mitarbeiter von innerbetrieblichen Kommunikationsprozessen ausgeschlossen. Die Entstehung von Teleheimarbeitsplätzen erinnert in gewisser Weise an das Verlagswesen der vorindustriellen Zeit, als sog. Verleger gesponnene Wolle in Privathaushalten ablieferten, wo sie dann verwoben wurde. Nach einer festgelegten Zeit holten die Verleger dann die fertigen Textilien ab.

Hochrangige Dienstleistungsarbeitsplätze werden allerdings auch in Zukunft in den Großstädten bleiben, da sie an kreative Milieus und direkte persönliche Kontakte gebunden sind. Die Lage im Zentrum der Stadt bedeutet für Manager die räumliche Nähe zu Spezialisten und die rasche und leichte Verfügbarkeit von persönlich übermittelten Informationen (BLOTEVOGEL 1998, S. 12). Allerdings muss diese Kommunikation nicht notwendigerweise in der City stattfinden, deren Flächenangebot vielerorts knapp geworden oder sogar erschöpft ist. Gegenwärtig sind Verlagerungen an solche Standorte zu beobachten, wo Innenstadtqualitäten simuliert werden, jedoch die Nachteile der Innenstadt (schlechte Erreichbarkeit, hohe Büromieten) wegfallen, zum Beispiel Außenzentren in der Nähe bedeutender Flughäfen (Airport Cities). Alternativen für an die Kernstadt gebundene Firmen bieten sog. Nebencities wie die *„City Nord"* in Hamburg oder die London Docklands. Dort beispielsweise hat sich *„Canary Wharf"* nach Anlaufschwierigkeiten zu einer Agglomeration hochrangiger Dienstleistungsunternehmen entwickeln können.

Auch der Einzelhandel wird durch die Informations- und Kommunikationstechnologien stark beeinflusst. Sie begünstigen die rasche Entwicklung von Discountern mit hohen Umschlagzahlen und einem hohen Grad an interner Technisierung, wie automatischer Logistik, Scanning und Warensicherung. Zudem wird der sog. „e-commerce" höhere Marktanteile erringen.

6.4.6 Fazit

Industriesuburbanisierung, Globalisierungsprozesse, neue Betriebsorganisationen und Produktionsweisen haben zu einer deutlichen Reduzierung industrieller Arbeitsplätze geführt. Die Folgen dieser Prozesse und technischen Innovationen sind am deutlichsten in den einstigen Industriegroßstädten zu erkennen. Die dort hin-

zunehmenden Arbeitsplatzverluste wurden nur zu einem Teil durch neue Dienstleistungsbranchen ausgeglichen, da auch dieser Sektor der städtischen Wirtschaft
mittlerweile durch Rationalisierung, Suburbanisierung und Globalisierungsprozesse ausgelöste Einbußen verkraften muss. Wesentlich günstigere Entwicklungen
kennzeichnen die Gemeinden im suburbanen Raum, deren „weiche" Standortfaktoren sich wachstumsfördernd ausgewirkt haben, und jene Großstädte, deren Image
nicht durch Berichte über Deindustrialisierung, Gettobildung und wachsende Kriminalität beschädigt wurde und die daher in eine neue Rolle als Orte der Produktion
und des Transfers von Information und Wissen schlüpfen konnten.

Für die Städte, denen dieser Sprung (noch) nicht gelungen ist, lautet die entscheidende Frage: Welche Möglichkeiten können Staat und Kommunen ergreifen,
um dem wirtschaftlichen Niedergang und der sozialen Fragmentierung zu begegnen. Viele Städte sehen in der sog. *Festivalisierung der Stadtpolitik* und in *Flagship
Developments*, städtebaulichen Prestigeobjekten, eine Chance. Sie können einerseits Modernisierungsschübe auslösen, andererseits können sie in kurzer Zeit lokale
Arbeitsmärkte und soziale Beziehungen rigoros verändern. Global orientierte Neu-
bürger ziehen in die Kernstädte und verstärken die dort ohnehin bereits stattfindende Enttraditionalisierung gewachsener Milieus (PRIGGE 1999, S. 14).

6.5 Traditionelle Stadtentwicklungsplanung versus Public-Private-Partnership

Der verschärfte Wettbewerb zwischen den Städten hat zu einer Umformulierung von
Aufgaben und Zielen der Stadtverwaltungen geführt. Im Mittelpunkt des kommunalen Aufgabenspektrums steht nicht mehr die Fürsorgepflicht gegenüber den Bürgern,
für die sie Wohnungen, Verkehrsinfrastruktureinrichtungen und soziale Dienstleistungen bereitstellen sollen. Durch die Reduzierung staatlicher Unterstützungen werden die Städte vielmehr gezwungen, „eine aktive lokale Beschäftigungs- und Sozial-
politik" (RONNEBERGER, LANZ & JAHN 1999, S. 23) zu betreiben. Sie treten immer häufiger
und deutlicher als ökonomische Akteure auf, die mit anderen Städten um Investoren
und somit um Prosperitätseffekte ringen. Ihr Ziel besteht im erfolgreichen Werben
um und in der Ansiedlung von innovativen und zukunftsfähigen Unternehmen und
Organisationen von überregionaler Bedeutung. Daher werden öffentliche Mittel in
erster Linie zum Zwecke der Stimulation privaten Kapitals eingesetzt.

Damit kommen neben der Wirtschaftsförderung vor allem der Stadtentwicklungsplanung und dem Stadtmarketing neue Verantwortung und Aufgabenbereiche
zu. Aufgabe der Stadtentwicklungsplanung ist längst nicht mehr die Entwicklung
eines Generalplans, der eine Endzustandsbeschreibung der zukünftigen Stadt liefert.
Die klassischen Instrumente der Stadtentwicklungsplanung, Flächennutzungsplan,
Bebauungsplan und Ausführungsplanung, werden zunehmend durch alternative
Entwicklungsstrategien ergänzt. Planungsziele werden dabei in Maßnahmenbündel
und Realisierungsschritte umgesetzt, die auf verschiedenen Planungsebenen angesiedelt sein können und verschiedene Zeithorizonte einschließen können (FASSBINDER
1992, S. 12 f.). In Abhängigkeit von der Bedeutung städtischer Teilräume können sog.
„Intensivgebiete" ausgewiesen werden, für deren Revitalisierung bzw. Entwicklung

Abb. 6.5:
Postmodernes Büro-
gebäude in den Salford
Quays, Manchester
(Foto: ZEHNER, Juni 2000)

differenzierte Lösungsvorschläge erarbeitet werden, während für andere Gebiete lediglich allgemeine Entwicklungsziele formuliert werden. Bei der Umsetzung dieser Ziele übernehmen die Stadtentwicklungsämter die Rolle von Moderatoren, die zwischen den beteiligten Akteuren und Interessengruppen vermitteln.

Eine herausragende Rolle im Rahmen der postmodernen Stadtentwicklung spielen private Architekten, deren Schlüsselprojekte am deutlichsten wahrgenommen werden (Abb. 6.5). Ihre Entwürfe sind maßgebend für die Intensität und die Qualität der Wahrnehmung von Metropolen, da Städte in der Regel nicht als vollständige physische, ökonomische und soziale Einheiten erfasst werden. Vielmehr werden selektiv Raumbilder wahrgenommen, die gesellschaftliche, soziale und ökonomische Konstruktionen der Wirklichkeit darstellen und dem Stadtimage zugrunde liegen. Stadtplanungs- bzw. Stadtmarketingbehörden nutzen daher die Möglichkeit, durch gezielte Eingriffe die Raumbilder zu manipulieren. Auf diese Weise werden Städte „zunehmend zu einem Träger sozial konstruierter Wirklichkeit im Sinne eines autonomen Teils des kommunikativen Systems" (HELBRECHT & POHL 1995, S. 233).

Neben den Flaggschiffprojekten spielen heute auch weiche Standortfaktoren eine Rolle für den wirtschaftlichen Erfolg von Städten. Ein neuer Flughafen, ein neuer Anschluss an eine Hochgeschwindigkeitsbahn, ein Teleport oder ein neues Glasfasernetz verbessern nicht nur die realen Voraussetzungen für private Investitionen großen Umfangs erheblich. Sie sorgen auch für ein positiveres Image der Städte.

„Die ‚weichen‘ Standortfaktoren haben [...] an Gewicht gewonnen. ‚Weich‘ heißt, daß diese Faktoren nicht so knallhart von den Betrieben kalkuliert werden, wie z. B. Lohnkosten, Transportkosten, Bodenpreise usw. Sie können nicht nach einem Inves-

titionsplan hergestellt werden und wirken eher aufs Gemüt. Die unverbrauchte Landschaft gehört dazu, das Wetter und das städtische Ambiente. Das alles werde vom High-Tech-Flügel der Lohnarbeiterschaft so sehr geschätzt, daß es als Standortfaktor für moderne Industrie gilt" (HÄUSSERMANN & SIEBEL 1987, S. 124).

Daher konzentriert sich Stadtmarketing zunehmend auf die mediengerechte Inszenierung „weicher" Standortfaktoren wie „Ambiente", „Kultur", „Milieus" usw., die räumlich vor allem in den Innenstädten verortbar sind. Dieses Angebot ist heute unerlässlich, denn die soziale Position von Individuen hängt nicht mehr allein von ihrer Stellung in der Arbeitswelt ab. Zunehmend werden symbolische Formen der Abgrenzung wichtiger. Aus den sozialen Bewegungen der 1970er Jahre hat sich eine pluralisierte Konsumgesellschaft entwickelt, die ein hoch differenziertes Konsummuster zeigt. Einige Milieus und Lebensstilgruppen identifizieren sich heute stärker über Konsumtionsformen als über Arbeit. Sie sind die Nachfrager von neuen kommerziellen Einrichtungen, in denen Einkaufen, Ausgehen, Unterhaltung, Kultur und Bildung in verschiedenen Formen zusammengestellt sind (RONNEBERGER, LANZ & JAHN 1999, S. 71).

Die Stadtverwaltungen haben offensichtlich verstanden, dass es sich lohnt, Raumbilder und Images in die konkrete Infrastrukturausstattung einer Stadt einzubeziehen. Denn neben der materiellen Struktur einer Stadt wird die Vermittlung von Bedeutung, Geschichten, Images und Symbolen an Gewicht zunehmen (HELBRECHT & POHL 1995, S. 232).

In allen hoch entwickelten Ländern lassen sich heute unterschiedlich gelungene Modelle einer Inszenierung von Raumbildern und Images finden. Besonders geeignete Gebiete sind Hafengebiete, nicht zuletzt wegen der Nähe zum Wasser. Hier entstehen in postmoderner Gestaltungsvielfalt Wohngebäude, Dienstleistungs- und Tourismuseinrichtungen. Hinzu kommen der gehobene Einzelhandel und Plätze, auf denen Feste gefeiert werden können. Eine Vorreiterrolle haben in diesem Zusammenhang die Städte Boston und Baltimore übernommen. Heute weist nahezu jede ältere Stadt in den USA oder Kanada ein revitalisiertes Hafen- bzw. Lagerhausviertel auf. Historische Hafengebäude in Verbindung mit dem Reiz, der von der Lage an einem Gewässer ausgeht, sind insbesondere für den Geschäftstourismus zu einem wichtigen Eckpfeiler geworden (HALL 1991, S. 30).

Als Paradebeispiel für eine gelungene Aufwertung des Stadtimages gilt München, Austragungsort der Olympischen Sommerspiele 1972. Den Ausrichtern gelang es, die Wesenszüge der Stadt München, d. h. Weltoffenheit, Heiterkeit und Freiheit von Ideologien, durch Architektur, graphische Elemente und Farben auszudrücken, die einen Bezug zu diesen Attributen aufweisen (GANSER 1970). Der Erfolg gab den Verantwortlichen Recht: Die bayerische Landeshauptstadt, die als „Weltstadt mit Herz" vermarktet wurde, konnte einen weltweiten Imagegewinn verbuchen, der sich später in kräftigen Investitionsschüben widerspiegelte.

6.5.1 Festivalisierung

Das Beispiel München zeigt zudem, in welcher Weise Städte von Großereignissen profitieren können. Vor allem die Städte, die auf mittleren Stufen des globalen Städtesystems positioniert sind, streben an, von transnational operierenden Investoren deutlicher als ihre Konkurrenten wahrgenommen zu werden. Kulturelle und sportliche Großereignisse („Festivals") bilden in diesem Kontext eine willkommene Gelegenheit, sich für einen begrenzten Zeitraum im Blickfeld der internationalen Öffentlichkeit zu präsentieren. Derartige Großereignisse sind Weltausstellungen, Olympische Spiele, Weltmeisterschaften, Film-, Theater- und Musikfestspiele sowie Gartenschauen.

Die Auswirkungen derartiger Großereignisse sind vielgestaltig. Sie können nach zeitlichen und thematischen Aspekten geordnet werden. Eine zeitliche Analyse hat drei Phasen zu berücksichtigen:

1. Im Vorfeld der Veranstaltung werden zahlreiche Investitionen getätigt. Hierzu zählen etwa der Bau von Veranstaltungsstätten, Unterkünften sowie der Ausbau der Verkehrsinfrastruktur. Dadurch entstehen zunächst stimulierende Effekte für die Bauwirtschaft, den Wohnungsmarkt und den Handel (BIRKLHUBER 1993, S. 102).
2. Während der Veranstaltung profitieren zahlreiche kundenorientierte Wirtschaftsunternehmen, vor allem der Tourismusbranche, von dem Großprojekt. BIRKLHUBER wies nach, dass sich die Wahl Vancouvers als Standort der Expo '86 auf ganz British Columbia ausgewirkt hat. Die kanadische Provinz wurde im selben Jahr als Urlaubs- und Reiseziel stärker nachgefragt, was sich in einem Rekordaufkommen von Passagieren auf dem Flughafen Vancouvers widerspiegelte. Die Flugstrecken nach Montreal und Ottawa wiesen eine mehr als 25 % über dem Durchschnitt liegende Auslastung auf, die Buchungen für Flüge nach New York und Seattle lagen sogar um 50 % über den normalen Werten. Auch Gastronomie und Einzelhandel profitierten von den Stadtbesuchern. Für Verpflegung, Unterbringung und Einkäufe gaben die Besucher der Expo '86 schätzungsweise 450 Mio. $ aus. Schätzungen zufolge machte die Summe der direkten und indirekten Effekte 1986 etwa 1,5 % des Bruttoinlandsprodukts von British Columbia aus.
3. Schließlich ist zu erwarten, dass aufgrund der Medienpräsenz und der dadurch veränderten Wahrnehmungs- und Bewertungsgrundlage nach der Veranstaltung Anstoß- und Ausstrahlungseffekte auftreten, die allerdings kaum kalkulierbar sind (HÄUSSERMANN & SIEBEL 1993).

Die Raumwirksamkeit, die Stadtfestivals zugeschrieben werden kann, lässt sich vorrangig dadurch begründen, dass für eine begrenzte Zeit private und städtische Akteure ihre kreativen und finanziellen Ressourcen auf ein einziges Projekt ausrichten. Erst diese gemeinsame Anstrengung ermöglicht die Verwirklichung von Großprojekten, die von der Weltöffentlichkeit als Symbole deutlich wahrgenommen werden. Zu den bekanntesten Beispielen zählen der Pariser Eiffelturm, der anlässlich der Weltausstellung 1889 errichtet wurde, sowie das bereits erwähnte Münchner Olympiastadion mit seiner spektakulären Dachkonstruktion, das Hauptaustragungsstätte der Olympischen Spiele 1972 war. Eiffelturm und Olympiastadion wurden zu architektonischen Wahrzeichen ihrer Städte, in diesem Sinne zu weithin sichtbaren Zeichen, die den Bekanntheitsgrad beider Metropolen erheblich gesteigert haben.

Derartige Schlüsselprojekte tragen außerdem zu einer inneren Entwicklung der Städte bei, da als Standorte häufig Industrie- und Verkehrsbrachflächen in günstiger

Lage zu den Innenstädten gewählt werden. Die Revitalisierung solcher Flächen zählt gegenwärtig zu den zentralen Aufgaben der Stadtentwicklungsplanung. Mit ihrer Ausweisung als Standorte für Gartenschauen, neue Stadien oder sonstige architektonische Schlüsselbauten wird gleichzeitig die Entscheidung für ihre funktionale und städtebauliche Umwidmung und somit für ihre Revitalisierung getroffen.

Die Durchführung der Projekte liegt in der Hand von Entwicklungsgesellschaften, die ausschließlich zu diesem Zweck gegründet werden. Beteiligt sind verschiedene Körperschaften, Verbände und private Investoren. Das Stadtplanungsamt ist nur noch einer von vielen Kooperationspartnern, die sich zu einer Public-Private-Partnership zusammengeschlossen haben. Im britischen Modell der „Urban Development Corporations", die staatliche Entwicklungsziele auf kommunaler Ebene umsetzen sollten, spielt die kommunale Stadtplanung überhaupt keine Rolle mehr (HÄUSSERMANN & SIEBEL 1993, S. 10). Befreit von den Regulationsmechanismen, denen administrative Instanzen in der Regel unterliegen, können Public-Private-Partnerships flexibler, rascher und somit effektiver auf neue Entwicklungen reagieren. Der Einsatz von städtischen Entwicklungsgesellschaften ist dabei durchaus konform mit dem veränderten Verständnis von postmoderner Stadtentwicklungsplanung: *„Die Stadtplanung hat zur Aufgabe, für die Realisierung städtischer Vorhaben günstige Voraussetzungen zu schaffen, auf räumliche Konflikte aufmerksam zu machen, zu ihrer Lösung beizutragen und öffentliche Interessen zu wahren. Sie hat nicht nur die Aufgabe, die ideale, perfekte und damit utopische Stadt zu suchen und deren Bau zu fordern. Postmoderne Stadtplanung ist darum in erster Linie eine Aufgabe des städtischen* **Managements**" (FINGERHUTH & HUBER 1993, S. 9; Hervorhebung im Original).

Den Vorteilen einer so verstandenen Stadtentwicklungsplanung, Flexibilität und Effizienz, stehen allerdings auch eine Reihe von Nachteilen gegenüber.

1. Planung als Marketingaufgabe aufzufassen bedeutet, einer Entdemokratisierung der städtischen Entwicklungsplanung zuzustimmen. Investoren und ihre Architekten bestimmen über Stadtstruktur, Nutzung und Architektur, nicht mehr die kommunalen Planungsämter.

2. Festivals zählen zur Gruppe der *„footloose industries"*. Die Städte, in die transnational operierende Konzerne und Baugesellschaften investieren, sind austauschbar. Gute Chancen, den Zuschlag zu erhalten, haben solche Städte, in denen Auflagen- und Regulationsdichte gering sind. Mit anderen Worten: Die Chance, von einer Stadtentwicklung durch Festivalisierung zu profitieren, ist in denjenigen Städten am größten, in denen der Einfluss der städtischen Planungsämter am geringsten ist.

3. Das Werben der Städte um Investoren führt zu einer angespannten Konkurrenzsituation. Die Gefahr kostspieliger Überinvestitionen nimmt zu. Niemand garantiert, dass gediegene Einkaufspromenaden, teure Mehrzweckhallen und Sportstadien und kommerzialisierte Hafenanlagen auch nach Ende eines Großereignisses noch nachgefragt werden. Besonders groß ist das Risiko in jenen Städten, deren wirtschaftliche Basis sich auf den Finanz- und Immobiliensektor stützt. Die zahlreichen Bankenzusammenbrüche in Texas, Colorado und Kalifornien waren die Folge von Überinvestitionen im Immobilienbereich, die nicht solide genug finanziert waren (HARVEY 1987, S. 124 f.).

6.5.2 Flagship Developments

Vor allem in Großbritannien und den USA sind spektakuläre Bauvorhaben in Städten verwirklicht worden, ohne dass ein temporäres Großereignis im Sinne eines Festivals Auslöser war. Mit dem Bau moderner Sportarenen, bedeutender Museen, attraktiver Yachthäfen und postmoderner Bürohochhäuser sollten zugleich Impulse für eine Revitalisierung der angrenzenden „Inner-city"-Gebiete ausgelöst werden. Zugleich sollte durch Flagship Developments der internationale Bekanntheitsgrad der Städte gesteigert werden. In der angelsächsischen Literatur wird diese Strategie sehr treffend als „to put a city on the map" bezeichnet.

Bekannte Beispiele aus Großbritannien sind das Riverside Stadium in Teesside, das Albert Dock in Liverpool, das National Museum of Film and Television in Bradford und der 240 m hohe Canada Tower (Canary Wharf) in den London Docklands. In den USA konnten die Innenstädte von Los Angeles, Houston, Cleveland und Atlanta durch spektakuläre Bürohochhäuser aufgewertet werden (HALL 1998, S. 90). Ein Großprojekt außergewöhnlicher Dimension in Deutschland ist das neu entstandene Regierungsviertel Berlins am Potsdamer Platz. Welche Wirkungsmächtigkeit Flagship Developments entfalten können, zeigt das Beispiel der größten Mehrzweckhalle Europas in Köln. Die 1998 fertiggestellte Kölnarena hat mittlerweile Dom und historische Altstadt von den Titelseiten der städtischen Werbeprospekte, Stadtkalender und Postkarten verdrängt.

6.5.3 Privatisierung öffentlichen Stadtraumes

Die Gestaltung öffentlicher Stadträume durch private Investoren hat allerdings gesellschaftliche Konsequenzen. Besonders in nordamerikanischen Städten haben sich in den letzten Jahren die Anzeichen für eine soziale Segregation und Diskriminierung marginalisierter Bevölkerungsgruppen gehäuft.

Dort haben Gestaltung und Vermarktung öffentlichen Raumes unter kapitalistischen Aspekten eine längere Tradition als in Europa (MOLDENSCHARDT 1992, S. 207). Die klassischen Orte der Öffentlichkeit – etwa Straßen, Plätze und Parks – werden sukzessive durch Malls, Urban Entertainment Centers, Themenparks und andere „Kathedralen der Konsumgesellschaft" ersetzt. Freizeitgestaltung, Einkaufen und Wohnen werden aus unsicheren öffentlichen Stadträumen in geschützte und überwachte Räume, etwa Einkaufszentren (Malls) und bewachte Wohnviertel (Gated Communities), verlagert, zu denen jedoch nicht alle Bevölkerungsgruppen und Personen Zugang haben.

Die Privatisierung öffentlichen Stadtraumes setzte in Angloamerika zu Beginn der 1970er Jahren mit dem Bau von Malls in den Innenstädten ein. Die Malls, die sich bereits im suburbanen Raum bewährt hatten, wurden nun als ökonomische Instrumente zur Revitalisierung von Innenstädten, die von Verödung bedroht waren, eingesetzt. Ihr Potential bestand in ihrer zentralen Lage, der hohen Tagbevölkerung in der Innenstadt und den Touristenströmen (HAHN 1996, S. 261).

Im Gegensatz zu nichtintegrierten Einkaufsstandorten lassen sich aus den Malls unliebsame Rahmenbedingungen des Einkaufens, wie Verkehr und schlechtes Wetter, fernhalten. Vor allem aber können Randgruppen der Bevölkerung ausgeschlossen werden, wie etwa Obdachlose, arbeitslose Jugendliche und verarmt wirkende ältere Menschen. Dies geschieht mit Unterstützung durch Videokameras und private Sicherheitskräfte, die den Zugang zu den Malls überwachen. So werden beispielsweise pro Jahr 32 000 Personen aus dem *„Eaton-Centre"* in Toronto verwiesen (KRUSHELNICKI 1985, S. 22). Zur *„Mall of America"* in Minnesota haben seit 1996 Jugendliche unter 16 Jahren an Freitag- und Samstagabenden nur in Begleitung Erwachsener Zutritt (MEREDITH 1996, A1 / A13).

Um Einkaufszentren als Aufenthalts- und Kommunikationsorte nutzen zu können, haben es sich manche der älteren Besucher angewöhnt, eine Einkaufstasche zu tragen, um dem Verdacht des Herumlungerns entgehen zu können (RONNEBERGER 1998). Dies wäre dem Image der Malls abträglich, da ihre Angebotsstruktur auf Ansprüche und Bedürfnisse der jüngeren, kaufkräftigen weißen Mittelschicht ausgerichtet ist. Zwar gelten de jure in vielen Bundesstaaten der USA Malls als öffentliche Räume, jedoch steht es den Betreibern offen, Personen zu verweisen, die ein normabweichendes Verhalten zeigen. De facto sind Malls, wie RONNEBERGER (1998, S. 8) treffend formuliert „reale ‚Festungsstädte', gebaut für Menschen vornehmlich aus den suburbanen Mittelklassen, die den ‚Gefahren der Großstadt' zu entkommen suchen".

Neben den Malls hat sich, vor allem in den winterkalten Regionen Nordamerikas, eine weitere Kategorie privatisierter Stadträume etablieren können. Seit den 1960er Jahren wurden sog. *„Skyways"*, geschlossene Fußgängerbrücken, die Gebäude miteinander verbinden, und unterirdische Wegesysteme gebaut. Wie die Malls befinden sich auch die neuen Wegesysteme in privatem Besitz und werden entsprechend überwacht.

Einen dritten Typ privatisierter Einkaufsstätten bilden sog. *„Festival Markets"*. Standorte sind ehemalige Fabrik-, Hafen- und Altstadtbereiche. Dort wurden Lagerhäuser, Markthallen und andere historische Gebäude entkernt und in moderne Einkaufszentren umgewandelt. Durch die Einbeziehung historischer Strukturen soll ein Ambiente erzeugt werden, das den Erlebniswert des Einkaufens steigert (HAHN 1996, S. 265). Der bekannteste Festival Market in den USA ist der *„Quincy Market"* in Boston. Die 1824 errichteten Markthallen der Stadt wurden 1973 für 99 Jahre an eine private Entwicklungsgesellschaft verpachtet. Diese veranlasste die erfolgreiche Renovierung der Hallen durch eine Public-Private-Partnership. Obwohl die zwischen den Gebäuden liegenden Plätze die Atmosphäre öffentlicher Marktplätze vermitteln, sind weder Quincy Market noch andere Festival Markets öffentliche Räume. Vielmehr gilt auch hier, dass Sicherheitskräfte festlegen, wer Zutritt zu den Gebäuden hat und wer unerwünscht ist. Ein bekannter Festival Market in Europa ist der Londoner *„Covent Garden"*, ein Großmarkt, in dem bis 1974 Obst und Blumen gehandelt wurden (Abb. 6.6).

Malls, Skywaysysteme und Festival Markets stellen bei gleichzeitiger Verneinung des realen städtischen Lebens Simulationen und Reproduktionen von Innenstadtszenarien dar. Sie produzieren eine Pseudoöffentlichkeit, die sich am Mythos von Kleinstädten orientiert (RONNEBERGER 1998, S. 8) und somit auch ein Gefühl der Sicherheit und Geborgenheit vermittelt. Damit werden sie zu Räumen kollektiver Identitäten, in denen sich zugleich bestimmte soziale Milieus repräsentieren können, während anderen dazu keine Gelegenheit gegeben wird (BORMANN 1998).

Abb. 6.6:
Covent Garden, London.
Bis 1974 war Covent Garden Londons wichtigster Obst-, Gemüse- und Blumenmarkt. Nach seiner Schließung wurden die ehemaligen Markthallen in ein multifunktionales Einkaufs- und Vergnügungszentrum umgewandelt (Foto: ZEHNER, Oktober 1993).

Die Ausgrenzungsstrategien der privaten Betreiber reichen vom Einsatz bestimmter Baustoffe und Belichtungstechniken bis hin zu übertriebenen Reinigungsaktivitäten. In ihrer Ausgabe vom 10.9.1998 schreibt die „Immobilien Zeitung": *„Es hat sich zum Beispiel herausgestellt, daß helle, freundliche und saubere Anlagen ein bestimmtes Publikum abschrecken. So hat sich der dunkle Marmor in Einkaufspassagen nicht bewährt, der helle Naturstein in Verbindung mit einem Beleuchtungskonzept ist demgegenüber sehr geeignet, nicht willkommene Gäste und störende Besucher fernzuhalten."*

Die Ausblendung von aus Sicht der Betreiber störenden Rahmenbedingungen bedeutet jedoch den Verlust von Urbanität, d.h. städtischer Lebensweise und Kultur. Denn Urbanität entsteht erst durch die Begegnung unterschiedlicher Kulturen, Ethnien, Traditionen und Milieus auf engstem Raum (FELDTKELLER 1994, S. 37).

Durch die bewusste Ausgrenzung von Personen wird vielmehr Segregation erzeugt, die zu einer Verschärfung der sozialräumlichen Disparitäten in den Innenstädten und zu einer weiteren Abwertung des öffentlichen Raumes führt. Öffentliche Straßen verlieren endgültig ihre Bedeutung als Stätten sozialer Interaktionen und werden auf ihre bloße Verkehrsfunktion reduziert.

Während private Betreiber, ohne in juristische Konflikte zu geraten, den Zugang zu ihren Einrichtungen nach eigenen Richtlinien regeln können, sind die Stadtverwaltungen in einer vergleichsweise schwierigen Situation. Auch sie sind bemüht, Innenstädte und Parkanlagen sicherer und attraktiver erscheinen zu lassen. Allerdings sind Versuche, etwa „Obdachlose aus den besseren Gebieten der Stadt fern zu halten" (HAHN 1996, S. 266), juristisch kaum vertretbar, da Obdachlose definitionsgemäß keinen privaten Raum besitzen und der öffentliche Raum ihr Zuhause ist. Weil eine offensive Verdrängung nicht möglich ist, sind Städte dazu übergegangen, mit subtileren Methoden diese Menschen auszugrenzen. Dazu werden öffentliche Parks in den späten Abendstunden geschlossen und Sitzbänke aufgestellt, die zum Liegen nicht geeignet sind (ebd.).

Diese Formen sozialer Exklusion sind mittlerweile auch in Deutschland Praxis. Obwohl in deutschen Städten (noch) nicht das „Law-and-Order"-Gesetz bemüht wird, das etwa die Stadtverwaltungen von New York und Singapur anwenden, sind viele Stadtverwaltungen dazu übergegangen, im Rahmen von Sondernutzungen sog. Gefahrenabwehrverordnungen zu erlassen. Auf diese Weise werden an bestimmten Orten das Betteln, das Trinken von Alkohol und das Lagern im öffentlichen Raum zu Ordnungswidrigkeiten, die geahndet werden können (RONNEBERGER 1998).

In den USA ist die Privatisierung der Stadt keineswegs auf die Innenstadt und auf Einkaufs- und Freizeitaktivitäten begrenzt. Das zunehmende Sicherheitsbedürfnis der wohlhabenderen Bevölkerung, zu der die weiße Mittelschicht zählt, hat die weite Verbreitung abgeschlossener und privatisierter Wohngebiete gefördert. Wohnanlagen sind ummauert und werden von privaten Wachdiensten geschützt und kontrolliert. Zugang ist nur nach vorhergehender Anmeldung bei einem Pförtner möglich. Derartige Nachbarschaften stellen keine singulären Erscheinungen dar, sondern sind zu einem charakteristischen Strukturelement der angloamerikanischen und der lateinamerikanischen Stadt geworden.

Wenngleich sie schwerpunktmäßig im suburbanen Raum verbreitet sind, existieren auch in den downtownnahen Wohngebieten abgeschottete und bewachte Quartiere. Eindrucksvolle Beispiele sind das „Renaissance Center" in Detroit und „Battery Park City" in New York. Das Renaissance Center wird von einem Fluss und einer hohen Mauer abgeschottet. Die Zugänge werden kontrolliert und permanent überwacht (MARCUSE 1998, S. 46). Eine Zitadelle des Luxus stellt Battery Park City dar. Das Wohngebiet ist weder leicht zugänglich, noch wirkt es besonders einladend für Fremde. Das Wohngebiet wird hauptsächlich als Zweitwohnsitz von Spitzenverdienern in Downtown-Manhattan genutzt.

Aus stadtgeographischer Sicht erzeugen Gated Communities eine zunehmende Fragmentierung und Homogenisierung der Stadt, die in einem merkwürdigen Gegensatz zu den Grundfesten einer liberalen und deregulierten Gesellschaft steht.

7 Kulturgenetische Stadttypen

Die Einteilung der Städte nach Kulturerdteilen spiegelt zugleich eine Differenzierung nach historischen Gründungsphasen wider. Die ersten Städte, wie Uruk und Nippur, entstanden vor mehr als 5 000 Jahren im Gebiet von Euphrat und Tigris (WIRTH 2000, S. 1). Auf eine über 2 000-jährige Tradition können die europäische, die indische und die chinesische Stadt zurückblicken. Die Städte Amerikas und Australiens sind dagegen Schöpfungen der Neuzeit. Mit Ausnahme der wenigen Städte indianischer Hochkulturen gehen die städtischen Siedlungen in Lateinamerika auf Gründungen der spanischen und portugiesischen Eroberer im 16. und 17. Jahrhundert zurück. Auch die Geschichte der angloamerikanischen Stadt ist kaum mehr als vier Jahrhunderte alt, während die Entwicklung des australischen und neuseeländischen Städtewesens sogar erst vor 200 Jahren begann. Eine ausführliche Behandlung aller zwölf kulturgenetischen Stadttypen hätte den Rahmen dieses Buches gesprengt, so dass eine Auswahl getroffen werden musste. Im Folgenden werden exemplarisch die angloamerikanische, die islamisch-orientalische und die lateinamerikanische Stadt vorgestellt.

7.1 Die angloamerikanische Stadt

Unter den kulturgenetischen Stadttypen spielen die angloamerikanischen Städte aus zwei Gründen eine herausragende Rolle. Sie weisen wie die Städte des australisch-neuseeländischen Kulturkreises ein vergleichsweise junges Alter auf. Die älteste Stadt der Vereinigten Staaten, St. Augustine, an der Ostküste Floridas gelegen, wurde erst 1565 von spanischen Invasoren gegründet. Im Jahre 1609 folgte die Gründung der heutigen Hauptstadt des Staates New Mexico, Santa Fe. Fast zur selben Zeit legten die Franzosen den Grundstein Québecs am St.-Lorenz-Strom (HOFMEISTER 1971, S. 23). Allerdings waren diese Gründungen einzelne, räumlich isolierte Entwicklungen.

Erst die Briten, die in vier Einwanderungswellen zwischen 1629 und 1776 ins Land kamen, betätigten sich in den 13 Kolonien an der Ostküste als planmäßige Stadtgründer. Für sie war die Stadt einerseits Instrument imperialer Herrschaft, andererseits räumlicher Ausdruck eines gesellschaftlich-ideologischen Ordnungssystems, vor allem in den puritanischen Siedlungsgebieten (HOLZNER 1996, S. 24). Die britischen Einflüsse wurden fortan für Entwicklung und Struktur der Städte in Nordamerika maßgebend. Vor diesem Hintergrund ist auch die Bezeichnung angloamerikanische Stadt gerechtfertigt.

Da die angloamerikanische Stadt ein junges Element der Kulturlandschaft in einem jung erschlossenen Land ist, fehlen ihr Tradition und städtebauliche Elemente der europäischen oder der islamisch-orientalischen Stadt. Historische Altstädte, die von mächtigen, mittelalterlichen Stadtmauern eingefasst sind, Burgen, Schlösser und Kathedralen sind ihr fremd.

Angloamerikanische Städte spiegeln sehr deutlich Werte, Normen und Einstellungen der Gesellschaft wider, die sie aufgebaut hat. Obwohl die amerikanische Nation aus unterschiedlichen Ethnien und Auswanderergruppen hervorgegangen ist, bildete sich schon während des 19. Jh. ein Nationalkonsens mit übergreifenden Identitätsvorstellungen, gesellschaftlichen Normen und Wertvorstellungen heraus, die sich als „American Way of Life" bezeichnen lassen. Besonderen Einfluss auf die Prägung dieses Lebensstils hatten die Puritaner, die einflussreichste Gruppe unter den „White Anglo-Saxon Protestants" (WASP). Zu den wichtigsten Prinzipien der WASP-Kultur zählen:

1. Individualismus und Anspruch auf Privatsphäre und Eigeninteresse, d.h. persönliche Freiheit und Unabhängigkeit, Selbstverwirklichung und ökonomische Selbständigkeit.
2. Zivile Tugend, d.h. freiwilliges Akzeptieren von Regeln im Rahmen einer gemeingültigen Ordnung; liberale Einstellung gegenüber einem gesellschaftlichen Pluralismus; Akzeptanz demokratischer Beschlüsse.
3. Arbeitsethos und Pragmatismus; Arbeit wird als Pflicht begriffen; pragmatische Vorgehensweise zum Erreichen eines Zieles und materieller Erfolg als Belohnung (HOLZNER 1996, S. 19f.).

Die Eckpfeiler amerikanischer Lebensweise bilden den Schlüssel zum Verständnis des strukturellen Aufbaus angloamerikanischer Städte und ihrer gegenwärtigen Entwicklungsprobleme. Städte waren für Amerikaner nie kulturelle Zentren; Urbanität im Sinne von städtischem Leben, sozialer Kommunikation, Vitalität und Weltoffenheit spielten in Angloamerika immer eine untergeordnete Rolle (HAUBOLD 1997, S. 39). Vielmehr haben Amerikaner ihre Städte hauptsächlich nach ökonomischen und pragmatischen Aspekten entworfen und ausgestaltet. Die Stadt sollte nützlich und profitabel sein. *„Im wirtschaftlichen Bereich lag ihnen [den Amerikanern, Anmerk. d. Verf.] vor allem daran, die Stadt als Betätigungsfeld in ihrem Streben nach Profit zu nützen und dabei möglichst unbehindert von Regulierungen ihren Tätigkeiten und Unternehmungen nachgehen zu können. Dabei sollten sich die Stärksten und Tüchtigsten durchsetzen können"* (HOLZNER 1996, S. 16).

7.1.1   Die Kernstadt

Die angloamerikanische Stadt setzt sich aus Kern- und Außenstadt zusammen (Abb. 7.1). Das ökonomische Zentrum der Kernstadt ist *„downtown"*, die funktional mit dem Citygebiet der mitteleuropäischen Stadt gleichzusetzen ist, städtebaulich aber deutliche Unterschiede aufweist. Charakteristisches Merkmal der downtown ist der Wolkenkratzer *(„Scyscraper")*, der, begünstigt durch technische Neuerungen wie Fahrstuhl, Stahlskelettbauweise und ökonomische Innovationen, vor allem die Trennung von Produktion, Verwaltung und Handel, ab den 80er Jahren des 19. Jh. den Aufriss der Städte zu prägen begann. HOFMEISTER (1996, S. 128) weist darauf hin, dass der Wolkenkratzer „als die erste eigenständige Leistung der amerikanischen Architektur und als Symbol für die amerikanische Gesellschaft und ihren way of life angesehen" werden kann.

Mit der wachsenden wirtschaftlichen Bedeutung der Innenstadt kam es zu einer nahezu vollständigen Verdrängung der Wohnbevölkerung. Mit der nach dem Zweiten Weltkrieg verstärkt einsetzenden Abwanderung des Einzelhandels in die Vororte *(„suburbs")* setzte eine allmähliche Verödung von downtown ein, der ab den 1960er

Abb. 7.1:
Strukturschema eines
angloamerikanischen
Verdichtungsraumes
(Quelle: eigener Entwurf,
verändert nach SCHNEIDER-
SLIWA 1999, S. 46)

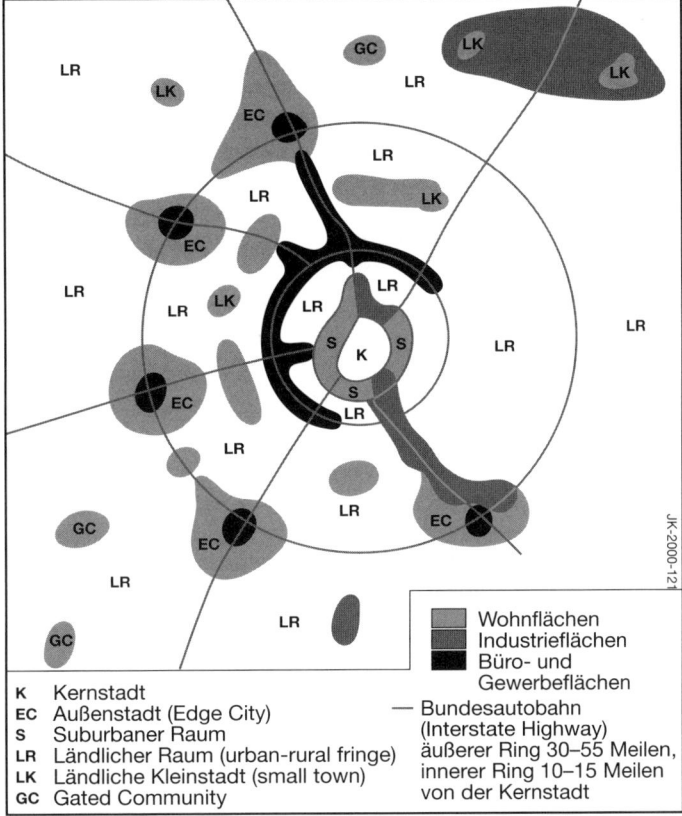

JK-2000-121

K Kernstadt
EC Außenstadt (Edge City)
S Suburbaner Raum
LR Ländlicher Raum (urban-rural fringe)
LK Ländliche Kleinstadt (small town)
GC Gated Community

Wohnflächen
Industrieflächen
Büro- und
Gewerbeflächen
— Bundesautobahn
(Interstate Highway)
äußerer Ring 30–55 Meilen,
innerer Ring 10–15 Meilen
von der Kernstadt

Jahren mit der Errichtung von Einkaufszentren, neuen Kulturzentren, Sportarenen und Apartmenthäusern begegnet wurde.

Typisch für die gegenwärtige Struktur der downtown ist ihre Aufteilung in funktionale Teilbereiche. So gibt es neben dem zentralen Geschäftsbereich (CBD) in der Regel ein Hotelviertel, ein Kongresszentrum, ein Behördenviertel und Luxuswohnanlagen. Die Entstehung dieser neuen Viertel geht in den meisten Fällen auf die Initiativen von Public-Private-Partnerships zurück. Seit Mitte der 1980er Jahre haben sie als Hauptakteure der Stadtentwicklungsplanung die traditionellen Stadtplanungsämter nahezu ersetzt (SCHNEIDER-SLIWA 1999, S. 47). Ihr Vorzug liegt darin, dass sie „als halbamtliche Einrichtungen alle Vorteile und Machtbefugnisse von Behörden" (ebd.) haben, „ohne den gleichen Restriktionen zu unterliegen oder in gleichem Maße zur Rechenschaft gezogen werden zu können" (ebd.). Da die im Zusammenhang mit der Aufwertung der Innenstadt verwirklichten Großprojekte durch wenige führende Baufirmen erledigt wurden, kam es zu weiteren städtebaulichen und architektonischen Konvergenzerscheinungen der sich ohnehin schon ähnlichen Downtown-Gebiete.

Teilweise greifen die neuen Viertel auf die citynahen Ergänzungsflächen über, die aus genetischer Perspektive dem Gebiet der einstigen Übergangszone zugerechnet werden müssen. Diese Zone, die von Boyce (1963) als „*CBD-frame*" und von Griffin & Preston (1967) als „*zone in transition*" bezeichnet wurde, bestand bis in die 1960er Jahre aus Wohnvierteln minderer Qualität, die von Industrie- und Gewerbebetrieben durchsetzt waren und von flächenbeanspruchenden Verkehrseinrichtungen durchzogen wurden.

Der sozioökonomische Niedergang der „*zone in transition*" und der angrenzenden Arbeiterviertel setzte in den 1940er Jahren ein. Auslösender Faktor war ein 1937 erlassenes Wohnungsbaugesetz, das den suburbanen Gemeinden gestattete, vom Sozialwohnungsbau abzusehen (Schneider-Sliwa 1999, S. 46). Dieser blieb fortan auf die citynahen Innenstadtgebiete beschränkt. Die von der Bundesregierung seit den 1950er Jahren durch Ausbau der Straßen und finanzielle Unterstützung beim Eigenheimbau geförderte Suburbanisierung löste somit eine sozialräumliche Segregation aus. Verstärkt wurde der Verfall der Übergangszone durch eine Variante des amerikanischen Besteuerungssystems *(„improved value system")*, die nicht den Grundstücks-, sondern den Gebäudewert berücksichtigte. Nahm der Wert ab, so reduzierte sich auch die zu zahlende Steuer. Diese Entwicklung veranlasste manchen Hauseigentümer dazu, seine Immobilie zu vernachlässigen. Galt ein Wohngebiet erst einmal als abgewirtschaftet, drohte sein Verfall unumkehrbar zu werden. Hierzu trug vor allem die sog. „*Redlining*"-Politik der amerikanischen Banken bei. Unter „redlining" wird das Abstecken von innerstädtischen Gebieten bezeichnet, in die keine Kredite vergeben werden. So wurde – aus sozialgeographischer Perspektive – der Gettobildung Vorschub geleistet. Große und rasch expandierende Gettos bildeten sich vor allem in den Kernstädten des Nordens heraus (Hofmeister 1996, S. 130).

Die privaten und staatlichen Bemühungen, den Niedergang der Innenstadtviertel aufzuhalten, zeigten allerdings nur begrenzten Erfolg. Ihnen standen vor allem die Dekonzentrationstendenzen von Einzelhandel und Industrie gegenüber, welche die Lage der Innenstädte verschlechterten. Conzen fasst die Folgen zusammen: „*Die Litanei des Verfalls ist hinreichend bekannt: ein ungeheurer Schwund an Arbeitskräften, an Steuerzahlern der sozialen Mittelschicht bzw. steuerkräftigen Unternehmen. Übrig bleiben ein schnell alternder Wohnungsbestand, ein wachsender Anteil armer Bevölkerungsschichten und von Minderheiten, v. a. schwarze und hispanische Bevölkerungsgruppen, sowie eine schnell verfallende Infrastruktur, insbesondere im öffentlichen Dienstleistungsbereich (Schulen usw.). Konsequenz dieser Entwicklung ist eine immer stärkere Minderung der Umweltqualität der Kernstädte bei gleichzeitig schrumpfenden Steuereinnahmen*" (1983, S. 147).

Überschätzt wurde wie in Mitteleuropa der Einfluss der Gentrification, der meist auf wenige Viertel bzw. Blöcke beschränkt blieb. Zwar sind Tendenzen einer Revitalisierung durch Gentrification auszumachen, sie sind jedoch bescheiden und betreffen nur eine geringe Zahl von Häusern (Hofmeister 1985 a, S. 69). Zwischen 1968 und 1979 wurden nur 0,5 % der fast 20 Mio. renovierungsbedürftigen Häuser in den amerikanischen Kernstädten aufgrund von privaten Initiativen erneuert (Holzner 1996, S. 73). Keineswegs ist eine quantitativ bedeutsame Rückwanderung der gehobenen Mittelschicht in die Kernstadt zu verzeichnen, zumal die meisten der Gentrifier nur innerhalb der Stadt umgezogen sind. Smith (1979) konnte am Beispiel des „Society-Hill-Viertels" in Philadelphia, das zu den bekanntesten Gentrifizierungsprojekten in den USA zählt, nachweisen, dass nahezu drei Viertel der Gentrifier aus der Kernstadt stammten, mehr als ein Drittel sogar aus Society Hill selbst (HOFMEISTER 1985 a, S. 64; HOLZNER 1996, S. 73 f.).

7.1.2 Die Außenstadt

An die Kernstadt schließt sich die sog. Außenstadt an. HOLZNER (1996) verwendet den Begriff der Außenstadt für den suburbanen Raum bzw., wie HOFMEISTER definiert, „die Randgemeinden der metropolitanen Ringe" (1985 a, S. 53). Seit den 1940er Jahren hat die Außenstadt als Wohn- und Wirtschaftsraum an Bedeutung gewonnen. Durch die Arbeitsplatzsuburbanisierung wohnen in den Außenstädten mittlerweile nicht nur mehr Einwohner als in den Kernstädten, vielmehr liegen hier auch der Schwerpunkt der wirtschaftlichen Aktivitäten und die Mehrzahl der Arbeitsplätze. Selbst in den altindustriell geprägten Verdichtungsräumen des Manufacturing Belt konzentrieren sich weniger als die Hälfte der industriellen Arbeitsplätze auf die Kernstädte. Im Raum Boston liegt der Anteil der Arbeitsplätze im sekundären Sektor sogar bei nur 16 % (HOLZNER 1996, S. 95).

Eine Standortanalyse der Dienstleistungsberufe zeigt noch ausgeprägtere räumliche Kontraste zwischen Kern- und Außenstadt. Die überwiegende Zahl der in den 1990er Jahren entstandenen 15 Mio. Arbeitsplätze im tertiären und quartären Sektor lässt sich räumlich im suburbanen Raum verorten. Sie verteilen sich jedoch nicht gleichmäßig auf die Vorortgebiete, sondern neigen zur räumlichen Konzentration an verkehrsgünstigen Standorten. GARREAU (1991) hat zur Benennung derartiger Subzentren in der Außenstadt den Begriff der *„Edge City"* geprägt. Edge Cities liegen an den Kreuzungspunkten von Autobahnen und weisen eine wirtschaftliche Bedeutung auf, die mitunter die der Downtowns übertrifft (WIEGANDT 1997, S. 7). Sie bilden gewissermaßen die Knoten in einer Stadtlandschaft, deren Charakteristikum eine polynukleare bzw. dezentrale Struktur ist (KLING, SPENCER & POSTER 1995). Große Bürokomplexe, Einkaufszentren und Apartmentblocks bestimmen die funktionale Zusammensetzung von Edge Cities.

GARREAU (1991) hat fünf Kriterien zur Abgrenzung von Edge Cities vorgeschlagen:
1. eine Bürofläche von mindestens 450 000 m² Gesamtfläche,
2. eine gesamte Einzelhandelsverkaufsfläche von über 54 000 m²,
3. eine Arbeitsbevölkerung, die anteilig die Wohnbevölkerung übertrifft,
4. ein kompaktes äußeres Erscheinungsbild und
5. ein vergleichsweise geringes Alter (unter 30 Jahren).

Für die USA wies GARREAU (1991) über 200 Edge Cities nach. Typisch ist ihre geringe städtebauliche und architektonische Harmonie. Dies trifft auch für die bekanntesten europäischen Fallbeispiele zu, wenngleich hier eine andere Maßstabsebene zugrunde gelegt werden muss. Die europäischen Edge Cities liegen in der Regel näher an der Kernstadt, mitunter sogar auf deren Territorium. Auch werden die oben genannten Schwellenwerte nicht in allen Fällen erreicht. Dennoch zählen in Europa manche Edge Cities mittlerweile zu den touristischen Attraktionen ihrer Metropolen. Die London Docklands und La Défense (Paris) sind zwei aktuelle Beispiele. Andererseits gibt es Edge Cities, die aufgrund ihrer zu dominanten Büronutzung eine nur geringe Attraktivität für Touristen haben. Hierzu zählen beispielsweise Eschborn bei Frankfurt und die Hamburger City Nord. Einen besonderen Typ von Edge Cities bilden die sog. *„Aerovilles"* oder *„Airport-Cities"* (KUNZMANN 1998, S. 64). Darunter sind Standortgemeinschaften solcher Unternehmen zu verstehen, die auf die Nähe zu Flughäfen angewiesen sind bzw. Dienstleistungen für die Flughäfen erbringen. Ergänzt wird das Nutzerspektrum durch Einzelhandel, Gastronomie, Kinos etc. Bedeutende Airport-Cities entstehen zur Zeit in Frankfurt, Amsterdam und Paris.

Die Suburbanisierung ist ein Prozess, der in Angloamerika ausgeprägtere Züge als in Europa aufweist. Einerseits konnte dort der Umgang mit der Ressource „Fläche" großzügiger erfolgen, andererseits waren in den USA und Kanada die Einflussmöglichkeiten der Gebietskörperschaften auf Planung und Raumentwicklung geringer als in Europa.

Trotz aller Gegensteuerungsmaßnahmen verliert die Kernstadt Angloamerikas gegenwärtig an Bedeutung, während sich der suburbane Raum zu einem neuen eigenständigen Raumtyp zu entwickeln scheint. HOLZNER (1996) spricht in diesem Zusammenhang vom „Stadtland", während FISHMAN (1991) sogar den Typ einer „New American City" zu erkennen glaubt: *Die komplexe ökonomische Struktur der ehemaligen Vororte hat inzwischen eine kritische Masse erreicht, und an ihren Rändern etablieren sich immer mehr spezialisierte Dienstleistungsunternehmen aller Art, von Krankenhäusern mit der modernsten CAT-Scannertechnologie über Gourmet-Restaurants bis hin zu den großen Anwaltsbüros. In all diesen Bereichen hat die Peripherie unsere Innenstädte als Zentrum und Kern unserer Zivilisation abgelöst. Diese multifunktionalen Suburbs des späten zwanzigsten Jahrhunderts lassen sich nicht mehr mit den Begriffen der alten Schlafstädte verstehen. Sie sind zu einer ganz neuen Art von Stadt geworden. Die neue Stadt des zwanzigsten Jahrhunderts [...] ist die vertraute, dezentralisierte Welt der Highways und Reihenhäuser, Einkaufszentren und Büroparks, die sich die Amerikaner seit 1945 geschaffen haben [...] Die Grundeinheit der neuen Stadt ist nicht die nach Häuserblocks zählende Straße, sondern der Wachstumskorridor, der sich über 50 oder 100 Meilen erstreckt"* (S. 73 f.).

7.2   Die islamisch-orientalische Stadt

7.2.1   Zum Problem der Abgrenzung

Bereits die formale Bezeichnung dieses kulturgenetischen Stadttyps macht deutlich, dass hier zwei Kulturräume, Orient und islamisch beeinflusste Welt, angesprochen sind, die sich überlagern und deren Überschneidungsbereich das Verbreitungsgebiet der islamisch-orientalischen Stadt festlegt. Zum Orient zählt WIRTH (2000) den westlichen und mittleren Teil des Trockengürtels der Alten Welt, der aus kulturgeschichtlicher Perspektive das Ursprungszentrum der neolithischen Revolution wie unserer Hochkulturen ist (EHLERS 1990a, S. 8). Zugleich bildet er die erdölreichste Großregion der Erde. Der „Islamische Orient" umfasst den weitaus größten Teil dieses Großraumes, nämlich die durch den Islam kultur- und geistesgeschichtlich geprägten Gebiete. Durch die Benennung von Staaten nimmt WIRTH (1970, 259 f.) eine exakte Abgrenzung des Kulturraums Islamischer Orient vor. Demnach umfasst der

Islamische Orient die Staaten Marokko, Algerien, Tunesien, Libyen, Ägypten, die Staaten der Arabischen Halbinsel, Jordanien, Libanon, Syrien, Irak, Türkei, Iran und Afghanistan. Das Verbreitungsgebiet des Islam reicht allerdings wesentlich weiter. Gegenwärtig zählen insbesondere die Sahel-Staaten Afrikas, weite Teile Südasiens und die Insulinde Südostasiens zu den expansiven Zonen (EHLERS 1990 a, S. 9).

Diese Ausführungen verdeutlichen, dass eine formale Abgrenzung des Kulturraums Islamischer Orient den wirklichen Verhältnissen nicht gerecht wird. Vielmehr existieren Grenzsäume unterschiedlicher Breite, in denen auch die Städte geringfügige strukturelle Unterschiede zeigen. So sind die in den Kerngebieten des Islamischen Orients ausschließlich dem Handel und der Produktion vorbehaltenen Bazare in den vom Islam überformten Städten Vorderindiens keineswegs frei von Wohnbevölkerung. Dort werden die Bazare beispielsweise an Abenden nicht abgeschlossen (DETTMANN 1970). Im Kernraum des Islamischen Orients stellt der Bazar das wirtschaftliche, soziale und politische Herzstück der Stadt dar, das in der Stadtmitte liegt. In den sudanesischen Städten dagegen bildet nicht der Bazar, sondern der Palast des regionalen Herrschers das Zentrum der Stadt.

7.2.2 Die Bedeutung der Stadt im Islamischen Orient

Im Islamischen Orient kommt der Stadt als Element der Kulturlandschaft aus verschiedenen Gründen ein besonderes Gewicht zu. Erstens bilden Stadt und Städter neben Bauern- und Nomadentum eine Säule der klassischen Trilogie von Lebens- und Wirtschaftsformen. Zweitens liegt in den Stromtiefländern von Euphrat und Tigris sowie des Nil die Wiege der Stadtkultur. Begünstigt durch die hydrologischen, morphologischen und klimatischen Bedingungen, konnte dort bereits im 4. vorchristlichen Jahrtausend eine produktive Bewässerungslandwirtschaft entwickelt werden, die zur Basis der sumerischen, assyrischen und babylonischen Hochkulturen wurde (EHLERS 1990b, S. 127). Von hier breitete sich im 3. vorchristlichen Jahrtausend das Städtewesen in den Pandschab oder das Fünfstromland, im 2. Jahrtausend vor Christus in den Fernen Osten sowie in den hellenistisch-römischen Kulturraum aus. Drittens ist der Islamische Orient eine städtische Kultur. SCHWEIZER (1990, S. 196) weist darauf hin, dass mindestens die Hälfte der Gesamtbevölkerung des Islamischen Orients in Städten lebt. In Algerien und Irak liegt der entsprechende Anteil sogar über 60 %. Die Emirate am Golf gelten mittlerweile als stark verstädtert, nur in Afghanistan, Jemen und Oman befindet sich der Verstädterungsprozess noch in einem frühen Stadium.

7.2.3 Die Stadtstruktur

Die islamisch-orientalische Stadt lässt sich physiognomisch, sozial und funktional in eine traditionelle Altstadt und eine moderne Neustadt gliedern (Abb. 7.2). Die umfassendste Analyse des strukturellen Aufbaus hat WIRTH (2000) in seinem Werk über die orientalische Stadt vorgenommen.

Das Gefüge der mittelalterlichen Altstadt setzt sich aus Stadtmauer, Zitadelle, Großer Moschee, Bazar (persische Bezeichnung) bzw. Suq (arabische Bezeichnung) und den Wohngebieten zusammen. Diese Strukturelemente lassen sich im Übrigen auch in der abendländischen Altstadt finden. Auch sie wurde in der Regel von einer Mauer eingefasst und wies bereits zentrale Viertel des Handwerks und Handels auf. Den Moscheen und Koranschulen des Morgenlandes entsprachen die Kirchen und Klöster des Abendlandes.

Die Gliederung der Altstadt in Quartiere wird durch zwei, in manchen Fällen auch drei oder vier einigermaßen geradlinig verlaufende Hauptstraßen vorgezeichnet, die zu Stadttoren führen. Auf sie konzentriert sich der Durchgangsverkehr. In der Nähe der Stadttore haben sich, begünstigt durch das hohe Verkehrsaufkommen, Nebenzentren entwickelt, denen die Aufgabe zufällt, als lokale Bazare die Versorgung der benachbarten Wohnviertel mit Gütern der untersten Bedarfsstufe zu gewährleisten (SCHWEIZER 1990, S. 214).

Die einzelnen Wohngebiete werden von einem Geäst enger, verwinkelter Nebenstraßen erschlossen; die meisten von ihnen enden als Sackgassen. Möglicherweise sind die Sackgassen die Reste früherer Freiflächen einer locker bebauten dörflichen Siedlung, die durch spätere Siedlungsverdichtungen stark überformt wurden. Die Sackgasse im Alten Orient entstand nach Ansicht von SCHMIDT (1964) bei der Entwicklung von der dörflichen zur städtischen Siedlung. In einigen Fällen sind Sackgassen nachweislich erst mit der Durchtrennung von Durchgangsstraßen entstanden. Diese Erklärungsversuche mögen im Einzelfall zutreffen. Sie dürfen jedoch nicht den Blick dafür verstellen, dass die Sackgasse ein eigenes, typisches Strukturelement der islamisch-orientalischen Stadt ist, das dem Prinzip der Absonderung in besonderer Weise entgegenkommt (WIRTH 2000, S. 348). Die Sackgasse entspricht dem Wunsch von Sippen- und Stammesverbänden, sich gegen Nachbarn anderer Religion und Herkunft abzuschotten. Hinzuweisen ist in diesem Zusammenhang auch auf die besondere Rechtsqualität der Sackgasse. Sie ist ein gemeinschaftlich-privater Raum, der „gewissermaßen die Rolle eines äußeren Schutzkordons für die private Intimsphäre des einzelnen Hauses hat" (WIRTH 1975, S. 69). Die Quartiere der islamisch-orientalischen Stadt, die sich kranzförmig um Hauptmoschee und Bazar anlegen, werden von Sunniten und Schiiten, Christen und Juden, Berbern und Armeniern sowie zahlreichen anderen ethnischen und religiösen Gruppen, Sekten und Minoritäten bewohnt. Jedes Quartier ist gegen seine Nachbarviertel abgeschottet, gelegentlich sogar von einer inneren Mauer eingefasst; manche Quartiere ließen sich früher sogar mit Toren abschließen (HOFMEISTER 1996, S. 102). Dort spielen sich hauptsächlich Alltag und Lebenswelt seiner Bewohner ab. In jedem Quartier werden eigene Festlichkeiten abgehalten und Traditionen gepflegt. Außerdem gibt es eigene zentrale Einrichtungen, zum Beispiel eine kleine Moschee oder ein Andachtshaus einer anderen Konfession, eine Armenküche und ein lokales Geschäftszentrum (HOLZNER 1992, S. 162 f).

Nach DIEM (1974) geht die Gliederung der Stadt nach Ethnien und Religionen auf das Vorbild der Militärlager zur Zeit der frühen islamischen Eroberungszüge zurück. Bei der Gründung neuer Städte wurde dieses Prinzip möglicherweise beibehalten, um von Beginn an Streitigkeiten zwischen den Gruppen zu vermeiden. Vor diesem Hintergrund wird auch die räumliche Lage der Zitadelle am Rande der Stadt verständlich. Wo das Gelände es gestattete, wurde die Burg zudem in erhöhter Lage errichtet. Dadurch konnte das Militär die Stadt sowohl gegen äußere als auch gegen innere feindliche Gruppen verteidigen.

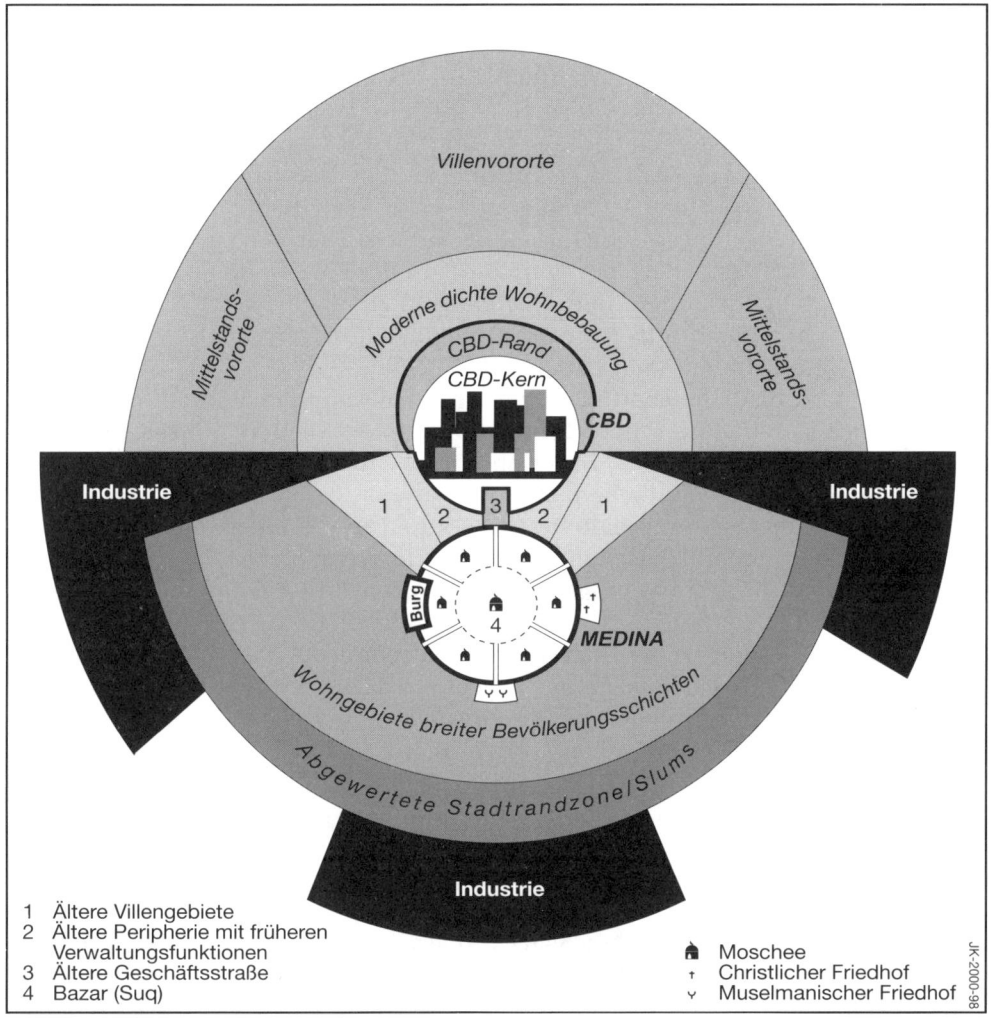

Abb. 7.2: Strukturschema einer islamisch-orientalischen Großstadt. Der Entwurf beruht auf einer Kompilation der Modelle von DETTMANN (Altstadt) und von SEGER (Gesamtstadt). Quelle: eigener Entwurf, verändert nach DETTMANN (1970) und SEGER (1978)

„Aufruhr und Aufstände innerhalb der Stadt, Meuterei und Plünderung durch fremdvölkische Soldateska der städtischen Garnison, Mord und Brandschatzung bei Kämpfen rivalisierender Stadtherren oder bei Nomadenüberfällen sowie Übergriffe privater Söldnerkontingente, organisierter Banden von Jugendlichen ... oder sich zusammenrottender Sklaven waren an der Tagesordnung. Noch im 18. und 19. Jahrhundert wird die Geschichte der meisten großen Städte Nordafrikas und Vorderasiens in dichter Abfolge durch solche Zeiten innerer Kämpfe und Unsicherheit gekennzeichnet“ (WIRTH 1975, S. 81).

Wegen der Fragmentierung der Stadt in Sippen- und Stammesverbände kommt denjenigen funktionalen Elementen, die der gesamten Öffentlichkeit zugänglich sind, aus wirtschaftlicher, gesellschaftlicher und politischer Perspektive eine große Bedeutung zu (SCHWEIZER 1990, S. 216). In besonderer Weise trifft dies für die Große Moschee, auch Freitagsmoschee genannt, und für den Bazar bzw. Suq zu. Beide Strukturelemente sind eigenständige Kulturleistungen des islamischen Mittelalters. Auch wenn HOFMEISTER (1996, S. 96) die Auffassung vertritt, die islamischen Bäder seien in ihrer Entwicklungsgeschichte auf die antiken Thermen zurückzuführen, so stellen sie nach SCHWEIZER doch ein charakteristisches Element der islamischen Kultur dar. Sie „spielten vor allem in der Vergangenheit eine wichtige Rolle im gesellschaftlichen Leben und besitzen eine zentrale Bedeutung für die islamische Lehre von der rituellen Reinheit" (SCHWEIZER 1990, S. 218).

Der Bazar ist das wirtschaftliche Zentrum der islamisch-orientalischen Stadt. Hier befinden sich handwerkliche Produktionsstätten wie auch Einzel-, Zwischen- und Großhandelseinrichtungen. Insbesondere aus architektonischer Sicht sind die Khane oder Sarais hervorzuheben. Diese Bazarhöfe waren Sitz des Fernhandels, was ihre randliche Lage innerhalb des Bazars und ihre Nähe zu einer der Durchgangsstraßen begründet. Typisch für die räumliche Organisation des Einzelhandels ist auch heute noch die ausgeprägte Branchensortierung. Die besten Lagen teilen sich Händler, deren Produkte für eine zahlungskräftige Klientel bestimmt sind. Hierzu zählt insbesondere die Gruppe der Goldschmiede, aber auch Händler, die Brokatstoffe und teure Parfüme anbieten, gehören dazu. Gewerbe, von denen Lärm- und Geruchsbelästigungen oder gar Brandgefahren ausgehen, liegen an der Peripherie. Eine wichtige Funktion kommt dem Bazar als Finanz- und Kreditplatz zu. Die hier residierenden Großhändler sind zugleich Landeigentümer mit Besitztümern im Umland der Stadt, Geldverleiher und Verleger des ländlichen Heimgewerbes. Des Weiteren werden im Bazar heute wie früher Nachrichten ausgetauscht und geschäftliche wie private Gespräche geführt.

Aus funktionaler Perspektive existieren also kaum Unterschiede zwischen dem Bazar und der City einer westlichen Stadt, zumal auch der Bazar keine Wohnfunktion hat, ja abends zur Sicherung der teuren Waren sogar abgeschlossen wird und somit keine Nachtbevölkerung aufweist. Markante Unterschiede lassen sich aber hinsichtlich des Grund- und Aufrisses sowie der Architektur ausmachen. Während im Weichbild westlicher Städte das zentrale Stadtgebiet durch seine bauliche Überhöhung in Erscheinung tritt, bildet der Bazar im Aufriss der islamisch-orientalischen Stadt geradezu „eine Insel niedriger Bauhöhe, aus der lediglich die Hallen und Höfe mit ihren zwei oder gar drei Geschossen herausragen" (SCHWEIZER 1990, S. 221).

Am Beispiel der Türkei haben RITTER & RICHTER (1990) nachgewiesen, das sich auch die Bazare den westlichen Einflüssen nicht verschließen konnten. Die offenen schaufensterlosen Gelasse weichen zunehmend modernen Geschäften, das traditionelle Gewerbe und die handwerklich gefertigten Produkte werden in stärker werdendem Umfang durch industrielle Massengüter verdrängt. Dies lässt sich besonders deutlich in jenen Städten beobachten, die unter den Einfluss des Massentourismus geraten sind (HÖHMANN & ZEHNER 1999).

Die Neustadt ist ein Strukturelement, das auf den Einfluss der Kolonialmächte zurückzuführen ist, denn seit der Expedition Napoleons nach Ägypten kam es zu zahlreichen Kulturkontakten mit dem Abendland. Deutliche Spuren haben vor allem die Briten und Franzosen hinterlassen. So grenzen an die historischen Altstädte von Tunis, Sfax, Sousse und Algier, nur durch Boulevards getrennt, französische Neustädte, deren geplante Grundrisse großzügigen Zuschnitts und vier- bis sechsstöckige moderne Wohnhäuser in scharfem Kontrast zu den verwinkelten Gassen der Altstädte (Medinen) stehen (EHLERS 1983). WIRTH (1975, S. 48) unterstreicht: *„Dieser Prozeß der Verwestlichung orientalischer Städte schreitet im 20. Jahrhundert beschleunigt und verstärkt fort; sowohl die jungen innerstädtischen Geschäftsviertel als auch die modernen Wohnviertel großer orientalischer Städte gleichen weitgehend den Quartieren unserer abendländischen Stadt".*

Besonders in den Großstädten zeigt sich dieser Einfluss in einem westlich geprägten zentralen Stadtbereich, der sich außerhalb der Altstadt, aber mit Verbindung zum traditionellen Bazar entwickelt hat. Dieser unterscheidet sich weder formal noch funktional von den zentralen Geschäftsgebieten anderer Kulturerdteile. Hier befinden sich die internationalen Hotels, das Bankenviertel und das auf die Ansprüche eines internationalen Publikums ausgerichtete Einkaufsviertel.

In vielen Städten grenzen an die bazarabgewandte Seite der Innenstadt die besseren Wohngebiete. So zeigen EL-SHAKHS (1971) sowie BRUNN & WILLIAMS (1993) für Kairo, dass gleich gegenüber dem zentralen, westlich geprägten Geschäftszentrum, das am Ostufer des Nils liegt, auf den Flussinseln Rawdah und Gezirah sowie auf dem gegenüberliegenden Ufer Bezirke angrenzen, die den oberen und obersten Einkommensschichten und europäischen Bewohnern vorbehalten sind.

7.3   Die lateinamerikanische Stadt

Obwohl die süd- und mittelamerikanischen Staaten zur Gruppe der Entwicklungs- bzw. Schwellenländer zählen, gilt Lateinamerika als ein extrem städtischer bzw. verstädterter Kulturerdteil (BÄHR & MERTINS 1992, S. 360). Gut drei Viertel aller Bewohner lebten im Jahr 2000 in städtischen Siedlungen, während der entsprechende Anteil in Afrika nur 30% und in Asien nur 34% betrug. Vor allem der Grad der *Vergroßstädterung* und *Metropolisierung* ist ein typisches Merkmal der Urbanisierung Lateinamerikas.

Zu den am stärksten verstädterten Ländern zählen Uruguay (92,1%), Argentinien (88,9%), Venezuela (86,1%) und Chile (84,9%) (United Nations 1999); vgl. Tabelle 7.1. Brasilien, das mit Abstand flächengrößte und bevölkerungsreichste Land Lateinamerikas, ist im Begriff, zu dieser Gruppe aufzustoßen. Sein Verstädterungsgrad dürfte die 80%-Marke erreicht haben, jüngere zuverlässige Statistiken hierzu liegen nicht vor. Fest steht jedoch, dass jeder zweite Brasilianer mittlerweile in einer Großstadt lebt. Ein Viertel der Bevölkerung hat ihren Wohnsitz sogar in einer Metropole von mehr als 500000 Einwohnern. Allein in den beiden Megastädten São Paulo und Rio de Janeiro leben zusammen ca. 26 Millionen Menschen (WEHRHAHN 1998, S. 656). Paraguay, Bolivien, Ecuador und die Mehrzahl der mittelamerikanischen Staaten weisen dagegen noch vergleichsweise niedrige Verstädterungsraten (<65%), jedoch hohe Wachstumsraten auf (BÄHR & MERTINS 1992, S. 360; United Nations 1999).

7.3.1   Stadtgründungen in der frühen Kolonialzeit

Die lateinamerikanische Stadt ist im Wesentlichen eine kolonialzeitliche Schöpfung, obwohl bereits in prähispanischer Zeit Städte indianischer Hochkulturen existiert haben. Mit Beginn der Entdeckung Südamerikas ab 1500 betätigten sich portugiesische und spanische Eroberer als Stadtgründer. Im spanisch beeinflussten Gebiet war die Gründungsepoche der ersten und zugleich bedeutendsten Generation von Kolonialstädten um 1580 abgeschlossen, im portugiesischen Machtbereich etwa um 1610/20. Bis dahin war nicht nur die Anlage der heutigen Hauptstädte (mit Ausnahme von Brasilia) erfolgt, sondern es waren auch diejenigen Städte gegründet worden, die sich in der zweiten Hälfte des 20. Jh. zu Agglomerationen bzw. Metropolen entwickeln sollten (BÄHR & MERTINS 1995, S. 9).

Obwohl die lateinamerikanische Stadt als *ein* kulturgenetischer Stadttyp aufgefasst wird, lassen sich deutliche Unterschiede zwischen der spanischen und portugiesischen Einflusssphäre erkennen. Dies betrifft sowohl die Stadtphysiognomie als auch die Lage der Städte. Die Spanier, die von den Gold- und Silberschätzen der Anden angelockt worden waren, gründeten ihre „Haupt"städte überwiegend in den andinen Hochbecken, vor allem an Orten, wo sich bereits wichtige Städte indianischer Hochkulturen befunden hatten. Bogotá (2 640 m), Quito (2 850 m) und La Paz (3 700 m) sind bekannte Beispiele für Gründungen in Hochländern. Im westlichen Südamerika liegen 15 Großstädte in einer Höhe von mehr als 1 000 m.

Die „kontinentale" Standortwahl symbolisiert vor allem die politische und militärische Bedeutung der Städte während des 16. und 17. Jh. Sie waren diejenigen Orte, von denen aus die Besitzergreifung und „zivilisatorische Durchdringung" des Hinterlandes erfolgten. Im Umland von Städten der ersten Gründungswelle entstanden während der folgenden drei Jahrhunderte zahlreiche Tochterstädte, was zu einer Verdichtung des Städtenetzes führte (WILHELMY & BORSDORF 1984, S. 8). Finanziert wurde der Bau neuer Städte mit dem Kapital, das die Spanier durch die von den Inka und Chibcha geraubten Goldschätze aufbringen konnten.

Die Portugiesen hingegen errichteten feste Siedlungen zunächst entlang der brasilianischen Ostküste. Ihr Motiv bestand in der Sicherung des Seeweges nach Ostindien. Recife, Salvador (Bahia) und Rio de Janeiro sind aus portugiesischen Etappen- und Versorgungsstationen hervorgegangen. Erst im Verlaufe des 17. Jh. begannen die Portugiesen mit der planmäßigen Erschließung des Hinterlandes zum Zwecke der Anlage von Zuckerrohrplantagen, die während des 19. Jh. durch Kaffeeplantagen (in der *„tierra templada"*) und Viehzuchtbetriebe abgelöst bzw. ergänzt wurden.

7.3.2   Physiognomie und sozialräumliche Struktur der Kolonialstadt

Das charakteristische Strukturelement der spanischen wie auch der portugiesischen Kolonialstadt ist der Schachbrettgrundriss, mitunter auch der Rechteckgrundriss. In der Mitte der Stadt wurde ein Block für die Anlage des zentralen Platzes, der *„plaza mayor"*, ausgespart. Im Durchschnitt maß die Seitenlänge der Plaza 100 m. Die sich nach allen Richtungen anschließenden Baublöcke, die im spanischen als *„manzanas"* oder *„cuadras"* bezeichnet werden, wiesen die gleiche Kantenlänge

Land	Verstädterungsgrad [%]			
	1950	1970	1990	1997
Argentinien	65,3	78,4	86,2	88,9
Bolivien	37,8	40,8	51,4	61,2
Brasilien	36,0	55,8	76,9	–
Chile	58,4	75,2	85,6	84,9
Costa Rica	33,5	39,7	53,6	43,4
Dominikanische Republik	23,7	40,3	60,4	61,7
Ecuador	28,3	39,5	56,9	62,0
El Salvador	36,5	39,4	44,4	57,5
Guatemala	30,5	35,7	42,0	–
Haiti	12,2	19,8	30,3	33,8
Honduras	17,6	28,9	43,6	44,0
Jamaica	26,8	41,5	52,3	–
Kolumbien	37,1	57,2	70,3	–
Kuba	49,4	60,2	74,9	74,7
Mexiko	42,7	59,0	72,6	–
Nicaragua	34,9	47,0	59,8	63,3
Panama	35,8	47,6	54,8	55,5
Paraguay	34,6	37,1	47,5	–
Peru	33,5	57,4	70,2	74,2
Uruguay	78,0	82,1	85,5	92,1
Venezuela	53,2	72,4	90,5	86,1

Tab. 7.1:   Verstädterung in Lateinamerika (Quellen: BÄHR & MERTINS 1992, S. 361; United Nations 1999)

auf. Die „plaza mayor" stellt nicht nur die geometrische Stadtmitte der lateinameri-kanischen Stadt dar. Ihre Bedeutung kommt vor allem in den gesellschaftlichen und sozialen Funktionen zum Ausdruck: *„Die südamerikanische Stadt hat "Am-biente", was den nordamerikanischen Städten fehlt. ... Die Plaza mit ihren vielfälti-gen sozialen, kulturellen und und politischen Funktionen ist wirklich das Herz der iberoamerikanischen Stadt"* (WILHELMY & BORSDORF 1984, S. 8).

An den Flanken der „plaza mayor" wurden die wichtigsten öffentlichen Bauten wie das Rathaus, das Gerichtsgebäude, Klöster, Schulen und Kirchen errichtet. Die Türme barocker Kathedralen oder anderer bedeutender Kirchen dominierten die Silhouette der Stadt, da sich die Wohngebiete aus meist einstöckigen oder eben-erdigen *„Patio-Häusern"* zusammensetzten. Das Patio-Haus ist ein nach außen abge-schlossenes Wohngebäude, das einen oder mehrere gartenartig ausgestaltete Innen-höfe einschließt. Seine Öffnung nach innen spiegelt das familienbezogene, von der Außenwelt abgekehrte Wohnbedürfnis wider, das typisch ist für die iberische Kultur (WILHELMY & BORSDORF 1984, S. 14 f).

Die größten und architektonisch eindrucksvollsten Patio-Häuser befanden sich in den unmittelbar an die „plaza mayor" angrenzenden Baublöcken. Hier wohnten die Familien der Oberschicht. Mit zunehmender Entfernung von der Stadtmitte nahm der Sozialgradient ab, was an der schwindenden Größe, Qualität der Baumaterialien und Ausstattung der Wohnhäuser zu erkennen war. Am Stadtrand lagen die Wohngebiete der Unterschicht. In den zumeist aus Lehmhütten zusammengesetzten Quartieren leb-ten überwiegend Mestizen oder Mulatten und Indianer (BÄHR & MERTINS 1995, S. 19).

Gegenüber den portugiesischen Gründungen zeichneten sich die spanischen Kolonialstädte durch eine größere Gleichförmigkeit aus. Der quadratische Stadtgrundriss wurde auch in den randlichen Gebieten der spanischen Kolonialstadt konsequent eingehalten, während vor allem die mittelgroßen und kleinen Städte im portugiesischen Machtbereich nur in ihren Kernen geometrische Regelhaftigkeiten erkennen ließen.

Auch heute noch verkörpern die kleineren, in größerer Entfernung von den Metropolen bzw. Megastädten gelegenen Städte Lateinamerikas weitgehend den kolonialzeitlichen Stadttyp. Dagegen sind die Hauptstädte und Wirtschaftszentren an der Küste seit dem Beginn der Industrialisierung durch einen tief greifenden Transformationsprozess umgestaltet worden (BÄHR & MERTINS 1995, S. 20).

7.3.3   Wandel der Stadtstruktur im 19. und 20. Jahrhundert

Erste Tendenzen einer Auflösung traditioneller funktionaler und sozialräumlicher Strukturen zeichneten sich schon während der 60er Jahre des 19. Jh. ab. Vor allem die Kommerzialisierung des Stadtzentrums, wo sich nach der Unabhängigkeit der lateinamerikanischen Staaten zunehmend Handelshäuser, Banken, Unternehmensverwaltungen und Einzelhandel niedergelassen hatten, führte zur Verdrängung der Oberschicht, die sich nun in der Nähe der neu angelegten Parks am Rande der Stadt niederließ. Die Weltwirtschaftskrise 1929 und der Wunsch, sich vom krisenanfälligen Weltmarkt zu lösen, führten ab 1930 zur beschleunigten Industrialisierung lateinamerikanischer Städte. Das Zentrum erfuhr einen funktionalen, vor allem aber sozialräumlichen Wandel. Anstelle der aufgegebenen und abgerissenen Patio-Häuser wurden billige Massenmietshäuser *(„conventillos")* errichtet. Vor allem an den Stadträndern entstanden nun Industrieviertel und Arbeitersiedlungen. Die durch den raschen wirtschaftlichen Umbruch stimulierte Landflucht hatte die Bildung von Hüttenvierteln zur Folge. Diese Umbrüche sind durchaus vergleichbar mit dem Wandel, den die mittel- und westeuropäische Stadt zu Beginn des Industriezeitalters erfahren hat.

Die heutige Silhouette des Stadtzentrums spiegelt die bauliche und funktionale Umgestaltung der lateinamerikanischen Stadt in der Moderne und Postmoderne deutlich wider. In den meisten Großstädten Lateinamerikas hat sich um die „plaza mayor" der zentrale Geschäftsbereich entwickelt, der wie in der angloamerikanischen Stadt durch Büro- und Appartementhochhäuser geprägt wird.

Seit den 60er Jahren des 20. Jh. haben die lateinamerikanischen Städte durch Bevölkerungssuburbanisierung erhebliche Flächen- und Bevölkerungszuwächse verzeichnen können. Heute findet der überwiegende Teil des Großstadtwachstums im suburbanen Raum statt. Nach WILHELMY & BORSDORF (1984) sowie BÄHR & MERTINS (1995) lassen sich dort drei verschiedene Siedlungstypen identifizieren:

1. Oberschichtviertel, die einen sektorartigen Grundriss aufweisen,
2. Quartiere des sozialen Wohnungsbaus, die vor allem seit Ende der 1970er Jahre entstanden sind, und
3. informelle Hüttenviertel, die flächen- und bevölkerungsmäßig dominieren (vgl. Kap. 8.1.4).

8 Megastädte und Global Cities

8.1 Megastädte

Hauptsächlich in den Schwellen- und Entwicklungsländern hat sich in den letzten 60 Jahren die sog. *Megastadt* als besonderer Stadttyp herausgebildet. Zwar gibt es auch in den Industrieländern Städte mit mehr als fünf, acht oder gar zehn Mio. Einwohnern. Tokyo, New York und Los Angeles zählen sogar zu den zehn größten Städten der Erde. Dennoch ist die Megastadt heute im Wesentlichen ein Phänomen der Entwicklungs- bzw. Schwellenländer.

Die Megastädte der „Dritten Welt" ragen nicht nur aufgrund ihrer sehr großen Bevölkerungszahlen und ihrer Flächenausdehnung heraus. Vielmehr sind sie wegen ihrer wirtschaftlichen, ökologischen und sozialen Entwicklungsprobleme in den letzten Jahrzehnten immer häufiger in das Blickfeld der Weltöffentlichkeit gerückt. Prognosen und Szenarien der Entwicklung von Megastädten in Entwicklungsländern geben wenig Anlass zur Hoffnung für die nähere Zukunft. Wahrscheinlich wird keine Megastadt der sog. Dritten Welt in absehbarer Zeit den Status einer *Global City*, d.h. einer Weltstadt von herausragender wirtschaftlicher Bedeutung, erreichen.

8.1.1 Definition Megastadt

In der wissenschaftlichen Literatur hat sich, einer Definition der UN entsprechend, der Begriff Megastadt zur Bezeichnung einer Großstadt durchgesetzt, die mindestens acht Mio. Einwohner zählt. Demnach existieren derzeit 20 Megastädte auf der Erde, von denen 14 in Entwicklungsländern und nur sechs in sog. Industrieländern liegen (LO & YEUNG 1998, S. 7). Einige Autoren setzen eine höhere Untergrenze an. MERTINS (1992) beispielsweise verwendet einen unteren Schwellenwert von 10 Mio. Einwohnern. Welcher Grenzwert auch immer genommen wird: Zum einen ist er als Ergebnis einer subjektiven Entscheidung diskutabel, zum anderen muss er in gewissen Zeitabständen der allgemeinen Bevölkerungsentwicklung angepasst werden.

Die Einwohnerzahl stellt nicht notwendigerweise das einzige Kriterium zur Definition von Megastadt dar. So zieht etwa BRONGER (1996) zusätzlich den Indikator „Bevölkerungsdichte" heran. Dabei setzt er für Megastädte einen Mindestwert von 2 000 Einw./km^2 an. Zudem weisen seiner Definition zufolge Megastädte monozentrische Strukturen auf. Das polyzentrische Ruhrgebiet mit seinen knapp 10 Mio. Einwohnern dürfte nach diesem Ansatz nicht als Megastadt bezeichnet werden.

8.1.2 Erfassungs- und Abgrenzungsprobleme

Der weltweite statistische Vergleich der Megastädte wird durch unterschiedlich genaue administrative Gebietseinteilungen erschwert, was zu verzerrten Ergebnissen führt. Die räumlichen Bezugseinheiten weisen von Land zu Land beträchtliche Größenunterschiede auf. Grundsätzlich ermöglichen kleinere Gebietseinheiten eine präzisere Bestimmung des Außenrandes von Megastädten. Differenziertere Raumbezugssysteme wären insbesondere im Falle der USA wünschenswert, wo Abgrenzungen von Verdichtungsräumen auf der Grundlage flächengroßer Counties durchgeführt werden. So bedeckt beispielsweise der Verdichtungsraum von Phoenix (Arizona) eine Fläche von der Größe Mecklenburg-Vorpommerns (23 839 km²), obwohl weite Flächen nur dünn besiedelt sind.

Im Gegensatz zu den Metropolen der Neuen Welt weisen die Megastädte Europas, Asiens und Afrikas eine eher kompakte Bebauung auf. Die Suburbanisierung blieb hier im Wesentlichen auf das stadtnahe Umland beschränkt. So wohnen etwa die 5,8 Mio. Einwohner Dhakas in einem Kernstadtgebiet, das mit 443 km² nur unwesentlich größer ist als Köln.

Ein weiteres Problem besteht in der Zuverlässigkeit und zeitlichen Übereinstimmung der statistischen Bevölkerungsdaten. Während beispielsweise in den Ländern des ehemaligen *„British Empire"* mit großer Regelmäßigkeit im ersten Jahr eines Jahrzehnts eine Volkszählung durchgeführt wird, basieren die Bevölkerungsangaben in vielen Entwicklungs- und Schwellenländern außerhalb der britischen Einflusssphäre auf Fortschreibungen (China) oder Schätzungen (Nordkorea) (BRONGER 1995, S. 380). Das Beispiel Mexiko-City zeigt, dass zu grobe Schätzungen folgenreiche Fehlprognosen nach sich ziehen können. Offensichtlich war die Bevölkerungszahl Mexiko-Citys mit 14,1 Mio. für das Jahr 1980 viel zu hoch geschätzt worden, da im Rahmen des Zensus von 1990 eine vergleichsweise exakte Zahl von 15,1 Mio. Einwohnern ermittelt werden konnte. Wäre die für 1980 vorgenommene Schätzung nur ansatzweise korrekt gewesen, hätten während der 1980er Jahre die Zuwachsraten deutlich sinken müssen. Eine solche Entwicklung vollzog sich jedoch nicht. Stattdessen setzte sich das stürmische Wachstum der Megastadt ungebrochen fort (BRONGER 1995).

Obwohl die Bevölkerungszahl wohl auf absehbare Zeit der einzige Indikator bleiben wird, der in einigermaßen vergleichbarer Form für alle Länder vorliegt, und somit Megastädte wohl auch in Zukunft über bevölkerungsbezogene Indikatoren abgegrenzt werden, wird ihre besondere Bedeutung auf diese Weise nur unvollständig widergespiegelt. In vielen Entwicklungs- und Schwellenländern sind Megastädte auch Primatstädte. Auf sie entfällt nicht nur ein überdurchschnittlich hoher Anteil der nationalen Bevölkerung, sondern hier konzentrieren sich auch in überproportionalem Maße administrative, politische, wirtschaftliche, soziale und kulturelle Funktionen. Zur Beschreibung dieser Übergewichte hat BRONGER (1995) den Indikator der *„funktionalen primacy"* entwickelt. Er beschreibt für ausgewählte Indikatoren (Einkommen, Telefonanschlüsse, Krankenhausbetten) den Anteil eines Landes, der auf die Primatstadt entfällt.

Das Wesen der Megastädte lässt sich allerdings mit statistischen Indikatoren nur unzureichend beschreiben. Es sind die kaum messbaren sozialen, wirtschaftlichen und ökologischen Probleme, die vor allem die Agglomerationen des Südens immer wieder in die Schlagzeilen bringen und damit in das Bewusstsein der Weltöffentlichkeit rücken. Zwar wird auf diese Weise die Wirklichkeit auf ein Konstrukt negativer Images reduziert, dennoch bestimmen Probleme wie Straßenraub, Kriminalität, Korruption, Wasser- und Luftverschmutzung in der Tat Alltag und Lebenswelt in diesen Städten.

8.1.3 Die Entwicklung der Megastädte

Streng genommen sind Megastädte keine auf das Zeitalter der Moderne und Postmoderne zu begrenzenden siedlungsgeographischen Erscheinungsformen. In Rela-
tion zur jeweiligen territorialen Gesamtbevölkerung hat es bereits in Antike und
Mittelalter sehr große Städte gegeben. Um 600 v. Chr. bedeckte die damalige Metropole Babylon eine Fläche von 12 km². Mehr als doppelt so groß war bereits Patali-
putra, Vorläufer des heutigen Patna in Indien und im 3.–4. Jh. v. Chr. Hauptstadt des
Maurya-Großreichs (BRONGER 1994, S. 11 f.). Im ersten und zweiten nachchristlichen
Jahrhundert lebten in der Hauptstadt des römischen Imperiums, Rom, schätzungsweise 650 000 Menschen. In der chinesischen Stadt Chang'an müssen während
ihrer Blütezeit zwischen dem 6. und 9. Jh. sogar mehr als 2 Mio. Menschen auf einer
Fläche von annähernd 84 km² gewohnt haben. Allerdings blieben diese Städte Ausnahmen, die ihre Bedeutung wieder verloren. Megastädte im engeren Sinne entstanden erst mit der Industrialisierung im 19. Jh. Zudem blieb das Phänomen der
Megastadt zunächst auf Europa, Angloamerika und Japan begrenzt. Unter den zehn
größten Städten der Erde befand sich um 1900 keine Vertreterin eines Entwick-
lungslandes (Tab. 8.1).

Im 19. Jh. kletterte die Bevölkerungszahl Londons von 1 Mio. auf 6,5 Mio. Einwohner. Damit war London zu Beginn des 20. Jh. die größte Stadt der Erde. Dennoch
gab es Städte, die noch höhere Wachstumsraten verzeichneten. Paris versiebenfachte
seine Bevölkerung im selben Zeitraum. Chicago, um 1850 noch eine unbedeutende
Mittelstadt von 40 000 Einwohnern, nahm 1900 auf der Liste der größten Städte der
Erde bereits den fünften Platz ein (Tab. 8.1).

Die Entstehung von Megastädten außerhalb Europas wurde durch technologische Innovationen des 19. Jh., wie Eisenbahn, Dampfschiff, Elektrizität und Tele-
graph, begünstigt (KORFF 1997, S. 21). Als politisches Zentrum des British Empire und

Rang	um 1500	um 1700	um 1900	Einw.1997	[Mio.]	Einw. 2015	[Mio.]
1	Paris	London	London	Tokyo	21,6	Tokyo	28,7
2	Neapel	Paris	New York	New York	19,6	Mumbai	27,3
3	Venedig	Lissabon	Paris	Los Angeles	15,5	Lagos	24,4
4	Lyon	Amsterdam	Berlin	Mexiko-City	15,0	Shanghai	23,4
5	Granada	Rom	Chicago	Mumbai	12,6	Jakarta	21,1
6	Sevilla	Madrid	Philadelphia	Buenos Aires	11,3	São Paulo	20,8
7	Mailand	Neapel	Tokyo	Calcutta	11,0	Karachi	20,6
8	Lissabon	Venedig	Wien	Seoul	10,2	Peking	19,4
9	London	Mailand	St. Petersburg	São Paulo	10,0	Dhaka	19,0
10	Antwerpen	Palermo	Manchester	Paris	9,3	Mexiko-City	18,8

Tab. 8.1: Die zehn größten Städte der Erde im 16., 18., 20. und 21. Jh.
(Quellen: KING 1990 [für Daten von 1500, 1700 und 1900], United Nations 1999
[für Daten von 1997] sowie HALL & PFEIFFER 2000 [für Daten von 2015]).
Die Daten für 2015 beruhen auf Schätzungen der Vereinten Nationen.

Hauptstadt der bedeutendsten Industrienation kam London eine Vorreiterrolle bei der Metropolisierung der Triade (Europa, Angloamerika, Ost-/Südostasien) zu.

Das Wachstum der Megastädte in den Industrieländern erreichte während des 20. Jh. seinen Höhepunkt. Wien erzielte bereits im Jahre 1914 sein absolutes Bevölkerungsmaximum. London verzeichnete seit 1940 leichte Verluste, während die Einwohnerzahl von New York sich erst ab 1970 rückläufig entwickelte. Lediglich Tokyo bildet eine Ausnahme. Nach wie vor ist das Bevölkerungswachstum der japanischen Hauptstadt ungebrochen. Im 20. Jh. hat Tokyo seine Einwohnerzahl um das 20fache erhöhen können. Dies entspricht einem absoluten Zuwachs um 27 Mio. Personen.

Noch 1940 gab es weltweit nur vier Städte mit mehr als 5 Mio. Einwohnern: Tokyo, New York, Paris und London. Gegenwärtig sind es 36, Mitte des 21. Jh. könnten es 400 sein. Die Megapolisierung der Erde findet heute weitgehend unabhängig vom Entwicklungsstand eines Landes statt, wenngleich seit Ende des Zweiten Weltkrieges vor allem in den Entwicklungsländern Megastädte entstanden sind (BRONGER 1997, S. 38). Heute liegen von den 36 Megastädten 25, also mehr als zwei Drittel, in Ländern der „Dritten Welt".

Das Bevölkerungswachstum der Megastädte ist in den Entwicklungsländern viel dynamischer verlaufen als in den Industrieländern. Zwischen 1940 und 1990 hat sich die Bevölkerungszahl von 8 der 25 Megastädte in Entwicklungsländern mehr als verzehnfacht. In nur zwei bis drei Jahrzehnten wuchsen etwa Mexiko-City, São Paulo, Kairo, Mumbai (Bombay) und Delhi um jeweils 8 Mio. Einwohner und mehr. Für diese Zunahme hatte New York 150 Jahre gebraucht. In jüngster Zeit allerdings mehren sich Anzeichen für ein Sinken der Wachstumsraten. Lag das Wachstum der Megastädte in Entwicklungsländern zwischen 1950 und 1970 bei durchschnittlich nahezu 5%, beträgt die derzeitige mittlere Wachstumsrate ca. 2,4%. Dennoch nehmen die Megastädte weiter an Bevölkerung zu (FELDBAUER & PARNREITER 1997, S. 10). Allerdings sind die Geburtenraten in den Städten der Entwicklungsländer deutlich geringer als auf dem Land. Das Wachstum der Städte ist somit in erster Linie eine Funktion der Zuwanderung und nicht des generativen Wachstums der Stadtbevölkerung.

Der entscheidende Pull-Faktor für den Zuzug vom Land in die Megastädte ist in dem vielfältigen Angebot an Arbeitsplätzen, insbesondere in Industrie, Bauwirtschaft und vor allem im informellen Sektor zu sehen. Am Beispiel Bangkoks arbeitete KRAAS (1995, S. 29ff.) heraus, dass sich die hauptstadtbezogenen Standortvorteile wechselseitig verstärken. In Bangkok sind nahezu alle wichtigen Konsumgüterindustrien sowie importabhängige Unternehmen und die meisten exportabhängigen Industriebetriebe angesiedelt. Der Motor des Industrialisierungsprozesses ist in der internationalen Arbeitsteilung und im transnationalen Kapitaltransfer zu sehen. Ausländische Investoren wählen als Standorte von Produktionsstätten und Industrieanlagen bevorzugt Flächen im Großraum Bangkok als größtem Handels- und Verkehrsknotenpunkt und zugleich bedeutendstem Markt. Damit wird die wirtschaftliche Vormachtstellung Bangkoks weiter ausgebaut.

Ein typisches Merkmal von Megastädten in Entwicklungsländern ist die Informalisierung der wirtschaftlichen Aktivitäten. Der informelle Sektor fasst Tätigkeitsfelder in einem außerhalb von staatlichen Regulationen angesiedelten Bereich zusammen. Diejenigen, die gezwungen sind, solchen Tätigkeiten nachzugehen, sind meist Zuwanderer aus ländlichen Regionen. Sie finden oder schaffen sich in den Städten Arbeitsmöglichkeiten, so dass sie ihre grundlegenden Versorgungsbedürfnisse erfüllen können. Wie bedeutend der informelle Sektor auch aus volkswirtschaftlicher Perspektive ist, zeigt das Beispiel Mexiko-City, wo zwischen 25% und 38% des Bruttoinlandsprodukts durch ungeregelte Arbeitsbeziehungen erbracht werden (FELDBAUER & PARNREITER 1997, S. 17). Dabei spielen die Hüttensiedlungen als Lebens- und Wirtschaftsräume der Armen eine zentrale Rolle.

8.1.4 Aktuelle Entwicklungsprobleme

Die Megastädte in den Entwicklungsländern konnten den Bevölkerungszuwachs der zurückliegenden 60 Jahre kaum verkraften. Wohnungsbau, Arbeitsplatzbeschaffung, infrastruktureller Ausbau, das Bildungs- und Gesundheitswesen sowie die Energieversorgung konnten mit der Bevölkerungszunahme nicht Schritt halten.

Zu den wichtigsten Problemen zählen die vielfältigen ökologischen Beeinträchtigungen (Text 8.1). Da das Wachstum der Megastädte Lateinamerikas, Asiens und Afrikas in das Automobilzeitalter fiel, entwickelte sich die *Luftverschmutzung* zu einem besonderen Belastungsfaktor. In Mexiko-City war die Regierung gezwungen, durch eine Reihe drastischer Verordnungen die bedrohliche Schadstoffbelastung abzusenken. Zum einen musste in den 1980er Jahren der Bleigehalt des Benzins reduziert werden. Zum anderen muss seit 1989 jeder Halter sein Fahrzeug an einem Tag der Woche stehen lassen und ist zudem verpflichtet, halbjährlich sein Fahrzeug einer Abgaskontrolle zu unterziehen (GORMSEN 1994, S. 84). Eine ähnliche Strategie verfolgt seit 1977 die Stadtverwaltung von Lagos (Nigeria): Private Pkw, deren Zulassungsnummer mit einer geraden Ziffer endet, dürfen montags, mittwochs und freitags am innerstädtischen Verkehr teilnehmen, die übrigen Fahrzeuge dürfen nur am Dienstag und Donnerstag bewegt werden. Wohlhabende Familien haben diese Regelung allerdings durch den Kauf eines zweiten Pkw mit einem passenden Kennzeichen de facto außer Kraft gesetzt (PEIL 1997, S. 225).

Ein weiteres Problem ist die *Abfallentsorgung.* MEYER (1994) zeigte am Beispiel von Kairo, dass dieses Umweltproblem gleichzeitig eine wichtige Erwerbsquelle für Teile der ärmeren Bevölkerungsschichten darstellt. Am Abfallrecycling Kairos sind schätzungsweise 100 000 Personen, die so genannten „sabbalin", beteiligt. Täglich holen die mehr als 20 000 Angehörigen von Müllsammlerfamilien mit Eselskarren und Kleinlastwagen Abfälle aus den Haushalten begüterter Kairoer Familien ab. Sie bringen die Abfälle in eine der sechs Müllsiedlungen am Stadtrand, wo die Abfälle sortiert und an Zwischenhändler und weiterverarbeitende Betriebe verkauft werden.

Ein zentrales Problem stellt der *knappe Wohnraum* in den Megastädten dar. Zum einen führt die Zuwanderung in die Städte zu einer massiven innerstädtischen Bevölkerungsdichte. Der auf formale Weise nicht zu stillende Bedarf an Wohnraum in den älteren Innenstadtquartieren lässt sie häufig zu Marginalsiedlungen absinken. Durch die Überbelegung der Wohnungen und entsprechend erhöhte Abnutzung der Gebäude werden die Viertel sozial abgewertet (GORMSEN & THIMM 1994, S. 8).

Zum Thema „Ökologische Probleme in Megastädten"

Die genaue Zahl der Einwohner scheint keiner zu wissen. 18 Millionen sagt der eine, 22 der nächste, ein anderer spricht von 25 Millionen Menschen. Die Stadt, in der rund ein Viertel der mexikanischen Bevölkerung lebt, gilt als die am schnellsten wachsende Agglomeration der Erde. Im Jahr 2025 werden hier, so eine Prognose, 32 Millionen Menschen leben. Oder mehr.

Nacht für Nacht rollen aus allen Himmelsrichtungen des Landes Tausende von Lastwagen heran und laden in der Central de Abasto, dem mit einer Fläche von knapp 330 ha weitläufigsten Großmarkt der Welt, mehr als 30 000 Tonnen Lebensmittel ab. Der größte Teil davon wird von 85 000 Händlern, Boten und Fuhrleuten in der Stadt verteilt. Mit dem, was übrig bleibt, wird der Rest des Landes versorgt.

Jeden Tag scheidet Mexiko-Stadt 20 000 Tonnen Müll aus, die abgeholt und auf immer mehr und größeren Halden abgeladen werden. Nur etwa 15 Prozent des Abfalls – Glas, Metall, Papier, Pappe und Plastik – werden von einer straff organisierten Mafia, sog. Pepenadores, aussortiert und einer Wiederverwertung zugeführt.

Der Rest wird verbuddelt. Die Erde zum Zuschütten des Mülls wird unterdessen knapp und muß aus immer größer werdender Entfernung herbeigeschafft werden. Eine Müllverbrennung oder systematische Kompostierung von Müll, der immerhin zur Hälfte aus organischen Stoffen besteht, gibt es bisher nicht. Offizielle Begründung: zu teuer.

Eine Zeitbombe ist der Giftmüll, der nur zu einem Viertel in der einzigen, 700 Kilometer entfernten Sondermülldeponie von Monterrey entsorgt wird. Der Rest wird unter den Hausmüll gemischt.

Auch die Luft ist angereichert mit Schadstoffen. Zwar fallen in den letzten Jahren keine kadmiumverseuchten Vögel mehr vom Himmel wie Ende der achtziger Jahre. Aber immer noch werden von den 4,2 Millionen Autos und den 30 000 Industriebetrieben jeden Tag um die 20 000 Tonnen Dreck in die Atmosphäre geblasen.

Text 8.1:   Quelle: Spiegel Special (1998, S. 102f.)

Einen besonderen Typ der Marginalsiedlung stellt der „Slum" dar. STEWIG (1983) versteht unter Slums Wohngebiete in Städten, „die eine Reihe von Merkmalen der Bewohner und der Behausungen aufweisen, die unter den Standards des betreffenden Landes liegen. Der Begriff Slum ist also ein relativer Begriff; Merkmale, die in den Industrieländern zur Bezeichnung Slum führen, unterscheiden sich von Merkmalen, die in den Entwicklungsländern die Verwendung des Begriffs Slum gerechtfertigt erscheinen lassen" (S. 201). Wie groß die Unterschiede zwischen einem Slum in Indien und in den USA sind, zeigt folgender Vergleich: Selbst unter Berücksichtigung einer Kaufkraftparität von 1 : 10 des amerikanischen Dollars zur indischen Rupie liegt das mittlere Einkommen im ärmsten Stadtteil Chicagos weit über dem Lohn, den ein verheirateter Professor aus Calcutta mit fünf Kindern erhält (BRONGER 1996, S. 78).

Vor allem in Indien nimmt die soziale Polarisierung der metropolitanen Bevölkerung beängstigende Züge an. Sie spiegelt sich vor allem in der überproportional ansteigenden Slumbevölkerung wider. So hat in Hyderabad zwischen 1962 und 1981 der Anteil der Slumbevölkerung von 9% auf 22,3% zugenommen (ALAM et al. 1987, S. 123), in Chennai (Madras) stieg der Anteil sogar von 25% auf 40% (NITZ & BOHLE 1985, S. 16). Im Jahre 1990 lag der Anteil der Bewohner von Hüttensiedlungen in den vier Megastädten Calcutta, Chennai (Madras), Mumbai (Bombay) und Delhi bei schätzungsweise 50% (BRONGER 1994, S. 24). Noch höhere Anteile sind in den lateinamerikanischen Riesenagglomerationen zu verzeichnen. Mehr als die Hälfte der Einwohner von Rio de Janeiro und Caracas leben in Hüttensiedlungen, im Verdichtungsraum Mexiko-City dürften es nahezu zwei Drittel sein, und in Lima leben 70% der Menschen in Slums (NISSEN 1995, S. 26).

In Delhi beispielsweise ist die Zahl der illegalen und ohne jeden Anschluss an die städtischen Ver- und Entsorgungseinrichtungen errichteten Hüttensiedlungen dramatisch angestiegen (KRAFFT 1996, S. 108). Eine von der „Delhi Development Authority" im Jahre 1992 durchgeführte Zählung der Hüttensiedlungen, die in Indien auch als „Jhuggie-Cluster" bezeichnet werden, ergab 929 Slums mit insgesamt 259344 Behausungen, in denen schätzungsweise 1,5 Mio. Menschen lebten. Erschreckend sind vor allem die hohen Wohndichten. NISSEL (1989) berechnete für die im Norden von Mumbai (Bombay) gelegene 2 km² bedeckende Hüttensiedlung Dharavi, zugleich größter Slum Asiens, eine Bevölkerungsdichte von 250000 Einw./km².

Die Hüttensiedlungen in indischen Städten liegen zumeist auf städtischen Brachflächen und entlang von Ausfallstraßen bzw. Eisenbahnlinien (Text 8.2). Hüt-

---

Zum Thema „Soziale Ungleichheit in Megastädten"

Nicht nur von der Mehrheit der Reichen, sondern auch von der des aufstrebenden Mittelstandes vieler dieser Länder werden die Armen eher verachtet. Der Anblick der Hütten, der ganze Schmutz und Gestank der Slums passen nicht in ihr westlich geprägtes Bild z.B. eines modernen Indien: ‚Täglich strömen Hunderte von Landflüchtlingen in die Städte und bauen Shanty Towns ohne Wasser und sanitäre Anlagen. Ihr Zustrom bringt Elend und Krankheiten in die Städte, Hässlichkeit, Schmutz und widerlichen Gestank ... Die Verlierer dieser Explosion der Slums sind die städtischen Eliten. Sie merken tagtäglich, dass die Straßen verstopft sind und sie nicht schnell fahren können. Öffentliche Parks und Gehwege werden in Shanty Towns verwandelt. Die Luft ist voll von dem Gestank der Exkremente', schreibt der Inder AIYAR ..., ein Brahmane. Das Indien dieser Schichten ist die wirtschaftlich und technologisch aufstrebende südasiatische Supermacht, die Atomkraftwerke und Mittelstreckenraketen baut und deren Söhne und Töchter in England oder den USA studieren. Die Armen sind dabei nichts anderes als ein Schandfleck in ihrem ästhetischen Empfinden.

Text 8.2:   Quelle: BRONGER (1996, S. 80)

Stadt	Bevölkerungszahl der Metropolitanregion [1000]	Zahl der Unternehmen
Tokyo	26 200	34
New York	17 082	59
Mexiko-City	*14 600*	*1*
Osaka	15 900	15
São Paulo	*12 700*	*0*
Seoul	11 200	4
London	11 100	37
Calcutta	*11 100*	*0*
Buenos Aires	*10 700*	*1*
Los Angeles	10 519	14
Mumbai (Bombay)	*9 950*	*1*
Paris	9 650	26
Peking	*9 340*	*0*
Rio de Janeiro	*9 200*	*1*
Kairo	*8 500*	*0*
Shanghai	*8 300*	*0*
Chicago	7 865	18
Delhi	*6 889*	*0*
Philadelphia	5 254	2
Westl. Ruhrgebiet	5 050	18

Tab. 8.2:
Transnationale Unternehmen und Bevölkerung in den 20 größten Metropolitanregionen der Erde (Quelle: verändert nach CLARK 1996, S. 149). Hervorgehoben sind die Megastädte, die in keinem bzw. höchstens einem Fall Hauptsitz eines transnationalen Unternehmens sind. Sie liegen ausnahmslos in Entwicklungs- bzw. Schwellenländern.

tensiedlungen werden auch bevorzugt neben neuen Wohngebieten errichtet, da die Bauarbeiter auf die Nähe zu ihrer Arbeitsstätte angewiesen sind. Nach Abschluss der Bauarbeiten bleiben diese Siedlungen in der Regel stehen und werden weiter bewohnt. Die Arbeiter finden dann häufig in anderen informellen Berufen ihr Auskommen (NISSEL 1989). Ein zentrales Problem ist allerdings die Rechtsunsicherheit, der sich die Bewohner von Hüttensiedlungen ausgesetzt sehen. Sie sind zwar von der Stadtverwaltung registriert, können jedoch jederzeit wieder ausgewiesen werden, denn die Hüttensiedlungen befinden sich in der Regel auf Bauerwartungsland, das in Megastädten ein wertvolles Gut ist und bei Bedarf zur Verfügung stehen muss (BRONGER 1994, S. 28).

Ein typisches Merkmal der Megastädte sind die großen sozialen Disparitäten. Ausgedehnten und weiter anwachsenden Slum- und Squattersiedlungen stehen abgeschottete Villenviertel gegenüber, in denen die Multimillionäre aus Wirtschaft und Politik leben (BRONGER 1996, S. 80). Motor der sozialen Polarisierung und sozialräumlichen Fragmentierung in den Megastädten ist die Konzentration der national bedeutendsten Unternehmen des produzierenden Gewerbes und unternehmensbezogener Dienstleistungen. Sie hat in den Metropolen neue, stark spezialisierte und vor allem hoch dotierte Berufsgruppen entstehen lassen. Ihnen steht die große Masse Unbeteiligter und „Verlierer" gegenüber, die entweder arbeitslos oder im informellen Sektor tätig sind. Der sozialen Dichotomisierung entspricht ein ungeordnetes Nebeneinander verschiedenster Sozialräume. Dies gilt einerseits für die Altstadt, wo sich in unmittelbarer Nachbarschaft gentrifizierter Quartiere mit Luxusappartments Viertel mit billigen Massenunterkünften befinden. Die brasilianische Megastadt São Paulo liefert hierfür das Musterbeispiel. Andererseits haben sich auch an den Stadträndern sowohl Gettos der Armen als auch der Reichen gebildet (WEHRHAHN 1998, S. 662).

Die meisten Megastädte in den Entwicklungsländern werden auch in Zukunft ihre vielfältigen ökologischen und sozialen Probleme höchstens ansatzweise lösen können. Ihren Handlungsspielräumen sind durch Defizite in den kommunalen Budgets enge Grenzen gesetzt. So belief sich der Haushalt von Hamburg mit seiner vergleichsweise hoch entwickelten Infrastruktur 1981 pro Kopf auf mehr als das Hundertfache dessen von Metro Manila (BRONGER 1996, S. 79).

Die Megastädte der Dritten Welt spielen trotz ihrer enormen Bevölkerungszahlen keine tragende Rolle innerhalb des globalen Städtesystems. Die Hälfte der 20 bevölkerungsreichsten Städte der Erde weist keinen oder nur einen Hauptsitz eines transnational operierenden Unternehmens (global player) auf (Tab. 8.2). Sie werden von ihnen regelrecht gemieden. Dagegen liegen die aus weltwirtschaftlicher Perspektive wichtigen Städte ausnahmslos in Ländern, die der Triade angehören. Sie werden traditionell als Weltstädte oder unter stärkerer Berücksichtigung weltwirtschaftlicher Verflechtungen als Global Cities bezeichnet.

8.2 Das Global-City-Phänomen

8.2.1 Das Verhältnis Megastadt – Global City

Global Cities sind Standorte ökonomischer sowie politischer Macht- und Entscheidungszentralen von weltweiter Bedeutung. Sie bilden die Knotenpunkte eines weltumspannenden Netzwerks, über das Güter, Dienstleistungen und Kapital nach marktwirtschaftlichen Regeln transferiert werden. Akteure dieses Netzwerks sind vor allem die bereits erwähnten transnational operierenden Konzerne. Die wirtschaftlichen Globalisierungsprozesse haben zu einer starken Verflechtung der Global Cities untereinander geführt, so dass ihre Kontakte untereinander intensiver sind als die zu ihren jeweiligen Um- und Hinterlandgebieten (KORFF 1997, S. 22). Nach HALL (1998), SASSEN (1991) und KING (1990) konzentrieren sich die Kontrollfunktionen der Weltwirtschaft auf die Städte New York, London und Tokyo als Steuerungszentralen in den Kernräumen der Triade. Einige Autoren zählen auch Singapur zur Gruppe der führenden Global Cities (OSTERTAG 2000). Jedenfalls unterscheidet sich Singapur mit seiner klaren Ausrichtung auf die Weltwirtschaft deutlich von jenen Megastädten der ost- und südostasiatischen Tropen, die sich aufgrund ihrer Hauptstadtfunktion hauptsächlich mit nationalen Problemen konfrontiert sehen (BRONGER 1997, S. 52).

Eine Gruppe weiterer 18 Städte, zu denen Los Angeles, Mexiko-City, Paris, Frankfurt am Main und Rotterdam / Amsterdam zählen, weist bedingt globale Funktionen auf. Sie sind teilweise noch nicht einmal Millionenstädte, jedoch aufgrund der Konzentration ökonomischer Funktionen fest in weltweite Entscheidungs- und Handlungsabläufe eingebunden. Beispiele sind die Banken- und Finanzplätze Frankfurt am Main und Zürich.

8.2.2   Weltstadt oder Global City?

Der Begriff der Global City hat sich erst in den 1980er Jahren in der Stadtgeographie durchgesetzt. Vor allem in älteren Lehrbüchern taucht zur Kennzeichnung von Städten weltweiter Bedeutung der Begriff der Weltstadt bzw. in der angelsächsischen Literatur der Terminus *„World City"* auf.

Obwohl beide Begriffe, Weltstadt und Global City, zunächst den gleichen Stadttyp zu beschreiben scheinen, unterscheiden sie sich aus forschungshistorischer Perspektive deutlich voneinander. Weltstadt ist der ältere, traditionellere Begriff. Er war bis in die 1970er Jahre zur Bezeichnung von Städten weltweiter Bedeutung und internationalem Bekanntheitsgrad gebräuchlich. Bedingt durch die Ausbreitung der wirtschaftlichen Globalisierung, hat sich seither im internationalen Sprachgebrauch der Begriff der Global City etabliert. Der Global-City-Begriff bezieht sich im Wesentlichen auf die ökonomische Funktion und Bedeutung einer Metropole, während der Weltstadtbegriff facettenreicher ist und kulturelle Aspekte mit einschließt.

Der Begriff „Weltstadt" wurde 1915 von GEDDES in die wissenschaftliche Terminologie eingeführt. HALL griff in seinem 1966 erschienenen Buch „The World Cities" den Begriff erneut auf. Als Weltstädte fasst HALL eine Gruppe von Metropolen weltweiten Bekanntheitsgrades auf, in denen ein überproportionaler Anteil von weltweit operierenden Unternehmen aus den Branchen Finanzen, Handel und Kommunikation vertreten ist. Diese Metropolen sind zudem Zentren politischer Macht sowie nationale und internationale Verkehrsknotenpunkte (Häfen, Flughäfen). Ihre internationale Bedeutung spiegelt sich in Breite und Tiefe des Spektrums der hier vertretenen Berufsgruppen wider. Im Vergleich zu anderen Großstädten konzentriert sich in den Weltstädten ein Segment internationaler, hoch qualifizierter Spezialisten, die zu den Spitzenverdienern zählen. HALL (1966) beschränkte den Weltstadtbegriff jedoch nicht auf seine ökonomische Dimension, sondern betonte, dass Weltstädte auch aus der Perspektive von Kunst, Kultur, Bildung und Forschung eine

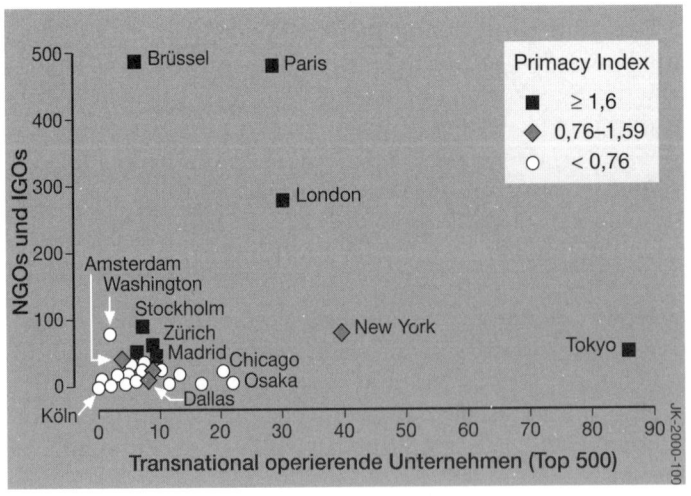

Abb. 8.1:
Politische und
wirtschaftliche Bedeutung
von Global Cities
(Quelle: eigener Entwurf,
verändert nach
KNOX 1995, S. 10)

Wirtschaftszentren:
- Sitz von Zentralen transnational operierender Unternehmen (vor allem Banken, Versicherungen)
- Konzentration unternehmensbezogener Dienstleistungen (Telekommunikation, Verlage, Werbeagenturen)
- Hoch spezialisierte Warenproduktion
- Messen mit weltweitem Einzugsgebiet

Politische und gesellschaftliche Zentren:
- Sitz von IGOs (International Governmental Organizations) und NGOs (International Nongovernmental Organizations)
- Veranstaltungsorte politischer und wirtschaftlicher „Gipfeltreffen" und Konferenzen

Verkehrszentren:	Transnationale Verkehrknotenpunkte (Flugverkehr)
Medizinische Zentren:	Spezialkrankenhäuser
Kulturzentren:	Bibliotheken, Museen, Theater und Opernhäuser
Juristische Zentren:	Sitz internationaler Gerichte
Bildungszentren:	Sitz renommierter Hochschulen und anderer Forschungseinrichtungen

---

Übersicht 8.1: Allgemeine Charakteristika von „Global Cities"
(Quelle: eigener Entwurf, verändert nach BRUNN & WILLIAMS 1993, S. 486)

herausragende Position einnehmen. Spiegel dieser Funktionen sind Universitäten, Theater, Museen, Opernhäuser und Konzerthallen von weltweitem Bekanntheitsgrad.

Sicherlich spielen diese Merkmale auch heute noch eine Rolle. Für die Definition einer Global City sind sie jedoch von untergeordneter Bedeutung. Als entscheidende Schlüsselkriterien zur Messung der Bedeutung von Städten haben sich der wirtschaftliche Status und die politische Machtposition durchsetzen können (FRIEDMANN 1986). KNOX (1995) hat als Indikatoren für diese beiden Funktionen die Zahl der Hauptsitze von Weltunternehmen, insbesondere von Banken, und die Zahl der Sitze internationaler Organisationen herangezogen (Abb. 8.1 und Übersicht 8.1). Zur letzten Gruppe zählen sog. „Nongovernmental Organizations" (NGOs), wie etwa Greenpeace oder Amnesty International, und „International Governmental Organizations" (IGOs), wie die OPEC, die Weltgesundheitsorganisation oder die UNESCO.

8.2.3 Strukturelle Merkmale und Besonderheiten

Die Tendenz zur weltweiten Streuung wirtschaftlicher Aktivitäten hat neue räumliche Formen der Zentralisierung von Spitzenmanagement, Kontroll- und Steuerungsfunktionen hervorgebracht. Global betrachtet waren 1998 über 500 000 Verbundunternehmen außerhalb des Landes des Mutterunternehmens angesiedelt. Diese räumliche Streuung macht eine zentrale Koordinierung erforderlich. Als Orte, an denen diese Arbeit optimal abgewickelt werden kann, haben sich wenige Global Cities herauskristallisiert. Sie sind die bedeutendsten Standorte der Verwaltungssitze transnationaler Unternehmen.

Ihnen arbeiten eine Vielzahl von unternehmensbezogenen Dienstleistern zu, deren Wertschöpfung mittlerweile die der industriellen Produktion übersteigen dürfte (SASSEN 1999, S. 10; MÖNNINGER 1999, S. 15). Zu diesen hoch spezialisierten unternehmensbezogenen Dienstleistungen, die im englischen Sprachgebrauch als „producer services" bezeichnet werden, zählen Notariate, Anwaltskanzleien, Beratungsunternehmen, Werbeagenturen und Softwarefirmen (MÖNNINGER 1998, S. 93). Bereits 1981 entfielen 31 % aller Arbeitsplätze in New York auf derartige unternehmensorientierte Dienstleistungen (KING 1990, S. 26). Tokyo hingegen hat neben seiner Rolle als internationaler Banken- und Handelsplatz auch die industrielle Produktion weiter ausbauen können. London und New York hingegen müssen seit den 1970er Jahren die Folgen massiver Deindustrialisierung verkraften.

Ein zentrales Merkmal der drei Global Cities der obersten Hierarchiestufe ist der hohe Grad der gegenseitigen wirtschaftlichen Abhängigkeit. London, New York und Tokyo sind untereinander stärker verflochten als mit den übrigen Städten ihrer Nationalstaaten. Die Transaktionstätigkeit unter den drei Metropolen – insbesondere auf den Finanzmärkten, im Dienstleistungshandel und im Investmentbereich – hat drastisch zugenommen (SASSEN 1999, S. 11).

Die funktionale Spezialisierung der Global Cities spiegelt sich in einer starken Ausdifferenzierung ihrer Arbeitsmärkte. Die Konzentration hoch bezahlter, internationaler Spezialisten, die in internationalen Organisationen und an Hauptsitzen transnationaler Unternehmen arbeiten, hat die Entstehung innovativer Milieus begünstigt. Sie bilden zum einen den Nährboden für neues wirtschaftliches Unternehmertum, zum anderen bringen sie neue Formen und Kulturen sozialen Zusammenlebens hervor. Die Zunahme höherer Einkommensgruppen kommt im Stadtbild deutlich zum Ausdruck. In attraktiven innenstadtnahen Wohngebieten hat eine Modernisierung und Renovierung der Wohngebäude stattgefunden. Dort wie auch in den Cities hat die Zahl der Luxusgeschäfte und gehobenen Gastronomiebetriebe deutlich zugenommen. Eine Besonderheit der Global Cities ist die Entwicklung hoch spezialisierter Kunstmärkte, die nur durch die Existenz eines schmalen Segments von Spitzenverdienern entstehen konnten (SASSEN 1991).

Die Zunahme hoch dotierter Berufe zog neue Arbeitsplätze in schlecht bezahlten Dienstleistungsbereichen nach sich. Die Banker, Börsianer und Makler stützen sich bei ihrer Arbeit wie auch im privaten Bereich auf eine Gruppe von Erwerbspersonen, die einfache, kundenorientierte Dienstleistungen erbringen (RYKWERT 1991, S. 44). Taxiunternehmen, Botendienste, Reinigungsfirmen und Sicherheitsdienste haben nachweislich hohe Wachstumsraten aufzuweisen. Frauen bilden die Kerngruppe der Arbeitskräfte, welche die „bad jobs" der städtischen Gesellschaft (nicht nur) in den Global Cities erledigen. Typisch für dieses Arbeitsmarktsegment sind marginalisierte und prekäre Beschäftigungsverhältnisse (RONNEBERGER, LANZ & JAHN 1999, S. 41 f.). Große innerstädtische Gebiete sind bereits zum Schauplatz einer staatlich nicht mehr kontrollierten, informellen Schattenökonomie abgesunken (MÖNNINGER 1998, S. 94). CASTELLS (1991, S. 211) unterstreicht: *„Die Schattenwirtschaft blüht ... Die Bekleidungsindustrie gehört in New York mittlerweile zu 80 % der Schattenwirtschaft, das Geschäft der Innenausstatter spielt sich zu 100 Prozent im ‚Untergrund' ab".*

Je höher der Rang einer Stadt in der globalen Städtehierarchie ist, desto schärfer entwickeln sich die Gegensätze zwischen Spitzenverdienern und Unterbezahlten.

Der Streit zwischen lokalen Gruppen und global operierenden Akteuren um künftige Flächennutzungen und die Entwicklung städtischer Infrastruktureinrichtungen wird zunehmend erbitterter ausgeführt.

Somit lassen sich gerade in den Global Cities die Auswirkungen gesellschaftlicher Flexibilisierung studieren: Indikatoren einer zunehmenden Stigmatisierung ökonomisch benachteiligter Gruppen sind Konflikte und bürgerkriegsähnliche Unruhen, die in Los Angeles, New York, London und Paris in den letzten Jahren wiederholt aufgebrochen sind. Dabei handelt es sich um Auseinandersetzungen zwischen Gruppen, deren Position sich durch den skizzierten wirtschaftlichen Umbau der Städte verschlechtert hat. Ziel der Unruhen, Krawalle oder Gewalttaten ist es, auf die eigene soziale Problematik hinzuweisen. Beziehungen zwischen dem Auftreten dieser Konflikte und dem Abbau sozialer Leistungen, vor allem in den USA und Großbritannien, sind dabei nicht zu übersehen (BERNER & KORFF 1995, S. 15).

Konterkariert wird der Trend zur Gettoisierung durch den Bau „postmoderner Superhochhäuser" (KORFF 1996, S. 121), in denen sich die Hauptquartiere der großen Unternehmen und Banken befinden. Sie stellen äußere Zeichen von Macht und wirtschaftlicher Prosperität dar. In einigen Fällen sind sie zu neuen Wahrzeichen der Städte aufgestiegen; jedenfalls haben sie zu einer massiven architektonischen Überformung der Innenstädte geführt. Das bekannteste Beispiel in Europa ist der obeliskartige „Canada Tower" in den London Docklands, der, weithin sichtbar, zum postmodernen Symbol für die Stadtentwicklung Londons in der Thatcher-Ära geworden ist. SASSEN (1997, S. 118) unterstreicht: *„Die Hyperräume der internationalen Wirtschaft, angefangen von den Bürotürmen der Konzerne über die Tagungshotels bis zu den Weltflughäfen, sind territorial übergreifende Räume und bilden eine neue Geographie gebauter Zentralität. Obwohl transterritorial, sind sie doch Orte. Orte aber sind Voraussetzung dafür, daß Eliten entstehen können; und Orte brauchen wir auch, um die neue Art der Repräsentation von Macht erfassen zu können".*

Ein weiteres Kennzeichen der Global Cities ist die extreme Suburbanisierung ihres Umlandes, die von HOFFMANN-AXTHELM (1993, S. 106) kritisch als „Selbsthilfe des wohlhabenden bis unteren Mittelstandes" interpretiert wird, der (noch) in der Lage ist, den ökologischen Verschleiß der Mobilität zu bezahlen.

Mit zunehmender Größe und Bedeutung einer Global City nimmt ihre funktionsräumliche Differenzierung zu. Zentralen Stadträumen, in denen sich Einrichtungen weltweiter Bedeutung konzentrieren, stehen Stadtteile mit überwiegend lokalen Funktionen gegenüber; gentrifizierte und vom sozialen Niedergang bedrohte Viertel liegen oft in unmittelbarer Nachbarschaft. Globalisierung induziert folglich nicht nur eine ökonomische Differenzierung und soziale Polarisierung. Vielmehr schlägt sich dieser Prozess auch räumlich nieder: Die Global City des 21. Jahrhunderts entwickelt sich zunehmend zu einer Stadt funktional und sozial definierter Inseln.

Das Ergebnis der jüngeren Entwicklungen von Global Cities sind große Übereinstimmungen ihrer funktionalen und baulichen Struktur in den zentralen Stadtteilen, ihrer sozialen und arbeitsmarktbezogenen Differenzierungen wie auch ihrer Probleme. Durch diese Konvergenzerscheinungen, die sich losgelöst vom jeweiligen kulturellen Hintergrund vollziehen, gleichen sich die Städte immer mehr an und drohen ihre historische Identität zu verlieren.

9 Städtesysteme

Während die Analyse des Global-City-Phänomens einen weltweiten Blickwinkel erfordert, werden im Folgenden Städtesysteme aus nationaler bzw. regionaler Perspektive beleuchtet. Mit dem Modell der *Zentralen Orte* und den *Städtenetzen* stehen sich im Ansatz verschiedene Konzepte und Instrumente regionaler Entwicklungspolitik gegenüber. Bei der Unterscheidung beider Konzepte darf nicht übersehen werden, dass auch zentrale Orte Teile von hierarchisch gegliederten Städtenetzen sind. Bei der Konstruktion zentralörtlicher Hierarchien steht der Aspekt der Versorgung von Umland- und Hinterlandgebieten zentraler Orte im Vordergrund. Mit dem aktuell diskutierten Begriff der Städtenetze werden dagegen Städtebündnisse bezeichnet, die sich durch eine Funktions- und Aufgabenteilung charakterisieren lassen, die weit über den Versorgungsaspekt hinausgreift. Beide Konzepte, Zentrale Orte und Städtenetze, werden im Folgenden vorgestellt und miteinander verglichen.

9.1 Das Zentrale-Orte-Modell

9.1.1 Leitlinien zentralörtlicher Forschung

Die Nutzung der Zentrale-Orte-Konzeption seitens der Raumordnung in der Bundesrepublik Deutschland kann als eine späte Würdigung der Leistung WALTER CHRISTALLERS gewertet werden, der 1933 in Erlangen seine Dissertation über die Theorie der Zentralen Orte abgeschlossen hatte. Obwohl die Arbeit in den 1930er und 1940er Jahren mehrfach in deutschsprachigen Zeitschriften rezensiert worden war und insofern der akademischen Geographie hätte bekannt sein müssen, wurde sie erst mit Beginn der 1950er Jahre in Deutschland zur Kenntnis genommen (BLOTEVOGEL 1996 a, S. 618).

Seit Mitte der 1950er Jahre befassten sich verstärkt Geographen und andere Raumwissenschaftler mit Hierarchien zentraler Orte und zentralörtlicher Bereiche. Die Ergebnisse dieser Forschungen mündeten schließlich in den 1960er Jahren in der von der Bundesforschungsanstalt für Landeskunde und Raumordnung koordinierten flächendeckenden Ausweisung „zentraler Orte und zentralörtlicher Bereiche mittlerer und höherer Stufe in der Bundesrepublik Deutschland" (GEBHARDT 1996, S. 692). Seit den 1960er Jahren ist das System zentraler Orte ein fester Bestandteil der bundesdeutschen Raumordnungspolitik. Grundlage ist ein drei- bis vierstufiges hierarchisches System von Zentren unterschiedlicher Ausstattung und Reichweite.

Ihren Höhepunkt erreichte die zentralörtliche Forschung in den 1970er Jahren, als das Zentrale-Orte-Konzept verstärkt als Steuerungsinstrument in Regionalplanung und Raumordnung eingesetzt wurde. Die Ausweisung zentraler Orte, zentralörtlicher Bereiche und Entwicklungsachsen wurde nun zu einer normativen Steuerungsgröße in den Landesentwicklungsplänen und -programmen.

So liegt etwa im Landesentwicklungsplan Nordrhein-Westfalens der Klassifikation von Siedlungen ein dreistufiges zentralörtliches Modell zugrunde (Abb. 9.1).

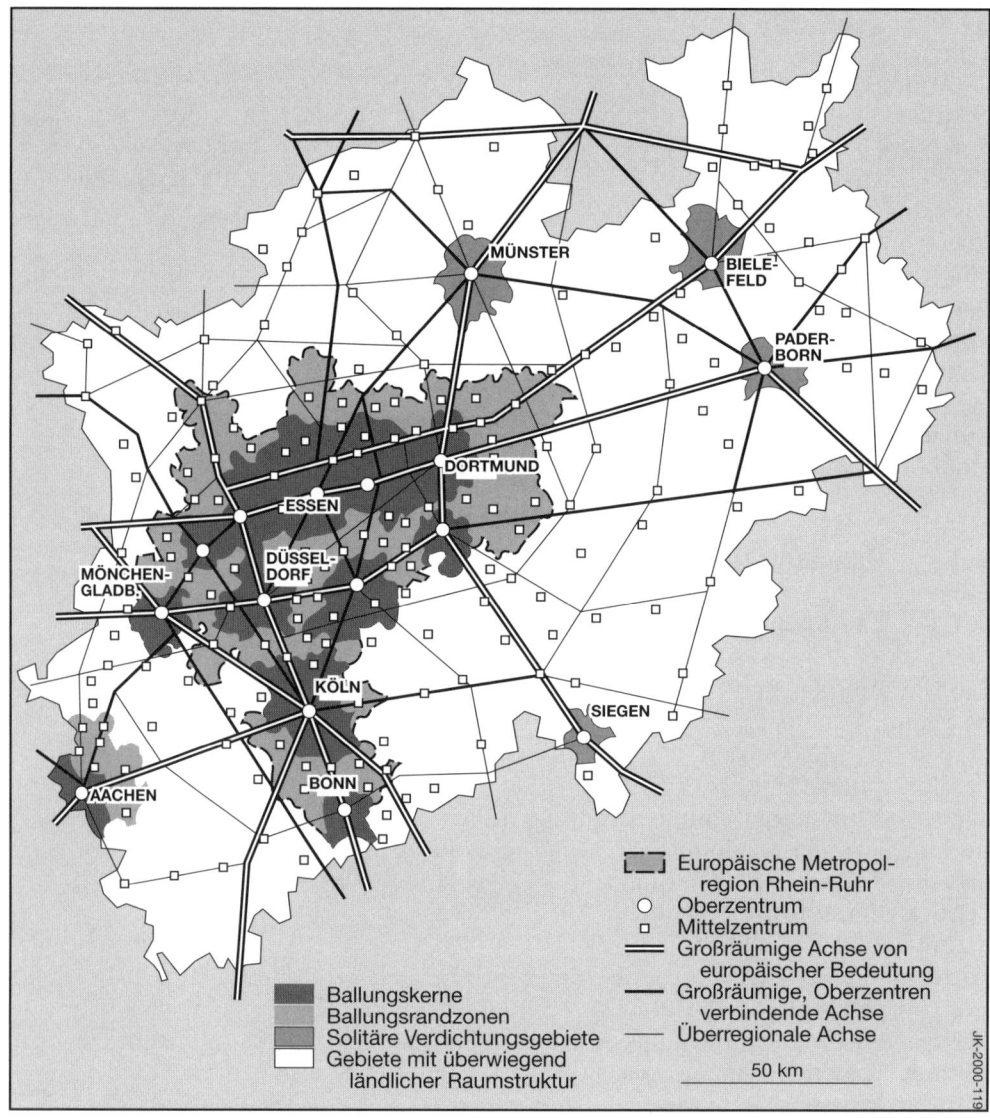

Abb. 9.1: Siedlungsräumliche Grundstruktur, zentralörtliche Gliederung und Entwicklungsachsen in Nordrhein-Westfalen (Quelle: eigener Entwurf, verändert nach LEP NRW 1995 [Anlage Teil A])

Dabei werden, ausgehend von der Wertigkeit zentralörtlicher Einrichtungen, entsprechend den Einwohnerzahlen in den Versorgungsbereichen und der Stellung im regionalen Arbeitsmarkt Grundzentren, Mittelzentren und Oberzentren unterschieden (Ministerium für Umwelt, Raumordnung und Landwirtschaft des Landes Nordrhein-Westfalen 1995, S. 15).

Auch in der DDR existierte ein zentralörtliches System, in dem sieben Siedlungskategorien unterschiedlicher Zentralität ausgewiesen waren. Nach der Vereinigung der beiden deutschen Staaten wurde das westdeutsche Konzept auf die östlichen Bundesländer übertragen.

9.1.2   Das Zentrale-Orte-System in der Krise?

Heute gilt das streng hierarchische, auf jeweils einen zentralen Ort ausgerichtete System zentraler Orte als reformbedürftig. Es wird den Versorgungs- und Konsumansprüchen der Bevölkerung vielfach nicht mehr gerecht. Hierfür zeichnen veränderte Standorttendenzen privater und öffentlicher Anbieter von Dienstleistungen und der hohe Motorisierungsgrad der Bevölkerung verantwortlich (DEITERS 1996, S. 632). Das Standortverhalten von Nachfragern und Anbietern ist flexibler und dynamischer geworden. Zudem sind die der Versorgung von Haushalten zuzurechnenden Dienstleistungen nicht mehr alleiniges Kriterium für Zentralität. Vielmehr spielen unternehmensorientierte Dienstleistungen eine immer größere Rolle. Vor allem die höherrangigen dispositiven Dienste sind aufgrund ihrer stark prestigeorientierten Standortwahl als Indikatoren für die zentralörtliche Bedeutung geeignet (GAEBE & STRAMBACH 1991).

Obwohl das starre Planungskonzept der Zentralen Orte mittlerweile von vielen Raumwissenschaftlern als überholungsbedürftig angesehen wird, darf es keineswegs als obsolet bewertet werden. BLOTEVOGEL (1996 b) führt hierfür drei Gründe an:

1. Es ist unbestreitbar, dass die Sicherung der Mindest- und Grundversorgung in dünn besiedelten ländlichen Räumen eine zentrale sozialpolitische Aufgabe des Staates ist. Der Rückzug zentraler Einzelhandels- und Dienstleistungsbetriebe aus der Fläche hat die Situation der nichtmotorisierten Haushalte drastisch verschlechtert.

2. Ein wichtiges Ziel ist die Gestaltung der Siedlungsstrukturentwicklung in Verdichtungsräumen. Das traditionelle System zentraler Orte innerhalb der Verdichtungsräume ist seit den 1980er Jahren durch die Expansion neuer Betriebsformen und Standortgemeinschaften, wie *„Factory Outlet Center"* und Fachmarktzentren, überprägt worden. Wenn die gewachsenen innerörtlichen Zentren nicht zugunsten von autoorientierten, städtebaulich nicht integrierten Betriebsagglomerationen weiter erodiert werden sollen, muss die Regional- und Kommunalplanung regulierend eingreifen. Gerade das Beispiel der weitgehend unstrukturierten Entwicklung des Einzelhandels in den neuen Ländern zeigt, welche räumlichen Strukturen entstehen, wenn die Vorgaben der Landes- und Regionalplanung nicht greifen bzw. nachlässig umgesetzt werden. Diese Fehlentwicklungen haben zu einer Auffrischung des Bewusstseins im Hinblick auf die Bedeutung des Zentrale-Orte-Konzeptes geführt.

3. Ein übergeordnetes Ziel künftiger Siedlungsentwicklungen ist die Beachtung des Prinzips der Nachhaltigkeit. Der sparsame Umgang mit Freiflächen, die Re-

duzierung des CO_2-Ausstoßes durch Verminderung des motorisierten Individualverkehrs sind zwei wesentliche Determinanten für eine zukunftsfähige Raumentwicklung. Daher erleben siedlungsstrukturelle Leitbilder wie „die Stadt der
kurzen Wege" oder die „kompakte Stadt" derzeit eine Renaissance.

9.2   Städtenetze – neue Instrumente der Raumordnung

In jüngerer Zeit ist neben das starre System der zentralen Orte mit den *„Städtenet-*
zen" ein neues situationsbezogen einzusetzendes Instrument getreten. Es ist flexibler und stärker handlungsorientiert angelegt, in dem es hierarchische Ordnungs-
prinzipien durch kooperative und partnerschaftliche Organisationsstrukturen
ersetzt (Übersicht 9.1, PRIEBS 1996a, S. 675). Den Städtenetzen liegt ein Leitbild zugrunde, das die Stärkung der dezentralen Siedlungs- und Bevölkerungsstruktur in
der Bundesrepublik anstrebt. Dies soll durch eine gezielte Kooperation bei der wirtschaftlichen und infrastrukturellen Entwicklung von Städten erreicht werden
(ADAM 1994, S. 513).

9.2.1   Definition und Systematik

Städtenetze lassen sich in *funktionale* und *strategische Netze* einteilen (KUNZMANN
1995). Ein funktionales Netz ist ein „System von Städten in einem Raum ... , die in vielfältiger Weise untereinander verknüpft sind" (S. 36). Gemeint sind damit aus Kern-

Zentrale Orte	Städtenetze
• Bollwerke für gleichwertige Mindest-versorgung (flächendeckend)	• Kooperativer Gesamtstandort mit insgesamt verbessertem und stärker ausdifferenziertem Angebot (selektiv)
• Versorgungsbereiche sind in der Regel klar voneinander abgegrenzt.	• Städtenetz bildet grundsätzlich einen gemein-samen Versorgungsbereich mit funktionaler Ergänzung.
• Festlegung von oben als förmliches Ziel der Raumordnung	• Initiative „von unten", informell und nicht notwendigerweise unter Beteiligung bzw. mit Zustimmung der Raumordnung
• Die einzelne Kommune ist Element des zentralörtlichen Systems mit klarer hierarchischer Einstufung.	• Die einzelne Kommune ist gleichberechtigter Partner und Akteur.
• Auf langfristige Wirksamkeit ausgerichtetes, weitgehend statisches Ordnungsinstrument	• Strategische Allianz eventuell auf Zeit; flexibel und handlungsorientiert

Übersicht 9.1: Gegenüberstellung wesentlicher Merkmale von zentralen Orten und regionalen
            Städtenetzen (Quelle: PRIEBS 1996a, S. 685)

stadt und unterschiedlich großen Umlandgemeinden bestehende Stadtregionen, die über Pendlerverflechtungen und Naherholungsströme untereinander verknüpft sind.

Im Hinblick auf ihren Einsatz als raumordnungspolitische Instrumente sind strategische Netze allerdings von größerer Bedeutung. Dabei handelt es sich um zweckorientierte Bündnisse, die zwischen Städten geschlossen wurden, um netzinterne Synergieeffekte nutzen zu können. Diese sollen durch Kooperation, Spezialisierung, Arbeitsteilung und Erfahrungsaustausch erzielt werden (SPANGENBERG 1996, S. 314). Zudem kann über eine gemeinsame Außendarstellung, etwa gegenüber dem Bund oder der EU, das Image und damit die strategische Position verbessert werden.

Strategische Netze lassen sich in Abhängigkeit vom regionalen Maßstab in interregionale/internationale und intraregionale Netze gliedern. Während internationale Städtenetze ihren Mitgliedern Vorteile gegenüber außerhalb dieses Verbundes stehenden Städten bieten, kann ihr Einfluss auf die raumstrukturellen Verhältnisse innerhalb ihrer Regionen vernachlässigt werden (PRIEBS 1996 b, S. 36). Diesbezüglich bedeutsamer sind intraregionale Netzwerke von Städten. Dabei handelt es sich um ein Instrument „freiwilliger und informeller interkommunaler Zusammenarbeit" von Städten, die in einer Region liegen und in der Regel eine ähnliche Größe aufweisen (RUNKEL 1994). Im Falle Sachsens ist das Modell der Städtenetze sogar schon als „Sonderform Zentraler Orte" im Landesentwicklungsplan berücksichtigt worden. Damit wird das Ziel verfolgt, die Städte Dresden, Leipzig und Chemnitz/Zwickau zu einer Stadtregion europaweiter Bedeutung zu entwickeln, die als „Sachsendreieck" innerhalb der Europäischen Union deutlicher wahrgenommen und konkurrenzfähiger werden soll (Sächsisches Staatsministerium für Umwelt und Landesentwicklung 1994).

9.2.2 Ziele

Der freiwillige Zusammenschluss von Städten zu intraregionalen strategischen Städtenetzen muss vor dem Hintergrund einer Verknappung öffentlicher Mittel und dem dadurch ausgelösten Zwang zu gemeinsamer Profilschärfung und Positionierung interpretiert werden. Die Verwirklichung einer größeren Zahl kommunaler Projekte ist heute kaum noch von einer Stadt allein zu leisten. Daher ist es sinnvoll, größere Investitionen, wie weiterführende Bildungseinrichtungen, Veranstaltungshallen, Gewerbeparks etc., gegenseitig abzustimmen. Auf diese Weise lassen sich unnötige Parallelinvestitionen vermeiden und das infrastrukturelle Angebot für die in der Region lebende Bevölkerung verbessern.

Interkommunale Abstimmungen erweisen sich auch bei der Ausweisung von Neubaugebieten als sinnvoll, damit Erschließungskosten minimiert werden und Freiräume zwischen den Siedlungen erhalten werden können. Auch kostenintensive Wissenstransferstellen und Technologiezentren, von denen schließlich eine gesamte Region profitieren kann, lassen sich nur durch eine Bündelung finanzieller Ressourcen realisieren.

Einen weiteren Themenschwerpunkt bildet die Abfallwirtschaft. Nur interkommunale Lösungsstrategien ermöglichen, größere Gebiete bei der Suche nach Standorten für Deponien und Müllverbrennungsanlagen zu berücksichtigen (ADAM 1994, S. 519).

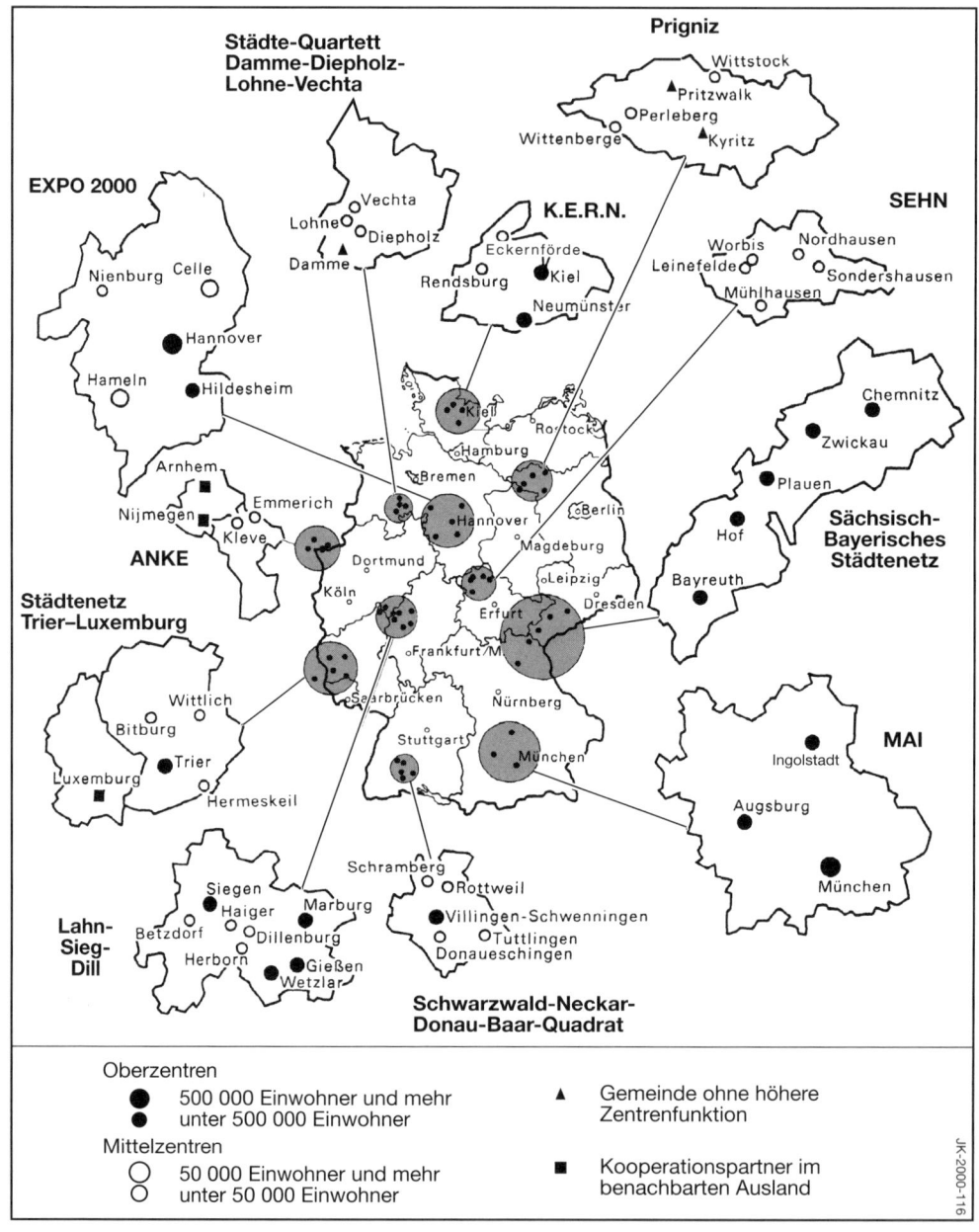

Abb. 9.2: Städtenetze in der Bundesrepublik Deutschland
(Quelle: eigener Entwurf, verändert nach PRIEBS 1996b, S. 40)

9.2.3 Städtenetze in Deutschland

Seit Anfang der 1990er Jahre hat sich das Konzept der Städtenetze in der Regional-
politik der Europäischen Gemeinschaft etablieren können. Von 1990 bis 1993 for-
mierten sich insgesamt 16 Städtenetze. Zu den Pionieren zählte das Städtedreieck
Le Havre – Rouen – Caen, das unter dem Namen „Normandie-Metropole" vermarktet wurde. In Dänemark schloss sich die Stadt Kolding mit sieben weiteren, am Kleinen Belt gelegenen Gemeinden zu einem Städtenetz zusammen, während in der
schwedischen Altindustrieregion Bergslagen ein Netz von sieben Gemeinden unter
der Bezeichnung WUX gegründet wurde (WESTHOLM 1993). Als frühe Initiativen in
der Bundesrepublik Deutschland sind die sog. MAI-Initiative der Städte München,
Augsburg und Ingolstadt, das Bergische Städtedreieck Remscheid, Solingen, Wup-
pertal und die Technologieregion K.E.R.N. zu nennen, in der die Städte Kiel,
Eckernförde, Rendsburg und Neumünster zusammengeschlossen sind (Abb. 9.2).
   Da seit 1993 ein raumordnungspolitischer Orientierungsrahmen existiert, er-
hielt das Städtenetz-Konzept in der zweiten Hälfte der 1990er Jahre weiteren Auf-
trieb. Ein Beispiel aus der jüngeren Vergangenheit ist das Städtenetz EXPO-Region.
Neben der Landeshauptstadt Hannover gehören ihm u.a. die Städte Nienburg,
Celle, Hildesheim, Hameln und der Kommunalverband Großraum Hannover an.
Zentrale Themenfelder sind der Tourismus, der Güterverkehr zur Schiene und die
Ansiedlungspolitik des großflächigen Einzelhandels (PRIEBS 2000, S. 52).
   Hervorzuheben sind grenzüberschreitende Vorhaben, wie das Städtenetz
Trier–Luxemburg, und ANKE, ein Zusammenschluss der niederländischen Städte
Arnhem und Nijmwegen mit den deutschen Partnerstädten Kleve und Emmerich
(Abb. 9.2).
   Ein typisches Beispiel für Gründung, Struktur und funktionale Aufgliederung
eines Städtenetzes ist das Städtequartett Diepholz – Vechta – Lohne – Damme. Es setzt
sich aus zwei Kleinstädten bzw. Mittelstädten (Vechta, Lohne) mit etwas mehr als
20 000 Einwohnern in einer strukturschwachen Region zusammen. Ziele der 1991
begonnenen Kooperation zwischen Diepholz, Vechta und Lohne – Damme trat dem
Bund erst später bei – waren der Erhalt des Hochschulstandorts Vechta und die Einrichtung eines Interregio-Haltepunkts in Diepholz für die Strecke Osnabrück–Bremen. Mit Nachdruck forderten die drei Städte, als räumlicher und funktionaler Ver-
bund, der Teilfunktionen eines Oberzentrums erfüllte, anerkannt zu werden. Diese
Forderung war insofern bemerkenswert, als sowohl historische wie auch rezente
politische Barrieren überwunden werden mussten: Zwischen den Landkreisen
Diepholz und Vechta verläuft die Grenze zwischen zwei niedersächsischen Regie-
rungsbezirken. Sie ist zudem identisch mit der Trennlinie zwischen dem alten
Land Oldenburg und der einstigen preußischen Provinz Hannover. Zudem spiegelt
diese Naht eine Religionsbarriere wider. Obwohl der erste Versuch einer amtlichen
Anerkennung fehlschlug, gilt heute das junge Städtequartett als Pilotprojekt mit
Modellcharakter (PRIEBS 1996a, S. 680 f.).

10 Stadtzukunft – Ausblicke und Szenarien

Die bisherigen Ausführungen haben verdeutlicht, dass Städte und Städtesysteme sich weltweit in einem Differenzierungsprozess befinden, dessen Tempo zunimmt. Während sich national wie global neue Städtehierarchien herausbilden, nehmen innerhalb der Städte ökonomische, soziale, funktionale und städtebauliche Polarisierungen zu. Das Schlagwort von der „Stadt der Inseln" beschreibt vor diesem Hintergrund ein durchaus realistisches Szenario der Stadtstruktur im 21. Jahrhundert. Gegenwärtig scheint es, als ob die Entwicklungen und Prozesse stärker von wirtschaftlichen als von gesellschaftlichen oder politischen Kräften angetrieben würden.

Vor diesem Hintergrund gewinnt die Frage nach der Stadt der Zukunft beziehungsweise der Zukunft der Stadt an Bedeutung. Bei der Suche nach möglichen Antworten bedienen sich Zukunftsforscher heute der Szenarientechnik. Szenarien sind Entwürfe alternativer Zukunftsbilder, die gegenüber Prognosen den Vorteil haben, dass auch Rahmenbedingungen in die Überlegung einbezogen werden können, die „nicht datenmäßig belegbar und somit nicht quantifizierbar sind" (STIENS 1983, S. 2).

10.1 Übergeordnetes Ziel: Nachhaltige Entwicklung

An dieser Stelle sollen die wichtigsten Szenarien in ihren Grundzügen skizziert werden. Ihre Bewertung orientiert sich an einem übergeordneten Leitziel, das als wegweisend angenommen wird: Stadtentwicklung soll sich nachhaltig vollziehen („*sustainable development*"). Der Begriff der Nachhaltigkeit, der Zukunftsbeständigkeit beziehungsweise Zukunftsfähigkeit meint, hat seine Wurzeln in der Forstwirtschaft. Die wirtschaftliche Nutzung eines Waldes wird als nachhaltig bezeichnet, wenn nicht mehr Holz geschlagen wird als nachwächst.

Übertragen auf die städtische Wirtschaft, bedeutet die Forderung nach einer nachhaltigen Entwicklung, dass Produktionsverfahren und Technologien entwickelt werden müssen, die möglichst wenig Rohstoffe, Energie, Wasser verbrauchen und Fläche in Anspruch nehmen. Zusätzlich sollen möglichst wenig Abfälle produziert werden; Verkehr als Verursacher vielfältiger ökologischer Belastungen soll nach Möglichkeit vermieden werden. Das Leitbild einer nachhaltigen Entwicklung baut auf der Erkenntnis auf, dass der bisherige Entwicklungsweg der Menschheit nicht zukunftsfähig ist, da ein ökologischer Kollaps bevorsteht, falls die Entwicklungs- und Schwellenländer dem Beispiel der hoch industrialisierten Nationen folgen werden (BURMEISTER & HOCKELER 1998, S. 34).

Übergeordnetes Leitziel einer nachhaltigen Entwicklung muss daher sein, einen Weg zu finden, „der die Ausbeutung der Ressourcen, die Belastung der Umwelt, die Investitionsflüsse, die Ausrichtung der wissenschaftlich-technologischen Entwicklung und die sozialen, institutionellen Veränderungen langfristig und weltweit mit den Bedürfnissen der Menschen in Einklang bringt" (KREIBICH 1997, S. 132). Das Institut für Zukunftsstudien und Technologiebewertung (IZT) nennt folgende Leitziele für eine nachhaltige Stadtentwicklung:

1. Niedrige Stoff- und Energieströme und Wertstoffrückführung.
2. Geringstmögliche Schadstoffströme und Schadstoffrisiken.
3. Nutzung regenerativer Energien und Rohstoffe.
4. Vermeidung von irreversiblen und quasiirreversiblen Folgen durch Produktion und Konsumtion.
5. Vermeidung technischer Großrisiken.
6. Förderung einer umwelt- und sozialverträglichen Mobilität.
7. Erhaltung intakter und Wiederherstellung geschädigter Naturräume.
8. Verminderung ökonomischer und sozialer Disparitäten als Quellen von Gewalt (global, regional, saisonal); vgl. GASSNER & KUOM (1995).

Mit Sicherheit werden diese Ziele in absehbarer Zeit nicht oder nur in bescheidenen Ansätzen zu erreichen sein. Bereits ein Blick auf die gegenwärtige Situation der Städte wirft die Frage auf, ob Stadtentwicklung angesichts folgender Fakten überhaupt nachhaltig sein kann:

1. Städte sind die größten Konsumenten nicht erneuerbarer Energien.
2. Städte sind diejenigen Orte, an denen Luft und Wasser am stärksten verschmutzt werden. Die Stadtbevölkerung produziert drei Viertel der gesamten weltweiten Umweltverschmutzung in Form von Emissionen des Verkehrs, der Industrie und der Haushalte.
3. Städte sind Impulsgeber für vielfältige Verkehrsströme unterschiedlichster Reichweite und Intensität. Vor allem die rasante Zuwanderung in die Agglomerationen der Entwicklungsländer ist ein massives Problem.

Vor diesem Hintergrund ist Nachhaltigkeit als „visionäres" Ziel zu sehen, gewissermaßen als qualitative Prüfgröße, vor der die unterschiedlichen Entwicklungspfade bestehen müssen.

Einige der denkbaren Entwicklungswege werden im Folgenden skizziert. Die Szenarien schließen sich dabei nicht gegenseitig aus, sondern priorisieren lediglich bestimmte Sichtweisen. In diesem Sinne sind sie als Extremformen anzusehen, zwischen denen zahlreiche Zwischen- und Übergangsformen denkbar sind.

10.2   Szenario 1: Die wettbewerbsorientierte Stadt (ökonomische Perspektive)

Die Entwicklung der wettbewerbsorientierten Stadt wird überwiegend von ökonomischen Kräften gesteuert. Leitziel ist die Akkumulation von Kapital und die Bindung von Investoren. Der lokale Staat hat seine paternalistischen Funktionen aufgegeben und operiert nun als „Unternehmen Stadt". Seine Aufgabe besteht darin, durch geeignete Rahmenbedingungen und Maßnahmen privatwirtschaftliche Aktivitäten zu initiieren und zu stimulieren (RONNEBERGER 1998). Um dieses Ziel zu erreichen, werden die städtischen Ausgaben auf die Durchführung von wirkungsmächtigen Schlüsselprojekten konzentriert, die von Public-Private-Partnerships durchgeführt werden.

Notwendigerweise führt eine derartige Bündelung finanzieller Ressourcen zu weiteren Beschneidungen im Gesundheits-, Bildungs- und Sozialwesen. Das von den Vertretern dieses Konzepts häufig vorgebrachte Argument der ökonomischen Selbstheilungskräfte hält einer empirischen Überprüfung nicht stand. Konjunkturelle Entwicklung und Arbeitsmarktentwicklung werden zukünftig entkoppelt bleiben. Daher begünstigt die wettbewerbsorientierte Stadt zugleich eine soziale Polarisierung. Da die wettbewerbsorientierte Stadt marktgesteuert ist, spielen ökologische bzw. Aspekte der Nachhaltigkeit kaum eine Rolle.

10.3   Szenario 2: Die telematische Stadt (technologische Perspektive)

Seit den späten 1970er Jahren hat die Telematik nahezu alle Bereiche der Arbeits- und Alltagswelt durchdrungen. Sie bestimmt ebenso wie die Globalisierung, mit der sie eng verknüpft ist, den gegenwärtigen wirtschaftlichen Handlungsraum (SASSEN 1997, S. 117). Die Industriegesellschaften der hoch entwickelten Länder haben sich längst in Informationsgesellschaften verwandelt. Der Begriff „Informationsgesellschaft" beschreibt, nach dem Verständnis des Rates für Forschung, Technologie und Information, „eine Wirtschafts- und Gesellschaftsform", in der die Gewinnung, Speicherung, Verarbeitung, Vermittlung, Verbreitung und Nutzung von Informationen und Wissen einschließlich wachsender technischer Möglichkeiten der interaktiven Kommunikation die entscheidende Rolle spielen" (Bundesministerium für Bildung, Wissenschaft, Forschung und Technologie 1995). Die technologischen Innovationen lassen sich im Wesentlichen den Bereichen Telekommunikation, elektronische Datenverarbeitung und digitale Medien zuordnen. Gemeinsames Merkmal dieser neuen Technologien ist, dass sich alle Typen von Informationen, Bilder, Filme, Graphiken, Zahlen, Texte und Musik, digitalisieren lassen. In Form von Binärcodes können sie auf leistungsstarken Speichermedien abgelegt und via Satellit oder über leistungsstarke Datennetze ausgetauscht werden (GRAHAM & MARTIN 1996). Gegenwärtig nehmen die Halbwertszeiten technologischer Innovationen ständig ab; ein Ende des Entwicklungsbooms ist nicht abzusehen. Daher ist fraglich, ob eine zuverlässige Abschätzung der Folgen einer weiteren „Digitalisierung der Stadt" zum gegenwärtigen Zeitpunkt überhaupt seriös sein kann. Trotz dieser Zweifel und obwohl die folgende Auflistung aufgrund der vielfältigen Einsatzgebiete der Telematik nicht vollständig sein kann, lassen sich einige Grundtendenzen aufzeigen:

1. Die Elektronisierung der Arbeitswelt begünstigt die Entstehung von Telearbeitsplätzen zu Hause. Das hierdurch zu erwartende Vermeidungspotential des motorisierten Individualverkehrs wird auf immerhin 8 % geschätzt. Pessimistischere Annahmen gehen von einer maximalen Verkehrsentlastung von einem Prozent aus. Allerdings ist eine Flexibilisierung der Arbeitszeiten zu erwarten, wodurch eine Entzerrung des Verkehrs möglich wird.

2. Diejenigen Bürger, die Zugang zum Internet haben, können von ihrem häuslichen Computer Informationen abrufen und Geschäfte durchführen. Das so genannte Online-Banking bildet die wohl bekannteste Form eines netzbezogenen

Dienstes. E-Mails, Chats, Internet-Telefonie und SMS sind längst zu ernsthaften Konkurrenten des traditionellen, von der Post abgewickelten Schriftverkehrs geworden. Weitere Szenarien sind denkbar: Bürger können via Netz in Planungsabläufe einbezogen werden, sie können von Stadtinformationssystemen profitieren und in einigen Jahren möglicherweise von zu Hause aus sogar an politischen Wahlen teilnehmen. Allerdings wäre dazu eine nahezu flächendeckende Internetanbindung erforderlich. Daher ist es notwendig, in Bibliotheken, Banken und an anderen dezentralen öffentlichen Orten Terminals im Sinne eines „demokratischen Stadtnetzes" zu installieren (BURMEISTER & HOKKELER 1998, S. 38). Als Fazit kann festgehalten werden: Ohne am städtischen Verkehr teilzunehmen, können sich in Zukunft die Bürger virtuell in der Stadt bewegen, sie können einkaufen, kommunizieren, Kontakte knüpfen und sogar an raumbezogenen Entscheidungsprozessen aktiv teilnehmen und somit raumwirksame Akteure werden.

3. Die modernen Technologien erzeugen neue gesellschaftliche Verhaltensmuster und eröffnen vor allem Frauen neue Bewegungsmöglichkeiten. Das Internet und die mit ihm entstandenen Kommunikationsformen (chat, E-Mail, usergroups) sprengen die patriarchalischen Strukturen der modernen Stadt. Zudem verändern sie Sichtweisen, Einstellungen und Verhaltensmuster. Das Internet ist ein dezentrales Netzwerk, in dem zentralisierte Kontrolle bedeutungslos ist. Es ist zu vermuten, dass diese Grundprinzipien des Internets auch auf andere alltags- und lebensweltliche Bereiche übertragen werden können. Betroffen wären davon soziale, politische und wirtschaftliche Systeme (PLANT 1999, S. 27).

4. In eklatanter Weise wird der Handel von der Entwicklung des Internets betroffen werden. Schätzungen gehen davon aus, dass in einem Jahrzehnt Online- und Teleshopping zwischen 5 % und 10 % der gesamten Einzelhandelsumsätze in Deutschland erwirtschaftet werden. Die Folgen für die Städte sind weitreichend: Am wenigsten werden voraussichtlich die Cities von dieser Entwicklung tangiert werden. Mit ihren Aufenthalts- und Erlebnisqualitäten stellen sie keine direkte Konkurrenz für innovative Vertriebsformen wie den Handel via Internet dar. Stärker gefährdet sind die Subzentren in den Vororten, in denen der ökonomische Aspekt des Einkaufens überwiegt. Ihre Existenz ist ohnehin durch die Aufwertung der Cities einerseits und die Entwicklung von Fachmarktzentren und Einkaufszentren im suburbanen Raum andererseits gefährdet. Vom elektronischen Handel sind aber nicht nur Standorte, sondern vor allem Branchen betroffen. Geschäftszweige, die für den elektronischen Handel geeignet erscheinen, sind der Buchhandel und der Handel mit Multimedia- und Softwareprodukten, die sogar via Internet geliefert werden können. Die Auswirkungen auf den Stadtverkehr sind ambivalent: Einerseits nimmt durch den elektronischen Handel die Zahl der Zentrenkontakte ab. Dies bedeutet zunächst eine Vermeidung von Verkehr. Andererseits entstehen neue Güterverkehrsströme. Um diese zu regeln, ist ein neues System von Logistikstandorten an der Peripherie der Verdichtungsräume erforderlich.

Trotz der eklatanten Auswirkungen, die von der Telematik auf die Stadtstruktur ausgehen, wird die Stadt ihre Bedeutung als zentraler Ort beibehalten. Das Wesen

---

Zum Thema „Gated Communities"

„Willkommen! Treten Sie ein! Werden Sie Teil einer Gemeinschaft von Menschen, die wie Sie das Landleben in einer sicheren, natürlichen Umwelt vorziehen, die mit dem Ruf des Kiebitzes einschlummern und mit dem leisen Gemurmel des Jukskei-Flusses aufwachen wollen."

Dieses Paradies, angepriesen auf Hochglanzbroschüren, heißt Dainfern. Es liegt im Nordosten Johannesburgs, 25 Kilometer entfernt vom grauen, unwirtlichen Zentrum der Metropole Südafrikas: 300 Hektar groß, von 60 Wächtern und 56 Kameras rund um die Uhr observiert, umfriedet von einem 7,5 Kilometer langen Ring aus Stahlpalisaden und Mauern, auf deren Kronen acht Stromleitungen knistern.

Der Schutzwall trennt Afrika und Europa. Diesseits der Mauer dürrer Busch, grasende Höckerrinder. Jenseits eine sanfte Talmulde, Silberweiden, Eichen, Blumenrabatten. Sardische Villen, Landhäuser im Tudorstil, Fachwerk, Pastelltöne. Sherwood, Hampstead, Highgate, die Viertel haben englische Namen. Die Straßen und Trottoirs picobello. Ein Städtchen adrett, wohlgeordnet und sauber. ...

In Daenfern wohnen Stadtflüchtlinge. Sie wurden von der Angst vor Kriminalität an die Peripherie getrieben, vom Lärm und von den Abgasen, von den sinkenden Standards der öffentlichen Dienste und von der allgemeinen Verwahrlosung.

Text 10.1: Quelle: Die Zeit Nr. 21 vom 18. Mai 2000

der Zentralität wird allerdings ein anderes sein als vor einem halben Jahrhundert. Zentrale Güter werden keine Produkte oder Waren mehr sein, sondern Informationen und Wissen. Diese werden jedoch nach wie vor in Städten produziert und sind eine Funktion der direkten, persönlichen Kontakte innerhalb kreativer Milieus.

10.4 Szenario 3: Die „Quartered City" (gesellschaftliche Perspektive)

Kreativität ist in allen Epochen ein grundlegendes Merkmal städtischer Gesellschaften gewesen, denn sie war immer eine notwendige Voraussetzung dafür, dass Städte ihre Funktionen als Marktplätze, Handels- und Produktionsplätze erfüllen konnten. Hier existierten unternehmerische, künstlerische und intellektuelle Milieus, die sich gegenseitig befruchtet und von deren Erfindungsreichtum Kultur und Wirtschaft der Stadt profitiert haben. Dies wird auch zukünftig so bleiben. Forschung und Entwicklung werden nach wie vor an diese kreativen Milieus gekoppelt sein. Tätigkeiten, für die ein hohes Maß an fachlichem Urteilsvermögen bzw. schöpferischer Aktivität erforderlich ist, werden weiterhin an den teuren Stadtraum gebunden sein (HALL 1991, S. 22).

Das Umland wird auch in Zukunft favorisierter Wohnstandort von Familienhaushalten mittlerer bis gehobener Einkommen sein, deren Lebensstile stark durch funktionale Standorterfordernisse (Wohnraum, Verkehrsanbindung, Sicherheit) geprägt werden. Insbesondere der Sicherheitsaspekt scheint immer mehr an Bedeutung zu gewinnen. Hierfür sprechen die auch in den hoch entwickelten Staaten immer zahlreicheren „Gated Communities". Wegen des hohen Flächenanspruchs werden diese im Wesentlichen an den sub- und exurbanen Raum gebunden, jedoch auch innerhalb der Kernstädte anzutreffen sein. Die Entstehung vieler dieser nach außen abgeschlossenen Siedlungen ist als eine partielle Substitution staatlicher Versorgung und Regulierung durch privatwirtschaftliche und semiöffentliche Organisationsformen zu interpretieren. Tore, Zäune und Mauern sind in diesem Sinne nur ein – allerdings besonders augenscheinliches – Element dieses Siedlungstyps (Text 10.1).

Dieser groben Ausdifferenzierung sozialräumlicher Strukturen auf regionaler Ebene werden sehr komplexe sozialräumliche Muster innerhalb der postfordistischen Stadt gegenüberstehen. KRÄTKE (1991, S. 73 f.) unterstreicht: *„Tatsächlich gibt es in der kapitalistischen Stadt keine simple Dualität (etwa von ‚Reichen‘ und ‚Armen‘), sondern eine Reihe von strukturellen Differenzierungen, welche die fundamentale (doch wenig sichtbare) ‚Klassen‘-Spaltung überformen. Das Konzept der „Quartered City" sucht die bestimmenden sozialräumlichen Differenzierungen der Städte an charakteristischen ‚Quartieren‘ mit spezifischen Nutzergruppen festzumachen, und die ‚gesellschaftlichen Beziehungen‘ zwischen diesen Quartieren zu erörtern".*

Trotz der zunehmenden Differenzierungstendenzen bleibt offen, wie weit die soziale Segregation in den Kernstädten in Zukunft fortschreiten wird. Wird es zu einer konfliktbelasteten Dichotomisierung oder zu einem „Nebeneinander sich gegenseitig mit nachsichtigem Desinteresse tolerierender Lebenswelten" kommen (HÄUSSERMANN & SIEBEL 1995, S. 107)?

Nicht nur innerhalb der Städte, sondern auch zwischen den Städten werden die sozioökonomischen Disparitäten wachsen. Neben Städten, in denen international wettbewerbsfähige Unternehmen mit ihren hoch qualifizierten Mitarbeitern ihren Sitz haben, werden Städte mit oberzentralen Funktionen und einem breiten Sockel an Mittelschicht-Wohnbevölkerung weiter Bestand haben. Daneben wird es auch Städte geben, die den wirtschaftlichen Anschluss nicht halten können und damit einen überdurchschnittlich hohen Anteil marginalisierter Bevölkerungsgruppen aufnehmen müssen.

Literaturverzeichnis

ADAM, B. (1994):
Städtenetze. Ein neues Forschungsfeld des Experimentellen Wohnungs- und Städtebaus. Informationen zur Raumentwicklung, (7/8): 513–520.

ADRIAN, H. (1995):
Stadt und Handel – Einsichten und Modellvorstellungen. In: BAG [Hrsg.]: Standorte des Handels. Köln, 14–22.

AGLIETTA, M. (1976):
Régulation et crises du capitalisme. Paris, 334 S.

Akademie für Raumforschung und Landesplanung [Hrsg.] (1996):
Agglomerationsräume in Deutschland. Ansichten, Einsichten, Aussichten. Hannover, 401 S. = Forschungs- und Sitzungsberichte der Akademie für Raumforschung und Landesplanung, 1999.

ALAM, S. M., ALIKHAN, F., & M. BHATTACHARJI (1987):
Slums in metropolitan Hyderabad. A profile. In: ALAM, S. M., & F. ALIKAN [Eds.]: Poverty in Metropolitan cities. New Delhi, 121–138.

ALEXANDERSSON, G. (1956):
The industrial structure of American cities. Lincoln, Stockholm, 133 S.

ALISCH, M., & J. S. DANGSCHAT (1993):
Die solidarische Stadt. Ursachen von Armut und Strategien für einen sozialen Ausgleich. Darmstadt, 234 S.

ALISCH, M., BECKER, J., & A. PFADT (1993):
Gutachten zur Planung einer „Stadtentwicklung für einen sozialen Ausgleich". Hamburg.

ALLEN, J., MASSEY, D., & M. PRYKE [Eds.] (1999):
Unsettling Cities, Movement/Settlement. London, 353 S.

AMIN, A. (1994):
Post-Fordism: Models, fantasies and phantoms of transition. In: AMIN, A. [Ed.]: Post-Fordism. A reader. Oxford (UK), Cambridge (USA), 1–40.

Amt für Statistik, Einwohnerwesen und Europaangelegenheiten der Stadt Köln [Hrsg.] (1999):
Statistisches Jahrbuch der Stadt Köln, 82. Berichtsjahr 1998. Köln, 303 S.

ARING, J. (1999):
Suburbia – Postsuburbia – Zwischenstadt. Die jüngere Wohnsiedlungsentwicklung im Umland der großen Städte Westdeutschlands und Folgerungen für die regionale Planung und Steuerung. Hannover, 388 S. = Arbeitsmaterial/Akademie für Raumforschung und Landesplanung, 262.

ARMEN, G. (1972):
A classification of cities and city regions in England and Wales. Regional Studies, 6 (2): 149–182.

ARNOLD, A. (1997):
Allgemeine Agrargeographie. Gotha und Stuttgart, 247 S.

AUROUSSEAU, M. (1921):
The distribution of population: a constructive problem. Geographical Review, 11: 523 ff.

BADER, F. J. W. (1985):
Der Wilhelminische Ring in Berlin und seine Entwicklung. In: HOFMEISTER, B., PACHUR, H. J., PAPE, C., & G. REINDKE [Hrsg.]: Berlin. Beiträge zur Geographie eines Großstadtraumes. Berlin, 463–479. = Festschrift zum 45. Deutschen Geographentag in Berlin.

BÄHR, J. (1976):
Neuere Entwicklungstendenzen lateinamerikanischer Großstädte. Geographische Rundschau, 28 (4): 125–133.

BÄHR, J., & G. MERTINS (1992):
Verstädterung in Lateinamerika. Geographische Rundschau, 44 (6): 360–370.

BÄHR, J., & G. MERTINS (1995):
Die lateinamerikanische Groß-Stadt. Verstädterungsprozesse und Stadtstrukturen. Darmstadt, 238 S. = Erträge der Forschung, 288.

BAHRENBERG, G. (1995):
Der Bruch der modernen Geographie mit
der Tradition.
In: WARDENGA, U., & I. HÖNSCH [Hrsg.]:
Kontinuität und Diskontinuität der
deutschen Geographie in Umbruchphasen.
Studien zur Geschichte der Geographie.
Münster, 151–160. =
Münstersche Geographische Arbeiten, **39**.

BAHRENBERG, G. (1997):
Suburbanisierung – Auflösung der Stadt
in die Region?
In: KRÄMER-BADONI, T., & W. PETROWSKY
[Hrsg.]: Das Verschwinden der Städte.
Bremen, 13–25. = Dokumentation des
16. Bremer Wissenschaftsforums der Univer-
sität Bremen 14.–16. November 1996.

BAHRENBERG, G. (1999):
Bremen: Stadt - Stadtregion – Regionalstadt.
Berichte zur deutschen Landeskunde,
73 (2 / 3): 245–267.

BAHRENBERG, G., & K. ALBERS (1998):
Die Kernstadt, das Umland und die Folgen
eines Trends. Führt die Suburbanisierung
zu mehr Autoverkehr? Forschung. Mitteilungen der DFG, **4**: 4–6.

BASTEN, L. (1998):
Die neue Mitte Oberhausen. Ein Großprojekt
der Stadtentwicklung im Spannungsfeld von
Politik und Planung. Basel [u. a.], 246 S.

BATHELT, H. (1994):
Die Bedeutung der Regulationstheorie in
der wirtschaftsgeographischen Forschung.
Geographische Zeitschrift, **82**: 63–90.

BECK, U. (1998):
Was ist Globalisierung? Irrtümer des Globa-
lismus - Antworten auf Globalisierung.
Frankfurt a. M., 269 S.

BECKER, J. (1996):
Geographie in der Postmoderne? Zur Kritik
postmodernen Denkens in Stadtforschung
und Geographie, Potsdam, 158 S. = Potsdamer
Geographische Forschungen, **12**.

BENARD, E. (1952):
Contributions à l'étude des agglomérations
françaises. Population 1952: 95–108, 531–536.

BENEVOLO, L. (1991):
Die Geschichte der Stadt. 6. Aufl.,
Frankfurt und New York, 1058 S.

BENKO, G. (1996):
Wirtschaftsgeographie und Regulations-
theorie – aus französischer Sicht.
Geographische Zeitschrift, **84**: 187–204.

BERNER, E., & R. KORFF (1995):
Was macht eine Metropole aus? Die
städtische Grund-Unordnung zwischen
Zivilisierung und Barbarei.
In: Comparativ. Leipziger Beiträge zur
Universalgeschichte und vergleichenden
Gesellschaftsforschung, **5** (5): 9–25.

BIRKLHUBER, D. (1993):
Expo '86. Ein Fest für Vancouver.
In: HÄUSSERMANN, H., &. W. SIEBEL [Hrsg.]:
Festivalisierung der Stadtpolitik. Stadtent-
wicklung durch große Projekte, Opladen,
89–107. = Leviathan, Sonderheft 13.

BLOTEVOGEL, H. H. (1996 a):
Zentrale Orte: Zur Karriere und Krise
eines Konzepts in der Regionalforschung
und Raumordnungspraxis.
Informationen zur Raumentwicklung,
(10): 617–629.

BLOTEVOGEL, H. H. (1996 b):
Zur Kontroverse um den Stellenwert
des Zentrale-Orte-Konzepts in der
Raumordnungspolitik heute.
Informationen zur Raumentwicklung,
(10): 647–657.

BLOTEVOGEL, H. H. (1998):
Europäische Metropolregion Rhein-Ruhr.
Theoretische, empirische und politische
Perspektiven eines neuen raumordnungs-
politischen Konzepts. Dortmund, 98 S. =
ILS-Schriften, **135**.

BOBEK, H. (1948):
Stellung und Bedeutung der Sozialgeographie. Erdkunde, **2**: 118–125.

BORCHERDT, C., & H. SCHNEIDER (1976):
Innerstädtische Geschäftszentren in
Stuttgart. Vorläufige Mitteilungen über
einen methodischen Ansatz.
Stuttgarter Geographische Studien, **90**: 1–38.

BORMANN, R. (1998):
„Spaß ohne Grenzen". Kulturtheoretische Reflexionen über einen europäischen Themenpark. Sociologica Internationalis, (1): 33–59.

BOUSTEDT, O. (1952):
Zentrale Orte in Bayern. Eine Methode zu ihrer Ermittlung aufgrund der Arbeitsstättenzählung vom 13. September 1950. = Zeitschrift des Bayerischen Statistischen Landesamtes, **84** (1/2).

BOUSTEDT, O. (1967):
Stadtregionen in der Bundesrepublik Deutschland 1961. Hannover, 308 S. = Forschungs- und Sitzungsberichte der Akademie für Raumforschung und Landesplanung, **32**, Raum und Bevölkerung, **5**.

BOUSTEDT, O. (1970):
Zum Konzept der Stadtregionen. Methoden und Probleme der Abgrenzung von Agglomerationsräumen. Hannover, 167 S. = Forschungs- und Sitzungsberichte der Akademie für Raumforschung und Landesplanung, **59**, Raum und Bevölkerung, **10**.

BOUSTEDT, O. (1975):
Grundriß der empirischen Regionalforschung. Teil III: Siedlungsstrukturen. Hannover, 379 S. = Taschenbücher zur Raumplanung, **6**.

BOYCE, R. R. (1963):
The Central business core-frame concept and some of its implications. In: Yearbook of the association of Pacific Coast geographers: 28–33.

BOYER, R. (1988):
Technical change and the theory of regulation. In: DOSI, G., FREEMAN, C., NELSON, R., SILVERBERG, G., &. L. SOETE [Eds.]: Technological change and economic theory. London, New York, 67–94.

BRONGER, D. (1994):
Indiens Megastädte: Fluch oder Segen? In: GORMSEN, E., &. A. THIMM [Hrsg.]: Megastädte in der Dritten Welt. Mainz, 11–44. = Interdisziplinärer Arbeitskreis Dritte Welt, Veröffentlichungen, **8**.

BRONGER, D. (1995):
Welches ist die größte Stadt der Erde? Zur Problematik der Abgrenzung und Bestimmung der Bevölkerungszahl von Metropolen. Geographische Rundschau, **47** (6): 380–384.

BRONGER, D. (1996):
Megastädte. Geographische Rundschau, **48** (2): 74–81.

BRONGER, D. (1997):
Megastädte – Global Cities. Fünf Thesen. In: FELDBAUER, P., HUSA, K., PILZ, E., &. I. STREICHER [Hrsg.]: Mega-Cities: Die Metropolen des Südens zwischen Globalisierung und Fragmentierung. Frankfurt a.M., 37–66. = Historische Sozialkunde, **12**.

BRÜCHER, W. (1992):
Zentralismus und Raum. Das Beispiel Frankreich. Stuttgart, 213 S. = Teubner Studienbücher Geographie.

BRUNN, S., & J. WILLIAMS [Eds.] (1993):
Cities of the world. World regional urban development. New York, 506 S.

BRUNOTTE, E., IMMENDORF, R., & R. SCHLIMM (1994):
Die Naturlandschaft und ihre Umgestaltung durch den Menschen. Erläuterungen zur Hochschulexkursionskarte Köln und Umgebung. Köln, 124 S. = Kölner Geographische Arbeiten, **63**.

BUCHER, H.J., & M. KOCKS (1987):
Die Suburbanisierung in der ersten Hälfte der 80er Jahre. Informationen zur Raumentwicklung, (11/12): 689–707.

BUCHHOLZ, M., NUTZ, M., REUBER, P., WIKTORIN, D., & K. ZEHNER (1994):
Gemeindetypisierung im Regierungsbezirk Köln unter besonderer Berücksichtigung des ländlichen Raumes. Standort, (3/4): 34–42.

Bundesministerium für Bildung, Wissenschaft, Forschung und Technologie [Hrsg.] (1995):
Der Rat für Forschung, Technologie und Innovation: Innovationsgesellschaft – Chancen, Innovationen und Herausforderungen. Bonn.

Bundesministerium für Raumordnung,
Bauwesen und Städtebau [Hrsg.] (1994):
Zukunft Stadt 2000. Bericht der Zukunft
Stadt 2000. 2. Aufl., Bonn-Bad Godesberg,
204 S.

BURGESS, E. W. (1925):
The growth of the city. An introduction to a
research project. In: PARK, R. E., &. E. W.
BURGESS [Eds.]: The city. Chicago, 47–62.

BURGESS, E. W. (1929):
Urban areas. In: SMITH, T. V., &. L. D. WHITE
[Eds.]: Chicago: an experiment in social and
regional science. Chicago, 113–138.

BURMEISTER, K., & M. HOKKELER (1998):
Nachhaltige Stadtentwicklung in der Infor-
mationsgesellschaft? Informationen zur
Raumentwicklung, (1): 31–40.

CARTER, H. (1980):
Einführung in die Stadtgeographie
[Dt. Übers. von F. VETTER]. Berlin, Stuttgart,
424 S.

CASTELLS, M. (1991):
Die zweigeteilte Stadt – Arm und Reich in
den Städten Lateinamerikas, der USA und
Europas. In: SCHABERT, T. [Hrsg.]: Die Welt
der Stadt. München, 199–216.

CASTELLS, M. (1996):
The informational city. Information technol-
ogy, economic restructuring and the urban-
regional process. Oxford (UK), Cambridge
(USA), 402 S.

CHEN, N. Y., & L. HELIGMAN (1994):
Growth of the world's megalopolises. In:
FUCHS, R. A., BRENNAN, E., LO, F., &. J. I. UITTO
[Eds.]: Mega-City growth and the future.
Tokyo [u. a.], 17–31.

CHRISTALLER, W. (1933):
Die zentralen Orte in Süddeutschland. Eine
ökonomisch-geographische Untersuchung
über die Gesetzmäßigkeit der Verbreitung
und Entwicklung der Siedlungen mit städtischen Funktionen. Jena, 331 S.

CLARK, D. (1996):
Urban world / global city. London und
New York, 211 S.

CONRAD, R. (1961):
Die Kölner Neustadt und der innere Grüngürtel. In: KAYSER, K., & T. KRAUS [Hrsg.]: Köln
und die Rheinlande. Wiesbaden, 170–181. =
Festschrift zum 33. Deutschen Geographentag vom 22. bis 26. Mai 1961 in Köln.

CONZEN, M. P. (1983):
Amerikanische Städte im Wandel. Die neue
Stadtgeographie der achtziger Jahre.
Geographische Rundschau, 35 (4): 142–150.

CURDES, G., & M. ULRICH (1997):
Die Entwicklung des Kölner Stadtraumes.
Der Einfluß von Leitbildern und Innova-
tionen auf die Form der Stadt.
Dortmund, 363 S.

DANGSCHAT, J. S. (1995): „Stadt" als Ort und
Ursache sozialer Ausgrenzung. Beilage zur
Wochenzeitschrift „Das Parlament",
B 31–32 / 95 vom 28. 7. 1995: 50–62.

DANGSCHAT, J. S. (1998): Modernisierte Stadt –
gespaltene Gesellschaft. Ursachen von
Armut und sozialer Ausgrenzung. Opladen,
345 S.

DANIELZYK, R. (1995):
Regionale Planung und Strukturpolitik als
diskursiver Prozeß. In: KRÜGER, R. [Hrsg.]:
Der Unterweserraum – Strukturen und Ent-
wicklungsperspektiven. Oldenburg, 79–110.
= Wahrnehmungsgeographische Studien zur
Regionalentwicklung, 14.

DANIELZYK, R., & G. WOOD (1993):
Restructuring old industrial and inner
urban areas. A contrastive analysis of state
policies in Great Britain and Germany.
European Planning Studies, 1 (2): 123–147.

DAVIS, M. (1992):
Fortress Los Angeles: The militarization of
public pace. In: SOKIN, M. [Ed.]: Variations on
a theme park. The new American city and
the end of public space. New York, 154–180.

DE BERNIS, G. (1977):
Régulation ou équilibre dans l'analyse
économique. In: LICHNEROVICZ, A., PERROUX, F.,
&. P. GADOFFRE [Eds.]: L'idée de régulation
dans les sciences, Paris, 85–101.

DECKER, H. (1984):
   Standortverlagerungen der Industrie in der
   Region München. Kallmünz, 92 S. =
   Münchner Studien zur Wirtschafts- und
   Sozialgeographie, **25**.

DEGE, W., & W. DEGE (1983):
   Das Ruhrgebiet. 3. Aufl., Berlin, Stuttgart,
   184 S. = Geocolleg, **3**.

DEITERS, J. (1996):
   Die Zentrale-Orte-Konzeption auf dem Prüf-
   stand. Informationen zur Raumentwicklung,
   (10): 631–646.

DETTMANN, K. (1970):
   Zur Variationsbreite der Stadt in der
   islamisch-orientalischen Welt.
   Geographische Zeitschrift, **58**: 95–123.

DETTMANN, K. (1980):
   Städtewesen und Stadtstrukturen im Norden des Industieflandes. Mitteilungen der
   Fränkischen Geographischen Gesellschaft,
   25/26: 351–393.

DICKMANN, F., & K. ZEHNER (1999):
   Computerkartographie und GIS.
   Braunschweig, 256 S. = Das Geographische
   Seminar.

Die tageszeitung vom 3. Juli 2000.

Die Zeit Nr. 21 vom 18. Mai 2000.

DIEHL-WOBBE, E. (1998):
   1,7 Milliarden für 100 000 m².
   TextilWirtschaft, **46**: 54.

DIEM, W. (1974):
   Koran. In: KREISER, K., DIEM, W., & H. G.
   MEJER [Hrsg.]: Lexikon der Islamischen Welt.
   3 Bde. Bd. 2: 103–106.

DOROW, G., GEORG, H., KLINGER, R., KRAMER, H., &
   M. PEUKERT (1988):
   Biotopkartierung Frankfurt am Main. Teil 3:
   Stadtstrukturtypen. Manuskript, Frankfurt
   a. M., o. S.

DÖRRIES, H. (1969):
   Der gegenwärtige Stand der
   Stadtgeographie. In: SCHÖLLER, P. [Hrsg.]: All-
   gemeine Stadtgeographie. Darmstadt, 3–37
   [Wiederabdruck; Original in: Petermanns
   Mitteilungen, Ergänzungsheft Nr. 209, 1930:
   310–325].

DOWNS, R. M., & D. STEA [Eds.] (1973):
   Image and environment. Cognitive mapping
   and spatial behaviour. Chicago, 439 S.

DROHT, W., & J. DANGSCHAT (1985):
   Räumliche Konsequenzen der Entstehung
   neuer Haushaltstypen. In: FRIEDRICHS, J.
   [Hrsg.]: Die Städte in den 80er Jahren.
   Opladen, 147–180.

DUBET, F., & D. LAPEYRONNIE (1994):
   Im Aus der Vorstädte. Der Zerfall der demokratischen Gesellschaft. Stuttgart, 244 S.

EHLERS, E. (1990 a):
   Einleitung: Der Islamische Orient im Lichte
   der Geographie. In: EHLERS, E., FALATURI, A.,
   SCHWEIZER, G., STÖBER, G., & G. WINKELHANE:
   Der Islamische Orient. Grundlagen zur Län-
   derkunde eines Kulturraumes. Köln, 1–19.

EHLERS, E. (1990 b):
   Der Naturraum. In: EHLERS, E., FALATURI, A.,
   SCHWEIZER, G., STÖBER, G., & G. WINKELHANE:
   Der Islamische Orient. Grundlagen zur Län-
   derkunde eines Kulturraumes. Köln, 114–132.

EHLERS, E. (1983):
   Sfax/Tunesien. Dualistische Strukturen
   in der orientalisch-islamischen Stadt.
   Erdkunde, **37**: 81–96.

EL-SHAKS, S. (1971):
   National factors in the development of Cairo.
   Town Planning Review, **42**: 235–249.

ENGELS, F. (1845):
   Die Lage der arbeitenden Klasse in England
   Stuttgart. = Marx-Engels-Werke, **2**.

ERNST & YOUNG (1994):
   Doing Business in China. Ernst & Young
   International, New York.

FARWICK, A. (1998):
   Soziale Ausgrenzung in der Stadt. Struktur
   und Verlauf der Sozialhilfebedürftigkeit in
   städtischen Armutsgebieten. Geographische
   Rundschau, **50** (3): 146–153.

FASSBINDER, H. (1992):
   Zum Begriff der Strategischen Planung:
   Planungsmethodischer Durchbruch oder
   Legitimation notgedrungener Praxis? In:

Strategien der Stadtentwicklung in europäischen Metropolen. Berichte aus Barcelona, Berlin, Hamburg, Madrid, Rotterdam und Wien. Hamburg, 9–16. = Dokumentation des Fachkongresses der Stadtentwicklungsbehörde Hamburg und der TU Hamburg-Harburg am 6. und 7. November 1992.

FAWCETT, C. B. (1922):
British conurbations in 1921. The Sociological Review, **19** (1): 111–122.

FELDBAUER, P., & C. PARNREITER (1997):
Einleitung: Megastädte – Weltstädte – Global Cities. In: FELDBAUER, P., HUSA, K., PILZ, E., & I. STREICHER [Hrsg.]: Mega-Cities. Die Metropolen des Südens zwischen Globalisierung und Fragmentierung. Frankfurt a. M., 9–20. = Historische Sozialkunde, **12**.

FELDTKELLER, A. (1994):
Die zweckentfremdete Stadt. Wider die Zerstörung des öffentlichen Raumes. Frankfurt a. M., 190 S.

FEZER, F. (1979):
Topographischer Atlas Baden-Württemberg. Neumünster, 259 S.

FICHTNER, U. (1988):
Regionale Identität am südlichen Oberrhein – zur Leistungsfähigkeit eines verhaltenstheoretischen Ansatzes. Berichte zur deutschen Landeskunde, **62** (1): 109–139.

FINGERHUTH, C., & B. HUBER (1993):
Neue Instrumente und Organisationsformen für die postmoderne Stadt. In: BUCHMÜLLER, L., FINGERHUTH, C., & B. HUBER [Hrsg.]: Management der postmodernen Stadt. Zürich, 7–9. = ORL-Bericht, **85**.

FISHMAN, R. (1991):
Die befreite Megalopolis: Amerikas neue Stadt. Arch+, **109/110** (12): 73–83.

FLOETING, H., & D. HENKEL (1994):
Informationstätigkeiten, Telearbeit und telematikorientierte Stadtentwicklungsprojekte. In: Forschungsverbund Lebensraum Stadt [Hrsg.]: Telematik, Raum und Verkehr. Berlin, 185–292. = Berichte aus den Teilprojekten, III/2, Teilbericht 7.

FLORIAN, A. J. (1990):
Passagen – ein Beispiel innerstädtischer Revitalisierung im Interessenskonflikt zwischen Stadtentwicklung und Einzelhandel. Köln, 223 S. = Kölner Geographische Arbeiten, **53**.

FORST, H. T. (1974):
Zur Klassifizierung von Städten nach wirtschafts- und sozialstatistischen Strukturmerkmalen. Würzburg, 147 S. = Arbeiten zur angewandten Statistik, **17**.

FRANCK, J. (1999):
Urban Entertainment Centers. Entwicklung nationaler und internationaler Freizeitmärkte. In: ISENBERG, W. [Hrsg.]: Musicals und urbane Entertainmentkonzepte. Markt, Erfolg und Zukunft. Zur Bedeutung multifunktionaler Freizeit- und Erlebniskomplexe. Bergisch-Gladbach, 75–123. = Bensberger Protokolle, **90**.

Frankfurter Allgemeine Zeitung vom 7. Juni 2000.

FRANTZ, K. (2001):
Gated Communities in Metro-Phoenix (Arizona). Neuer Trend in der US-amerikanischen Stadtlandschaft. Geographische Rundschau, **53** (1): 12–18.

FRANZMANN, G. (1996):
Gentrification und Einzelhandel. Gibt es die „neuen" Geschäfte? In: FRIEDRICHS, J., & R. KECSKES [Hrsg.]: Gentrification. Theorie und Forschungsergebnisse. Opladen, 229–260.

FREEMAN, T. W. (1959):
The conurbations of Great Britain. Manchester, 393 S.

FRENZEL, K. (1930):
Die Deutsche Stadt im Mittelalter als Lebensraum. In: PASSARGE, S. [Hrsg.]: Stadtlandschaften der Erde. Hamburg, 15–28.

FRIEDMANN, J. (1986):
The world city hypothesis. Development and Change, **17** (1): 69–84.

FRIEDRICH, K. (2000):
Gentrifizierung. Theoretische Ansätze und Anwendung auf Städte in den neuen Ländern. Geographische Rundschau, **52** (7/8): 34–39.

FRIEDRICH, M. (1999):
Die räumliche Dimension städtischer Armut.
In: DANGSCHAT, J. S. [Hrsg.]: Modernisierte
Stadt – gespaltene Gesellschaft. Ursachen
von Armut und sozialer Ausgrenzung.
Opladen, 263–288.

FRIEDRICHS, J. (1983):
Stadtanalyse. Soziale und räumliche Organisation der Gesellschaft. Opladen, 384 S.

FRIEDRICHS, J. (1996):
Gentrification: Forschungsstand und methodologische Probleme. In: FRIEDRICHS, J., &
R. KECSKES [Hrsg.]: Gentrification. Theorie
und Forschungsergebnisse. Opladen, 13–40.

FRIEDRICHS, J. (1997):
Kleinräumige Daten für vergleichende
Stadtforschung. In: SODEUR, W. [Hrsg.]: Regio-
nale Analyse mit kleinen Gebietseinheiten.
Opladen, 13–26.

FRIEDRICHS, J. (1998):
Methoden empirischer Sozialforschung.
Opladen, 430 S.

FROESSLER, R. (1994):
Stadtviertel in der Krise. Innovative
Ansätze zu einer integrierten Quartiersent-
wicklung in Europa. Dortmund, 80 S.
= ILS Schriften, **87**.

GAEBE, W. (1987):
Verdichtungsräume. Stuttgart, 239 S.
= Teubner Studienbücher Geographie.

GAEBE, W., & S. STRAMBACH (1991):
Employment in Business Related Services.
An Intercountry Comparison of Germany,
the United Kingdom and France. Report of
Commission of the European Community.
Stuttgart.

GANS, P. (1997):
Bevölkerungsentwicklung der deutschen
Großstädte (1980–1993). In: FRIEDRICHS, J.
[Hrsg.]: Die Städte in den neunziger Jahren.
Demographische, ökonomische und soziale
Entwicklungen. Opladen, Wiesbaden, 12–36.

GANSER, K. (1970):
Image als entwicklungsbestimmendes Steue-
rungselement. Stadtbauwelt, **26**: 104–108.

GARREAU, J. (1991):
Edge City. Life on the new frontier. New York,
London, Toronto, Sydney, Auckland, 548 S.

GASSNER, R., & M. KUOM (1995):
Zukunft der Informationsgesellschaft. Trends
und Gestaltungsoptionen. Berlin. = Werkstatt-
Bericht Nr. 20 des IZT [Institut für Zukunftsforschung und Technologiebewertung].

GATZWEILER, H.-P., & E. IRMEN (1997):
Die Entwicklung in den Regionen des
Bundesgebietes. In: FRIEDRICHS, J. [Hrsg.]: Die
Städte in den neunziger Jahren. Demogra-
phische, ökonomische und soziale Entwick-
lungen. Opladen, Wiesbaden, 37–66.

GEBHARDT, H. (1996):
Forschungsdefizite und neue Aufgaben der
Zentralitätsforschung. Informationen zur
Raumentwicklung, (10): 691–699.

GEBHARDT, H., REUBER, P., SACHS, K., STEGMANN,
B.-A., WEISS, G., & G. SCHWEIZER (1992):
Heimat in der Großstadt. Räumliche Identi-
fikation im Verdichtungsraum und seinem
Umland (Beispiel Köln). Berichte zur deut-
schen Landeskunde, **66** (1): 75–144.

GEBHARDT, H., REUBER, P., SCHWEIZER, G., STEG-
MANN, B.-A., WEISS, G., & K. ZEHNER (1995):
Ortsbindung im Verdichtungsraum – Theo-
retische Grundlagen, methodische Ansätze
und ausgewählte Ergebnisse. In: SCHWEIZER,
G., & H. GEBHARDT [Hrsg.] unter Mitarbeit
von P. REUBER: Zuhause in der Großstadt.
Ortsbindung und räumliche Identifikation
im Verdichtungsraum. Köln, 3–58. = Kölner
Geographische Arbeiten, **61**.

GEDDES, P. (1915):
Cities in evolution. An introduction to the
town planning movement and to the study
of civics. 1. Aufl., London, 409 S.

GEER, S. DE (1923):
Greater Stockholm. Geographical Review,
13: 497–506.

GEISSLER, W. (1924):
Die deutsche Stadt. Ein Beitrag zur Morpho-
logie der Kulturlandschaft. Stuttgart, 194 S.
= Forschungen zur Deutschen Landes- und
Volkskunde, **22** (5).

GEISSLER, W. (1930):
  Australische Stadtlandschaften.
  In: PASSARGE, S. [Hrsg.]: Stadtlandschaften
  der Erde. Hamburg, 124–143.

GERHARD, U. (1998):
  Erlebnis-Shopping oder Versorgungseinkauf?
  Eine Untersuchung über den Zusammenhang
  von Freizeit und Einzelhandel am Beispiel
  der Stadt Edmonton, Kanada.
  Marburg / Lahn, 245 S. = Marburger
  Geographische Schriften, **133**.

GEWOS (1996):
  Umlandwanderungen in der Region Bremen
  – Endbericht.

GIROUARD (1987):
  Die Stadt. Menschen, Häuser, Plätze. Eine Kul-
  turgeschichte. Frankfurt, New York, 398 S.

GLASS, R. (1964):
  London. Aspects of Change. Introduction.
  London, 342 S. = Report / Centre for urban
  studies, **3**.

GÖÖCK, R. (1990):
  Deutsche Städte vor 100 Jahren.
  Augsburg, 253 S.

GORKI, H. F. (1974):
  Städte und „Städte" in der Bundesrepublik
  Deutschland. Ein Beitrag zur Siedlungs-
  klassifikation. Geographische Zeitschrift,
  62: 29–52.

GORMSEN, E. (1994):
  Die Stadt México – Megalopolis ohne
  Grenzen? In: GORMSEN, E., & A. THIMM [Hrsg.]:
  Megastädte in der Dritten Welt. Mainz,
  63–116. = Interdisziplinärer Arbeitskreis
  Dritte Welt, Veröffentlichungen, **8**.

GORMSEN, E., & A. THIMM (1994):
  Vorwort. In: GORMSEN, E., & A. THIMM [Hrsg.]:
  Megastädte in der Dritten Welt. Mainz, 7–10.
  = Interdisziplinärer Arbeitskreis Dritte Welt,
  Veröffentlichungen, **8**.

GRAHAM, S., & S. MARTIN (1996):
  Telecommunications and the city. Electronic
  spaces, urban places.
  London, New York, 434 S.

GRAVIER, J. F. (1947):
  Paris et le desért français. Paris, 414 S.

GREINER, H. (1992):
  Einzelhandelsgroßprojekte – Zentrenstruktur – Stadtentwicklung. Stadt und Gemeinde,
  (1): 22–28.

GRIFFIN, D. W. & R. E. PRESTON (1967):
  A Restatement of the "Transition Zone"
  Concept. Ann. Ass. Am. Geogr.: 339–350.

HAHN, B. (1996):
  Die Privatisierung des öffentlichen Raums in
  nordamerikanischen Städten. In: STEINECKE, A.
  [Hrsg.]: Stadt und Wirtschaftsraum. Berlin,
  259–269. = Berliner Geographische Studien, **44**.

HAHN, B. (2001):
  Erlebniseinkauf und Urban Entertainment
  Centers. Neue Trends im US-amerikanischen
  Einzelhandel. Geographische Rundschau,
  53 (1): 19–25.

HAJDU, J., & G. RITTER (1988):
  Australien: Beiträge zur Agrar-, Stadt- und
  Fremdenverkehrsgeographie. Leverkusen,
  331 S. = Geostudien, **11**.

HALL, P. (1966):
  The world cities. 3. Aufl., London, 256 S.

HALL, P. (1973):
  The containment of urban England. Vol. 1:
  Urban and metropolitan growth processes,
  or, megalopolis denied. London, 464 S.

HALL, P. (1988):
  Cities of tomorrow. An intellectual history of
  urban planning and design in the twentieth
  century. Oxford, 473 S.

HALL, P. (1991):
  Gibt es sie noch – die Stadt? In: SCHABERT, T.
  [Hrsg.]: Die Welt der Stadt. München, 17–42.

HALL, P. (1992):
  Urban and regional planning. 3. Aufl.,
  London, New York, 259 S.

HALL, P. (1993):
  Der Einfluß des Verkehrs und der Kommunikationstechnik auf Form und Funktion
  der Stadt. Eine Expertise auf das Jahr 2000.
  In: Wüstenrot Stiftung Deutscher Eigen-
  heimverein e.V. [Hrsg.]: Zukunft Stadt 2000:
  Stand und Perspektiven der Stadtentwicklung. Stuttgart, 383–449.

HALL, P., & U. PFEIFFER [Hrsg.] (2000):
Weltbericht für die Zukunft der Städte
Urban 21. Berlin, 50 S.

HALL, T. (1998):
Urban geography. London, New York, 179 S.

HAMM, B. (1982):
Einführung in die Siedlungssoziologie.
München, 236 S.

HARDT, C. (1996):
Gentrification im Kölner Friesenviertel.
Ein Beispiel für konzerngesteuerte
Stadtplanung. In: FRIEDRICHS, J., & R. KECSKES
[Hrsg.]: Gentrification. Theorie und
Forschungsergebnisse. Opladen, 283–312.

HARRIS, C. D. (1943):
A functional classification of cities
in the United States. Geographical Review,
33: 89–99.

HARTKE, W. (1951):
Stadtbesichtigung. Die Erde, **77** (3): 258–271.

HARTOG, R. (1962):
Stadterweiterung im 19. Jahrhundert.
Berlin, 124 S. = Schriftenreihe des Vereins
zur Pflege kommunalwissenschaftlicher
Aufgaben Berlin, **6**.

HARVEY, D. (1987):
Flexible Akkumulation durch Urbanisierung:
Reflexionen über „Postmodernismus" in
amerikanischen Städten.
In: Prokla. Zeitschrift für politische
Ökonomie und sozialistische Politik,
69: 109–131.

HASSINGER, H. (1916):
Kunsthistorischer Atlas der K. K. Reichs-
hauptstadt und Residenzstadt Wien und
Verzeichnis der erhaltenswerten histori-
schen Kunst- und Naturdenkmale des
Wiener Stadtbildes. Wien, 304 S.
= Österreichische Kunsttopographie, **15**.

HATZFELD, U. (1997):
Langfristig orientierte Standortsicherung.
In: BAG Handelsmagazin, (11 / 12): 36–43.

HATZFELD, U., & W. ROTERS (1998):
Was sollen wir wollen oder: Spielen auf
Zeit? Informationen zur Raumentwicklung,
(7 / 8): 521–535.

HAUBOLD, D. (1997):
Nachhaltige Stadtentwicklung und urbaner
öffentlicher Stadtraum. Oldenburg, 157 S.
= Beiträge der Universität Oldenburg zur
Stadt- und Regionalplanung, **12**.

HÄUSSERMANN, H., & F. ROOST (1998):
Globalisierung, Global City.
In: HÄUSSERMANN, H. [Hrsg.]: Großstadt.
Soziologische Stichworte. Opladen, 79–91.

HÄUSSERMANN, H., & W. SIEBEL (1987):
Neue Urbanität. Frankfurt a. M., 263 S.
= Edition Suhrkamp, **1432**; Neue Folge, **432**.

HÄUSSERMANN, H., & W. SIEBEL (1991):
Bausteine zu einem Szenario der Entwicklung von Berlin. Sozialräumliche Struktur
und Erneuerung des Wachstums.
In: Senatsverwaltung für Stadtentwicklung
und Umweltschutz [Hrsg.]: Metropole Berlin.
Mehr als Markt. Berlin.

HÄUSSERMANN, H., & W. SIEBEL (1993):
Die Politik der Festivalisierung und die
Festivalisierung der Politik. Große Ereignisse
in der Stadtpolitik. In: HÄUSSERMANN, H., &
W. SIEBEL [Hrsg.]: Festivalisierung der
Stadtpolitik. Stadtentwicklung durch große
Projekte. Opladen, 7–31. =
Leviathan, Sonderheft **13**.

HÄUSSERMANN, H., & W. SIEBEL (1995):
Dienstleistungsgesellschaften. Frankfurt
a. M., 214 S. = Edition Suhrkamp, **964**.

HÄUSSERMANN, H., & W. SIEBEL (1997):
Tendenzen der De- und Rezentralisierung
der Städte. In: KRÄMER-BADONI, T., &
W. PETROWSKY [Hrsg.]: Das Verschwinden der
Städte. Bremen, 39–49. =
Dokumentation des 16. Bremer
Wissenschaftsforums der Universität
Bremen 14.–16. November 1996.

HEINEBERG, H. (1989):
Stadtgeographie. Paderborn, 124 S.
= Grundriß Allgemeine Geographie,
Teil X.

HEINEBERG, H. (1997):
Großbritannien. Raumstrukturen,
Entwicklungsprozesse, Raumplanung.
Gotha, 414 S.

HEINEBERG, H. (1999):
Leitbilder der Stadtentwicklung und Lebens-
qualität. In: HELMSTÄDTER, E., u. R.-E. MOHR-
MANN [Hrsg.]: Lebensraum Stadt. Münster,
95-125. = Thesen und Texte Münsterscher
Gelehrter, **10**.

HEINEN, W., & A.-M. PFEFFER (1988):
Köln: Siedlungen 1888-1938. Köln, 327 S.
= Stadtspuren - Denkmäler in Köln, **10** (I).

HEINRITZ, G. (1979):
Zentralität und zentrale Orte. Eine
Einführung. Stuttgart, 179 S. = Teubner
Studienbücher Geographie.

HEINRITZ, G. (1989):
„Der Wandel im Handel" als raumrelevanter
Prozeß. Münchner Geographische Hefte, **63**:
15-128.

HEINZE, T. & H. KILL (1995):
Telekommunikation. In: ARL [Hrsg.]: Hand-
wörterbuch der Raumordnung. Hannover,
953-962.

HELBRECHT, I. (1997):
Stadt und Lebensstil. Von der Sozialraumanalyse zur Kulturraumanalyse. Die Erde,
128 (1): 3-16.

HELBRECHT, I., & J. POHL (1995):
Pluralisierung der Lebensstile: Neue Heraus-
forderungen für die sozialgeographische
Stadtforschung. Geogr. Zeitschr., **83**: 222-237.

HENCKEL, D. (1981):
Gewerbehöfe: Organisation und Finanzierung. Berlin, 112 S.

HENCKEL, D., GRABOW, B., KUHNERT-SCHROTH, H.,
NOPPER, E., & N. RAUCH (1989):
Zeitstrukturen und Stadtentwicklung. Stutt-
gart, 273 S. = Schriften des DIFU, **81**.

HERBERT, D. T., & C. J. THOMAS (1990):
Cities in space. City as place. London, 340 S.

HERLYN, U. (1998):
Milieus. In: HÄUSSERMANN, H. [Hrsg.]: Großstadt. Soziologische Stichworte. Opladen,
151-160.

HESSE, M., & M. SCHMITZ (1998):
Stadtentwicklung im Zeichen von „Auflösung" und Nachhaltigkeit. Informationen
zur Raumentwicklung, (7/8): 435-453.

HETTNER, A. (1895):
Die Lage der menschlichen Siedlungen.
Ein Vortrag. Leipzig, 13 S.

HEUER, H. (1977):
Sozioökonomische Bestimmungsfaktoren
der Stadtentwicklung.
2. Aufl., Stuttgart [u. a.], 506 S.

HEWITT, K., NIPPER, J., & M. NUTZ (1993):
Städte nach dem Krieg. Aspekte des Wieder-
aufbaus in Deutschland. Geographische
Rundschau, **45** (7): 361-375.

HIRSCH, J. (1990):
Kapitalismus ohne Alternative?
Hamburg, 199 S.

HIRSCH, J., & R. ROTH (1986):
Das neue Gesicht des Kapitalismus.
Vom Fordismus zum Postfordismus.
Berlin, Amsterdam, 258 S.

HOFFMANN-AXTHELM, D. (1993):
Die dritte Stadt. Bausteine eines neuen
Gründungsvertrages. Frankfurt a. M., 141 S.

HÖFLE, G. (1977):
Das Londoner Stadthaus. Seine Entwicklung
in Grundriß, Aufriß und Funktion. Heidelberg, 232 S. = Heidelberger Geographische
Arbeiten, **48**.

HOFMEISTER, B. (1971):
Stadt und Kulturraum Angloamerika.
Braunschweig, 341 S.

HOFMEISTER, B. (1984):
Der Stadtbegriff des 20. Jahrhunderts
aus Sicht der Geographie.
Die Alte Stadt, **11** (3): 197-213.

HOFMEISTER, B. (1985 a):
Die US-amerikanischen Städte in den
achtziger Jahren - Probleme und
Entwicklungstendenzen. In: Festschrift für
ELISABETH LICHTENBERGER. Klagenfurt, 53-71. =
Klagenfurter Geographische Schriften, **6**.

HOFMEISTER, B. (1985 b):
Die strukturelle Entwicklung der
australischen Stadt.
Geographische Rundschau, **37** (1): 36-42.

HOFMEISTER, B. (1994):
Stadtgeographie. 6. Aufl., Braunschweig,
258 S. = Das Geographische Seminar.

HOFMEISTER, B. (1996):
Die Stadtstruktur. Ihre Ausprägung in
den verschiedenen Kulturräumen der Erde.
Darmstadt, 187 S.

HÖHMANN, M. (1999):
Flächenrecycling als raumwirksame Interaktion. Eine politisch-geographische Untersuchung über Entscheidungsstrukturen und
Konfliktpotentiale räumlicher Veränderungen am Beispiel von Köln. Köln, 125 S.
= Kölner Geographische Arbeiten, **71**.

HÖHMANN, M., & K. ZEHNER (1999):
Touristen in Tunesien – Schritte aus dem
Getto. Aktionsräumliche Aspekte des Massen-
tourismus. Praxis Geographie, **29** (11): 21–23.

HOHN, U. (1991):
Die Zerstörung deutscher Städte im Zweiten
Weltkrieg. Regionale Unterschiede in der Bi-
lanz der Wohnungstotalschäden und Folgen
des Luftkriegs unter bevölkerungsgeographi-
schem Aspekt. Dortmund. = Duisburger Geographische Arbeiten, **8**.

HOLCOMB, H. B., & R. A. BEAUREGARD (1981):
Revitalizing Cities. Washington, D.C., 84 S.

HOLZNER, L. (1992):
Raumsystem Stadt. In: KÖCK, H. [Hrsg.]:
Handbuch des Geographieunterrichts. Bd. 4:
Städte und Städtesysteme. Köln, 134–184.

HOLZNER, L. (1996):
Stadtland USA: Die Kulturlandschaft des
American Way of Life. Gotha, 142 S. =
Peterm. Geogr. Mitt., Erg.-H. **291**.

HOMMEL, M. (1983):
Die Bedeutung der Industrial Estates als
Entwicklungs- und Planungsinstrument für
industrielle Problemgebiete. Das Beispiel
Schottland. Paderborn, 144 S. = Bochumer
Geographische Arbeiten, **41**.

HOTTES, K. (1967):
Industrial Estate – Industrie- und Gewerbepark – Typ einer neuen Standortgemeinschaft. In: HOTTES, K. [Hrsg.]: Industriegeographie. Darmstadt, 483–515.

HOWARD, E. (1898):
Tomorrow. A peaceful path to real reform.
London, 176 S.

HOYT, H. (1939):
The structure and growth of residential
neighborhoods in American cities.
Washington, D.C., 178 S.

HUPPERT, E. (1996):
Warenhäuser im Lebenszyklus der Betriebsformen. Dynamik im Handel, **40** (11): 16–20.

HÜTTERMANN, A. (1985):
Industrieparks: Attraktive industrielle Standortgemeinschaften. Stuttgart, 96 S.

Immobilien Zeitung vom 10.9.1998.

Industrie- und Handelskammern Bochum,
Dortmund, Duisburg, Essen, Hagen und
Münster [Hrsg.] (1997):
Großflächige Einzelhandelsbetriebe ab
1000 m² Verkaufsfläche im Ruhrgebiet –
Eine Untersuchung der Industrie- und
Handelskammern im Ruhrgebiet. Bochum.

Institut für Zukunftsstudien und Technologiebewertung [Hrsg.] (1995):
Werkstattbericht Nr. 20. Berlin.

Institut National de la statistique et des Etudes
Economiques [Ed.] (1978):
Villes et agglomérations urbaines – Delimita-
tion 1975. Paris.

IRION, I., & T. SIEVERTS (1991):
Neue Städte: Experimentierfelder der
Moderne. Stuttgart, 296 S.

ISENBERG, G. (1957):
Die Ballungsgebiete in der Bundesrepublik.
Manuskript, Bad Godesberg (Institut für
Raumforschung), 55 S.

ISTEL, W. (1982):
Verfahren zur Abgrenzung von Agglomerationen in Österreich. In: Akademie für
Raumforschung und Landesplanung [Hrsg.]:
Studien zur Abgrenzung von Agglomerationen in Europa. Hannover, 259–288. = Veröffentlichung der Akademie für Raumforschung und Landesplanung, Beiträge, **58**.

JACKSON, A. A. (1973):
Semi-detached London. Surburban
development, life and transport 1900–39.
London, 381 S.

JAGER, M. (1986):
Class definition and the esthetics of gentrification: Victorian in Melbourne. In: SMITH, N., & P. WILLIAMS [Eds.]: Gentrification and the city. London, 78–91.

JENCKS, C. (1984):
The language of post-modern architecture. London, 168 S.

JESSEN, J. (1998):
Großsiedlungen-West. In: HÄUSSERMANN, H. [Hrsg.]: Großstadt. Soziologische Stichworte. Opladen, 104–114.

KAHNERT, R. (1998):
Wirtschaftsentwicklung, Sub- und Desurbanisierung. Informationen zur Raumentwicklung, (7/8): 509–520.

KECSKES, R. (1997):
Sozialräumlicher Wandel in westdeutschen Großstädten. Ursachen, Folgen, Maßnahmen. In: FRIEDRICHS, J. [Hrsg.]: Die Städte in den 90er Jahren. Opladen, Wiesbaden, 213–244.

KIER, H. (1978):
Die Kölner Neustadt. Planung, Entstehung, Nutzung. Düsseldorf, 240 S. = Beiträge zu den Bau- und Kunstdenkmälern im Rheinland, **23**.

KIESS, W. (1991):
Urbanismus im Industriezeitalter. Von der klassischen Stadt zur Garden City. Berlin, 491 S.

KING, A. D. (1990):
Global cities. Post-imperialism and the internationalization of London. London [u.a.], 194 S.

KLAUS-STÖHNER, U. (1992):
Die Stadt als Forschungsgegenstand der Geographie und aus Sicht der Planungspraxis. In: WOLF, K. [Hrsg.]: Geographische Stadtforschung. Perspektiven und Aufgaben. Frankfurt a. M., 37–46. = Frankfurter Geographische Hefte, **60**.

KLEIN, K.-E. (1997):
Wandel der Betriebsformen im Einzelhandel. Geographische Rundschau, **49** (9): 499–504.

KLETZANDER, A. (1995):
Urbane Regeneration in Nordengland. Die Erneuerung altindustrialisierter Stadträume im Kontext neokonservativer Politik. Augsburg, 460 S. = Beitr. angew. Sozialgeogr., **34**.

KLING, R., SPENCER, O., & M. POSTER (1995):
Beyond the edge: The dynamism of postsuburban regions. In: KLING, R., SPENCER, O., & M. POSTER [Eds.]: Postsuburban California: The transformation of postwar Orange County, California. 2. Aufl., Berkely [u.a.] 307 S.

KLUCZKA, G. (1968):
Zur geographisch-landeskundlichen Bestandsaufnahme der zentralen Orte und ihrer Bereiche. Berichte zur deutschen Landeskunde, **41** (2): 231–236.

KNAPP, W. (1995):
Global – Lokal. Zur Diskussion postfordistischer Urbanisierungsprozesse. Raumforschung und Raumordnung, **53**: 294–304.

KNOX, P. L. [Ed.] (1995):
World cities in a world system. Cambridge, 335 S.

KNOX, P. L. (1998):
Globalization and world city formation. In: GRAVESSTEIJN, S. G. E., VAN GRIENSVEN, S., & M. C. DE SMIDT [Eds.]: Timing global cities. Utrecht, 21–31. = Nederlandse Geografische Studies, **241**.

KÖCK, H. [Hrsg.] (1992):
Handbuch des Geographieunterrichts. Bd. 4: Städte und Städtesysteme. Köln, 421 S.

KOHL, J. G. (1874):
Die geographische Lage der Hauptstädte Europas. Leipzig, 466 S.

KORDEY, N., & W. B. KORTE (1996):
Telearbeit erfolgreich realisieren. Das umfassende, aktuelle Handbuch für Entscheidungsträger und Projektverantwortliche. Braunschweig [u.a.], 355 S.

KORFF, R. (1993):
Die Megastadt: Zivilisation oder Barbarei? In: FELDBAUER, P. [Hrsg.]: Megastädte. Zur Rolle von Metropolen in der Weltgesellschaft. Wien, Köln, Weimar, 19–39. = Beiträge zur historischen Sozialkunde, Beihefte, **2**.

KORFF, R. (1996):
Globalisierung und Megastadt.
Geographische Rundschau, **48** (2): 120–123.

KORFF, R. (1997):
Globalisierung der Megastädte.
In: FELDBAUER, P., HUSA, K., PILZ, E., &
I. STREICHER [Hrsg.]: Mega-Cities: Die Metropolen des Südens zwischen Globalisierung
und Fragmentierung. Frankfurt am Main,
21–35. = Historische Sozialkunde, **12**.

KRAAS, F. (1995):
Bangkok. Probleme einer Megastadt in den
Tropen Südostasiens. Köln, 48 S. = Problem-
räume der Welt, **16**.

KRAFFT, T. (1996):
Delhi. Vom Indraprashta zur Hauptstadt
Indiens. Geographische Rundschau, **48** (2):
104–112.

KRÄTKE, S. (1991):
Strukturwandel der Städte: Städtesystem
und Grundstücksmarkt in der „post-fordisti-
schen" Ära.
Frankfurt a. M., 210 S.

KRÄTKE, S. (1995):
Stadt, Raum, Ökonomie: Einführung in
aktuelle Problemfelder der Stadtökonomie
und Wirtschaftsgeographie. Basel [u. a.],
261 S. = Stadtforschung aktuell, **53**.

KREIBICH, R. [Hrsg.] (1997):
Beyond 2000. Zukunftsforschung vor neuen
Herausforderungen. Gelsenkirchen, 204 S. =
Dokumentation der Sommerakademie des
SFZ.

KREMER, A. (1961):
Die Kölner Altstadt und ihre Geschäfts-
viertel in jüngerer Entwicklung. In:
KAYSER, K., & T. KRAUS [Hrsg.]: Köln und die
Rheinlande. Wiesbaden, 155–169. =
Festschrift zum 33. Deutschen Geographen-
tag vom 22. bis 26. Mai 1961 in Köln.

KREUTZER, D. (1997):
Visionen und Versuchsfelder. BAG Handelsmagazin, (2): 40–42.

KRUSHELNICKI, B. (1985):
Shopping centres: Public agora or privileged
place. City Magazine, **7** (3): 22–25.

KULKE, E. (1992):
Veränderungen in der Standortstruktur des
Einzelhandels. Untersucht am Beispiel Nie-
dersachsens. Münster, 281 S. = Wirtschaftsgeographie, **3**.

KUNZMANN, K. (1995):
Strategische Städtenetze in Europa:
Mode oder Chance?
In: KARL, M., & W. HENRICHSMEYER [Hrsg.]:
Regionalentwicklung im Prozeß der euro-
päischen Integration.
Bonn, 165–183.

KUNZMANN, K. (1998):
World city regions in Europe: Structural
change and future challenges.
In: LO, F., & Y. YEUNG [Hrsg.]: Globalization
and the world of large cities.
Tokyo, New York, Paris, 37–75.

KÜPPERS, R. (1996):
Gentrification in der Kölner Südstadt.
In: FRIEDRICHS, J., & R. KECSKES [Hrsg.]:
Gentrification. Theorie und Forschungs-
ergebnisse. Opladen, 133–166.

LAMMERS, K. (1999):
Räumliche Wirkungen der Globalisierung
in Deutschland. Informationen zur Raumentwicklung, (1): 9–18.

Landesamt für Datenverarbeitung und Statistik Nordrhein-Westfalen (1998):
Statistisches Jahrbuch Nordrhein-Westfalen
1998. Düsseldorf, 799 S.

LÄPPLE, D. (1996):
Städte im Umbruch. Zu den Auswirkungen
des gegenwärtigen Strukturwandels auf die
städtischen Ökonomien – das Beispiel Hamburg. In: Akademie für Raumforschung und
Landesplanung [Hrsg.]: Agglomerationsräume
in Deutschland. Ansichten, Einsichten, Aussichten. Hannover, 191–217. = Forschungs- und
Sitzungsberichte der Akademie für Raumforschung und Landesplanung, **199**.

LÄPPLE, D. (1998):
Ökonomie der Stadt.
In: HÄUSSERMANN, H. [Hrsg.]: Großstadt.
Soziologische Stichworte. Opladen, 193–207.

LAUX, H.-D. (1983):
Demographische Folgen des Verstädterungsprozesses. Zur Bevölkerungsstruktur und
natürlichen Bevölkerungsentwicklung deutscher Städtetypen 1871–1914.
In: TEUTEBERG, H. J. [Hrsg.]: Urbanisierung im
19. und 20. Jahrhundert. Historische und
geographische Aspekte. Köln, Wien, 65–93.

LE CORBUSIER, C. E: (1925):
Urbanisme. Paris [deutsch: Städtebau.
Stuttgart 1929].

LEHNER, F. (1969):
Regionale Ordnung in Verkehr und Städtebau, London. = 38. Kongreß des internationalen Verbandes für öffentliches Verkehrs-
wesen (UITP).

LEISTER, I. (1970):
Wachstum und Erneuerung britischer Industriegroßstädte. Wien, Köln, Graz, 294 S.

LESER, H. (1980):
Geographie. Braunschweig, 207 S.
= Das Geographische Seminar.

LESER, H., & R. SCHNEIDER-SLIWA (1999):
Geographie – eine Einführung. Braunschweig, 248 S. = Das Geographische Seminar.

LICHTENBERGER, E. (1972):
Die Wiener City. Bauplan und jüngste
Entwicklungstendenzen. Mitteilungen der
Österreichischen Geographischen Gesell-
schaft: 42–85.

LICHTENBERGER, E. (1980):
Perspektiven der Stadtgeographie.
In: SANDNER, G., & H. NUHN [Hrsg.]: 42. Deut-
scher Geographentag Göttingen. Tagungsbe-
richt und wissenschaftliche Abhandlungen.
Wiesbaden, 103–128.

LIPIETZ, A. (1985):
Akkumulation, Krisen und Auswege aus
der Krise: Einige methodische Überlegungen
zum Begriff der Regulation.
In: Prokla. Zeitschrift für politische Ökonomie und sozialistische Politik, 58: 109–137.

LO, F., & Y. YEUNG (1998):
Introduction. In: LO, F., & Y. YEUNG [Eds.]:
Globalization and the world of large cities.
Tokyo, New York, Paris, 1–16.

LÖTSCHER, L. (1992):
Aufgaben und Perspektiven geographischer
Stadtforschung. In: WOLF, K. [Hrsg.]: Geogra-
phische Stadtforschung. Perspektiven und
Aufgaben. Frankfurt a.M., 11–30. =
Frankfurter Geographische Hefte, 60.

LÜDGENS, R. (1921):
Spezielle Wirtschaftsgeographie auf
landschaftskundlicher Grundlage. Mitteilungen der Geographischen Gesellschaft in
Hamburg, 33: 131–154.

MAIER, J., PAESLER, R., RUPPERT, K., & F. SCHAFFER
(1977):
Sozialgeographie. Braunschweig, 187 S. =
Das Geographische Seminar.

Manchester/Salford Inner City Partnership
[Ed.] (1983):
Overview and summary of main
characteristics. Manchester.

MANSHARD, W. (1961):
Die Stadt Kumasi (Ghana) – Stadt und
Umland in ihren funktionalen Beziehungen.
Erdkunde, 15 (3): 161–180.

MANSHARD, W. (1977):
Die Städte des tropischen Afrika. Berlin/
Stuttgart. = Urbanisierung der Erde, 1.

MARCUSE, P. (1998):
Muster und gestaltende Kräfte der amerikanischen Städte. In: PRIGGE, W. [Hrsg.]: Peripherie
ist überall. Frankfurt, New York, 42–51.

MARSHALL, A. (1884):
Elements of economies. London.

MARTINY, R. (1928):
Die Grundrißgestaltung der deutschen Siedlungen. Gotha, 75 S. = Petermanns Mitteilungen, Ergänzungsheft 197.

MATTILA, J. M., & W. R. THOMPSON (1955):
The measurement of the economic base of
the metropolitan area. Land Economics, 31:
215–228.

MATZERATH, H. (1974):
Von der Stadt zur Gemeinde. Zur
Entwicklung des rechtlichen Stadtbegriffs im
19. und 20. Jahrhundert.
Archiv für Kommunalwissenschaften: 44f.

MAY, E., & G. SCHLOSSER [Hrsg.] (1926/27):
Das neue Frankfurt:
Monatszeitschrift, H. 5, Frankfurt a.M.

MAYR, A. (1980):
Entwicklung, Struktur und planungsrechtliche Problematik von Shopping-Centern in der Bundesrepublik Deutschland.
In: HEINEBERG, H. [Hrsg.]: Einkaufszentren in Deutschland. Entwicklung, Forschungsstand und -probleme mit einer annotierten Auswahlbibliographie. Paderborn, 9–46. = Münstersche Geographische Arbeiten, 5.

MEIER-DALLACH, H.-P. (1987):
Regionalbewußtsein und Empirie. Der qualitative, quantitative und typologische Weg. Berichte zur deutschen Landeskunde, 61: 5–29.

MEREDITH, R. (1996):
Big mall's curfew raises questions of right and Bisa.
New York Times, 4.9.1996: A1/A13.

MERTINS, G. (1992):
Urbanisierung – Metropolisierung und Megastädte. Ursachen der Stadt-„explosion" in der Dritten Welt. Sozioökonomische und ökologische Problematik.
In: Deutsche Gesellschaft für die Vereinten Nationen [Hrsg.]: Mega-Städte. Zeitbombe mit globalen Folgen? Bonn, 7–21.

MEYER, G. (1994):
Kairo – Entwicklungsprobleme einer orientalischen Megastadt. In: GORMSEN, E., & A. THIMM [Hrsg.]: Megastädte in der Dritten Welt. Mainz, 167–190. = Interdisziplinärer Arbeitskreis Dritte Welt, Veröffentlichungen, 8.

MEYER, G. (1996):
Kairo. Wohnungskrise trotz Wohnungsüberfluß. Geographische Rundschau, 48 (2): 97–103.

MEYNEN, H. (1979):
Die Kölner Grünanlagen. Die städtebauliche Entwicklung des Stadtgrüns und das Grünsystem Fritz Schumachers.
Düsseldorf, 187 S. =
Beiträge zu den Bau- und Kunstdenkmälern im Rheinland, 25.

MINER, H. (1957):
The folk-urban continuum. In: HATT, P. K. & A. J. REISS, jr. [Eds.]: Cities and society. Glencoe, 22–34.

Ministerium für Umwelt, Raumordnung und Landwirtschaft des Landes Nordrhein-Westfalen [Hrsg.] (1995):
LEP NRW. Landesentwicklungsplan Nordrhein-Westfalen. o.O., 118 S.

MOLDENSCHARDT, H. (1992):
Der Überfluß des Überflüssigen: oder Hamburgs Centrum als Kauferlebnis. In: HELMS, H.-G. [Hrsg.]: Die Stadt als Gabentisch. Beobachtungen der aktuellen Städtebauentwicklung. Beobachtungen zwischen Manhattan und Berlin-Marzahn. Leipzig, 201–216.

MÖNNINGER, M. (1987):
Der weltgrößte Ausstellungsbau für Wissenschaft und Technik. Frankfurter Allgemeine Zeitung vom 1. September 1987: 27.

MÖNNINGER, M. (1998):
Global Cities und Mega-Cities.
In: PRIGGE, W. [Hrsg.]: Peripherie ist überall. Frankfurt a.M., New York, 92–97.

MÖNNINGER, M. (1999):
Einleitung: Tendenzen der Stadtentwicklung im Spiegel aktueller Theorien.
In: MÖNNINGER, M. [Hrsg.]: Stadtgesellschaft. Frankfurt a.M., 7–28.

MUGGLI, H. W. (1968):
Greater London und seine New Towns. Studien zur kulturräumlichen Entwicklung und Planung einer großstädtischen Region. Basel, 164 S. = Basler Beiträge zur Geographie, 7.

MÜLLER, E. [Hrsg.] (1997):
Großwohnsiedlungen in europäischen Städten. Probleme und Perspektiven aus der Sicht von Wissenschaft und Praxis. Leipzig, 104 S. = Beiträge zur Regionalen Geographie, 45.

MULLER, P. O. (1986):
Transportation and urban growth. The shaping of the American metropolis. Focus, 36: 8–17.

MÜLLER-RAEMISCH, H.-R. (1990):
Leitbilder und Mythen in der Stadtplanung 1945–1985. Frankfurt a.M., 186 S.

NEFIODOW, L. A. (1999):
Der sechste Kondratieff. Wege zur Produkti-
vität und Vollbeschäftigung im Zeitalter der
Information. 3. Aufl., Sankt Augustin, 260 S.

NELLNER, W. (1984):
Modelle zur äußeren Abgrenzung und inne-
ren Gliederung von Agglomerationsräumen.
In: ARL [Hrsg.]: Agglomerationsräume in der
Bundesrepublik Deutschland. Ein Modell
zur Abgrenzung und Gliederung. Hannover,
30–40. = Veröff. d. Akad. f. Raumforschung u.
Landesplanung, Forsch.- u. Sitzungsber., **157**.

NIEMEIER, G. (1969):
Citykern und City.
Erdkunde, **23** (4): 306–316.

NISSEL, H. (1989):
Die Metropole Bombay. Ein Opfer ihres eigenen Erfolges. Geogr. Rundsch., **41** (2): 66–74.

NISSEN, S. (1995):
Stadtprobleme und Unregierbarkeit. In:
Comparativ. Leipziger Beiträge zur Universalgeschichte und vergleichenden Gesellschaftsforschung, **5** (5): 26–41.

NITZ, H. J., & H. G. BOHLE (1985):
Südindien. Berichte von einer Großen
Exkursion. Göttingen, 195 S. =
Das wirtschaftsgeographische Praktikum, **7**.

NOLLER, P. (1999):
Globalisierung, Stadträume und Lebensstile.
Kulturelle und lokale Repräsentation des glo-
balen Raums. Opladen, 296 S.

NOWAK, H., & U. BECKER (1985):
„Es kommt der neue Konsument". Werte im
Wandel. In: Form. Zeitschrift für Gestaltung,
111: 14.

NUHN, H. (1998):
Entwicklungen im Weltwirtschaftsraum:
Globalisierung und Regionalisierung. In:
FLATH, M., &. G. FUCHS [Hrsg.]: „Globalisie-
rung". Beispiele und Perspektiven für den
Geographieunterricht. Gotha und Stuttgart,
50–65. = Perthes Pädagogische Reihe.

NYSTUEN, J. D., & M. F. DACEY (1961):
A graph theory interpretation of nodal
regions. Papers and Proceedings of the
Regional Science Association, **7**: 441–462.

OLBRICHT, F. (1936):
Die Bevölkerungsentwicklung der Groß- und
Mittelstädte der Ostmark. o. O.

O'LOUGHLIN, J., & G. GLEBE (1980):
Faktorökologie der Stadt Düsseldorf. Ein Beitrag zur urbanen Sozialraumanalyse. Düsseldorf, 172 S. = Düsseldorfer Geographische
Schriften, **16**.

OSBORN, F. J. (1968):
Vorwort zur englischen Neuausgabe 1946
von E. Howard: „Gardencities of tomorrow".
In: POSENER, J. [Hrsg]: Ebenezer Howard:
Gartenstädte von morgen. Frankfurt a. M.,
Wien, 163–182. =
Ullstein BauweltFundamente, **21**.

OSTERTAG, M. P. (2000):
Globalisierung unter Aspekten der
Wirtschaftsgeographie.
Nürnberg, 304 S. = Nürnberger Wirtschafts-
und Sozialgeographische Arbeiten, **55**.

OTTEN, D. (1986):
Die Welt der Industrie. Entstehung und
Entwicklung der modernen Industriegesell-
schaften. Bd. 2: Krise und Transformation.
Reinbek bei Hamburg, 337 S.

PASSARGE, S. [Hrsg.] (1930):
Stadtlandschaften der Erde. Hamburg, 154 S.

PAWLEY, M. (1994):
Die Redundanz des urbanen Raums.
In: MEURER, B. [Hrsg.]: Die Zukunft des
Raums (The future of space).
Frankfurt a. M., 37–58.

PAWLEY, M. (1997):
Auf dem Weg zur digitalen Desurbanisierung.
In: MAAR, C., & F. RÖTZER [Hrsg.]: Virtual
Cities. Die Stadt im Zeitalter der globalen
Vernetzung. Basel, Boston, Berlin, 17–29.

PEIL, M. (1997):
Lagos: Bevölkerung, Probleme und
Perspektiven. In: FELDBAUER, P., HUSA, K.,
PILZ, E., & I. STREICHER [Hrsg.]: Mega-Cities.
Die Metropolen des Südens zwischen
Globalisierung und Fragmentierung.
Frankfurt am Main, 217–232. =
Historische Sozialkunde, **12**.

PETZ, U. VON, & K. SCHMALS (1992):
Editorial. In: PETZ, U. VON, & K. SCHMALS
[Hrsg.]: Metropole, Weltstadt, Global City.
Neue Formen der Urbanisierung.
Dortmund, S. 1–20. = Dortmunder Beiträge
zur Raumplanung, Blaue Reihe, **60**.

PEVSNER, N., FLEMING, J., & H. HONOUR (1984):
Lexikon der Weltarchitektur. Bd. 2. Reinbek
bei Hamburg, 639 S.

PFEIL, E. (1972):
Großstadtforschung. Entwicklung und gegen-
wärtiger Stand. 2. Aufl., Hannover, 410 S.

PINCHEMEL, P. (1965):
Erscheinung und Wesen der Stadt.
In: SCHÖLLER, P. [Hrsg.] (1969): Allgemeine
Stadtgeographie. Darmstadt, 238–252.

PITTROFF, R. (1997):
Brandenburg und Sachsen-Anhalt führen.
Dynamik im Handel, **5**: 68–71.

PLANT, S. (1999):
Digitale Revolution: Neue Potentiale für die
Städte der Zukunft. In: Wissenschaftszentrum
Nordrhein-Westfalen [Hrsg.]: Das Magazin.
Metropolen: Laboratorien der Moderne?,
10 (2 / 3): 26–27.

POTTER, S. (1992):
New town legacies. Town and Country
Planning, (11 / 12): 298–311.

POWELL, A. G: (1960):
The recent development of Greater London.
The Advancement of Science, **28** (65): 77–86.

PRIEBS, A. (1996 a):
Zentrale Orte und Städtenetze –
konkurrierende oder komplementäre
Instrumente der Raumordnung?
Informationen zur Raumentwicklung, (10):
675–690.

PRIEBS, A. (1996 b):
Städtenetze als raumordnungspolitischer
Handlungsansatz – Gefährdung oder Stütze
des Zentrale-Orte-Systems? Erdkunde,
50 (1): 35–45.

PRIEBS, A. (2000):
Stadt – Stadtregion – Städtenetze. Ansätze
zur kooperativen Zukunftsgestaltung.
Geographische Rundschau, **52** (7 / 8): 51–53.

PRIGGE, W. (1999):
Globale Urbanität.
In: Wissenschaftszentrum Nordrhein-
Westfalen [Hrsg.]: Das Magazin. Metropolen:
Laboratorien der Moderne?,
10 (2 / 3): 14–15.

RATZEL, F. (1903):
Politische Geographie: oder die Geographie
der Staaten, des Verkehres und des Krieges.
2. Aufl., München, 838 S.

REICHART, T. (1999):
Bausteine der Wirtschaftsgeographie.
Eine Einführung. Bern, Stuttgart, Wien,
256 S. = UTB für Wissenschaft,
Uni-Taschenbücher, **2067**.

REINBORN, D. (1996):
Städtebau im 19. und 20. Jahrhundert.
Stuttgart, Berlin, Köln, 333 S.

REUBER, P. (1993):
Heimat in der Großstadt.
Eine sozialgeographische Studie zu
Raumbezug und Entstehung von
Ortsbindung am Beispiel Kölns und seiner
Stadtviertel. Köln, 154 S. =
Kölner Geographische Arbeiten, **58**.

RITTER, G., & W. RICHTER (1990):
Urbanisierungsprozesse in der Türkei.
Leverkusen, 202 S. = Geostudien **12**.

RITTER, W. (1993):
Allgemeine Wirtschaftsgeographie. 2. Aufl.,
München, Wien, 364 S.

RODENSTEIN, M. (1991):
Städtebaukonzepte – Bilder für den
baulich-räumlichen Wandel der Stadt. In:
HÄUSSERMANN, H., IPSEN, D., KRÄMER-BADONI, T.,
LÄPPLE, D., RODENSTEIN, M., & W. SIEBEL
[Hrsg.]: Stadt und Raum. Soziologische
Analysen.
Pfaffenweiler, 31–68.

RONNEBERGER, K. (1998):
Die Erosion des Sozialstaates und der Wandel der Stadt. Frankfurter Rundschau,
9. 2. 1998: 8.

RONNEBERGER, K., LANZ, S., & W. JAHN (1999):
Die Stadt als Beute. Bonn, 240 S.

ROSSI, A. (1973):
Die Architektur der Stadt. Skizze zu einer grundlegenden Theorie des Urbanen. Düsseldorf, 174 S. = Bauwelt Fundamente, **41**.

ROUGE, M.-F. (1958):
Définition des agglomérations. Urbanisme, revue française, **27** (60): 49–64. Paris.

RUNKEL, P. (1994):
Städtenetze als neues Instrument der Raumordnung. Informationsdienst, 159–162.

RYKWERT, J. (1991):
Für die Stadt – Argumente für ihre Zukunft. In: SCHABERT, T. [Hrsg.]: Die Welt der Stadt. München, 43–68.

SAARINEN, T. F. (1969):
Perception of environment. Annals of the Association of American Geographers, Res. Papers, **5**.

Sächsisches Staatsministerium für Umwelt und Landesentwicklung [Hrsg.] (1994):
Landesentwicklungsplan Sachsen. Dresden.

SASSEN, S. (1991):
The global city: New York, London, Tokyo. Princeton (N. J.), 397 S.

SASSEN, S. (1997):
Die neue Zentralität – Auswirkungen von Telematik und Globalisierung. In: MAAR, C., & F. RÖTZER [Hrsg.]: Virtual Cities. Die Neuerfindung der Stadt im Zeitalter der globalen Vernetzung. Basel, Boston, Berlin, 117–131.

SASSEN, S. (1999):
Telematik und Globalisierung: Neue Zentralität statt Neutralisierung des Raums. In: Wissenschaftszentrum Nordrhein-Westfalen [Hrsg.]: Das Magazin. Metropolen: Laboratorien der Moderne?, **10** (2 / 3): 10–13.

SCHAEFER, G. (1929):
Kunstgeographischer Plan der Stadt Basel 1 : 5 000. Architektonisches Bild der Stadt vom 1. V. 1928. Basel.

SCHAEFERS, B., & G. WEWER (1996):
Stadt im Wandel: kulturell, ökonomisch, sozial, politisch. In: SCHAEFERS, B., & G. WEWER [Hrsg.]: Die Stadt in Deutschland. Aktuelle Entwicklung und Probleme. Opladen, 9–16.

SCHAFFER, F., & K. THIEME [Hrsg.] (1989):
Altstadtsanierung in Augsburg. Grundlagen – Maßnahmen – Wirkungen. Augsburg, 257 S. = Angewandte Sozialgeographie, Beiträge, **22**.

SCHAMP, E. W. (2000):
Vernetzte Produktion. Industriegeographie aus institutioneller Perspektive. Darmstadt, 248 S.

SCHMIDT, J. (1964):
Straßen in altorientalischen Wohngebieten. Eine Studie zur Geschichte des Städtebaus in Mesopotamien und Syrien. BaM 3, 125–147.

SCHMITZ, S., & M. HESSE (1998):
Stadtentwicklung im Zeichen von Auflösung und Nachhaltigkeit. Informationen zur Raumentwicklung, (7 / 8): 435–453.

SCHNEIDER-SLIWA, R. (1999):
Nordamerikanische Innenstädte der Gegenwart. Geographische Rundschau, **51** (1): 44–51.

SCHÖLLER, P. [Hrsg.] (1969):
Allgemeine Stadtgeographie. Darmstadt, 378 S. = Wege der Forschung, **181**.

SCHÖLLER, P. [Ed.] (1973):
Trends in urban geography. Reports on research in major language areas. Paderborn, 72 S. = Bochumer Geographische Arbeiten, **16**.

SCHOLZ, C. (1997):
Überall ist Mega Mall. Stadtentwicklung, Strukturwandel und der Wettlauf der Erlebniswelten. In: AKP. Fachzeitschrift für alternative Kommunalpolitik, **18** (5): 32–35.

SCHÖN, K. P. (1996):
Agglomerationsräume, Metropolen und Metropolregionen Deutschlands im statistischen Vergleich. In: Akademie für Raumforschung und Landesplanung [Hrsg.]: Agglomerationsräume in Deutschland. Ansichten, Einsichten, Aussichten. Hannover, 360–401. = Forschungs- und Sitzungsberichte der Akademie für Raumforschung und Landesplanung, **199**.

SCHÖN, K. P., & W. STRUBELT (1996):
Agglomerationsräume in Deutschland.
Ansichten, Einsichten, Aussichten.
In: Akademie für Raumforschung und Landesplanung [Hrsg.]: Agglomerationsräume
in Deutschland. Ansichten, Einsichten, Aussichten. Hannover, 3–25. = Forschungs- und
Sitzungsberichte der Akademie für Raumforschung und Landesplanung, **199**.

SCHORER, K.-P. (1993):
Moderne Gewerbeparks in Deutschland. Attraktive Standorte für Unternehmen. Münster [u. a.], 220 S. = Wirtschaftsgeographie, **5**.

SCHOTT, S. (1912):
Die großstädtischen Agglomerationen des
Deutschen Reiches 1871 bis 1910. Breslau,
130 S. = Schriften des Verbandes deutscher
Städtestatistiker, **1**.

SCHRAND, H. (1978):
Die Stadt als Forschungsaufgabe und Unter-
richtsgegenstand der Geographie. In:
BECKER, F. J. E., & H. SCHRAND [Hrsg.]: Stadt-
geographie. Grundlagen für den Unterricht.
Düsseldorf, 28–40.

SCHULZE, G. (1992):
Die Erlebnisgesellschaft. Kultursoziologie
der Gegenwart. Frankfurt a. M., 765 S.

SCHWARZ, G. (1966):
Allgemeine Siedlungsgeographie.
3., überarb. Aufl., Berlin, 751 S. =
Lehrbuch der Allgemeinen Geographie, **6**.

SCHWEIZER, G. (1990):
Die Stadt. In: EHLERS, E., FALATURI, A.,
SCHWEIZER, G., STÖBER, G., & G. WINKELHANE
[Hrsg.]: Der Islamische Orient. Grundlagen
zur Länderkunde eines Kulturraumes. Köln,
196–226.

SEDLACZEK, P. (1994):
Wirtschaftsgeographie. 2. Aufl.,
Darmstadt, 204 S.

SEGER, M. (1978):
Teheran. Eine stadtgeographische Studie.
Berlin, New York, 245 S.

SELLERS, S. (1988):
Sunlighters. The story of a village.
London, 41 S.

SENNETT, R. (1997):
Fleisch und Stein. Der Körper und die Stadt
in der westlichen Zivilisation. Berlin, 523 S.

SHEVKY, E., & W. BELL (1955):
Social area analysis. Stanford, 70 S.

SHEVKY, E., & M. WILLIAMS (1949):
The social areas of Los Angeles. Analysis and
typology. Berkely, 172 S.

SIEVERTS, T. (1997):
Zwischenstadt. Zwischen Ort und Welt,
Raum und Zeit, Stadt und Land.
Braunschweig und Wiesbaden, 173 S. =
Bauwelt – Fundamente, **118**.

SIEVERTS, T. (1998):
Die Stadt in der Zweiten Moderne, eine
europäische Perspektive. Informationen zur
Raumentwicklung, (7 / 8): 455–473.

SMITH, N. (1979):
Towards a theory of gentrification. A back
to the city movement by capital, not people.
Journal of American Planning Association,
28: 538–548.

SOJA, E. W. (1994):
Postmodern geographies. The reassertion
of space in critical social theory. 4. Aufl.,
London, 266 S.

SPANGENBERG, V. (1996):
Städtenetze – der neue interkommunale und
raumordnerische Ansatz. Raumforschung
und Raumordnung, **54**: 313–320.

SPECHT, T. (1990):
Spaltung im Wohnungsmarkt. In: DÖRING, D.,
HANESCH, W., & E.-U. HUSTER [Hrsg.]: Armut
im Wohlstand. Frankfurt a. M., 227–243.

SPEER, A. (1992):
Die intelligente Stadt. Stuttgart, 206 S.

SPEIER, D. (1998):
Anwendung von Luftbildmessung und GIS
bei der Ermittlung der Hochwassergefähr-
dung im Kölner Süden. In: SOYEZ, D., &
J. BAUER [Hrsg.]: Luftbildauswertung als
angewandte Umweltforschung. Köln, 5–28.
= Kölner Geographische Arbeiten, **69**.

Spiegel Special (1998):
Leben in der Stadt. Lust oder Frust.
Hamburg, 154 S.

Stadt Köln [Hrsg.] (o. J.):
Fachmarktkonzept. Rahmenkonzept zur Ansiedlung großflächiger Fachmärkte in Köln. Köln, 20 S.

Stapelfeldt, G. (1990):
Verelendung und Urbanisierung in der Dritten Welt. Der Fall Lima / Peru. Saarbrücken / Fort Lauderdale, 465 S. = Sozialwissenschaftliche Studien zu internationalen Problemen, **147**.

Statistisches Bundesamt [Hrsg.] (1952):
Statistisches Jahrbuch 1951 für die Bundesrepublik Deutschland. Stuttgart, Mainz.

Statistisches Bundesamt [Hrsg.] (1961):
Statistisches Jahrbuch 1960 für die Bundesrepublik Deutschland. Stuttgart, Mainz.

Statistisches Bundesamt [Hrsg.] (1971):
Statistisches Jahrbuch 1970 für die Bundesrepublik Deutschland. Stuttgart, Mainz.

Statistisches Bundesamt [Hrsg.] (1981):
Statistisches Jahrbuch 1980 für die Bundesrepublik Deutschland. Stuttgart, Mainz.

Statistisches Bundesamt [Hrsg.] (1991):
Statistisches Jahrbuch 1991 für das vereinte Deutschland. Wiesbaden.

Stewig, R. (1983):
Die Stadt in Industrie- und Entwicklungsländern. Paderborn, München [u. a.], 346 S.

Stiens, G. (1983):
On the future of spatial and settlement structures. Long-term projections of developments in the Federal Republic of Germany. Bonn, 47 S.

Stöber, G. (1964):
Struktur und Funktion der Frankfurter City. Eine ökologische Analyse der Stadtmitte. Frankfurt, 224 S. = Wege zur neuen Stadt, Schriftenreihe der Verwaltung Bau und Verkehr der Stadt Frankfurt a. M., **2**.

Stoob, H. [Hrsg.] (1979):
Deutscher Städteatlas. Lieferung II, Nr. 3. Dortmund.

Stübben, J. (1890):
Der Städtebau. Braunschweig, 561 S.

Sukopp, H., & R. Wittig [Hrsg.] (1993):
Stadtökologie. Stuttgart, Jena, New York, 402 S.

Tank, H. (1988):
Stadt und Stadtteilzentren – Gefährdungen und Entwicklungschancen. Archiv für Kommunalwissenschaften, (2): 237–249.

The Geographical Association [Ed.] (1993):
London in the 1990s. Background for geographical field visits to the capital. Sheffield, 92 S.

The Registrar Generals Statistical Review of England and Wales for the year 1951 (New Annual Series, **31**, 1952). Tables, Part II.

Thomi, W. (1998):
Zur Entwicklung des Einzelhandels in Deutschland. Interne und externe Ursachen des Strukturwandels und dessen Rückwirkungen auf das Standortsystem des Einzelhandels. In: Gans, P., & R. Lukhaup [Hrsg]: Einzelhandelsentwicklung – Innenstadt versus periphere Standorte. Mannheim, 5–26. = Mannheimer Geographische Arbeiten, **42**.

Thrift, N. (1999):
Cities in the global economy. In: Allen, J., Massey, D., & M. Pryke: Unsettling cities. Movement / Settlement. London, New York, 271–320.

Tönnies, G. (1981):
Die Verdichtungsräume in der Bundesrepublik Deutschland. Entwicklung, Neuabgrenzung und regionale Belastungsanalyse. Frankfurt a. M., Bern, 337 S. = Europäische Hochschulschriften, Reihe V, Volks- und Betriebswirtschaft, **340**.

Tönnies, G. (1984):
Abgrenzung und innere Gliederung belasteter Agglomerationsräume. In: Akademie für Raumforschung und Landesplanung [Hrsg.]: Agglomerationsräume in der Bundesrepublik Deutschland. Ein Modell zur Abgrenzung und Gliederung. Hannover, 95–124. = Forschungs- und Sitzungsberichte der Akademie für Raumforschung und Landesplanung, **157**.

TURNER, B. [Ed.] (2000):
The stateman's yearbook. The politics, cultures and economies of the world. London, 2024 S.

United Nations [Ed.] (1999):
1997 Demographic yearbook. New York.

VASKOVICS, L. (1982):
Residentiale Segregation und soziale Probleme. In: VASKOVICS, L. [Hrsg.]: Raumbezogenheit sozialer Probleme. Im Auftrag der Sektion „Soziale Probleme und soziale Kontrolle" der Deutschen Gesellschaft für Soziologie. Opladen, 200–227.

VETTER, F. (1970):
Netztheoretische Studien zum niedersächsischen Eisenbahnnetz. Ein Beitrag zur angewandten Verkehrsgeographie. Berlin, 150 S. = Abhandlungen des 1. Geographischen Instituts der FU Berlin, **15**.

VOLGER, W. (1998):
Gewerbeparks im Berliner Umland. In: PRIGGE, W. [Hrsg.]: Peripherie ist überall. Frankfurt a.M., New York, 158–165.

WACKERMANN, G. (1982):
Probleme der Urbanisierung und der Erfassung von Agglomerationen in Frankreich. In: Akademie für Raumforschung und Landesplanung [Hrsg.]: Studien zur Abgrenzung von Agglomerationen in Europa. Hannover, 119–156. = Veröffentlichung der Akademie für Raumforschung und Landesplanung, Beiträge, **58**.

WALDHAUSEN-APFELBAUM, J. (1998):
Innerstädtische Zentrenstrukturen und ihre Entwicklung. Das Beispiel der Stadt Bonn. Bonn, 128 S. = Arbeiten zur Rheinischen Landeskunde, **68**.

WALDHAUSEN-APFELBAUM, J., & R. GROTZ (1996):
Entwicklungstendenzen der innerstädtischen Zentren. Das Beispiel Bonn. Erdkunde, **50** (1): 60–74.

WARDENGA, U. (1995):
„Nun ist Alles, Alles anders!" Erster Weltkrieg und Hochschulgeographie. In: WARDENGA, U., & I. HÖNSCH [Hrsg.]: Kontinuität und Diskontinuität der deutschen Geographie in Umbruchphasen. Studien zur Geschichte der Geographie. Münster, 83–98. = Münstersche Geographische Arbeiten, **39**.

WECKS, S. (1995):
Neue Kooperationsformen in Stadtregionen. Eine regulationstheoretische Einordnung. Das Beispiel München. Dortmund, 122 S. = Dortmunder Beiträge zur Raumplanung, **74**.

WEHRHAHN, R. (1998):
Urbanisierung und Stadtentwicklung in Brasilien. Aktuelle Prozesse und Probleme. Geographische Rundschau, **50** (11): 656–663.

WEHRLI-SCHINDLER, B. (1993):
Die Stadtplanung ist tot – es lebe das Stadtmanagement. In: BUCHMÜLLER, L., FINGERHUTH, C., & B. HUBER [Hrsg.]: Management der postmodernen Stadt. Zürich, 11–21. = ORL-Bericht, **85**.

WEICHHART, P. (1990):
Raumbezogene Identität. Bausteine zu einer Theorie räumlich-sozialer Kognition und Identifikation. Stuttgart, 118 S. = Erdkundliches Wissen, **102**.

WEIMER, A. M., & H. HOYT (1939):
Principles of real estate. New York.

WEINHEIMER, J. (1957):
Ballungen. Versuch zur Bestimmung ihrer Grenzen und Intensität. Raumforschung und Raumordnung, **15** (3/4): 146–150.

WEINREB, B., & C. HIBBERT [Hrsg.] (1983):
The London encyclopaedia. London, 1029 S.

WEISS, C. (1999):
Stadt ist Bühne. Kulturpolitik heute. Hamburg, 178 S.

WELTERS, H., & H. LOHBECK (1976):
Kleine illustrierte Geschichte der Stadt Köln. Köln, 177 S.

WESTHOLM, E. (1993):
Naturliga regioner växer ur lokala behov. Plan: 193–196.

WICKENS, P. (1987):
The road to Nissan. Flexibility, quality, teamwork. London, 202 S.

WIEGANDT, C. C. (1997):
An den Grenzen des Wachstums. Eindrücke zur amerikanischen Stadtentwicklung Mitte der 90er Jahre. Abschlußbericht zur Forschungsreise durch die USA vom 16. Oktober bis zum 8. Dezember 1995. Bonn, 32 S. = BfLR Arbeitspapiere, **3**.

WILHELMY, H., & A. BORSDORF (1984):
Die Städte Südamerikas. Teil 1. Wesen und Wandel. Berlin und Stuttgart, 233 S. = Urbanisierung der Erde, **3** (1).

WILKE, V. (1997):
Schöne neue Einkaufswelt. CentrO – Mall of Oberhausen. In: AKP. Fachzeitschrift für alternative Kommunalpolitik, **18** (5): 36–37.

WIRTH, E. (1970):
Der Orient. In: HINRICHS, E. [Hrsg.]: Illustrierte Welt- und Länderkunde in drei Bänden. Zürich, 253–319.

WIRTH, E. (1975):
Die orientalische Stadt. Ein Überblick aufgrund jüngerer Forschungen zur materiellen Kultur. Saeculum, **26**: 45–94.

WIRTH, E. (2000):
Die orientalische Stadt im islamischen Vorderasien und Nordafrika. Bd 1. (Text). Mainz, 584 S.

WISE, M. J. (1949):
On the evolution of the jewellers and gun quarters in Birmingham. Transitional Papers of the Institute of British Geographers: 59–72.

WISE, M. J. (1964):
The population of London. In: CLAYTON, R. [Ed.]: The geography of Greater London. London, 143–170.

WITTIG, R. (1991):
Ökologie der Großstadtflora. Flora und Vegetation der Städte des nordwestlichen Mitteleuropa. Stuttgart, 261 S.

WOLF, K. (1966):
Das Shopping Center Main-Taunus – ein neues Element des rhein-mainischen Verstädterungsgebietes. Berichte zur deutschen Landeskunde, **37** (1): 87–97.

ZEHNER, K. (1987):
Stadtteile und Zentren in Köln. Eine sozialgeographische Untersuchung zu Raumstruktur und räumlichem Verhalten in der Großstadt. Köln, 171 S. = Kölner Geographische Arbeiten, **47**.

ZEHNER, K. (1999):
„Enterprise Zones" in Großbritannien. Eine geographische Untersuchung zu Raumstruktur und Raumwirksamkeit eines innovativen Instruments der Wirtschaftsförderungs- und Stadtentwicklungspolitik in der Thatcher-Ära. Stuttgart, 256 S. = Erdkundliches Wissen, **128**.

ZEHNER, K. (2000):
Die London Docklands und das untere Themsetal. Flaggschiff-Projekte postmoderner Stadt- und Regionalentwicklung. Praxis Geographie, **30** (6): 14–17.

ZIEHE, N. (1998):
Einzelhandel und Verkehrspolitik. Eine empirische Analyse der Bedeutung von Erreichbarkeit und Attraktivität für die Zentrenwahl der Verbraucher. Stuttgart, 296 S.

ZIMMERMANN, G. E. (1996):
Armut in der Großstadt. Zur Konzentration von Arbeitslosigkeit, Wohnungsnot und Sozialhilfe. In: SCHÄFERS, B., & G. WEWER [Hrsg.]: Die Stadt in Deutschland. Aktuelle Entwicklungen und Probleme. Opladen, 105–122.

Abbildungsverzeichnis

Tabellenverzeichnis

Verzeichnis der Übersichten

Verzeichnis der Quellentexte

Verzeichnis der Abkürzungen

ARL
    Akademie für Raumforschung und
    Landesplanung
BBR
    Bundesamt für Bauwesen und
    Raumordnung
BfLR
    Bundesanstalt für Landeskunde und
    Raumordnung
CBD
    Central Business District
CMSA
    Consolidated Metropolitan Statistical Area
EAD
    Einwohner-Arbeitsplatzdichte
IGO
    International Governmental Organization
INSEE
    Institut National de la Statistique et des
    Etudes Economiques
IZT
    Institut für Zukunftsstudien und Technolo-
    giebewertung
MKRO
    Ministerkonferenz für Raumordnung
MSA
    Metropolitan Statistical Area
NGO
    International Nongovernmental Organization
OPEC
    Organization of Petroleum Exporting
    Countries
SMSA
    Standard Metropolitan Statistical Area
UEC
    Urban Entertainment Center
UNESCO
    United Nations Educational, Scientific and
    Cultural Organization
WASP
    White Anglo-Saxon Protestants
ZPIU
    Zones de Peuplement Industriel ou Urbain

Orts- und Sachregister

Perthes GeographieKolleg

Diese Studienbuchreihe behandelt wichtige geographische Grundlagenthemen. Die Bücher dieser Reihe bestechen durch ihre Aktualität (Erscheinungsdaten ab 1994), ihre Kompetenz (fast ausschließlich von Hochschullehrern verfasst) und ihre gute Lesbarkeit (zahlreiche Abbildungen, Karten und Tabellen). Sie sind daher für den Studenten und Lehrer aller geo- und ökowissenschaftlichen Disziplinen eine unverzichtbare Informationsquelle für Aus- und Weiterbildung.

Das Klima der Städte
Von Fritz Fezer: 1. Auflage 1995, 199 Seiten, 3-623-00841-9

Das Wasser der Erde – Eine geographische Meeres- und Gewässerkunde
Von Joachim Marcinek und Erhard Rosenkranz:
2. Auflage 1996, 328 Seiten, 3-623-00836-2

Naturressourcen der Erde und ihre Nutzung
Von Heiner Barsch und Klaus Bürger: 2. Auflage 1996, 296 Seiten, 3-623-00838-9

Geographie der Erholung und des Tourismus
Von Bruno Benthien: 1. Auflage 1997, 192 Seiten, 3-623-00845-1

Allgemeine Agrargeographie
Von Adolf Arnold: 1. Auflage 1997, 248 Seiten, 3-623-00846-X

Lehrbuch der Allgemeinen Physischen Geographie
Manfred Hendl und Herbert Liedtke (Hrsg.): 3. Auflage 1997, 867 Seiten, 3-623-00839-7

Wirtschaftsgeographie Deutschlands
Elmar Kulke (Hrsg.): 1. Auflage 1998, 563 Seiten, 3-623-00837-0

Agrargeographie Deutschlands
Von Karl Eckart: 1. Auflage 1998, 440 Seiten, 3-623-00832-X

Umweltplanung und -bewertung
Von Christian Poschmann, Christoph Riebenstahl und Einhard Schmidt-Kallert:
1. Auflage 1998, 152 Seiten, 3-623-00847-8

Landschaftsentwicklung in Mitteleuropa
Von Hans-Rudolf Bork u. a.: 1. Auflage 1998, 328 Seiten, 3-623-00849-9

Geographisch denken und wissenschaftlich arbeiten
Von Axel Borsdorf: 1. Auflage 1999, 160 Seiten, 3-623-00649-1

Arbeitsmethoden in Physiogeographie und Geoökologie
Heiner Barsch, Konrad Billwitz und Hans-Rudolf Bork (Hrsg.):
1. Auflage 2000, 616 Seiten, 3-623-00848-6

Allgemeine Industriegeographie
Von Jörg Maier und Rainer Beck: 1. Auflage 2000, 295 Seiten, 3-623-00851-6

Vegetationszonen der Erde
Von Michael Richter: 1. Auflage 2001, 416 Seiten, 3-623-00859-1

Ansicht von Köln 1996